נשמת הבית

שאלות שנשאלו ליועצות ההלכה של מדרשת נשמת
בנושאי היריון, לידה, הנקה ואמצעי מניעה

בליווי הדרכה מעשית והסברים

ונספחים רפואיים

נִשְׁמַת הַבַּיִת

הריון, לידה, הנקה ואמצעי מניעה

מהדורת מרדכי דוד ועדינה כ"ץ

מגיד

NISHMAT • נשמת

Sefer Nishmat HaBayit

Responsa on Pregnancy, Birth and Family Planning

ספרי מגיד, הוצאת קורן
ת"ד 4044 ירושלים 9104001
טל': 02-6330530 פקס: 02-6330534
www.maggidbooks.com

מסת"ב ISBN 978-965-526-234-6

נדפס בישראל Printed in Israel 2017

כוס ברכות לנדיבי־עם
שזיכו את הרבים בהוצאת ספר זה

ד"ר מרדכי דוד ז"ל ועדינה תחי' כ"ץ
ובני משפחתם

ד"ר ניקול ורענן איגוס

רחל וזאב וייס

זהבה ומשה שטראוס

זכור לטוב ד"ר משה גרין ז"ל,
הנדיב המייסד של מפעל יועצות ההלכה

המשתתפים בספר

המשיבות

הרבניות יועצות ההלכה: זיוית ברלינר
שירה כפיר
נועה לאו
גולדי כ"ץ סמסון
אורה קראוס
מיכל רונס
רחל שפרכר פרנקל

עורכי הספר: הרבנית חנה הנקין
הרב יהודה הנקין

נספחים רפואיים

וייעוץ רפואי: יועצת הלכה הרבנית ד"ר דינה צימרמן

ראש התכנית להכשרת

יועצות הלכה: הרב יעקב ורהפטיג

רכזת התכנית

להכשרת יועצות הלכה: יועצת הלכה הרבנית נועה לאו

רכזת המכון למחקר: יועצת הלכה הרבנית מיכל רונס

תוכן העניינים

נספחים רפואיים

מפתחות

ברכת הג"ר אביגדר נבנצל

בס"ד ב' פ' אז ישיר ישראל תשע"ז ירושלים עה"ק תובב"א

הראו לי ספר בשם נשמת הבית ובו שאלות שנשאלו ע"י נשים ותשובות שניתנו להן. ראיתי שהתשובות מעוגנות בספרי הפוסקים ומיועדות לאפשר לשואלות לנהוג כהלכה... המטרה היא להביא לשמי' טהרת המשפחה כדין: יבורכו כל המשקיעים בדבר גדול זה, שמצד אחד תלוי' בו פרי' ורבי' של עם ישראל, ומצד שני תלוי' בו טהרתן ו[ק]דושתן של ישראל. יתברכו כל העוסקים במלאכת הקדש מן השמים, ויזכו במהרה בימינו לקבלת פני משיח צדקנו.

צעיר הלוים,
אביגדר נבנצל

הרב דוב ליאור

רב העיר

קריית ארבע היא חברון ת"ו

בס"ד, טו תמוז תשע"ז

מכתב ברכה

הובא לפניי החיבור הגדול והמקיף 'נשמת הבית', העוסק בנושאים הלכתיים של הירין, לידה וטהרת המשפחה, על פי הדרכת הרבנים החשובים הר"י הנקין והר"י ורהפטיג העומדים בראש המכון בכל הקשור לפסיקת הלכה בנושאים אלו.

עברתי על חלק מהספר ושמחתי לראות חיבור נפלא המברר כל נושא החל ממקורות התלמוד וספרי ההלכה עד פוסקי דורנו. כל דין מבוסס על יסודות ההלכה האיתנים.

אין ספק שהקמת מוסד העונה לנשים הפונות בשאלות בנושאי טהרת המשפחה ע"י יועצות הלכה הוא מבורך, מפני שהרבה יותר נוח לאישה לדבר עם אישה מלב אל לב, וזה יביא להגברת ההשפעה ולשמירת הטהרה בחוגים רחבים.

יישר כוח להוגי הרעיון הר"י הנקין והרבנית חנה הנקין על תרומתם החשובה בהפעלת המכון. יהי רצון שיזכו להגביר את הטהרה בכל רבדי העם וחפץ ה' בידם יצלח.

בשולי הדברים שתי הערות:

א. לסימן כז - כתבתם שדם על נייר קינוח דינו ככתם, ומכיוון שנייר אינו מקבל טומאה - אין לאסור.
לענ"ד נראה שדם קינוח על נייר אין דינו ככתם ואין חלים עליו הכללים שצריך להיות על דבר שמקבל טומאה ובשיעור גריס, אלא דינו כראייה בלי הרגשה (ולפי הש"ך הראשון בסימן קפג הוא טמא מדרבנן) ומטמא גם על נייר וגם בפחות מגריס, מפני שקינוח נחשב כאילו ראתה מגופה, ראה הלכות נדה לרמב"ן (פרק רביעי אות מה) דכתב: "המקנחת עצמה בעד הבדוק לה וטחתו בירכה או שהניחתו תחת הכר או תחת הכסת ונמצא עליו דם, אם משוך טמאה בכל שהוא... הניחתו בקופסא אפילו היה עגול טמאה בכל שהוא". הנה הקפיד לכתוב כאן "המקנחת" ולא "הבודקת", משמע שזה מבחוץ, ומכיוון שאין במה לתלות טמאה בכל שהוא, אלא אם כן זה לאחר הטלת מי רגליים, שלפי שיטת מרן המחבר תולים שהדם בא מהכליות ולא מהרחם. וכן סובר הר"י אייבשיץ ('תפארת ישראל' קפג ס"ק א) שבקינוח טמאה אפילו בכל שהוא.
זכורני שלפני שנים רבות אמר לי הגרי"ש אלישיב זצ"ל, שמי שמטהר ברואה משהו בקינוח נחשב כמעלים עין מן האיסורים.

ב. לסימן יג - סיוע הבעל בחדר לידה. דומה שכל העניין הגיע בא מאמריקה, ואינו תואם את גדרי הצניעות המקודשים בעם ישראל.
הבעל צריך ללוות את אשתו עד חדר הלידה ותו לא. בחדר לידה יכולה להיות איתה אימה, חברתה או תומכת לידה, אבל לא הבעל.
אין נכון להעמיד את הבעל בניסיון שלא לגעת ולסייע לאשתו, ויש להסביר זאת ליולדת ולהשקיט את המיית לבה.

החותם לכבוד התורה ולומדיה,

דוב ליאור

Eretz Hemdah
Institute For Advanced Jewish Studies
Jerusalem

ארץ חמדה
מכון גבוה ללימודי היהדות
ירושלים
בע"ה, עיה"ק ירושלים ת"ו

ה' בתמוז תשע"ז
29 ביוני 2017
13017

"וַיַּעְתֵּק מִשָּׁם הָהָרָה מִקֶּדֶם לְבֵית אֵל וַיֵּט אָהֳלֹה בֵּית אֵל מִיָּם וְהָעַי מִקֶּדֶם וַיִּבֶן שָׁם מִזְבֵּחַ לַיקֹוק וַיִּקְרָא בְּשֵׁם ה'"

וברש"י מובא המדרש:

"ויט אהלה אהלה כתיב מלמד שנטע אוהל שרה תחילה ואח"כ נטע אהלו" (בראשית י"ב ח)

מהתיאור המדויק של מיקוד האוהל מהתיאור שבסמוך נבנה מזבח, אין הכוונה לאוהל פשוט למגורים, אלא בית מדרש כמו בפסוק "איש תם יושב אוהלים" וכיון ששרה גיירה את הנשים ואברהם גייר את האנשים נבנו לצורך זה בתי מדרש, ובית המדרש של הנשים קדם לזה של האנשים.

לפני שנים רבות עיתונאית מסוימת שהייתה כותבת בארץ מאמרים עבור עיתונים בחו"ל, סיפרה לי שרבות מחברותיה היו מקפידות יותר בענייני טהרת המשפחה לו הייתה להם כתובת נשית להיוועץ בה.

הרב והרבנית הנקין מצאו דרך מיוחדת להתמודד עם אתגר זה והקימו במדרשת נשמת מסלול מיוחד לנשים שעסקו כבר שנים בלימוד מעמיק של הגמרא ראשונים ופוסקים, ואח"כ הן לומדות בעיון רב את נושא טהרת משפחה וחיי אישות, לימוד המכשיר אותם כ'יועצות הלכה', שיכולות להשיב לשאלות המופנות אליהם מהארץ ומחו"ל, התשובות מלוות בהתייעצות קבועה עם הרב הנקין שליט"א והרב ורהפטיג שליט"א.

במשך השנים הצטברו מאות שאלות ותשובות. ועתה זוכות היועצות להוציא ספר בשם "נשמת הבית", הצלחתי לעבור ולהתעמק בחלק גדול מן הספר נהניתי, החכמתי וגיליתי שאלות מגוונות מאוד בענייני הריון לידה הנקה, לכל שאלה מוצמדת תשובה, התשובות נכתבו בבהירות והן מובנות לכל נפש. יש בתשובות גם התייחסות לנפש השואלת, התשובות מוכיחות את הצורך בבית המדרש של שרה שקדם לבית מדרשו של אברהם. חלק נוסף בתשובה נקרא "הרחבה", זהו חלק של ברור התשובה מתוך הש"ס ראשונים אחרונים פוסקים עד פוסקי דורנו, העמקה מאוד יפה שיכולה להעשיר גם תלמידי חכמים ורבנים שעוסקים בנושאים אלו.

הספר "נשמת הבית" מצטיין בתוכן, בבהירות הדברים ברהיטות הלשון והנספחים הרפואיים שנלוו לספר שמשלימים והופכים למקשה אחת עם המקורות ההלכתיים, כל זה מבטיח שהוא יהיה חלק מהספריה של רבנים מצד אחד ולומדי תורה ומצד שני משפחות צעירות שמתמודדות בשאלות דומות.

"חילכן לאורייתא"!

הרב משה ארנרייך
ראש כולל 'ארץ חמדה'

2 Brurya St. corner of Rav Chiya St. רח' ברוריה 2 / פינת ר' חייא
ת.ד. 8178 ירושלים 91080 P.O.B. 8178 Jerusalem עמותה רשומה מס' 580120780
info@eretzhemdah.org www.eretzhemdah.org Fax +972-2-5379626 פקס Tel +972-2-5371485 טל.

ישיבת ברכת משה - מעלה אדומים (ע"ר)

YESHIVAT BIRKAT MOSHE – MAALEH ADUMIM

וַיָּשֶׂם מִדְבָּרָהּ כְּעֵדֶן

בס"ד

יום שהוכפל בו כי טוב לסדר "אלה החוקים אשר צוה ה' ...בין איש לאשתו" תשע"ז לפ"ק

מסורת עתיקה היא, שבהלכות טהרה נשים פוסקות הלכה. מסופר בגמרא (נדה י"ג, ב) בשם רבי יהודה הנשיא על מקרה קיצוני מאד: "חרשת היתה בשכונתנו - לא דיה שבודקת לעצמה, אלא שחברותיה היו רואות ומראות לה". עתה זכינו לראות ספר "נשמת הבית" בעריכת הר"ר יהודה ורעייתו הרבנית חנה הנקין, שליט"א, העוסק בכל הלכות טהרה - בנושאי הריון, לידה, הנקה, ואמצעי מניעה, בליווי נספחים רפואיים. המשיבות הן כולן נשים חכמות המשרתות כיועצות הלכה של מדרשת "נשמת" בראשות הרבנית חנה הנקין שליט"א. על כל נושא מובאות דעות הפוסקים ובמקום מחלוקת מוצעות דעות החולקים. בנוסף, יש לרוב הנושאים הסברים על פי המדע הרפואי המתקדם ביותר. עם כל זה, הסגנון הוא קריא ובהיר, וברור שכל תלמיד חכם, כולל דווקא גברים, יכול להרבות דעה מלימוד התשובות בנושאים החיוניים האלה.

יהי רצון שזכות הרבים תעמוד לרב יהודה ולרבנית חנה הנקין שליט"א ויזכו לראות דורות של תלמידי חכמים מצאצאיהם.

הכו"ח לכבוד התורה ולומדיה,

נחום אליעזר רבינוביץ

מצפה נבו, מעלה אדומים 98410 MIZPEH NEVO, MAALEH ADUMIM E-MAIL: office@ybm.org.il

טל. 02-5353655 ;TEL. 02-5353655 פקס. 02-5353947 FAX. 02-5353947 WEB SITE: http://www.ybm.org.il

Aryeh Stern
Chief Rabbi Of Jerusalem

אריה שטרן
הרב הראשי לירושלים

בס"ד, תמוז תשע"ז

מכתב ברכה

זה כבר כמה שנים שנודע לנו שמה הטוב של **"מדרשת נשמת"** הפועלת רבות בתחום של טהרת המשפחה, בהוראה, בהדרכה ובמתן תשובות הלכתיות מוסמכות ומיידיות.

יפה ומיוחד הוא החידוש של הכשרת והסמכת יועצות הלכה אליהן פונות כל מי שיש לה שאלה ומעדיפה לפנות בענינים אלה לאשה ולא לאיש. היועצות עצמן מכירות את גבולות הגיזרה ויודעות מה הן יכולות לענות בעצמן ואימתי הן צריכות לשאול את הרבנים שיפסקו הלכה בשאלות שטעונות הכרעה.

כעת נוספה מדרגה חדשה עם ההוצאה לאור של הספר בו מרוכזות השאלות והתשובות, ואני מוכרח לציין כי אכן זהו ספר ערוך בטעם, כתוב בבהירות מקיף מבחינת מגוון הנושאים, וגם מבחינת העומק כשכל תשובה ניתנת בקיצור ויש עמה גם הרחבה מפורטת וברורה.

על כל אלה יבורכו ראשי המדרשה הלוא הם: **הרב יהודה הנקין שליט"א הרב יעקב ורהפטיג שליט"א**, והרבנית **חנה הנקין תליט"א**, הם אשר עומדים מאחורי כל הפעולות ועושים הכל בצורה מעוררת כבוד ומביאים לקידוש שם שמים.

עם זאת נראה לי שהספר המצוין הזה צריך להיות מופנה לרבנים, וליועצות ההלכה ולכל מי שעוסק בלימוד הנושא של טהרת המשפחה, ואין ספק שהספר הזה אכן יביא להם תועלת רבה ויישר כוחם של הכותבות והעורכות, אולם נראה לי וצריך לומר שהספר אינו מתאים לכל אשה בביתה, לגביה נשאר הכלל הרגיל לפיו צריך להדריך את הנשים לפנות לרב או ליועצת ההלכה בשאלה, והם יענו את התשובה המתאימה לשואלת, וכמובן ישמחו להיעזר בספר "נשמת הבית" ובצדק.

לסיום שוב שאו ברכה ממני המברך
אתכם על כל מפעלותיכם,

אריה שטרן
הרב הראשי לירושלים

אריה שטרן
הרב הראשי לירושלים
ARYEH STERN
Chief Rabbi of Jerusalem

הקדמת הרב יעקב ורהפטיג

בדורות קודמים עסקו נשים בעיקר בעבודות הבית ובגידול הילדים. נשים משפיעות שעסקו לא רק בענייני הבית היו מעטות וחריגות כדוגמת דבורה הנביאה. הפרשנים תמהו איך זה שאישה יכולה להיות שופטת. ומהם הסבירו שלא היתה שופטת ממש או שהיה זה מקרה חד פעמי.

גם בעבר היו תחומים בהם סמכו על מומחיות האישה כגון הכשרת הבשר ומיילדות. הרמב"ם כותב שאם האישה מומחית, סומכים עליה גם בשחיטה, וכן הוא מעיקר הדין.

> היודע הלכות שחיטה ושחט בפני חכם עד שנעשה רגיל הוא הנקרא מומחה. וכל המומחין שוחטין לכתחלה בינן לבין עצמן. ואפילו נשים ועבדים אם היו מומחין הרי אלו שוחטין לכתחלה. (הלכות שחיטה פרק ד הלכה ד)

ובוודאי שסומכים עליה בדיני טהרת המשפחה, כמו שכתוב בתורה:

> וְאִם טָהֲרָה מִזּוֹבָהּ וְסָפְרָה לָּהּ שִׁבְעַת יָמִים וְאַחַר תִּטְהָר. (ויקרא טו, כח)

בימינו מעמד האישה השתנה לגמרי. נשים היום תופסות משרות חשובות בכל התפקידים הציבוריים. אנו מוצאים נשים במדע, ברפואה, בכלכלה ועוד.

אחת המהפכות הגדולות התרחשה דווקא בתחום לימודי הקודש. דרך ארוכה עשו הנשים עד לימוד רציני של כל כתבי הקודש, תנ"ך תלמוד והלכה. ריבוי המדרשות ומכוני הלימוד לנשים מעיד על התשוקה הגדולה של הנשים ללימוד התורה.

כמו בשאר הנושאים וההלכות, כך גם בנושא טהרת המשפחה, המענה לשאלות ניתן בעבר על ידי רבנים. אך בשונה מנושאים אחרים, לא תמיד נח לאשה לשוחח עם גבר בנושאים אינטימיים אלו, ולרוב הבעל היה נשלח אל הרב המומחה.

הרב, עם כל רוחב ידיעותיו ולמדנותו, יכול לספק את הפסיקה ההלכתית; אך הוא אינו מסוגל להרגיש את מה שמרגישה האישה. לא פעם, שיקולי הפסיקה לוקחים בחשבון את ההרגשה של האישה והחוויה שהיא עוברת בדיני הטומאה והטהרה.

מסיבה זו, הרבנית חנה הנקין, ראש מדרשת נשמת, ובעלה הרב יהודה-הרצל הנקין, רב המדרשה, בהתייעצות איתי, הגענו להבנה שיש צורך להכשיר נשים שתילמדנה את נושא טהרת המשפחה על כל דיניה לעומק, את מקור הדין ויישומו בחיים המעשיים - בשונה בתכלית למה שלמדו עד אז מדריכות הכלות.

המטרה לא היתה להכשיר פוסקות, ולכן החלטנו על השם 'יועצות הלכה'. מטרתנו שהיועצת תעבוד יחד עם הרב המקומי ותפעל לפי פסיקותיו.

בתחילת הדרך לא ידענו כיצד תתפתח יוזמה זו, היעלה בידינו הדבר אם לאו. היום ב"ה ישנן למעלה מ- 100 בוגרות המוכשרות על ידינו הרבנים ועל ידי הרבנית נועה לאו, הנושאת ונותנת. כולן נבחנו ע"י ארבעה רבנים המומחים בהלכות טהרת המשפחה לקראת קבלת התואר 'יועצת הלכה'.

הקמנו בס"ד גם שלוחה בארה"ב בראשות הרב אהרן נפתלי אומן שהכשירה כבר שלושה מחזורים של יועצות הלכה המשמשות בלמעלה משלושים בתי כנסת בחו"ל.

עד היום נשאלו למעלה ממאתיים חמישים אלף שאלות שהגיעו מכל העולם. כאשר היועצות עונות בקו הטלפון או באינטרנט, הן מודרכות בעת הצורך ע"י הרב הנקין שליט"א ואני.

ב"ה אנו רואים כי הדבר הוא לברכה גדולה, ואף הביא להעלאת המודעות, היישום וההקפדה על דיני טהרת המשפחה.

ספר ביכורים זה, נשמת הבית, הוא אוסף של שאלות שחזרו על עצמן במשך שנות הפעילות. התשובות נכתבו על ידי יועצות הלכה נבחרות אשר השקיעו בהן עמל רב, ונבדקו על ידי וע"י הרב הנקין. בטוחני שספר זה, המצטרף לספרים אחרים העוסקים בדיני טהרת המשפחה, יתרום את תרומתו המיוחדת לחיזוק נושא טהרת הבית ולקדוש שם שמים.

יעקב ורהפטיג
ראש תוכנית קרן אריאל בנשמת להכשרת יועצות הלכה
ע"ש אריאל אמיל הס ז"ל

דבר רכזת פרויקט הספר הרבנית מיכל רונס

התורה מלמדת שחובתה של היולדת להביא עולה וחטאת. העולה, על פי הר"י אברבנאל, מביעה את תודת היולדת על הזכות שנפלה בחלקה לחבור לקב"ה ביצירת אדם ובהבאתו לעולם, כמו גם על הצלתה מהצער והסכנה הכרוכים בלידה עצמה. אולם מה פשעה ומה חטאתה שתביא קרבן חטאת? בעיוניה לספר ויקרא כותבת נחמה ליבוביץ: "זכתה האשה להרגיש בה בעצמה ובבשרה את גדולת הבורא, ראתה, חשה, חייתה את יצירת הוולד בה - והרגישה בקטנותה, באפסותה, בעפר ואפר שבה, בטומאתה. ומשום כך תביא קרבן חטאת". לאמור: החוויה המרוממת המעלה אותה לגבהים, משמשת בה בעת כתזכורת לאפסותה וקטנותה.

אלה רחשי הלב בלידת ספרנו זה. מצד אחד החובה הנעימה להכיר תודה גדולה: זכינו ללמוד במדרשת נשמת בתכנית קרן אריאל להכשרת יועצות הלכה, לטעום את מתיקות לימוד ההלכה, ובזכות מו"ר הר"י ורהפטיג והרי"ה הנקין - לצלול לעמקן של הלכות נידה. הכשרה זו העניקה לנו את היכולת המעשית לסייע לאלפי נשים בשאלות של טהרת המשפחה ובריאות האישה. בהמשך, בעבודתנו על חיבור התשובות שבספר זה, זכינו לברר את השאלות ממקורותיהם, ולשמש תלמידי חכמים.

וכיולדת המביאה את החטאת המבטאת את תחושת הקטנות - גם אנו, ככל שהתעמקנו בלימוד וחווינו את גדולתו, היקפו, עומקו ומורכבותו של עולם ההלכה, נוכחנו שוב ושוב בקטנותנו ביחס אליו.

פינו מלא תודה לכל מי שליוו אותנו במפעל זה: לרבנית חנה הנקין, על עריכת התשובות ביסודיות ועל ההשקעה המקיימת את מדרשת נשמת ומפעל יועצות ההלכה. למו"ר הר"י ורהפטיג שהדריך אותנו בלימודינו ובכתיבתנו, במאור פנים ובנפש חפצה וגדול הוא שימושו אף יותר מלימודו. לרי"ה הנקין המלווה מזה שנים את מפעל יועצות ההלכה ואת מלאכת הכתיבה, ואשר זמין לכל שאלה. ולשני הרבנים כאחד על שמזכים אותנו כבר שנים רבות לשמש תלמידי חכמים.

התשובות שנכתבו ע"י המשיבות, ואשר נקראו ע"י הר"י ורהפטיג, עברו לידיהם של העורכים הרב והרבנית הנקין. מעבר לסגנונם הבהיר המציץ מתוך דפי הספר, הוסיפו הרב והרבנית דיוק לשוני, קוהרנטיות הלכתית, ודקדוק בדברי הפוסקים. גם הרבנית

נועה לאו עברה על התשובות והוסיפה ניסוחים קולחים והערות חשובות. הודות לעמלם, הקורא יוכל לרוץ בספר זה.

תודותינו ליועצת ההלכה הרבנית ד"ר דינה צימרמן שעמדה לימיננו בבירור הצדדים הרפואיים שבספר, ולרב דוד ספרלינג שעמו התייעצנו בעת לימודנו בבית המדרש. בלב מלא צער אנו מזכירות את הרב איתם הנקין הי"ד שהיה שותף בעריכת חלק מהתשובות.

כ"כ התייעצנו עם גורמים מקצועיים בהכנת התשובות: ד"ר אלחנן בראון ויועצת ההלכה ד"ר אלירז ויינברג עברו על הנספחים הרפואיים; ד"ר אבישי מלכיאל, מיכל שונברון ועינת לב ענו על שאלותינו המקצועיות; ושרה (בלומברג) לב-ציון עבור ייעוץ לשוני. תודה גם לחברותינו יועצות ההלכה הרבניות אילנה אלצפן, שירה מניטנטג, לורי נוביק, רותם גלסר, תרצה קלמן ואילת קמינצקי שהיו לנו לעזר רב. מאחורי הפרגוד עמדה המזכירה רבקה סבו אשר ללא ליוויה הנאמן, ספר זה לא היה רואה אור.

תודה גדולה לבני משפחותינו, התומכים בנו ומאפשרים לנו להקדיש מזמנינו ללימוד תורה ולמתן מענה לרבבות נשים להן זוכות אנו לסייע ואותן לחזק בשמירת הלכות טהרת המשפחה.

אנו מודות לבורא עולם על שזכנו ליטול חלק במפעל יועצות ההלכה ובחיבור ספר זה, ומתפללות שהספר יתרום להגברת שמירת ההלכה, ושלא תבוא תקלה על ידינו.

בשם יועצות ההלכה המשיבות,
מיכל רונס

הקדמת הרבנית חנה הנקין

תכנית 'קרן אריאל' להכשרת יועצות הלכה במדרשת נשמת ע"ש אריאל אמיל הס ז"ל נולדה מתוך ניסיוני כאשת רב. בצעירותי, הקדשתי את רוב מרצי שמחוץ לבית ללמד נשים לשמור דיני טהרת המשפחה. נתקלתי פעם אחר פעם בנשים שאינן מביאות שאלה לרב, חלקן מקלות נגד ההלכה, וחלקן מחמירות ללא צורך על חשבון שלום הבית; ובנוסף רבות סובלות ממצוקות קשות בשל ענייני רפואה הנושקים לטהרת המשפחה. פניתי לבעלי הרב יהודה-הרצל הנקין ולרב יעקב ורהפטיג, ושניהם סמכו ידיהם על הכשרת נשים יראות שמיים ולמדניות ככתובת הלכתית-נשית בטהרת המשפחה. בצד הלימוד ההלכתי העיוני, הוספנו לימודי השלמה ברפואת נשים בתחומים הנלווים לטהרת המשפחה על מנת לפתח כלים לסיוע מעשי. התכנית נפתחה באלול תשנ"ז, ומאז הוכשרו קרוב ל-120 יועצות הלכה. רובן משרתות בארץ, וחלקן תחת כנפי רבני קהילות בחו"ל. הר"י ורהפטיג והרי"ה הנקין עומדים מאחורי היועצות בשאלות הדורשות פסיקה. בחרנו בשם 'יועצות הלכה' בכדי לבטא עמדה של צניעות וזהירות אל מול עולם פסיקת ההלכה.

לא שיערנו את מידת ההיענות מצד נשים למשאב החדש. מאז יציאתנו לדרך הובאו בפנינו מאות אלפי שאלות של נשים, מהארץ ומרחבי העולם היהודי. אלה הגיעו דרך 'הקו הפתוח ע"ש גולדה קושיצקי' ואתרי האינטרנט של המדרשה, וכן הופנו ליועצות הלכה בקהילה. לחלק גדול מהשאלות היו היבטים רפואיים או רגשיים.

ספר זה נולד לאחר שבע עשרה שנה של עבודת יועצות הלכה בשטח. אין הספר מתיימר לחדש הלכה כי אם לסדר את הדברים לטובת הלומדים והלומדות, מתוך תפילה לתרום לחיזוק שמירת הלכות הטהרה על צדן הנכון, ולפתרון מצוקות המעיבות על חיי זוגות רבים. מתוך אלפי השאלות שנשמרו במאגר שלנו, בחרנו ללקט בכרך זה שאלות שעוסקות בהיריון, לידה, ואמצעי מניעה. השאלות משקפות את הקורה בשטח היום, ובכך חשיבותן.

הספר מחולק לשני מדורים: תשובות, ונספחים רפואיים. בתשובה הקצרה סיכמנו את דברי יועצת ההלכה לשואלת. בפועל, בשיחה אישית ואף במענה בכתב לפונות לאתר שלנו–השיח בין השואלת למשיבה מתנהלת בצורה אישית, תוך הסבר מאיר פנים,

אמפתי ומפורט של המושגים וההלכה, בהתאם להבנתה של האישה בהלכה ורצונה לקבל מידע נוסף. פעמים רבות יועצת ההלכה תרחיב את השיחה לכלול עצה טובה ותמיכה רגשית, לכשנצרך. על מנת לא להלאות את הקוראים, בחרנו להביא את תמצית הדברים בתשובה הקצרה, ובעיקר את ההיבטים ההלכתיים. את הסבר התשובה הבאנו בהרחבה. הצמדנו לתשובות, בחלקו השני של הספר, נספחים רפואיים. ייתכן שהמידע הרפואי יהיה לתועלת אף למורי הוראה.

יועצות ההלכה ואלפי נשים אסירות תודה לשני פוסקי ההלכה הרי"ה הנקין והר"י ורהפטיג אשר פתחו את שערי העיסוק בהלכה-למעשה בפני נשים. ברצוני להודות לר"י ורהפטיג ולרבנית נועה לאו על השותפות הנפלאה בהובלת מפעל יועצות ההלכה ועל ההוראה המחכימה; ולרבנית מיכל רונס אשר הובילה ספר זה מחזון למציאות. הספר לא היה יוצא לפועל ללא התמסרותה; וחכמתה וטוב ליבה הפכו כל דיון לחוויה מחנכת. ברצוני להודות גם ליועצות ההלכה אשר עמלות במסירות אין-קץ, תוך יראת שמיים ואהבת האדם בכדי להרים את קרן הטהרה בישראל ולהנעים את חיי ההלכה על ציבור הנשים. יבורכו כולם בברכת ה׳.

חיבור התשובות בהלכות הטהרה התחיל עוד בחיי בני וכלתי טהורי-הלב הרב איתם ונעמה הנקין הי"ד. האֵם שבורת-הלב מתנחמת מעט בתוספת התורה והטהרה בישראל ע"י ספר זה, בחינת תנחומיך ישעשעו נפשי.

החותמת בתפילה לברכת ה׳ על כל בתי ישראל,
חנה הנקין
ירושלים תובב"א, תמוז תשע"ז

שער א

הירשון

סימן א

תחתונית בז' נקיים באישה המנסה להרות

שאלה

אני בת 36 ומנסה להיכנס להיריון. מידי חודש, לאחר מספר ימים בתוך שבעת הימים הנקיים, מופיעים לי כתמים אדומים (גדולים מגודל גריס) על תחתונית לבנה בה אני משתמשת, ומאלצים אותי להתחיל לספור מחדש. אינני מצליחה להיטהר בזמן לימי הביוץ, והווסת (שהיא כשלעצמה מסודרת) מופיעה מספר ימים לאחר הטבילה. האם יש דרך לפתור את הבעיה?

תשובה

לכתחילה צריכה האישה ללבוש בשבעת הימים הנקיים תחתונים לבנים. במידה וראתה כתם אדום וגדול מכגריס על התחתון, עליה להתחיל בספירה מחדש. נשים רבות נוהגות ללבוש מגן תחתון (=תחתונית), במהלך כל החודש כדי לספוג הפרשות טבעיות באיזור, ורוב הפוסקים מתירים לנהוג כך גם בשבעה נקיים.

להרבה דעות, התחתונית אינה מקבלת טומאה. ולכן, אם לא היתה לאישה הרגשה אוסרת, גם כתם גדול ואדום שנראה עליה אינו אוסר אותה. אולם אם נראה כתם כזה על התחתונית בתוך שבעת הימים הנקיים, על האישה לבצע בדיקה פנימית מיידית, ודינה יקבע על פי המראה שעל עד הבדיקה בלי קשר לגודלו.

דין זה תקף לגבי נשים במצב רגיל. אולם לאישה הסובלת מכתמים[1] ומתקשה להיטהר,

[1] ייתכנו סיבות רבות ושונות לדימום וסתי בלתי-סדיר. מומלץ שאישה הסובלת מכתמים חוזרים ונשנים תפנה לרופא/ת נשים כדי לבדוק את הגורם לדימום ולבחון את הפתרון הרצוי. ראו נספח רפואי א, מערכת הרבייה הנשית, ונספח רפואי ה, אמצעי מניעה.

ישנו דין שונה. במצב כזה יכולה האישה לכתחילה לשים תחתונית - בין לבנה בין כהה - בשבעה נקיים, ולא לבדוק את עצמה באופן מיידי גם אם ראתה כתם. בנוסף ניתן לדלג על בדיקות בימים בהם היא רואה כתמים, אולם אין לוותר על בדיקות בימים הראשון והשביעי של שבעה הנקיים.[2]

לפי תיאורך, במצב המסוים שלך, את יכולה לנהוג כאישה הסובלת מכתמים ולהתעלם מהכתמים אותם את רואה על התחתונית. יחד עם זאת, עלייך לעשות הפסק טהרה, בדיקה פנימית אחת ביום הראשון לנקיים ואחת ביום השביעי; ואם יימצאו נקיים מדם, תוכלי לטבול.

הרחבה

הגמרא בשבת יג ע"ב מבחינה בין 'ימי נידות' ל'ימי ליבון'. רש"י שם מסביר שימי ליבון הם ימי שבעה הנקיים, שבהם "צריכה להיות לובשת לבנים לבדיקה". נראה שמשמעותו הראשונית של המושג 'ליבון' ו'לבנים' היא במובן של מכובס ונקי, ולפי זה פסקו הטור והשלחן ערוך[3] שהאישה צריכה ללבוש בשבעה נקיים בגד תחתון נקי ובדוק מכתמים. אולם כבר כתבו ראשונים[4] שהאישה צריכה ללבוש בשבעה נקיים בגדים תחתונים בצבע לבן, וכן לשים סדינים לבנים.[5]

בעל תורת השלמים[6] מביא שני הסברים לצורך בלבישת לבנים. מצד אחד, חשוב שהבגד יהיה נקי כדי לוודא שאין עליו כתמים קודמים מימי הנידות, שעלולים ליצור

---

[2] עיינו עוד להלן סי' יד, מוך דחוק ובדיקות ז"נ לאחר לידה.

[3] טור ושו"ע יו"ד סי' קצו סע' ג. כך נפסק גם בערוך השלחן יו"ד סי' קצו סע' כב.

[4] ספר הרוקח הל' נדה סי' שיז: "ולובשת בגדים חלוק לבן וסדין לבן על מטתה זהו ימי לבון". לשונו של הרוקח הובאה גם במרדכי, וכך פסק הרמ"א יו"ד קצו ג.

[5] יש מקום להעיר שכיוון שנשים ישנות בימינו עם בגד תחתון צמוד לגוף, וסדינים לבנים אינם מצויים כל כך, אין צורך להקפיד על כך כיום. כך פוסקים הר"י ורהפטיג והרי"ה הנקין, שאין צורך בסדינים לבנים לכתחילה. לעומתם הר"ש לוי כותב שיש מקום להקל רק בשעת הצורך (שערי אורה עמ' 142). ועיינו בטהרה כהלכה עמ' רצו, הערה 78, שהחמיר בכך, ע"פ שש"ה (סי' קצו סע' ג, עמ' רפא אות ג) ואג"מ (יו"ד ח"ד סי' יז, אות כז). הגר"מ פיינשטיין חושש לכך שנשים לא יבחינו בין בגד תחתון מהודק לשאינו מהודק. הגר"ש וואזנר מציין שמעיקר הדין אין צורך גם בסדין לבן, אך פוסק להקפיד על כך לכתחילה, כיוון שזהו "מנהג ישראל הכשר", אך שבדיעבד או בשעת הדחק אין זה מעכב. הגר"ע יוסף, בטהרת הבית ח"ב עמ' רצג אות ד, מציין שיש בענין זה של סדינים ובגדים לבנים חילוקי מנהגים, וכל אדם ינהג כמנהג מקומו.

[6] יו"ד סי' קצו ס"ק ו-ח.

ספק בנקיות האישה עכשיו. מצד שני, חשוב שהבגד לא יהיה צבוע, כדי לוודא את חזקת נקיותה של האישה עכשיו, בתוך שבעת הנקיים. רק לפי ההסבר השני יש צורך בבגד לבן ממש. יחד עם זאת מסכימים כל הפוסקים שבשעת הדחק או בדיעבד,[7] עולה ספירת שבעה נקיים גם ללא לבישת לבנים.

בשנים האחרונות נפוץ נוהגן של נשים ללבוש מגן תחתון (=תחתונית) באופן קבוע, בכל ימי החודש, לספיגת הפרשות הגוף. נוהג זה עורר את השאלה האם מותר ללבוש תחתונית בשבעה נקיים. מצד אחד, התחתונית אינה מקבלת טומאה,[8] אך מצד שני היא לבנה, וכתמים ניכרים עליה. בנוסף, לבישת תחתונית אינה תואמת את המנהג שהובא לעיל ללבוש בגדים לבנים.[9]

רוב פוסקי זמננו[10] מתירים לבישת תחתונית בשבעה נקיים. השאלה העולה מכך היא כיצד להתייחס למציאת כתם ללא הרגשה על תחתונית בשבעה נקיים. לרוב הדעות, כתם שנמצא על תחתונית בימים שבהם האישה טהורה אינו אוסר את האישה, כיוון שהתחתונית עשוייה מחומרים שאינם מקבלים טומאה. כך גם בתוך שבעה נקיים, אולם בימי הנקיים צריכה האישה ללבוש לבנים כדי לוודא שבאמת פסקה מלראות. לכן, אם היא מצאה כתם אדום וגדול מכגריס על התחתונית בז״נ, על אף שאינה נטמאת מאותו הכתם, עליה לבצע בדיקה פנימית מיידית כדי לוודא את חזקתה.[11]

---

[7] כגון כשהאישה בדרך ואין לה בגדים להחליף. כך נפסק ברמ״א ע״פ האגור (סי׳ אלף שעא) והגהות שערי דורא.

[8] עיינו להלן סי׳ מד , כתמים על תחתונית ובגד סינתטי, בהרחבה.

[9] אם היא לבנה בגלל החומר ממנו היא עשויה, שאינו בד. ואם היא צבעונית, בגלל שאינה לבנה.

[10] כיוון שמדובר בתופעה של השנים האחרונות רק רבנים בני זמננו מתיחסים אליה, וכך פוסקים הר״י ורהפטיג והרי״ה הנקין. הר״ש וואזנר (שש״ה סי׳ קצו סע׳ ג׳ אות א עמ׳ רפא) כותב: ״בז״נ יכולה לילך עם תחבושת העשויה לספיגת זיעה ואין לחוש שטיפת דם תספג בה״. הגרש״ז אויערבאך כותב בתשובה לשאלת הרב דוד דודקביץ, האם מותר ללבוש תחתונית בז׳ נקיים, כך: ״בז׳ נקיים ודאי טוב, שהרי הן לבנות; אך צריך גם סדינים לבנים אם הן זזות, ובצבעונים אמרנו שאינם מקבלים טומאה״ (תשובת הגרש״ז אויערבאך צוטטה במאמר של הר״ש לוי בכתב העת צהר, גליון כ׳, תשס״ה, עמ׳ 21 - 23). על בסיס תשובה זו כותב הר״א קנוהל, (איש ואישה עמ׳ 101 וכן עמ׳ 144 והערה 21 שם), שגם לאישה ללא בעיות מיוחדות מותר לשים תחתונית בשבעה נקיים, ובתנאי שמדובר בתחתוניות שניתן לראות עליהן מראה דמי. הר״ז בן שלמה (אורות הטהרה עמ׳ 278 - 279) כותב שניתן להשתמש בתחתוניות בז״נ לכתחילה, ואף יש להן עדיפות על תחתון לבן, כיוון שהן לבנות תמיד ואינן מתכהות עם הזמן.

[11] כך פוסקים הר״י ורהפטיג והרי״ה הנקין. פסיקה זו היא מעין פשרה בין הדעות המתייחסות לכתם על תחתונית בז״נ כמו לכתם על גבי תחתון לבן, לבין הדעות המקֵלות בתחתונית כמו בימי טהרתה של

יחד עם זאת, חכמים הקלו לאישה המתקשה להיטהר וסובלת מכתמים,[12] ללבוש צבעוני כדי להצילה מכתמים.[13] אחרונים[14] מציינים שקולא זו קיימת גם בשבעה נקיים. פוסקים בני זמננו[15] כותבים שבמקום ללבוש צבעוני, ניתן ואולי אף עדיף להשתמש

האישה.

לעומת זאת, לדעת הר"ש לוי, כתם אדום וגדול מכגריס על תחתונית מטמא את האישה תמיד, ואין צורך בבדיקה פנימית. זאת לאור פסיקתו להחמיר בתחתונית כיוון שהיא עשויה ככלי וצמודה לגוף (שערי אורה, עמ' 89 - 90). הר"ש לוי חולק על הר"א קנוהל בהבנת תשובתו של הגרש"ז אויערבאך שצוטטה בהערה הקודמת. לדבריו (הובאו בכתב העת צהר גליון כ', תשס"ה, עמ' 21 - 23) אמנם הרב אויערבאך התיר לבישת תחתונית בז"נ על גבי תחתון לבן, אבל אם נמצא עליה כתם הרי הוא מטמא, וזאת משמעות הבחנתו בין תחתון לבן לתחתון צבעוני, שעל גביו אין ללבוש תחתונית בז"נ. פירושו של הרב לוי לדברי הרב אויערבאך קשה לענ"ד, והדברים צריכים עיון. דעה אחרת הביא הרב זכריה בן שלמה. הוא ממליץ על לבישת תחתונית בז"נ, ומוסיף: "כבר מבואר לעיל שכתם שנמצא על אמצעי הגיינה חד פעמיים טהור הוא משום שחשוב כדבר שאינו מקבל טומאה" (אורות הטהרה עמ' 278 - 279).

[12] ההגדרה מי נחשבת כ'אישה המתקשה להיטהר' אינה תמיד פשוטה. פוסק ההלכה צריך לקחת בחשבון את הנתונים הרפואיים, הנפשיים והזוגיים של האישה ובעלה יחד עם הנתונים ההלכתיים, ולהכריע מתי ניתן להגדירה כך ולהקל. מצבים פשוטים יותר הם, למשל, אישה שיותר משישה שבועות אחרי לידה אינה מצליחה להיטהר, או אישה שסותרת ספירת שבעה נקיים פעמיים ויותר בגלל כתמים מטמאים או בדיקות לא נקיות.

[13] רמ"א יו"ד סי' קצ סע' י, ע"פ נדה סא ע"ב ורמב"ם הלכות אסו"ב פ"ט הל' ז.

[14] הגר"ש וואזנר (שש"ה סי' קצ עמ' קעא, אות ט) מתיר זאת רק באישה שאינה יכולה להיטהר לבעלה, ורק בימים האמצעיים של שבעה נקיים ואחרי שאלת חכם, כהוראת שעה בלבד. הגר"מ אליהו (דרכי טהרה עמ' כב) מביא את כל הדעות ופוסק להלכה שאישה שיש לה הרבה כתמים תשאל חכם איך לנהוג ולהקל בבגדים צבעוניים. כך גם פוסק הר"י פרקש (טהרה כהלכה עמ' רצז). הגר"ע יוסף (טהרת הבית ח"ב סי' י"ג, הל' ד במשמרת הטהרה, עמ' רצג - רצו) דן בנושא זה. לדבריו לפי פסיקת השו"ע שהובאה לעיל, שדי בבגדים נקיים ובדוקים מדם, פשוט שניתן ללבוש צבעונים אף בשבעה נקיים. הוא מביא שורת פוסקים המחמירים ללבוש דוקא לבן בז"נ, גם כשהאישה סובלת מכתמים, אך חולק עליהם בטענה שמרגע שהאישה עשתה הפסק טהרה מוגדר מצבה כ'חזקת טהרה', ולכן אין להבחין כאן בין ז"נ לבין ימי טהרתה. עוד הוא דן בדעת הפוסקים שרק בשלשת הימים הראשונים של ז"נ אין ללבוש צבעוני ודוחה אף אותה (בהסתמך על תשובת המעיל צדקה בסי' סב וכן שו"ת ברית יעקב יו"ד סי' נח), ולבסוף מתיר לבישת צבעונים בז"נ אף לכתחילה לאישה שעלולה לראות כתמים. יש לציין שהר"ש לוי (שערי אורה עמ' 142) החמיר בענין זה, וכתב שרק אישה שיש לה פצע יכולה ללבוש זמנית צבעוני בז"נ, אך אישה הסובלת מכתמים (כגון מינקת או נוטלת כדורים) לא תלבש צבעונים.

[15] הר"י פרקש (טהרה כהלכה עמ' פ') כותב שבמידה והדבר אפשרי, ייתכן שעדיף במצב כזה לשים פד שאינו מקבל טומאה על פני צבעוני. בעמ' רחצ הוא חוזר ואומר במפורש שפד עדיף על צבעוני, "וזה מהודר יותר". בעמ' פ, בהערה 15* הוא כותב כך: "אלא שבנוגע לז"נ (=ללבישת פד לאישה המתקשה

בתחתונית, שאינה מקבלת טומאה. במצב כזה, אין האישה צריכה לבדוק את עצמה מיד אם ראתה כתם על התחתונית, אלא אדרבה, היא סומכת על דיני כתמים ומבצעת את הבדיקות ההכרחיות בלבד, בימים א' וז', כדי להצליח להיטהר.

נ.ל.

להיטהר בגלל כתמים) לא מצאתי מי שידבר בזה. ולכאורה הוא היתר מבורר - שהרי לא מצינו בשום מקום שתהיה חייבת להלך בז"נ דוקא בבגד המקבל טומאה, ורק הקפידו שיהיה בגד לבן ונקי ובדוק מכתמים כו'. לאידך גיסא, הרי שעפ"ז יטהרו כל הכתמים הנמצאים בז"נ. ושאלתי כמה וכמה מגדולי המורים ולרבותי בשימוש חכמים, ואין מגיד לי דבר ברור בזה - אף שבהשקפה ראשונה נראה לכולם כנכון מאד". הר"א קנוהל (איש ואישה עמ' 101) מתיר כאמור לבישת תחתונית לכתחילה בז"נ, ומציין ש"תחתוניות אלו יכולות לסייע לרב הפוסק בעת מקרים מסופקים...". הר"ש לוי (שערי אורה עמ' 89) מחמיר בכתם על גבי תחתונית, אך אם יש סיבה נוספת להקל, כמו למשל אישה שיש לה התקן תוך-רחמי המוצאת כתם על תחתונית, אפילו בז"נ, הוא מקל לטהרה, בצירוף הספק שאולי זהו דם מכה (צהר גליון כ, עמ' 23). הר"ז בן שלמה (אורות הטהרה עמ' 312) כותב שכתם הנמצא על גבי דבר שאינו מקבל טומאה בז"נ, אינו מטמא, משום שלא גזרו בו חכמים כלל, ולכן מותר וראוי להניח תחתונית לכתחילה כדי לקלוט את הכתמים. לדבריו "ז"נ צריכים להיות נקיים מדם טמא הגורם טומאה, אך אין הכרח שיהיו נקיים מדם שהוכרעה ההלכה לגביו שהוא טהור לא משום המראה אלא משום תנאי כתמים".

סימן ב

עונות פרישה בהתחלת היריון

שאלה

אני מאחרת ביומיים בקבלת המחזור, ועתה קבלתי תוצאה חיובית בערכה ביתית לבדיקת היריון. האם אוכל לוותר על עונת הפרישה אשר חלה הלילה, בעקבות התוצאה החיובית? בעלי יוצא מחר לחודש מילואים ואני חוששת להיאסר מהבדיקה.

תשובה

אישה בהיריון מוחזקת כמסולקת דמים רק לאחר ש'הוכר עוברה' - כלומר לאחר שלושה חודשים מליל הטבילה. פוסקים רבים סוברים שאף בימינו, גם אם ההיריון הוכח ע"י בדיקה מדויקת, עדיין חייבת האישה לחשוש לימי הפרישה עד שייעקר הווסת; וכך יש לנהוג בדרך כלל. וסת קבוע נעקר לאחר שעברו שלוש עונות ללא ראיית דם, ואילו וסת שאינו קבוע נעקר לאחר פעם אחת. בפועל, רוב הנשים היום אינן בעלות וסת קבוע, והן תצטרכנה לשמור על עונת פרישה בחודש הראשון בלבד.

אמנם במצבכם, שאתם עומדים לפני פרידה ארוכה, ניתן להקל כדעת הפוסקים המסתמכים על בדיקת היריון כדי לקבוע את סילוק הדמים, ולא מחייבים בדיקת עונה במצב זה.

הרחבה

אישה מוגדרת כמעוברת לעניין סילוק דמיה משהוכר עוברה.[1] הגמרא קובעת שהכרת

---

[1] נדה ז ע"ב.

העובר היא לאחר שלושה חודשים,[2] וכך גם מובא באחרונים.[3] לכן היא חייבת לפרוש סמוך לווסתה עד שתוחזק כמעוברת.[4] הפוסקים נחלקו אם טעם הדבר הוא מפני שבאותם ימים נדרשו שלושה חודשים לוודא קיומו של היריון,[5] ולכן היום, כשניתן לוודא היריון דרך בדיקה, ולאור השתכללותן של בדיקות היריון, תיחשב האישה מסולקת דמים כבר מתחילת ההיריון ועל כן לא תחוייב לפרוש סמוך לווסתה; או שמא הטעם הוא שרק לאחר שלושה חדשים העובר מכביד ומונע הפרשת הדם, ולכן האישה עלולה לראות דם גם כשידוע שהיא מעוברת.[6]

לדעת השבות יעקב[7] אישה נחשבת למסולקת דמים מהרגע שבו היא יודעת שהיא בהיריון. בדומה לכך, באגרות משה כתב בכמה מקומות שניתן לסמוך על בדיקת רופא, אפילו טרם מלאו להיריון שלושה חודשים, מכיוון שנשתנו הטבעים "שתיכף משנתעברה פסקו דמיה";[8] ואף אם האישה רק מרגישה בעצמה באופן ברור שהיא בהיריון, יש להקל.

לעומת זאת, בסדרי טהרה[9] כתב כי האישה נחשבת למסולקת דמים רק מהחודש השלישי להיריונה, כיוון שעד אז היא עלולה לראות דם כי ראשה ואיבריה עדיין אינם כבדין עליה.[10] וכן כתב בשו"ת שבט הלוי[11] שאף בזמננו כאשר ניתן לדעת בבירור אם

---

[2] שם ח ע"ב.

[3] שו"ת עבודת הגרשוני סי' כא, שו"ת שבות יעקב ח"א סי' עא, חכמת אדם כלל קח סע' ג, וכ"פ בשיעורי שבט הלוי סי' קצד ס"ב אות ב.

[4] יו"ד סי' קפד סע' ז. שיעור הכרת העובר הוא ג' חדשים, יו"ד סי' קפט סע' לג.

[5] כך משתמע מתמר, "ויהי כמשלש חדשים וגומר", נדה ח ע"ב.

[6] ראו בהמשך שמבחינה רפואית, אישה עלולה לראות דם בשלושה החודשים הראשונים להיריון ולעתים לאחר מכן אף בהיריון תקין.

[7] שבות יעקב ח"א ס' עא. בשבות יעקב דן לעניין הפלה וגיל היריון, אמנם הדברים שייכים גם לשאלתנו בהכרת ההיריון וסילוק הדמים. גם בזמן הגמרא היו הנשים מסולקות דמים מתחילת ההיריון, אך הן לא ידעו בוודאות למה וסתן מתעכב. לכן הגמרא קבעה שאישה נחשבת למסולקת דמים רק משניכר עוברה.

[8] אג"מ יו"ד ח"ג סי' נב, ועוד מקומות.

[9] ס"ט יו"ד סי' קצד סע' ז.

[10] וכן כתב בשו"ת משנה הלכות ח"ז סי' קלז ובח"י סי' קכט. לכן עדיין צריכה לחשוש לווסתה אף אם ההיריון מוכח. וכן בח"י סי' קלז שם. ר' עקיבא איגר (מהדורה קמא סימן קכ"ח) כתב שגם אם אינה רואה דם מהתחלת ההיריון - היא עדיין אינה נחשבת מסולקת דמים. "לע"ד הא הסילוק דמים הוא רק משהוכר עוברה, ואף דעינינו רואות בנשי דידן דמיד כשנתעברו מסולקות דמים ונשתנו הטבעים".

[11] ח"ד סי' צט אות ח.

אישה בהיריון על ידי בדיקה רפואית, בכל זאת אין לה דין מסולקת דמים עד שיעברו שלושה חודשים, משום שחילוף הזמן, ולא וידוא ההיריון, הוא הגורם לסילוק הדמים. בתשובה נוספת[12] יצא בחריפות נגד מי שמקל לפני שעברו שלושה חודשים, שמכשיל את הרבים. כך לדעתו הוא פשט הסוגיא, וכן מפרשים הרמב"ן, הרשב"א והריטב"א, שנדרשים שלושה חודשים מלאים עד שאישה מוחזקת כמסולקת דמים. כך גם פסקו רבים מבין פוסקי זמננו.[13] לשיטתם, רק לאחר שלושה חודשים מתקיימים שני התנאים ההכרחיים: הפסקת המחזור החודשי, ואיבריה כבדין עליה; ורק אז תוחזק כמסולקת דמים שאינה חוששת לווסתה.[14]

כך פסק גם הגר"ע יוסף בטהרת הבית,[15] והעיר שהגר"מ פיינשטיין בקונטרס חזר בו ממה שכתב מתחילה להקל ("הדר הוא לכל חסידיו").[16] אולם הרי"ה הנקין ציין שהעורך של שו"ת אגרות משה טען בתוקף שהגר"מ פיינשטיין ביאר שלא חזר בו מדעתו שאפשר לסמוך על בדיקת היריון להחזיק אישה כמסולקת דמים, זולת מה שכתב להחמיר בחיבור הלכות באנגלית לבעלי תשובה, על מנת שלא לבלבלם.[17]

---

[12] שו"ת שבט הלוי ח"ג סי' קיד.

[13] כפי שמבואר ב"י סוף סי' קפט, וכן בשו"ת חתם סופר ח"ב יו"ד סי' קסט. וכן נפסק בטהרת הבית סי' ב ס"ק ז, שעורי שבט הלוי סי' קפד סע' ז א, בדי השולחן סי' קפד סע' ז בביאורים ד"ה משהוכר עוברה. וראו עוד שו"ת משנה הלכות ח"ה סי' קמט.

[14] וראו בשו"ת משנה הלכות ח"ז סי' קלז שאישה שיש לה וסת פעם בשלושה או בארבעה חדשים ונתעברה והוכר עוברה, שוב אין לה לחוש אף שלא עברו שלשה וסתות שלה, והטעם שהרי דמיה מסולקים מטעם שראשה ואבריה כבדין.

[15] ח"א עמ' פב-פד. עיינו גם אגמ"מ יו"ד ח"ג סי' נב לגבי ההשוואה בין מעוברת למניקה, שבשתיהן "נשתנו הטבעים" בימינו. הגר"ע יוסף ציין לפוסקים רבים שנטו להקל, אך לבסוף הכריע להחמיר.

[16] בדומה לכך, נפסק בשו"ת ויען יוסף יו"ד סי' קיט, שעד ג' חודשים אישה היא ככל הנשים וחוששת לווסתה הראשון בין לקולא בין לחומרא.

[17] יו"ד ח"ד סי' יז. הר"י ורהפטיג מציין שנכח כאשר מסר הרב משה טנדלר, חתנו של הגרמ"פ, שלפני מותו אמר לו הגרמ"פ שהוא שמח שמעולם לא חזר בו ממה שכתב בספריו. לדעת הר"י ורהפטיג, אין צורך לסבור 'נשתנו הטבעים' אלא נשתנתה הידיעה: הקדמונים תלו את סילוק הדם בהכבדת העובר, אך היום ידוע שהגורם הוא הורמונלי, שהורמוני ההיריון מונעים את השלת רירית הרחם והדימום המחזורי. אף לדברי הגמרא והראשונים שהאישה נקראת מעוברת לעניין סילוק דמים רק לאחר ג' חודשים, אם יתחדש סוג חדש של סילוק דמים (כגון משימוש בגלולות), נוכל לסמוך על הידיעה ולא יהיה צורך לחשוש לווסת הקודם. גם כאן התחדש דבר, והוא התוצאה החיובית של בדיקת ההיריון המוכיחה שהאישה בהיריון ודאי–ואז האישה יודעת שהיא מסולקת דמים (ונוכל לכנותה באותה מידה 'מעוברת' או 'מסולקת דמים לבדיקת היריון'); בנוסף לכך, כל הבדיקה נעשית בגלל איחור הווסת, דבר שכבר

סיכומו של דבר: לדעת רוב הפוסקים אין לסמוך על בדיקה רפואית להחזיק אישה כמסולקת דמים קודם ג׳ חדשים להיריונה, אבל בשעת הדחק, כבמקרה שלפנינו, אפשר להקל כדעת האגרות משה ולא להצריך בדיקה.[18]

שלא בשעת הדחק, בעלת וסת שאינו קבוע תחשוש פעם אחת בלבד לווסת החודש, לווסת ההפלגה ולעונה בינונית,[19] ואלו נעקרים בפעם אחת.[20] היות שבימינו רוב הנשים אינן רואות דם כבר מתחילת ההיריון, והיות שלרוב אינן בעלות וסת קבוע, על אף שלא תוחזקנה כמסולקות דמים עד לחודש השלישי להיריונן, למעשה תחול עליהן עונת פרישה רק בחודש הראשון.[21]

לעומת זאת, על בעלת וסת קבוע ליום החודש לחשוש לווסתה עד תום החודש השלישי להיריונה.[22] על בעלת וסת הפלגה לחשוש לווסתה פעם אחת בלבד ולאחריה ממילא אינה יכולה למנות הפלגה מהראייה האחרונה.

ישנן נשים הרואות דם בזמן ההיריון. לפעמים דימום זה מופיע אחת לחודש גם במשך כמה חודשי היריון. אישה שרואה דם לאחר שהוחזקה כמסולקת דמים צריכה לפרוש כווסת שאינו קבוע,[23] אך אינה חייבת לחשוש לעונה בינונית.[24]

מביא למחשבה שהיא בהיריון ומסולקת דמים. ואף למחמירים לחייבה לבדוק בימי פרישה, אם אין לה וסת קבוע הרי חשש חודש והפלגה וכן עו״ב של פעם זו עבר כבר, ולכן עשתה בדיקת היריון; ולחוש בחודשים שאח״כ לעו״ב כדעת הגר״מ אליהו זצ״ל נראה כחומרא גדולה ורוב הפוסקים חולקים עליו (ועיינו במאמר ״עונה בינונית בימינו״ מאת הר״י ורהפטיג בתחומין כ״ד תשס״ד עמ׳ 242-235).

[18] יש לצרף להיתר את הדעה שהיוצא לדרך צריך לפקוד את אשתו אפילו סמוך לווסתה, ועיינו ש״ע ורמ״א יו״ד סי׳ קפד סע׳ י.

[19] יו״ד סי׳ קפט סע׳ א וכן ש״ך ס״ק א.

[20] יו״ד סי׳ קפט סע׳ טו, ושיעורי שבט הלוי סי׳ קפט סע׳ לג ס״ק ב.

[21] בדרכי טהרה עמ׳ פד כתב להמשיך לחשוש לעו״ב ביום השישים וגם ביום התשעים, אך הר״י ורהפטיג סובר שזו חומרא גדולה וא״צ לנהוג כך. ובשערי אורה (עמ׳ 232) פסק להקל לאחר עונה אחת שלא ראתה בה.

[22] שיעורי שבט הלוי סי׳ קפט סע׳ לג ס״ק ב. אפילו אם עברו ג״פ תאריכי וסתה הקבוע ולא ראתה, יש לחוש לחומרא, שלא נעקר הווסת. כלומר תצטרך לחשוש שוב לווסתה הקבוע לאחר תום תקופת סילוק דמים. ראו להלן סי׳ יט, עונות פרישה וקביעת וסת בכ״ד חודש לאחר לידה.

[23] אך אינה קובעת וסת. יו״ד סע׳ קפט סי׳ לג, כשיטת הראב״ד בתוה״ב בית ז׳ שער ג׳ יב ע״א.

[24] שיעורי שבט הלוי קפט סע׳ לג ס״ק ה. בדי השלחן סי׳ קפט סע׳ לג ביאורים ד״ה לראיה שתראה, לאחר סיום ימי העיבור וההנקה חוזרת לחשוש לווסתה הקבוע שהיה קודם כניסתה להיריון.

במקרה של כל דימום בהיריון מומלץ להיבדק אצל רופאת נשים. במקרה של דימום וכאבים באזור האגן או הבטן, יש להיבדק אצל רופאה באופן מיידי כדי לשלול התפתחות היריון חוץ-רחמי שיכול ליצור מצב של פיקוח נפש.

ש.כ.

סימן ג

דם בשתן בזמן ההיריון

שאלה

אני בהיריון, והיום, אחרי הטלת שתן, מצאתי דם על האסלה וגם במי השירותים. צרב לי בעת מתן השתן, ולכן למרות שעוד לא נבדקתי אצל רופא, נראה לי שאני סובלת מדלקת בדרכי השתן. האם נאסרתי?

תשובה

אישה הרואה דם על מושב האסלה או במי השרותים, למנהג ספרד אינה נאסרת. גם למנהג אשכנז, במקרה ודאי של דלקת בדרכי השתן, כזאת המאובחנת על ידי רופא או בבדיקת מעבדה, אינה נאסרת. גם ללא אבחון של דלקת, האישה נאסרת למנהג אשכנז רק כאשר נמצא הדם תוך 15 שניות ממתן שתן. דם המתגלה על מושב האסלה או במי השירותים לאחר פסק זמן זה אינו אוסר אותך.

בכל מקרה של דימום בתקופת ההיריון רצוי לפנות לרופא המטפל. במקרה של דלקת בדרכי השתן, חשוב לקבל טיפול אנטיביוטי על מנת למנוע צירים מוקדמים ולידה מוקדמת כתוצאה מהדלקת.

הרחבה

המוצאת דם על האסלה או במי האסלה

כאשר אישה רואה דם בשעת מתן שתן, קיים חשש שמא מדובר בדם רחמי אשר התערבב בשתן.[1] חכמים נחלקו באילו מצבים יש לחשוש למצב זה: אם עומדת ומטילה

---

[1] בנדה נז ע"ב מדובר בחשש שמא מי רגלים חזרו למקור והביאו דם. לפי הבנתנו היום את דרכי היציאה של דם בדרכי השתן ודם מהמקור, כנראה שמדובר בערבוב הדמים.

מי רגלים טמאה אם לאו, וכן אם השתן מקלח או שותת מגופה.[2] הראשונים[3] נחלקו בדעת ר' יוסי שהאישה טהורה בין ביושבת בין בעומדת. השלחן ערוך[4] פסק כדעת הרמב"ם ורש"י, שבכל מקרה אפשר לתלות את מקור הדם במי הרגלים ולא ברחם, וממילא האישה טהורה. ואילו הרמ"א פסק כדעת רבינו חננאל[5] שהאישה טהורה רק אם הטילה מי רגליה בקילוח בהיותה יושבת, והדם נמצא בתוך הספל ולא על דפנותיו, ובשאר המקרים היא טמאה בכפוף לדיני כתמים.[6] הרמ"א מטהר את האישה רק אם היא מוצאת דם בתוך הספל, שאז מוכח שהדם בא מדרכי השתן ולא מהרחם. אולם גם כשמוצאת כתם דם הגדול מכגריס על מושב האסלה, שהיא קבועה בקרקע, או על דפנותיה של האסלה, ניתן לטהר את האישה כדין המוצאת כתם על דבר שאינו מקבל טומאה,[7] וכדברי רבי נחמיה שכל דבר שאינו מקבל טומאה אינו מקבל כתמים.[8] לכן אם האישה רואה כתם על האסלה, כל עוד אין חשש שמא הייתה הרגשה בשעת יציאת הדם (בנושא חשש הרגשה בזמן הטלת מי רגלים, ראו להלן) היא טהורה כי בית הכיסא אינו מקבל טומאה,[9] וכן נפסק להלכה.[10] גם כשנמצא הדם במים, יש לדון

---

[2] נדה יד ע"ב, נז ע"ב, נט ע"ב.

[3] נדה נח ע"ב. בגמרא מפורש שפוסקים כרבי יוסי. לפי רש"י (שם נט ע"ב ד"ה מזנקת) ורמב"ם (הל' איסורי ביאה פ"ה הל' יז) רבי יוסי מטהר בכל המצבים האפשריים, בין עומדת בין יושבת ובין מקלחת בין שותתת. לשיטתם, אין מציאות של אישה העומדת ומזנקת. לפי רבינו חננאל (מובא בתוספות שם יד ע"ב ד"ה ורבי יוסי מטהר), רבי יוסי לא טיהר לגמרי, אלא שהאישה טהורה משום נידה ולטהרות; אבל הוא מודה לרבי מאיר שטמאה משום כתם לבעלה; וטהורה כשיושבת ומקלחת ונמצא דם בתוך הספל. לפי הרא"ש (נדה פרק ט סי' א), רבי יוסי סובר שהיושבת היא טהורה בכל מצב, אבל העומדת טהורה רק אם מזנקת בתוך הספל. ואם עומדת ושותתת על שפת הספל טמאה, שהואיל והמקום צר חוזרים מי הרגלים למקור ומביאים דם, וכך מובאת דעת הרא"ש ברמ"א יו"ד סי' קצא.

[4] יו"ד סי' קצא סע' א.

[5] רבינו חננאל בתוספות נדה יד ע"ב ד"ה ורבי יוסי מטהר.

[6] כיום איננו בקיאים להבחין בין שותתת ומקלחת, ויש להקל רק במקרה שקיימים עוד צדדים להתיר, כגון כאשר נמצא הדם על האסלה או במי האסלה, שהם דברים שאינם מקבלים טומאה. ראו שו"ת רבי עקיבא איגר מהדורה קמא סי' סב ובעקבותיו בדי השלחן סי' קצא ס"ק יט.

[7] הספל שנזכר בראשונים הוא כלי שמקבל טומאה. עיינו להלן הערה 9

[8] נדה נט, וכך פוסקים בשו"ע יו"ד סי' קצ סע' י.

[9] דרכי משה סי' קצ אות ד מזכיר הגהות מיימוניות, הל' איסורי ביאה פ"ט ה"ז ס"ק ה, בשם ספר המצוות. בגמרא מוזכרת מציאת שתן בתוך הספל. כנראה שהספל היה כמו סיר לילה, כלומר כלי לא מחובר לקרקע שנעשה מחרס ויכול להיטמא. בית הכיסא שמוזכר במקורות והאסלה של ימינו מחוברות לקרקע ולכן לא מקבלות טומאה.

[10] רמ"א יו"ד סי' קצ סע' י.

האם מי האסלה ומי רגלים מקבלים טומאה ודין הדם הנמצא במים כדין דם שנמצא על מצע שאינו מקבל טומאה.

בספר נדרי זריזין[11] כותב הרב שלמה קלוגר שמשקים ככלל אינם מקבלים טומאה מדאורייתא, וטומאתם אינה אלא מדרבנן, ולכן יש לומר שחכמים לא גזרו כתמים על דבר המקבל טומאה רק מדרבנן, משום שאין עושין גזירה לגזירה.[12]

לעתים יש סיבה נוספת להקל, והיא שהאסלה אינה בדוקה. כאשר האישה רואה דם במי האסלה ולא הביטה לתוך האסלה לפני שהתיישבה כדי לבדוק שהמים נקיים, שאז ייתכן שהדם היה שם קודם (בכפוף לכך שאחרים השתמשו בשירותים אלה). מציאת דם בשירותים שרבים משתמשים בהם כמוה כדין המוצאת דם על עד שאינו בדוק, שטהורה מטעם ספק ספיקא.[13]

עד כאן התייחסנו לדם שנמצא בשירותים כאילו מדובר בכתם שנמצא ללא הרגשה. אולם יש מקום לחשוש שיציאת הדם שנמצא בשירותים היתה מלווה בהרגשה, אלא שהאישה לא שמה לב לכך היות שהדבר אירע בשעת יציאת מי הרגלים. בגמרא מוזכרים שלושה מקרים שבהם יש חשש שלאישה היתה הרגשה ולא שמה לב לכך: בדיקת עד, קיום יחסים, והטלת מי רגלים.[14] לפי מנהג ספרד[15] אין חשש של הרגשה בהטלת מי רגלים. לעומת זאת, מנהג אשכנז הוא לחשוש להרגשה שאולי היתה בזמן הטלת השתן.[16] לכן, בדומה למצב של מציאת דם בקינוח, אם עבר זמן בין הטלת השתן למציאת הדם, אפשר להניח שדם זה לא בא בהרגשה, ולכן יש לו דין של כתם.

---

[11] נדרי זריזין (קונטרס שירי שירים סי׳ כב), וכן נפסק במנחת יצחק חלק ט סי׳ צג, שסברא זו חזי לאיצטרופי להקל במקרה זה.

[12] לעומתו, בנוב״י תנינא סי׳ קט פסק שמשום לא פלוג, גם דבר שמקבל טומאה מדרבנן יכול להיטמא, ראו במנחת יצחק שבהערה לעיל שדן בסוגיא זו באריכות.

[13] ספק לא ממנה, ואם ממנה אולי לא מן המקור. רמ״א יו״ד סי׳ קצא סע׳ א, חוו״ד קצא ס״ק ד, חוט השני קצא ס״ק ב, ג. בשיעורי שבט הלוי (סי׳ קצא ס״ק ח עמ׳ רכ) מקל במקרה שהמקום לא בדוק רק כאשר גודל הכתם הוא עד כגריס.

[14] נדה נז ע״ב.

[15] יו״ד סי׳ קצא.

[16] חוו״ד סי׳ קצ ס״ק א באורים ד״ה ואם מצאה. אך יש שלא חששו, וראו חזון איש סי׳ צ ס״ק ה ד״ה והנה. להרחבה בנושא חשש הרגשה בהטלת מי רגלים ראו להלן סי׳ כז, דם על נייר קינוח.

כל עוד לא הביטה תוך 15 שניות מסיום הטלת השתן, אפשר להניח שהדם לא בא יחד עם השתן ולכן אין לחשוש להרגשה בדם זה.[17]

דלקת בדרכי השתן

במקרה של דלקת בדרכי השתן, קיימת אפשרות שמקור הדם הוא בדלקת. בין הסימפטומים של דלקת זו, כגון תחושת צריבה בזמן הטלת השתן, דחיפות ותדירות בצורך להטיל מים, ריח רע או צבע שתן שונה, כאבי גב או חום, נמנית גם הימצאות דם בשתן.[18]

כבר נכתב בפוסקים שאם האישה חשה כאב בזמן הטלת השתן, אפשר להניח שהדם נובע מדלקת בדרכי השתן ואין לחשוש שמדובר בדם נידה.[19] דין זה נלמד מההלכה שאם אישה יודעת שיש לה מכה שיכולה להוציא דם, היא יכולה לתלות את הכתם במכה.[20]

לפעמים דלקת בדרכי השתן אינה מלווה בסימפטומים נוספים פרט לדימום, ובמיוחד בתקופת ההיריון. היום הרופאים בדרך כלל מרבים לבצע בדיקות שתן בעת ההיריון מפאת החשש שזיהום בדרכי השתן יביא לדלקת בכליות. כמו כן, דלקת בתקופת היריון יכולה לסכן את האישה ואת העובר, או להביא לידי צירים מוקדמים ולידה מוקדמת. בשיעורי שבט הלוי[21] נפסק שאין צורך שהאישה תחוש כאב כדי שנוכל לתלות את הדם בדלקת, ואפשר לסמוך על בדיקת מעבדה כדי לקבוע שקיימת דלקת בשתן שיכולה לגרום לדימום. היום ניתן לברר באופן מיידי אם קיימים סימנים של

---

[17] הערה יד של אג"מ על ספר הלכות נידה של הרב שמעון איידר, אג"מ יו"ד ח"ד סי' יז ס"ק יג ,חוו"ד סי' קצ סוף ס"ק א, שבט הלוי סי' קצ עמ' קע. להרחבה על משך זמן שהייה של 15 שניות, עיינו להלן סימן כז, דם על נייר קינוח.

[18] תופעה הנקראת 'המטוריה'. הדם עובר סינון בכליות ומופרשים ממנו חומרי פסולת ועודפי נוזלים שעוברים דרך השופכנים אל כיס השתן ומשם מופרש השתן מהגוף דרך השופכה. בכל שלב בתהליך יכולות להיווצר כדוריות אדומות בדם. הגורם השכיח ביותר לדם בשתן הוא זיהום בדרכי השתן, אך הוא יכול להופיע גם בעקבות אבנים בדרכי השתן, חסימות בדרכי השתן, או אפילו מנטילת תרופות כגון סוגי אנטיביוטיקה מסוימים ומדללי דם כאספירין.

[19] שו"ת הר"ן סי' מט ד"ה ואני אומר, רמ"א סי' קצא סע' א.

[20] יו"ד סי' קפז סע' ה. על מכה שהיא יודעת שמוציאה דם ראו להלן סימן כא, תלייה בפצע בז' נקיים.

[21] סי' קצא ס"ק טו עמ' רכ-רכא.

דלקת בשתן (כגון מספר גבוה של כדוריות לבנות או ניטריטים בשתן), ולכן על סמך בדיקת 'סטִיק' שנותנת תשובה מיידית אפשר לתלות בדלקת את מקור הדם שבשתן.[22]

גם בהעדר בדיקת שתן, אם יש לאישה סימפטומים נוספים המצביעים על דלקת בדרכי השתן, היא יכולה לתלות את הדם בדלקת, בהתאם לדברי הרמ"א הכותב שאם יש לאישה וסת קבוע ומרגישה כאב ורואה דם בשתן שלא בשעת הווסת, היא טהורה.[23] כמו כן, אישה מסולקת דמים, או בשל תרופות שנוטלת או משום שהיא מעוברת ומניקה, תוכל לתלות בדלקת את הדם שבשתן היות שאינה אמורה לראות דם נידה.[24]

מ.ר.

---

[22] כן דעת הר"י והפטיג.

[23] הרמ"א מוסיף שיש להחמיר באישה שיש לה וסת, שחייבת לבדוק את מקור הדם. בבבדיקה זו, הנקראת 'בדיקת המהרי"ל', האישה מניחה מוך בנרתיק בשעת הטלת השתן וכך תוכל לראות אם הדם יוצא דרך הנרתיק או מדרכי השתן. הרמ"א אינו סומך על בדיקת המהרי"ל לאישה שאין לה וסת ורואה דם בשתן משום חשש שהיא לא תבחין בין הדם שבשתן לבין דם נידה.

[24] שבט הלוי סי' קצא ס"ק טו עמ' רכ.

סימן ד

כתמים ודימומים בזמן היריון

שאלה

אני בשבוע ה-11 להיריון ומצאתי דימום קל על תחתון לבן. האם נאסרתי בעקבות הדימום?

תשובה

מבחינה רפואית, דימומים קלים בתחילת היריון הם לרוב תקינים.[1] למרות זאת, בכל מקרה של דימום בתחילת היריון, יש להיבדק אצל רופא. במקרה שמתלווה לדימום כאב, יש לגשת מידית לבדיקה ע"מ לשלול אפשרות של היריון חוץ רחמי.[2]

מבחינה הלכתית, בזמן ההיריון את נחשבת כמסולקת דמים ואינך צריכה לחשוש לווסתך, אולם אם מופיע דימום יש לדון בו על פי הכללים ההלכתיים המקובלים.

דימום קל (שאינו מגיע בכמותו לדימום של מחזור רגיל) שנמצא ללא הרגשה הלכתית אוסרת נחשב ככתם ונידון על פי דיני כתמים. מכיוון שצבע התחתון הוא לבן, אם גודל הכתם הוא יותר מכגריס (כעיגול בקוטר כ- 19 מ"מ) הכתם אוסר.

אם הנך מסופקת אם צבע הכתם הוא צבע אוסר, כדאי להראותו לסמכות הלכתית. אם נאסרת לאחר בדיקת הכתם על פי כללים אלה, דינך כדין אישה נידה לעניין הרחקות, ספירה וטבילה.

כהנחיה כללית, מכיוון שכתמים בהיריון הם שכיחים, מומלץ להקפיד על לבישת

---

[1] תופעה של דימום בתחילת היריון מתרחשת אצל כ-25 אחוזים מהנשים בתחילת היריון. מדובר לרוב בדימום מהרחם. ראו נספח רפואי ב, היריון.

[2] בנושא היריון חוץ-רחמי, ראו נספח רפואי ב.

תחתון צבעוני על מנת להינצל מבעיות וספקות בשל כתמים. כמו כן ניתן להשתמש בתחתונית שנחשבת כמצע שאינו מקבל טומאה, ולכן כתמים שייראו עליה לא יאסרו אותך.

הרחבה

דם נידה האוסר את האישה מדאורייתא הוא דם הבא בהרגשה,[3] והוא אוסר את האישה בכל כמות שהיא, וללא קשר לשאלת המצע שעליו נראה. דם הבא ללא הרגשה נקרא בלשון חכמים 'כתם' והוא מותר מדאורייתא, אך חכמים אסרוהו בתנאים מסוימים והתירוהו בתנאים אחרים.[4] על מנת שכתם יאסור, צריכים להתקיים בו כל התנאים שלהלן. כאשר חסר אחד מהם - האישה טהורה.

התנאים לאסור כתם:

א. צבע הכתם - הכתם בצבע אדום, חום נוטה לאדום או שחור.[5]

ב. אין במה לתלות - אין כל גורם אחר שניתן לתלות בו את הכתם (כגון פצע, טחורים, פטריה וכדומה).[6]

ג. גודל הכתם - יורחב להלן.

ד. מצע הכתם - יורחב להלן.

גודל הכתם

לגבי גודל הכתם המטמא, שיעור כגריס נפסק על פי המשנה והגמרא[7] העוסקות בתלייה במאכולת (כינת הערווה). רוב הראשונים[8] פסקו כר' חנינא בן אנטיגונוס שתולה במאכולת עד כגריס (וכגריס בכלל, כרב חסדא) גם אם לא הרגה כינה, וכך גם נפסק בשו"ע,[9] שלא גזרו על הכתם אלא אם כן יש בו כגריס ועוד.

---

[3] להגדרת הרגשה האוסרת, עיינו להלן סי' כה, בדין הרגשה.

[4] טור ושו"ע יו"ד סי' קפג סע' א, וסי' קצ סע' א.

[5] להרחבה בעניין צבע הכתם, עיינו להלן סי' נד, צבעים בעדי בדיקה. אמנם סימן זה עוסק בצבעים בעדי בדיקה, אך אותם עקרונות תקפים גם לגבי צבעם של כתמים חיצוניים.

[6] להרחבה בעניין זה עיינו למשל בסימנים יז, כא, מה, נב, ו-נו.

[7] נדה נח ע"ב.

[8] רמב"ם הל' איסו"ב פ"ט הל' כג, רשב"א תורת הבית ב"ז ש"ד, רא"ש פ"ח סי' ו, ועוד.

[9] יו"ד סי' קצ סע' ה.

רוב הפוסקים[10] מסכימים שגודל גריס הוא עיגול בקוטר של 19 מ"מ, או כל צורה אחרת בעלת אותו שטח.

בעל ספר יראים[11] כתב שיש להיזהר בגודל הכתמים לפי שיקול הדעת, כיוון שאין אנו יודעים מהו שיעור כגריס. על פי דבריו נראה שאפשר לתלות רק בגודל הכתם שכינים משאירות בפועל, שהוא קטן מאד.[12] אולם פוסקים רבים[13] סוברים שאין לנו אלא גזרת חז"ל כפי שנגזרה בימיהם, והם לא גזרו כלל על כתם פחות מכגריס, ומשערים את גודל הגריס כפי שנכתב לעיל.

בדרך הטבע, צורת הכתמים אינה צורת עיגול מושלמת וברוב הפעמים הם יופיעו ככתם משוך ומאורך, ויש לחשב האם שטח הכתם גדול מגודל הגריס. במקרים שבהם קשה לשער, אפשר להעתיק את צורת הכתם על נייר שקוף ואז להניחו על שטח העיגול. אם חלק מצבע הכתם הוא צבע מותר, מחשבים את החלק שבצבע המטמא בלבד.[14] אוסף כתמים קטנים שבכל אחד מהם אין יותר מכגריס אינם מצטרפים כדי לטמא,[15] אולם אם הם מחוברים ביניהם, אפילו בכתם בצבע מותר, מצטרפים לאסור.[16]

דין דומה ישנו לכתם שנראה על גוף האישה במקום שניתן להניח שבא ממנה.[17] הראשונים נחלקו בשאלה האם ניתן לתלות במאכולת גם כתם על הגוף.[18] הרמב"ם[19]

---

[10] עיינו שו"ת מעיל צדקה סי' כז, ובעקבותיו רוב הפוסקים האחרונים.

[11] ספר יראים סי' כו (דפוס ישן קצב) והובא גם בפתחי תשובה, יו"ד סי' קצ סק"ט. אמנם יש מי שפירש שהמאכולת היא כינת הערווה, שהיא גדולה בהרבה מכינת הראש, וראו שו"ת בני בנים ח"ב סי' לב.

[12] ניתן להסיק מדבריו, שבימינו, כשאין לנו כלל כיני גוף המשאירות כתמים, ייתכן ואי אפשר בכלל לתלות כתמים במאכולת. אולם אף פוסק לא פסק כך להלכה.

[13] שו"ת חכם צבי סי' ס"ז, שו"ת חת"ם סופר יו"ד ח"ב סי' קנ וסי' קפב, שו"ת אגרות משה יו"ד ח"ג סי' מו, ועוד. החת"ם סופר מסביר שכל גזרת הכתמים נגזרה רק בגלל טהרות, שלא ייתכן שנטהר את הבגד ואילו האישה תהיה טמאה. לפי זה, כיום, כשאין לנו טהרות אין לה בעצם מקום, ואולי יש להחמיר בכתם בכל גודל. אך כיוון שמדובר בגזרת חז"ל לא ניתן לבטלה, ולכן אנו פוסקים לפי מה שגזרו חז"ל בימיהם.

[14] מעיל צדקה סי' סב.

[15] יו"ד סי' קצ סע' ח.

[16] מעיל צדקה סי' סב.

[17] כגון על ידיה או על ירכיה, כמפורט ביו"ד סי' קצ סע' יא.

[18] היסוד לדיון בכתם על הגוף מצוי בגמרא בנדה נז ע"ב, אך אין שם דיון על גודל הכתם המטמא.

[19] רמב"ם, הל' איסו"ב פ"ט הל' ו. ונראה שכך פסק גם הרא"ש (נדה פרק ח סי' ב).

כתב שכתם על הגוף מטמא בכל שיעור, אולם רוב הראשונים[20] חלקו עליו ופסקו שגם בכתם על הגוף לא גזרו בפחות מכגריס. השו"ע[21] הביא להלכה בסעיף ו' את שתי הדעות, דעת הרוב בסתם ודעת הרמב"ם ב'יש אומרים', ולפי כללי הפסיקה נראה שפסק כסתם. ראיה לכך היא שבסעיף ח' הביא מחלוקת נוספת, שבנויה על הפסיקה שצריך שיעור לגודל הכתם גם על הגוף, ומכאן מובן שכך פסק להלכה.

סעיף ח' בשו"ע עוסק בשאלה האם כתמים קטנים נפרדים, המצטרפים ביחד ליותר מגודל גריס, אוסרים את האישה. הדיון בנושא מבוסס על דברי ר' ירמיה בגמרא.[22] להלכה נקבע שעל הבגד כתמים קטנים אינם מצטרפים, אולם לגבי כתמים על הגוף ישנה מחלוקת ראשונים.[23] השו"ע הביא בסתם את הדעה שכתמים קטנים אינם מצטרפים, בלי להבחין בין הבגד לגוף, וב'יש אומרים' הביא את הדעה שעל הגוף הכתמים מצטרפים. לפי כללי הפסיקה נראה שפסק להקל כסתם, אולם הב"ח[24] פסק כאן להחמיר וכך פסק גם בעל תורת השלמים.[25] גם אחרוני זמננו פסקו להחמיר לצרף כתמים קטנים על הגוף לגודל גריס.[26]

על מה נראה הכתם

שאלה זו מתחלקת לשני עניינים: החומר שממנו עשוי המצע; וצבע המצע שעליו נמצא הכתם. חכמים לא גזרו על כתם שנמצא על דבר שאינו מקבל טומאה וכן לא גזרו על כתם שנמצא על בגד צבעוני.[27]

---

[20] ראב"ד בהשגותיו על הרמב"ם שם, וכן הרמב"ן והרשב"א כמובא במ"מ על הרמב"ם שם.

[21] יו"ד סי' קצ סע' ו.

[22] נדה נח ע"א.

[23] לרמב"ם ולרא"ש אין צורך בצירוף, כי אסרו על הגוף גם בכתם קטן. הרשב"א (תורת הבית, בית שביעי שער ד) הביא את שתי הדעות ולמרות שנטה להכריע שגם על הגוף לא מצטרפים כתמים קטנים, פסק לבסוף כדעה המחמירה, שמצטרפים. הראב"ד (בעלי הנפש שער הכתמים סימן ג) והתוספות (נדה נח ע"א ד"ה כשורה) פסקו שכתמים על גופה מצטרפים לגודל גריס, וכך פסק גם הטור (יו"ד סי' קצ סע' ח- ט).

[24] ב"ח יו"ד סי' קצ סקי"ב.

[25] תורת השלמים יו"ד סי' קצ סק"ט.

[26] טהרת הבית ח"א סי' ח סע' ד, דרכי טהרה עמ' כ' ב"יש מחמירים", שעורי שבט הלוי סיכום ההלכות סי' קצ סע' ח. הגר"ש וואזנר מציין שם בס"ק ד שאם ישנם שני כתמים קטנים על הגוף שנראים ככתמים נפרדים (כגון שאינם באותו מקום) ניתן להקל בשעת הצורך. הגר"ע יוסף מסביר בהערה שם מדוע פסקו אחרונים כנגד כללי הפסיקה המקובלים כ"יש אומרים".

[27] יו"ד סי' קצ סע' י, ורמ"א שם.

מצע שאינו מקבל טומאה

שני מקורות עיקריים דנים במצע שאינו מקבל טומאה:

1. רבי נחמיה במשנה[28] מביא את הכלל שמצע שאינו מקבל טומאה אינו מקבל כתמים. בגמרא שם מופיעה גם דעה תנאית נוספת החולקת על דברי רבי נחמיה, אך הגמרא מסכמת את הסוגיא "והורו חכמים כר' נחמיה".[29] כך פסקו גם רוב מוחלט של הראשונים[30] וכך נפסק להלכה.

התוספות במקום[31] מבארים את טעמו של רבי נחמיה, שכיוון שהדבר שעליו הכתם נמצא הוא טהור, לא גוזרים טומאה על האישה. בדומה לכך כותב גם הר"ן[32] שכל עיקר גזירת כתמים היא לעניין טהרות ולעניין הבגד. כלומר: נפסק להלכה כי 'מקור מקומו טמא' (הרחם עצמו טמא ולכן כל דימום שיוצא ממנו טמא), ואם כן, הדם שמקורו מהאישה אוסר את הבגד מדאורייתא. ואולם, כשהדם בא ללא הרגשה הוא אינו אוסר את האישה מדאורייתא, לכן האישה נאסרת רק אגב הבגד, משום גזירה שלא יבואו לטהר את הבגד. ואולם, במקרה שהמצע שעליו נראה הדם אינו מקבל טומאה, גם האישה אינה טמאה.[33]

2. בסיום סוגיית 'הרואה כתם'[34] מעמיד רב אשי את דברי שמואל "בדקה קרקע עולם וישבה עליה ומצאה דם, טהורה..." כרבי נחמיה במשנה דלעיל.

במציאות ימינו נזדקק לדיון במצע שאינו מקבל טומאה בעיקר בשאלות העוסקות בכתם הנראה על נייר ניגוב, על תחתונית, על בגד סינתטי, או על מושב האסלה.[35]

מצע צבעוני

המקור להקלה בכתם שנמצא על בגד צבעוני מצוי בברייתא בנידה סא ע"ב שבה

---

[28] נדה נט ע"ב.

[29] נדה ס ע"ב.

[30] בבית יוסף יו"ד סי' קצ סע' י מובא הראב"ד (בעלי הנפש שער הכתמים עמ' נט) כיחיד שלא פסק כך.

[31] נדה נח ע"א ד"ה כרבי נחמיה דאמר כל דבר שאינו מקבל טומאה כו'.

[32] חידושי הר"ן נז ע"ב.

[33] שו"ת נוב"י קמא סי' נב.

[34] נדה נז-נח ע"ב

[35] להרחבה בנושאים אלו עיינו להלן סי' כז, דם על נייר קינוח; סי' מד, כתמים על תחתונית ובגד סינתטי; סי' ג, דם בשתן בזמן ההיריון.

תנא קמא אוסר ורבי נתן (יונתן) מטהר. הרמב"ן[36] פסק כתנא קמא להחמיר, ואילו הרא"ש[37] והרמב"ם[38] כתבו להקל כרבי יונתן. הרשב"א[39] כתב דעה אמצעית - שיש להקל בכתמים, אולם המחמיר תבוא עליו ברכה.

רבי יונתן בברייתא מביא לבישת בגד צבעוני כתקנה שנועדה להציל את האישה מהיטמאות בכתמים. הגמרא דנה בשאלה האם אישה חייבת ללבוש צבעונים או רק מותרת בכך. הרמב"ם פוסק כרב יונתן שלבישת צבעונים היא תקנה. הבית יוסף דוחה את דעת הרמב"ם, ומגדיר לבישת צבעונים כהיתר. הרמ"א בהגהותיו מצטט את הרמב"ם ומביא לבישת בגד צבעוני כתקנה: "לפיכך תלבש האישה בגדי צבעונין כדי להצילה מכתמים".[40]

הראשונים והאחרונים נחלקו האם הגמרא הקלה בדין בגד צבעוני רק לטהרות או אף להתיר אישה לבעלה.[41] וכן יש מבחינים בין כתם הנמצא על בגד תחתון צבעוני הצמוד לגוף לבגד שאינו צמוד לגוף.[42]

מכל מקום, רוב האחרונים סמכו על פסיקת השו"ע והרמ"א ומטהרים כתם בבגד צבעוני.[43]

---

[36] הלכות נדה ד ו.

[37] נדה פ"ט סי' א השני.

[38] הל' איסורי ביאה פ"ט הל' ז.

[39] תורת הבית הקצר ב"ז ,סוף ש"ד.

[40] יו"ד סי' קצ סע' י בהג"ה.

[41] בדגמ"ר על השו"ע ד"ה על בגד צבוע כותב: "תמהני שלא הביא שום חולק". ומזכיר את ההגמ"י פ"ט מא"ב אות ו בשם רבינו שמחה ובשם ראב"ן שלא אמרו בגמרא דבר זה אלא לטהרות. וכן גם הרמב"ן מחמיר בזה וקשה להקל כנגד שלושה חמורי עולם. הברכי יוסף סי' קצ סע' י בהג"ה, מצטט את הרב דוד קורינאלדי המתקיף את השו"ע בזה, אך הוא עצמו (הברכי יוסף) חולק עליו ומסכים לדעת השו"ע להקל בבגד צבעוני.

[42] שו"ת חת"ס יו"ד סי' קסא מחמיר בבגד הצמוד לגוף. ועיין בשו"ת אילה שלוחה שכתב על דברי החת"ס "אין מקום לחומרה זו וכל ישראל יוצאים ביד רמ"א ז"ל שתלבש האישה בגדי צבעונים גם בגד הסמוך לבשר". בשו"ת יגל יעקב בהגהות על השו"ע סי' קצ כתב שנראה להבין את החת"ס שכונתו רק שלא תלבש האישה צבעוני בימי ליבונה כדי להצילה מכתמים, אך לא איירי כלל בזמן אחר להחמיר בזה שהוא נגד פשטות השו"ע. ראו גם שו"ת מעיל צדקה סי' סב שמקל בזה.

[43] דיון באריכות בשתי הנקודות שהבאתי לעיל (בהערות 40 ו-41) ופסיקות האחרונים ניתן למצוא בטהרת הבית ומשמרת הטהרה בדיני כתמים סי' ח סע' ו, שיעורי שבט הלוי סי' קצ סע' י ס"ק ד-ח, ובטהרה כהלכה עמ' עז-עט.

לרבים מבין הפוסקים, כל צבע, גם צבע בהיר, נחשב כצבעוני. ואולם, יש המתייחסים לצבעים בהירים מאוד (קרם, צהוב בהיר) כאל לבן ולכן לכתחילה, אם יש אפשרות אחרת, רצוי לא להשתמש בהם.[44] לכן תוכל האישה ללבוש תחתון בכל צבע אחר, גם אם הוא בהיר, כדי לדעת מה מצבה. הנחת תחתונית יכולה אף היא להועיל במקרים של דימומים קלים המופיעים ללא הרגשה.[45]

אישה שנטמאה ע"י כתם סופרת בודקת וטובלת כנידה ממש[46] אולם אינה צריכה לחשב עונות פרישה.

א.ק., נ.ל.

---

[44] שש"ה סי' קצ ס"ק ד עמ' קע.

[45] ראו להלן סי' מד, כתמים על תחתונית ובגד סינתטי.

[46] יו"ד סי' קצ סע' א וברמ"א שם. ספירה כנידה ממש כלומר: לאשכנזיות חמישה ימים ועוד שבעה נקיים, לנשים בנות עדות המזרח ע"פ האפשרויות השונות. ראו להלן סי' נז, המתנה לפני ספירת ז' נקיים בכתם המטמא.

סימן ה

דם במכשיר אולטרסאונד

שאלה

אני בשבוע ה-14 להיריון. לאחר בדיקת אולטרסאונד וגינלי, ראיתי שהיה דם על המכשיר. הרופא אמר לי שצוואר הרחם סגור וכנראה שהדם בא מצוואר הרחם מבחוץ. האם נאסרתי? האם אני יכולה לסמוך עליו - הוא לא רופא דתי?

תשובה

לא נאסרת על ידי הבדיקה. תוכלי במקרה זה לסמוך על הרופא שהדם שראית אינו מן הרחם, והוא כנראה מגירוי שנגרם על ידי המתמר.[1]

הרחבה

בדיקת אולטרסאונד וגינלי משמשת לסקירת איברי האגן כולל הרחם וצוואר הרחם, החצוצרות והשחלות. לביצוע הבדיקה מוחדר מתמר דמוי מוט קצר לתוך הנרתיק. ההסתכלות על הרחם וצוואר הרחם באמצעות האולטרסאונד יכולה לספק מידע שצוואר הרחם סגור ושאין סיבה לחשש למקור רחמי לדימום.

אף שעל נאמנות הרופאים כבר דנו ראשונים ואחרונים והגבילו אותה,[2] הרופא נאמן

[1] רירית הנרתיק עשויה להיות יבשה מהרגיל ורגישה יותר להחדרת גוף זר בתקופת ההיריון או בזמן נטילת אמצעי מניעה הורמונליים.

[2] ראו להלן סי' טז, ראיית דם ע"י רופא בבדיקה שלאחר הלידה.

כשהוא מדווח על ממצאים גלויים הנראים באמצעות האולטרסאונד, גם אם אינו ירא שמיים,[3] שכן הוא אינו מפרש ממצאים אלא רואה אותם בעליל.

אמנם בהחדרת חפץ פנימה יש מקום לחשוש לראיית דם בהרגשה[4] והרופא כאן לא קבע שקיימת מכה שמוציאה דם.[5] ואולם, במקרה זה מצטרפת עדות הרופא שהרחם סגור ואינו מדמם, ומצבה של האישה כמסולקת דמים, לידיעה הוודאית על חפץ זר, מהסוג שיכול לגרום לפציעה קלה, שהוכנס לנרתיק.[6]

על כן יש לתלות את המראה באפשרות שהאישה נפצעה במהלך החדרת המתמר לתוך הנרתיק.

ר.ש.פ.

---

[3] נאמנותו של רופא שאינו יר"ש, וכל שכן רופא גוי, נידונה בפוסקים בהקשר לרפואתה של רמ"ת. מצד נאמנות עד אחד הנאמן באיסורים, נראה שאינה קבילה. על כל פנים שונה הדבר במקרים שבהם הרופא רואה ממש, בעזרת מכשיר שבידו ואינו אלא מדווח על המציאות. המקרים הללו נכנסים לגדר 'דברים שעתידים להתגלות' (שיש יכולת לבדוק אותם, גם אם באמצעות מכשירים) ובמקרים כאלה נאמן גם רופא עכו"ם. וראו שו"ת מהרש"ם ח"א סי' כד וח"ב סי' עב וסי' קא, שו"ת משפטי עוזיאל כרך ב יו"ד סי' כו, שיעורי שבט הלוי סי' קפז סע' ח ס"ק ג. ועיין גם בדי השלחן סי' קפז סע' ח בביאורים ד"ה ואם תראה האישה.

[4] ראו להלן סי' ס, מציאת דם בדיאפרגמה.

[5] ראו להלן סי' כא, תלייה בפצע בז' נקיים.

[6] כך מסר לי הר"י ורהפטיג.

סימן ו

דימומים בהיריון בסיכון בעקבות שליית פתח

שאלה

אני בשבוע ה-22 להיריון, ולאחרונה התחלתי בשמירת היריון בעקבות דימום. בבדיקת אולטראסאונד התברר שהדימום הוא בגלל שליית פתח.[1] האם נאסרתי או שניתן לתלות את הדימום בדם מכה?

תשובה

דימום מהשלייה יכול לנבוע מסיבות שונות, ובהתאם להן משתנה גם הדין. אם מקורו של הדימום בשלייה עצמה, הדם נחשב לדם מכה ואינו מטמא. מנגד, אם הדימום נגרם כתוצאה מהיפרדות השלייה מדפנות הרחם, הדם נחשב לדם נידה ומטמא.

בחלק מהמקרים של שליית פתח, מקור הדימום הוא בשלייה עצמה, כתוצאה מלחץ על כלי הדם שבתוכה הנובע ממיקומה החריג של השלייה.

לכן עלייך לברר רפואית מהו מקור הדם אצלך. אם יתברר שהדימום הוא רק מהשלייה, ניתן לתלותו במכה והנך טהורה. אם ישנו חשש גם לדם מדפנות הרחם או מהקרומים שבין הרחם לשלייה, אזי נאסרת.

---

[1] שליית פתח היא שלייה הממוקמת מול צוואר הרחם וסותמת את פתח הרחם. הסכנה בשלייה כזו היא שכל נגיעה בה עלולה לגרום לדימום ולפגיעה בשלייה. היפרדות שלייה היא מצב שבו קרומי השלייה נפרדים מדופן הרחם, בניגוד למצב התקין שבו השלייה צמודה הרמטית לדופן הרחם. היפרדות זו יכולה להיות מלאה או חלקית, והיא גורמת בדרך כלל לדימום. מעבר לשאלה ההלכתית, גם אם האישה אינה נאסרת עדיין יש לברר האם מותר לזוג לקיים יחסים מבחינה רפואית. להרחבה נוספת עיינו בנספח רפואי ב, היריון.

הרחבה

אישה בהיריון נחשבת מסולקת דמים.[2] יחד עם זאת, אם היא בכל זאת רואה דם מהרחם[3] בזמן ההיריון, הוא מטמא אותה כנידה,[4] אלא אם כן ניתן לתלותו במכה שבתוך הרחם או מחוצה לו. כחלק מהדיון ברואה מחמת תשמיש, הגמרא[5] מביאה ברייתא המציינת את האפשרות לתלות ראיית דם במכה וכך נפסק להלכה בשלחן ערוך.[6] אמנם הרמ"א[7] הגביל את התלייה במכה למצבים מסויימים, אך במקרה שלפנינו, של אישה בהיריון הנחשבת מסולקת דמים ורואה שטף של דם, ברור שאם הבדיקה הרפואית מראה על דימום הנגרם מפצע,[8] אפשר לתלות במכה.

פוסקי זמננו[9] דנו במצב שבו אישה רואה דם משליית פתח ופסקו כפי שנכתב לעיל, שאם מקור הדימום הוא בשלייה בלבד, ניתן לתלות במכה והאישה טהורה. בעל נשמת אברהם כותב שאם נמצא בבדיקת אולטראסאונד[10] שהשלייה במצב פתח, אז כמעט ברור לגמרי (99% אחרי שלושה חודשי היריון, וסיכוי גבוה מאוד גם לפני כן) שהדימום בא מהשלייה ולא מכותלי הרחם, עקב פגם בכלי הדם שנובע ממיקומה הלא רגיל של השלייה. המחבר פנה לר"י נויבירט ולגרי"ש אלישיב ושניהם פסקו שבמצב כזה מדובר בדם מכה והאישה טהורה.

הרב ד"ר מרדכי הלפרין[11] כותב שניתן לתלות במכה רק כאשר ברור שישנה פציעה

---

[2] לאחר שעברו שלושה חודשים. להרחבה בנושא זה עיינו לעיל סי' ב, עונות פרישה בהתחלת היריון.

[3] הכוונה היא לראיית דם בהרגשה או שטף של דם, ולא לדם הנידון לפי דיני כתמים.

[4] אמנם לא ייתכן שבזמן ההיריון תראה האישה דם וסת, אולם מעיקר הדין כל דם שמקורו ברחם מטמא את האישה ולאו דווקא דם וסת.

[5] נדה סו ע"א: ואם יש לה מכה באותו מקום תולה במכתה.

[6] יו"ד סי' קפז סע' ה. להרחבה בנושא של תלייה במכה ברחם עיינו להלן בסי' כא, תליה בפצע בז' נקיים.

[7] שם.

[8] לעתים ניתן לזהות פצע כזה באמצעות בדיקת אולטרסאונד, אך הדבר תלוי במומחיות הרופא או הטכנאי שמבצעים את הבדיקה.

[9] נשמת אברהם יו"ד סי' קפז סע' ה ס"ק ב . בדבריו הוא נסמך על פסיקות שקיבל מהר"י נויבירט ומהגרי"ש אלישיב. כך פסק גם הרב ד"ר מרדכי הלפרין "דין האשה בשלית פתח והפרדות שליה" כתב עת "הברכה" גיליון מס' 8 טבת תשע"א עמ' עד-עז.

[10] כפי שנכתב לעיל בהערה 8, יש להיזהר מלהסתמך על בדיקת אולטרסאונד בלבד.

[11] בכתב עת "הברכה", שם. בנשמת אברהם לא כתב אבחנה זו, ונראה לפי דבריו שכל דימום שברור שמקורו בשלייה בלבד נחשב כדם מכה, גם אם לא היתה פגיעה חיצונית.

של רקמת השלייה ע"י נגיעה בה. מקרים כאלה שכיחים בשליית פתח בגלל מיקומה החשוף החוצה מול פתח הרחם. אולם אם לא היתה פגיעה ופציעה של גוף השלייה, ובכל זאת יש דימום מהרחם, לדעתו אין להקל.

לעומת זאת, אם מקורו של הדם הוא בהיפרדות השלייה מהרחם או בהיפרדות חלקית של קרומי השלייה, האישה נטמאת כנידה.[12] הנשמת אברהם כותב כך משום שהאישה נחשבת כמתחילה להפיל למרות שיתכן שהדימום יפסק וההיריון ימשך באופן תקין. כנגד הסבר זה ניתן לטעון שכל עוד לא יצא העובר החוצה, אין כאן דין של הפלה. לדעת הר"מ הלפרין ניתן להגדיר דימום מהיפרדות שלייה כ'דם קושי',[13] שבתנאים מסוימים אינו מטמא את האישה. אך כיוון שלרוב תנאים אלו אינם מתקיימים, יש להחשיבו כדימום מהרחם, המטמא את האישה מדאורייתא.[14]

הר"י ורהפטיג[15] אינו מקבל הבחנות אלו. לדבריו, דימום שמקורו בדפנות הרחם מטמא, ודימום שמקורו בשלייה או בקרומיה בלבד יכול להיחשב כדם פצע ואינו מטמא. יחד עם זאת, במצבים של ספק יש להחמיר.

נ.ל.

---

[12] נשמת אברהם, שם בהסתמך על הר"י נויבירט, וכן הר"מ הלפרין, שם.

[13] 'דם קושי' הוא דימום רצוף סמוך ללידה הנובע מחמת הוולד ולא מחמת האישה. דם זה אינו מטמא את האישה בטומאת זבה. בימינו קשה להגדיר ולקבוע מהו בדיוק דם זה.

[14] עיינו עוד במאמרו של הר"מ הלפרין "דין האשה בשלית פתח והפרדות שליה", וראו לעיל הערה 9. דם קושי מוזכר במסכת נדה פרק ד משניות ד-ה, ובגמרא נדה לו ע"ב, לח ע"ב. קשה מאד להבחין בינו לבין דם לידה או הפלה שמטמא את האישה תמיד. כיוון שדם קושי טהור לפי דין המשנה והגמרא רק בימי זיבה ולא בימי נידה, לא ניתן כיום, אחרי חומרת ר' זירא, לטהר אישה מכוח הגדרה זו. לע"ד עדיין יש לבחון האם לפי הנתונים הרפואיים וההגדרות ההלכתיות יש כאן דם מכה או לא. עיינו גם באורות הטהרה עמ' 185 הערה נז, שנשאר בצ"ע בעניין זה.

[15] בשיחה עם הכותבת.

סימן ז

ראיית דם לאחר תפירת צוואר הרחם

שאלה

אני בשבוע ה-22 להיריון. היות שיש לי כבר פתיחה, עשו לי תפר בצוואר הרחם כדי לסגור את הפתיחה. לאחר התפירה, היה לי דימום קל וגם מצאתי כתמים. האם ניתן להניח שהדימום הוא דם מכה, או שמא נאסרתי?

תשובה

תפירת צוואר הרחם היא פרוצדורה המבוצעת כאשר צוואר הרחם נפתח כבר בשלבים המוקדמים של ההיריון ויש חשש כי ההיריון לא יחזיק. זו היא פרוצדורה ניתוחית הגורמת לדימום מצוואר הרחם. דם זה הינו דם מכה, ועל כן אינו אוסר. כדאי לשאול את הרופא שביצע את הפרוצדורה כמה זמן יכול להימשך הדימום בכדי לדעת עד מתי תוכלי לתלות דימום וכתמים בפרוצדורה זו.

הרחבה

הגמרא בנדה[1] אומרת: "תנו רבנן ... ואם יש לה מכה באותו מקום תולה במכתה... ונאמנת אשה לומר מכה יש לי במקור שממנה דם יוצא".[2] ברייתא זו דנה בדימום הנמצא בעקבות יחסי אישות, וקובעת כי כאשר ישנה ידיעה שקיימת מכה באותו מקום, ניתן להסיק שאין זה דם נידה ולתלות בה את הדימום. למרות שהגמרא עוסקת

---

[1] סה ע"ב - סו ע"א.

[2] דין מכה נידון בהרחבה להלן בסי' נ, הכנסת התקן תוך-רחמי בז' נקיים, ועל כן יובאו כאן רק עיקרי הדברים.

בדימום המופיע לאחר יחסי אישות, ברייתא זו משמשת מקור להתייחסות גם לדם מכה המופיע בנסיבות אחרות.

וכך פוסק הטור:[3] "ואם יש לה מכה באותו מקום תולין בדם מכתה". הראשונים והאחרונים נחלקו בשאלה מה מידת הידיעה הנדרשת על מנת לתלות במכה.[4] לשיטת השו"ע בעקבות הטור, ידיעה על קיומה של מכה מספיקה על מנת לתלות בה.[5]

הרמ"א[6] מחלק דין זה למספר מצבים שונים:

א. אישה שיש לה וסת קבוע יכולה לתלות במכתה שלא בשעת וסתה, אפילו אם אינה יודעת שדרכה של מכה זו להוציא דם, כלומר אף אם אין ודאות מוחלטת שמכה מעין זו מדממת.

ב. אישה שאין לה וסת קבוע, וקיים ספק אם הדם בא מן המקור או מן הנרתיק, תוכל מכוח ספק ספיקא לתלות במכתה: שמא מדובר בדם נרתיקי, ואם מדובר בדם רחמי, שמא מקורו במכה.

ג. אישה שאין לה וסת קבוע, אף אם מדובר בדם מן המקור, אם יודעת בוודאות שמכה זו מוציאה דם, תוכל לתלות במכתה. על כך מעיר הש"ך[7] שמספיקה ידיעה שמכה זו הינה מכה הרגילה להוציא דם, ואינה צריכה ידיעה שמַכָּתה מדממת באותו רגע ממש.

ד. בשעת וסתה, או בעונה הבינונית, אין לה לתלות במכתה.

במקרה הנידון, כאשר ישנה ידיעה ודאית על קיומה של מכה בעקבות התפירה, ולאישה יש דין של מסולקת דמים עקב היריונה, יש לתלות את הדימום במכה אף לשיטת הרמ"א והש"ך, ועל כן הדימום אינו אוסר.

א.ק.

---

[3] טיו"ד סי' קפז סע' ה.

[4] וראו להלן סי' נ.

[5] יו"ד סי' קפז סע' ה.

[6] רמ"א שם.

[7] ש"ך שם ס"ק כד.

סימן ח

טבילה בהיריון

שאלה

היה לי דימום במהלך החודש החמישי להיריון ואני אמורה לטבול הערב. אני חוששת לשהות באמבטיה לצורך ההכנה לטבילה, וגם חוששת מזיהום בטבילה עצמה. האם יש הקלה בדרישות ההכנה והטבילה לאישה שבהיריון?

תשובה

אישה בהיריון שנעשית נידה חייבת לספור ולטבול כדין כל אישה נידה. עליה לבצע את החפיפה באופן יסודי על מנת לנקות את כל הגוף. אין חובה להתרחץ דווקא באמבטיה כדי להתכונן לטבילה; אפשר לבצע את ההכנות גם במקלחת. בשעת הטבילה עצמה, מותר לך לטבול טבילה אחת בלבד, גם אם מנהגך הוא לטבול מספר פעמים.

מבחינה רפואית, מומלץ לאישה בהיריון שלא לשהות שהייה ממושכת במים חמים מאד, מעל ל-39 מעלות. מי המקווה אינם אמורים להיות מחוממים לטמפרטורה זו, כך שמבחינה זו לא אמורה להיות בעיה.

מי המקווה מוחלפים בדרך כלל בתדירות גבוהה, לפעמים על בסיס יומי. יש מקוואות שבהם קיימת מערכת סינון מתקדמת. המים מכילים חומר חיטוי, כגון כלור. על כן אינך צריכה לחשוש להידבק מזיהום בשעת הטבילה. אם בכל זאת תרצי, תוכלי לתאם עם הבלנית להיות הראשונה לטבול מיד לאחר החלפת המים או לאחר מספר שעות של פעילות מערכת הסינון.

הרחבה

על אישה בהיריון להימנע משהייה במים שחוממו מעל ל-39 מעלות, במיוחד בשליש

הראשון של ההיריון. ייתכן ששהייה ממושכת בחום זה, כגון בג׳קוזי, תעלה את הסיכוי להפלה או לנזק עוברי.[1] לעומת זאת, טבילה במקווה בחום המקובל, ואף שהייה באמבטיה פושרת לשם הכנה לטבילה, אינן מהוות סכנה כלל.

החלפת המים בבריכת הטבילה מתבצעת בתדירות גבוהה. בישראל, תקנות משרד הבריאות, שהוא הגוף המפקח על המקוואות בארץ, מחייבות תוספת חומר חיטוי למים. לאור זאת, אין צורך לחשוש מזיהומים בשעת הטבילה.

דין חפיפה

מדאורייתא על האישה לעיין בשֵׂער לפני הטבילה, כדי לוודא שאין בין שערותיה דבר שיחצוץ בינה לבין מי המקווה.[2] עזרא הסופר תיקן שעליה אף לחפוף את ראשה. בתוספות מובא שבמחזור ה״ר שמריה מפורש בשם רש״י שלפי תקנת עזרא, חייבת האישה לחפוף כל גופה,[3] אך התוספות עצמם ורוב הראשונים חולקים, וסוברים שעזרא תיקן לחייב חפיפת השער בלבד, וכך משתמע מדברי רש״י עצמו.[4] אמנם נפסק בשלחן ערוך שתחוף במים חמים גופה ושערותיה,[5] וכן המנהג,[6] אך מבואר בראב״ד שרק חפיפת הראש, ולא הגוף, מעכבת את הטבילה.[7]

על הטובלת לחפוף בחמים על מנת להסיר חציצות[8] ולהתיר קשרים בשער.[9] אין הכוונה למים חמים מאד, אלא שלא יהיו צוננים,[10] וכן אין החפיפה חייבת להתבצע באמבטיה דווקא. אמנם נהוג היום להתרחץ באמבטיה על מנת לנקות היטב את הגוף,

---

[1] ראו http://aje.oxfordjournals.org/content/158/10/931.full.

[2] בבא קמא פב ע״א.

[3] נדה סו ע״ב ד״ה אם סמוך לטבילתה.

[4] תוס׳ נדה סו ע״ב ד״ה אם סמוך לחפיפת טבלה אינה צריכה לחוף ולטבול, ובבא קמא פב ע״א ד״ה ושתהא, וכן רש״י ב״ק שם ד״ה האשה חופפת.

[5] יו״ד סי׳ קצט סע׳ א.

[6] ראו בטהרת הבית חלק ג דיני טבילה ב משמרת הטהרה ס״ק ב.

[7] בעלי הנפש שער הטבילה דיני חפיפה עמ׳ פב.

[8] נדה סו ע״ב ורש״י שם, יו״ד סי׳ קצט סע׳ א-ב.

[9] בית הבחירה נדה סו ע״ב.

[10] ראו שיעורי שבט הלוי סי׳ קצט א ס״ק ח וכן קצט ב ב. ובספר הרוקח סי׳ שיב כתב בהקשר טבילה בתשעת הימים שאף במים פושרים בלבד סגי. וכן פסקו האחרונים לגבי כל ימות השנה וראו טהרת הבית ח״ג דיני טבילה ב, ומשמרת הטהרה ס״ק ד עמ׳ ר, וכן דרכי טהרה, פרק טו עמ׳ קמב, על סמך דרכי תשובה סי׳ קצט ס״ק יג.

אבל אישה המעדיפה להתקלח במקלחת תוכל לעשות כן, גם אם אינה בהיריון, ובתנאי שתנקה יפה את כל גופה.[11]

האם יש חובה להקצות משך זמן מסויים לחפיפה? ראשונים נחלקו אם עדיף לחפוף בלילה, סמוך לטבילתה,[12] או לחפוף מבעוד יום, שמא בלילה תמהר לביתה ולא תחפוף יפה.[13] לכן, בכדי לצאת ידי שתי הדיעות, נהוג להתחיל לחפוף מבעוד יום ולהמשיך בהכנות עד שתחשך ואז לטבול.[14] המהרש"ל כתב שאם תקבע לעצמה שעה לחפיפה יסודית, תוכל לחפוף גם בלילה כפי שתיקנו רבני איטליה מטעם צניעות הנשים שרצו להסתיר טבילתן,[15] וכך נפסק בש"ך.[16] בשבט הלוי מפרש שמנהג כשר זה של שעה נאמר רק בחופפת בלילה שאז מהומה לביתה, אך יש שנהגו כן גם ביום, אמנם שעה זו כוללת את כל ההכנות לטבילה ולא את זמן השהייה במים בלבד.[17] ובאיגרות משה כתב שאישה שאינה מגדלת שער ארוך, והיא רגילה להתקלח מידי יום, אם יודעת בעצמה שאינה זקוקה לשעה להכנות, תקבע לעצמה את מסגרת הזמן הנדרש לה לבצע את ההכנות במתינות וביסודיות.[18]

נפסק בשלחן ערוך שאין למלא את המקווה בחמים משום גזירת המרחצאות, שמא יטעו לטבול בבריכה מחוממת שאינה מקווה כשר.[19] אך כבר מובא בשו"ת נבחר מכסף בשם ר' אליעזר בן ארחא שהעיד שבסוף ימיו הבית יוסף חזר בו מהדרישה לטבול בצוננים.[20] מכל מקום, ראוי שמי המקווה לא יהיו חמים יתר על המידה.[21]

---

[11] בבדי השולחן הלכות טבילה סי' קצט ס"ק יז מדייק מלשון השלחן ערוך "ותשטוף" שמדובר בשפיכת מים על הגוף, ולא כתב "ותרחץ" המורה על כניסה לתוך המים. וראו גם שיעורי שבט הלוי סי' קצט א ס"ק ח. ובמשמרת הטהרה שם בסעיף ב ס"ק ב, כתב שאישה חולנית שהרחיצה מזיקה לה תוכל, במקום לחפוף גופה במים, להעביר מטפחת לחה על כל גופה ולטבול לאחר חפיפת הראש ועיון מדוקדק בגופה.

[12] מובא בשם שאילתות דרב אחאי גאון בתוספות נדה סח ע"א ד"ה כך אמרו.

[13] רש"י נדה סח ע"א ד"ה ותמה על עצמך היאך אשה.

[14] יו"ד סי' קצט סע' ג.

[15] שו"ת מהרש"ל סי' ו.

[16] ש"ך סי' קצט סע' ג ס"ק ו. וראו עוד שו"ת הרמ"א סימן יח בשם מהר"ם פדואה ומהר"י מינץ.

[17] שיעורי שבט הלוי סי' קצט סעי' ג ד"ה ש"ך ו.

[18] שו"ת אגרות משה יו"ד ח"ב סי' פא.

[19] יו"ד סי' רא סע' עה.

[20] שו"ת נבחר מכסף חלק יו"ד סי' יז מובא בטהרת הבית ח"ג עמ' רכז.

[21] ראו טהרת הבית ח"ג דיני טבילה, משמרת הטהרה עמ' רכד-רכט, וכן ח"ב עמ' תקכד-תקכו. ראו גם שיעורי שבט הלוי סי' קצט סע' א ס"ק ח.

מספר הטבילות

ישנם מנהגים שונים בדבר מספר הטבילות שטובלת האישה,[22] אך מעיקר הדין, אישה יוצאת ידי חובה בטבילה אחת. במקרה שהטובלת מבקשת לצמצם את שהייתה במים חמים, תוכל להסתפק בטבילה אחת בלבד.[23]

ש.כ. והצוות

[22] נאמר בתוספתא מקוואות סוף פרק ה שמגונה לטבול פעמיים, והטעם לכך מובא בכסף משנה (רמב"ם הל' מקוואות פרק א הל' ט) כי נראית כמי שטובלת על מנת להתקרר. ראו גם דגול מרבבה קמא יו"ד סי' ר. אמנם, נשים רבות נוהגות היום לטבול פעמיים ולברך בין הטבילות כפי שמובא בבאר היטב יו"ד שם ס"ק א בשם השל"ה, ע"מ ליישב בין השו"ע שפסק לברך קודם הטבילה לבין הרמ"א שפסק לברך לאחר הטבילה. בספר חסידים סי' שצד כתב שנשים רגילות לטבול שלוש פעמים. בטהרת הבית ח"ב טו משמרת הטהרה ס"ק ה עמ' תקמו-תקמז הביא מבן איש חי פ' שמיני אות יט שמנהג הנשים בבבל לטבול שלוש פעמים. וכן מובא שם מנהג של טבילה שבע פעמים.

[23] ואף אינה זקוקה להתרת נדרים לשנות מנהגה. ראו שיעורי טהרה עמ' תסג, וכן דרכי טהרה פרק יח עמ' קעג.

שער ב

לידה

סימן ט

דין פתיחת צוואר הרחם כהתחלת לידה

שאלה

במסגרת מעקב היריון עברתי השבוע בדיקה פנימית. האחות דיווחה לי על פתיחה של ארבעה ס"מ, למרות שצירי הלידה טרם התחילו. בסופו של דבר שוחררתי ועודני ממתינה ללידה. האם אני נחשבת נידה בעקבות הפתיחה, בהעדר צירים?

תשובה

במצב המתואר אינך טמאה עדיין בטומאת לידה, ואף לא בטומאת נידה כל עוד לא ראית דם. פתיחה של ארבעה ס"מ[1] נחשבת כמתאימה לתחילת תהליך הלידה מבחינה רפואית, אך ייתכן מצב שבו ישנה פתיחה של צוואר הרחם גם זמן רב קודם ללידה.[2]

במצב זה, כאשר הפתיחה אינה דינאמית, דהיינו מתרחבת והולכת, אינה מלווה בצירים, ותהליך הלידה טרם התחיל, האישה אינה נאסרת. גם אם התחילו צירים אך נעצרו, ומתברר למפרע שהלידה טרם התחילה, אין האשה טמאת לידה.

הרחבה

הגמרא בשבת[3] דנה ביולדת לעניין חילול שבת משום פיקוח נפש, ומפרטת שלושה

[1] עיינו להלן סי' נ, הכנסת התקן תוך-רחמי בז' נקיים, לגבי 'דין 'אי אפשר לפתיחת הקבר בלא דם', שהוא שייך רק כאשר גוף כל-שהוא מוכנס או יוצא מהרחם; וממילא פתיחת הקבר בתהליך הלידה אינה אוסרת. יש לציין עוד שתיאור 'פתיחה' ברפואה מתייחס לפתיחת הפה החיצוני של צוואר הרחם, ואילו בהלכה אנו עוסקים בפתיחת הפה הפנימי, ולעתים יש פער ביניהם.

[2] מצב זה מצוי בעיקר אצל נשים ולדניות.

[3] שבת קכט.

מצבים שמשעה שהיולדת מגיעה אליהם, ניתן לחלל עליה את השבת: א. יושבת על המשבר; ב. הדם שותת ויורד; ג. אינה מסוגלת עוד להלך בכוחות עצמה וחברותיה נושאות אותה.[4] הרמב"ן[5] פוסק שמחללים את השבת עבור האישה אף לפי אחד מבין סימנים אלה, מפני שמקילים בספק פיקוח נפש. דעתו הובאה בטור ועל פיה נפסקה ההלכה בשלחן ערוך.[6] אלא שהאחרונים נחלקו אם יש להבחין בין יולדת לעניין חילול שבת משום פיקוח נפש לבין יולדת לעניין טומאת לידה.

בעל הנחלת שבעה[7] נשאל על אישה שהייתה סבורה שעומדת ללדת וקראה למיילדת לבדוק אותה,[8] ובסופו של דבר לא ילדה; ופסק שעצם הישיבה על המשבר נחשבת כתחילת לידה וגורמת טומאה, אף על פי שלא ילדה אז בפועל אלא כמה שבועות לאחר מכן.

אחרונים רבים חלקו על דבריו:

החוות דעת[9] כותב שהגדרת האישה כחולה לעניין פקוח נפש בשבת אינה ראייה לכך שהיא טמאה, מפני שטומאת לידה תלוייה בפתיחת הקבר, ופתיחת הקבר היא רק אם אכן יצא משהו מהרחם.[10] לכן יש לפסוק לקולא לעניין פיקוח נפש, אבל אין להחיל את המועד המוקדם ביותר לעניין סכנה גם על הלכות טומאה וטהרה.

הסדרי טהרה[11] כותב שעצם העובדה שלא ילדה מוכיח שהייתה טעות ולא נפתח הקבר,

---

[4] הראשונים חלוקים בדבר סדר הסימנים בתהליך הלידה. הרי"ף כותב שהסימן השני קודם לראשון, ובפועל יש לחכות עד שתהיה יושבת על המשבר, שהוא לאחר שירד הדם. הרשב"א תמה עליו מדוע לא לפסוק לפי הדעה המקלה (לפי סדר השלבים שקבע הרי"ף עצמו), ואכן הרמב"ם פסק שמחללים עליה את השבת משעה שהדם שותת ויורד (אבל בפיה"מ כתב סדר הפוך, קודם יושבת על המשבר ואח"כ שותת הדם).

[5] תורת האדם שער הסכנה עניין המיחוש ד"ה שבת קכט.

[6] או"ח סי' של סע' ג.

[7] שו"ת נחלת שבעה ח"ב סי' ט ד"ה ומצאתי רמז. ומובא גם בפ"ת ליו"ד סי' קצד ס"ק ח.

[8] בשאלה נזכר שהאישה נבדקה על ידי המיילדת, ובעל הנחלת שבעה מחשיב בדיקה זו כישיבה על המשבר.

[9] חוות דעת יו"ד סי' קצד בביאורים ס"ק א.

[10] ומוסיף שמכיוון שאמו של יוצא דופן אינה טמאת לידה אע"פ שבוודאי ישבה על המשבר, הישיבה על המשבר אינה יכולה להוות ראייה לטמאה. ראוי לציין שבמציאות ימינו, אישה שעברה ניתוח קיסרי ('יוצא דופן') לרוב נטמאת מפני דימום דרך הנרתיק לאחר הלידה.

[11] יו"ד סי' קצד ס"ק כה.

ופשוט שטהורה. ומוסיף שהכרתי ופלתי[12] כתב שבזמן ישיבתה על המשבר צריך לנהוג איסור, אבל אם מתגלה שהייתה טעות - טהורה.[13]

בשיעורי שבט הלוי[14] כותב שאף אם יש פתיחה של כמה סנטימטרים, עדיין אין לטמא את האישה אלא אם ישנם גם צירים תכופים, ולעתים אף במצב זה אין לטמאה אלא אם כן האישה כבר אינה מסוגלת להלך.[15]

לכן, אם האישה לא ילדה ואין דימום, אין לאסרה עד שתתפתח לידה.[16]

ז.ב.

---

[12] כרתי ופלתי תפארת ישראל סוף סע' א ומובא גם בס"ט הנ"ל.

[13] ועיינו בשו"ת אגרות משה יו"ד ח"ב סי' ע"ו ד"ה בדבר אישה, שמוצא נפק"מ בין שתי דיעות הללו לעניין בדיקה.

[14] סי' קצד סע' ב ד ד"ה לפתיחת הקבר בעמ' רמד-רמה.

[15] אמנם הגר"מ אליהו (דרכי טהרה, מהדורה חדשה תשס"ז, עמ' קלח) פסק שפתיחה של ארבעה סנטימטרים היא תחילת לידה ומטמאת את האישה משום פתיחת הקבר אף אם לא ילדה לאחר מכן. אך שאר אחרונים לא נקבו בשיעור זה, ולדוגמא ראו בספר טהרה כהלכה עמ' קעה. יש לתת את הדעת לכך שעל פי רוב פתיחה כזו אכן תוביל ללידה, או להתערבות רפואית שתאפשר לידה, ונראה לי שזו הסיבה לפסיקה לחומרא של הגר"מ אליהו בשאלה זו. אמנם עיינו בספר "בשעה טובה" של בני הזוג פינקלשטיין בעמ' 145 הערות 4 ו-6, שם מובא בשם הרב מרדכי אליהו שפתיחה כזו, כאשר היא אינה דינאמית ואינה מובילה ללידה, לא אוסרת את בני הזוג.

[16] יש להבחין כאן בין שני מצבים שעלולים לאסור את האישה: האחד הוא 'פתיחת הקבר' ולכך התייחסנו בשאלה זו, והשני הוא איסור בשל טומאת לידה, שיתכן ויחול רק בשלב הפעיל של הלידה. התייחסות לשאלה זו ראו להלן סי' יב, האם ירידת מים אוסרת.

סימן י

האם יציאת הפקק הרירי אוסרת?

שאלה

אני בהיריון, והתאריך המשוער ללידה הוא בעוד שבוע. אני די בטוחה שכבר יצא הפקק הרירי היות שמצאתי מראה שקוף בצבע צהבהב. האם אני בתחילת לידה ובעלי ואני נאסרנו?

תשובה

נשירת הפקק הרירי היא בדרך כלל סימן מבשר להתקרבות הלידה, אולם אינה בהכרח התחלת הלידה, ולכן אינך טמאה בטומאת לידה. כיוון שהפקק ממוקם בצוואר הרחם בצדו החיצוני, נשירתו אינה נחשבת כ'פתיחת הקבר' (הרחם).

יחד עם זאת, ישנו חשש שאולי מקורה של ההפרשה שראית אינו מהפקק הרירי אלא מהרחם, ועל כן חלים על מה שראית גם דיני כתמים (בתנאי שלא חשת הרגשה הלכתית אוסרת). לפי תיאורך, ההפרשה שראית לא הייתה בגוון אוסר, ולכן את עדיין טהורה ואינך צריכה לנהוג בדיני הרחקות עם בעלך.

יש להתייעץ ברופא בכדי לברר אם מותר לקיים יחסים לאחר יציאת הפקק הרירי.

הרחבה

הפקק הרירי[1] הוא הפרשה רירית צמיגה האוטמת את פתח צוואר הרחם במהלך ההיריון, ומשמשת כאחת ההגנות מפני זיהום.[2] הוא יכול לצאת כגוש שלם או

---

[1] נקרא גם 'כפתור'.

[2] ראו נספח רפואי ב, היריון.

כהפרשה. הפקק הרירי ביציאתו עשוי להופיע במגוון צבעים: צהוב, אדום, חום ואף שקוף, והינו אחד הסימנים המבשרים על התקרבות הלידה. אולם, הלידה עשוייה להתפתח בפרק זמן שנע בין כמה שעות מיציאת הפקק ועד לשבועיים לאחר מכן, לכן אין זה סימן מובהק לתחילת הלידה.[3]

להלן נדון בנושא משני צדדים: א) האם יציאת הפקק הרירי מבשרת את התחלת הלידה? ב) האם יציאת הפקק הרירי נחשבת כפתיחת הרחם לאור מיקומו בפתח צוואר הרחם?

יציאת הפקק הרירי כהתחלת לידה?

הגמרא דנה בהגדרתה של האישה כיולדת לעניין חילול שבת בשל פיקוח נפש,[4] ומביאה שלושה סימנים ללידה, שבגינם מותר לחלל עליה את השבת.[5] יציאת הפקק הרירי אינה אחד מהסימנים הללו, לכן היא אינה קובעת את האישה כיולדת לעניין חילול שבת - ובמקביל גם לא לעניין טומאת לידה.

מיקומו של הפקק הרירי

הפוסקים חלוקים לגבי מיקומו ההלכתי של הפקק הרירי. יש מן הפוסקים הרואים בו חלק מהרחם, ולכן חוששים לפתיחת הקבר אם הפקק יצא כגוש ולא כריר נוזלי.[6] בשיעורי שבט הלוי[7] כותב שביציאת הפקק הרירי יש לחוש לפתיחת הקבר, "ויעשה שאלת חכם", אך אינו מכריע באילו מצבים האישה תיאסר ובאילו לא. אחרים מפרשים שאם הפקק הרירי יצא בחתיכה, הוא נחשב כפתיחת הקבר, ואז האישה נטמאת גם

---

[3] חשוב להבדיל בין נשירת הפקק לבין דימום טרי או חזק, אשר עלול להצביע על היפרדות שלייה, על שליית פתח ועל מצבים נוספים. במקרה כזה יש להגיע מיד לחדר הלידה הקרוב.

[4] שבת קכט, וראו שו"ע או"ח סי' שלא.

[5] ראו עוד להלן בסי' יב, האם ירידת מים אוסרת, ולעיל סי' ט, דין פתיחת צוואר הרחם כהתחלת לידה.

[6] בנדה כא ע"ב מובאת מחלוקת האם אפשר לפתיחת הקבר ללא דם, כלומר האם עצם פתיחת הרחם מטמאת אף כשלא נמצא דם. דעת רוב הראשונים שאי אפשר פתיחת קבר ללא דם. ראו ראב"ד בהשגותיו על הרמב"ם ובבעלי הנפש שער הפרישה סי' א, רמב"ן הל' נדה פ"ג הל' ו ופ"ז הל' טו, רא"ש נדה פ"ג סי' א, רשב"א תוה"ב הארוך בית ז שער ו דף כו ע"ב. וכן נפסק בשו"ע יו"ד סי' קצד סע' ב וברמ"א שם. ועיינו עוד סי' נ להלן, הכנסת התקן תוך-רחמי בז' נקיים. כ"כ עיינו שם בשאלה של הגודל הנדרש כדי לטמא בפתיחת הקבר ללא דם.

[7] נדה סי' קצד סע' ב אות ד ד"ה פקק.

ללא ראיה של דם.[8] בשערי אורה[9] כותב שאם יציאת הפקק הרירי מלווה בדימום, היא מטמאת את האישה.

לעומת זאת, הר"י ורהפטיג סובר[10] שמכיוון שידוע לנו היום שהפקק הרירי מונח בצוואר הרחם בצידו החיצוני, ברור שהוא אינו יוצא מתוך הרחם, ואף אינו פותח את צוואר הרחם הפנימי. לאור זאת, ליציאת הפקק הרירי יש דין של מכה שנמצאת מחוץ לרחם.[11] בנוסף לכך, החשש לפתיחת הקבר על ידי נשירת חתיכה עיקרו כאשר יוצא ולד, ואילו הפקק הרירי הינו הצטברות של הפרשות צמיגיות אך אינו חלק מהולד.

יחד עם זאת, כיוון שקשה להבחין בין הפרשה צמיגה רגילה לבין הפקק הרירי, נידונה יציאתו גם ככל הפרשה דמית אחרת שאישה חווה: הפרשה דמית המלווה בהרגשה מטמאה מדאורייתא,[12] ואילו הפרשה שנמצאת ללא הרגשה נידונה על פי דיני כתמים.[13]

במצב המתואר בשאלה אין כל בעיה, משום שהצבע המתואר אינו אוסר,[14] לא בראייה מדאורייתא ולא בכתם מדרבנן. במצבים אחרים, יש לבחון על מה נראתה ההפרשה ומה היה גודלה, כנהוג בדיני כתמים.[15]

---

[8] חתיכה גושית מהמקור נחשבת כפותחת את הפה החיצוני והפה הפנימי של צוואר הרחם, כפתיחת הקבר, אפילו ללא ראייה של דם: ראו נשמת אברהם שם (יו"ד סי' קצד סע' א ס"ק 2) בשם הגרי"ש אלישיב והר"י נויבירט, ובספר מראה כהן עמ' יד אות ו בשם בעל שבט הלוי (בשונה מהכתוב בשיעורי שבט הלוי שם). אולם במנחת יצחק ח"י סי' לא סע' ג, מובא בשם התפארת צבי שאין פתיחת הקבר ביציאת חתיכה קטנה כאצבע, והאישה טהורה.

[9] עמ' 246. בדבריו הוא אינו מבחין בין ראייה אוסרת לכתם.

[10] הר"י ורהפטיג מורה עוד שכאשר יצא גוש בעל גוון אדום על בגד לבן או אף אם ראתה אותו יוצא ממנה, כאשר ברור שזה הפקק הרירי, אינה נטמאת כיוון שהפקק חיצוני לרחם.

[11] ראו עוד סי' כא להלן, תלייה בפצע בז' נקיים.

[12] יו"ד סי' קפג. וכן הדין אם ראתה את הדם יוצא מגופה (נלמד מגיליון מהרש"א סי' קפג אות ב), כיוון שכל דבר שיוצא מהנרתיק חזקתו בא מהרחם (רמב"ם הל' איסורי ביאה פ"ט ה"א). כל שכן הדין כך אם היא מוצאת את הדם בבדיקה פנימית (פתחי תשובה סי' קפג סע' א ד"ה שתרגיש) וראו עוד להלן סי' כה, בדין הרגשה.

[13] יו"ד סי' קצ. כך נפסק באורות הטהרה פרק יז סע' טז.

[14] עיינו להלן סי' נד, צבעים בעדי בדיקה.

[15] עיינו להלן סי' מד, כתם על תחתונית ובגד סינתטי.

לסיכום, אמנם יציאת הפקק הרירי מבשרת על התקרבות הלידה,[16] אך היא אינה סימן מובהק להתחלת הלידה כמו צירים חזקים, ולכן אינה גורמת לטומאת לידה. לאור הנאמר, יציאת הפקק אינה מראה על פתיחת הקבר ולכן יש לדון בה על פי דיני כתמים.[17]

ש.כ., נ.ל.

[16] לכן יש להתייעץ עם רופאת נשים בנוגע לקיום יחסים ורחצה באמבטיה לאחר נשירת הפקק הרירי.

[17] אלא אם כן הייתה הרגשה הלכתית, ואז בהפרשה אדומה כלשהי האישה נעשית נידה מדאורייתא.

סימן יא

האם פעולת הפרדת קרומים ('סטריפינג') אוסרת?

שאלה

אני בשבוע ה-41 להיריון, והיום הרופאה הציעה לעשות לי סטריפינג לזירוז הלידה. אמרו לי שגם יחסי אישות מזרזים את הלידה. האם אחרי הסטריפינג ניאסר אני ובעלי? ואם הסטריפינג לא עובד, האם מותר לנו לקיים יחסים?

תשובה

את מתקרבת ללידה, בשעה טובה. סטריפינג היא פרוצדורה וולנטרית שבה הרופא מפריד את קרומי השפיר העוטפים את העובר מדפנות הרחם. פעולה זו משחררת פרוסטגלנדינים שאמורים לסייע בזירוז הלידה. לפני ביצוע הפרוצדורה, ראוי לדון עם הרופאה לגבי יתרונותיה וחסרונותיה. יש מקרים בהם הסטריפינג יאסור אותך גם אם הלידה עדיין לא התפתחה. על מנת שלא תאסרי ללא צורך, יש לברר את העובדות עם הרופאה שלך מיד לאחר ביצוע הסטריפינג. אם הרופאה תמסור שהסטריפינג גרם לפתיחה של צוואר הרחם מעבר ל-2 ס"מ, הפעולה תאסור אותך גם ללא ראיית דם. בגלל שאופי הפעולה הוא שהרופא מכניס אצבעות ומסובב אותן בפעולה אקטיבית שיכולה לפצוע את האזור, אם תדווח הרופאה שהפעולה גרמה לדימום מצוואר הרחם– דימום זה לא יאסור אותך. במקרה שהרופאה לא הצליחה להרחיב את הפתיחה וגם לא ראית דימום אוסר בעקבות הסטריפינג, הפרוצדורה לא אסרה אותך.

לגבי קיום יחסים, מבחינה רפואית בהיריון רגיל שאינו בסיכון, היחסים בטוחים כל עוד לא היתה ירידת מים. אם לפי התנאים שתוארו לעיל לא נאסרת, אין בעיה הלכתית בקיום יחסים.

הרחבה

במהלך הלידה מופרשים בגוף חומרים כימיקליים בשם פרוסטגלנדינים, שתפקידם לרכך את צוואר הרחם ולאפשר את מעבר התינוק. 'סטריפינג' היא פעולה שרופא מבצע ביד, במטרה להפריד, מכנית, את קרומי השפיר בתוך הרחם. פעולה זו גורמת לשחרור פרוסטגלנדינים המביאים להבשלת צוואר הרחם. במקרים מסוימים (60-70 אחוזים) תועיל הפרוצדורה לקידום תהליך הלידה.[1] סטריפינג יכול להתבצע רק אם יש כבר פתיחה של צוואר הרחם המאפשרת לרופא להכניס אליו אצבע או שתיים, ובתנועות סיבוביות להפריד את הקרומים. פעולה זו יכולה להתבצע בחדר הלידה או במרפאת הרופא. הצירים יתחילו בדרך כלל בתוך 24 עד 72 שעות לאחר הפרוצדורה. התהליך ע"פ רוב כואב, וכתוצאה מהקילוף יכול להיות דימום קל.

יש לקבוע:

מה דין הדימום אם נראה כזה?

האם יש חשש לפתיחת הקבר?

האם בפעולה זו תחול על האישה טומאת יולדת?

רוב הפוסקים אוסרים את האישה לאחר סטריפינג. אמנם מבירור אצל גינקולוגים, עולה שבשל תנאים המשתנים מאישה לאישה, אי אפשר להכליל אם הפרוצדורה אוסרת או לא, ויש לברר עם הרופאה מה בדיוק נעשה בפרוצדורה ולפסוק לגופו של מקרה.[2]

ע"פ עדויות הרופאים, הדימום המופיע לעיתים קרובות מיד אחרי התהליך הוא קרוב לוודאי דם הנגרם מההפרדה האינטנסיבית של הקרומים מהפה הפנימי של הרחם.[3] במידה והרופאה קובעת שהדימום נובע מפציעת צוואר הרחם ולא מהרחם עצמו, דם

---

[1] Boulvain M, Stan C, Irion O, Membrane Sweeping for Induction of Labour. Cochrane, Database Syst Rev. Jan 25, 2005; (1):CD000451.

[2] בספר אורות טהרה (פרק יט סע' כג, עמ' קלב) כתב להתיר את האישה לאחר סטריפינג אם לא ראתה דם לאחר הפרוצדורה.

[3] יש מחלוקת האם דם זה נחשב דם מכה או דם התחלת לידה. לדעת הר"י ורהפטיג דם זה נחשב דם של התחלת לידה ומטמא.

זה לא מטמא.[4] לא תמיד יכולה הרופאה להבחין מאיפה בא הדימום, ולכן במקרה של ספק יש לאסור את האישה בעקבות הפעולה.[5]

השאלה השנייה היא, האם בפרוצדורה זו יש לחשוש לקביעה ש'אין פתיחת הקבר ללא דם'.

הכנסת האצבעות והתנועה הסיבובית המבוצעות בפעולת הסטריפינג מתבצעת בתוך הפה הפנימי של צוואר הרחם. פתיחה של הפה החיצוני של צוואר הרחם, המכונה פתיחה פיזיולוגית, פעמים רבות מקדימה את הלידה, ונשים וולדניות אף עשויות להסתובב למשך תקופה ארוכה במצב זה. היא אינה נחשבת חלק מתהליך הלידה ואינה אוסרת את האישה.[6]

הפתיחה המינימלית הנצרכת כדי לבצע הפרדת קרומים היא כזו שתאפשר הכנסת אצבע אחת לתוך הפה הפנימי של צוואר הרחם. לפי הרופאים, ייתכן ופעולת הסטריפינג עצמה תרחיב את הפתיחה במהלך הפרוצדורה.

במקרים שבהם הפתח הפנימי (לא זה הנמדד ע"י מיילדת, אלא הצד הפנימי של צוואר הרחם דרכו דוחקת הרופאה את האצבעות כדי להפריד את הקרומים) פתוח ברוחב שני סנטימטרים ויותר, אף אם האישה איננה בלידה פעילה, תוספת ההרחבה של צוואר הרחם הפנימי, למרות שהוא כבר במצב 'פתוח', מטמאת.

לשיטות שאינן חוששות לפתיחת הקבר מבחוץ,[7] הכנסת האצבע איננה אוסרת. אולם מאחר שאנו חוששים גם לפתיחה מבחוץ,[8] עולה לדיון רוחב הפתיחה שבעקבות

---

[4] אם הוא גרם לפתיחה מעבר ל-19 מ"מ, אז אפילו אם הדמם לא מטמא, האישה תיטמא בעקבות פתיחת הקבר, ראו להלן.

[5] אם הדימום לא יופיע בסמוך לתהליך אלא מאוחר יותר, יש מקום לחשוש שהוא מסימני הלידה המתקרבת, ונגרם ע"י הפעילות ההורמונלית ולא בגלל השפשוף שפצע את האישה במהלך הסטריפינג. לפי הרב ד"ר מרדכי הלפרין, הפעולה יכולה לגרום לדימום שנובע מהפרדת שק הירידון מהרחם, כלומר דימום של התחלת לידה, ולכן דימום זה מטמא. ראו מאמרו "דין האשה בשלית פתח והפרדות שליה" בכתב העת "הברכה" מס' 8, טבת תשע"א, עמ' עד-עז. עם זאת, על דימום מאוחר כזה יחולו דיני כתמים, והוא יאסור רק בכפוף להם.

[6] ראו לעיל סי' ט, דין פתיחת צוואר הרחם כהתחלת לידה.

[7] ראו שו"ת ציץ אליעזר ח"י סי' כה פרק יא, וחזון איש יו"ד סי' פג ס"ק ב. וכן בטהרת הבית ח"ב עמ' ס .

[8] שו"ת נודע ביהודה תנינא יו"ד סוף סי' קכ, שו"ת אגרות משה יו"ד ח"א סי' פג; וכן שו"ת הר צבי יו"ד סי' קנב.

הסטריפינג. אם הפעולה עצמה היא שמרחיבה את פתח הרחם עד מעבר ל-19מ"מ שמזכיר הגר"מ פיינשטיין,[9] הרי שסטריפינג כזה אוסר מדין פתיחת הקבר. במידה שהרופאה קובעת שהצליחה להכניס אצבע אבל לא הצליחה להרחיב את הפתח מעבר לשיעור האוסר, וגם אין דימום מהרחם–האישה אינה נאסרת.

לגבי טומאת יולדת, לא שונה אישה שעברה סטריפינג (ולעיתים שמסתובבת לאחר הפרוצדורה למשך כמה ימים) מיולדת אחרת הנאסרת רק כשהיא יושבת על המשבר.[10]

לגבי קיום יחסים כאמצעי לזירוז בלידה - נראה שבנקודה זו חז"ל והרופאים תמימי דעים. הגמרא בנדה (לא ע"א) מצטטת את המדרש: "שלשה חדשים האחרונים - תשמיש יפה לאשה ויפה לולד, שמתוך כך נמצא הולד מלובן ומזורז". בקרב הרופאים קיימת הדעה שהפרוסטגלנדינים שבזרע וחומרים המשתחררים במהלך האורגזמה הנשית עשויים לזרז את הלידה.[11]

ר.ש.פ.

---

[9] אגרות משה חיו"ד סי' פט, שכתב בעניין השיעור שאם אינו עב מאצבע קטנה יש להקל, והוא ערך השיעור דג' רבעי אינטש [= 19.05 מ"מ].

[10] ראה לעיל סי' ט דין פתיחת צוואר הרחם כהתחלת לידה.

[11] למחקר הרפואי בנושא ראו: Kavanagh J, Kelly A.J., Thomas J., Sexual Intercourse for Cervical Ripening and Induction of Labour. Cochrane Database Syst Rev. 2001;(2):CD003093. קיימת גם אפשרות שעיסוי משמעותי של הפטמות גורמת לשחרור אוקסיטוצין ויכול גם לקרב את הלידה כשהתנאים בשלים. ראו Kavanagh J., Kelly A.J., Thomas J., Breast Stimulation for Cervical Ripening and Induction of Labour. Cochrane Database Syst Rev. 2005 July 20; (3): CD003392.

סימן יב

האם ירידת מים אוסרת?

שאלה

אני בהיריון שלישי. בשתי הלידות הקודמות, הלידה התחילה בירידת מים, ונהגנו כאסורים מירידת המים. האם באמת ירידת מים מטמאת?

תשובה

אם אין מראה דמי המעורב במים, ירידת המים אינה אוסרת אותך ואת יכולה להמשיך לנהוג כרגיל, עד לשלב הלידה שבו תיאסרי בשל מראה דמי או פתיחה משמעותית. בשעה טובה ובידיים מלאות!

הרחבה

פקיעת קרומי מי השפיר (ירידת מים) ונזילת מי השפיר דרך הנרתיק סמוך למועד הלידה הצפוי[1] היא סימן מבשר לידה.[2] בשעת הלידה, היולדת מוגדרת כאסורה על בעלה כנידה בשל טומאת לידה, או אף מוקדם יותר, משעה שנפתח רחמה.[3] כמובן שגם אם האישה רואה דם באופן האוסר אותה, היא תיחשב כנידה.

---

[1] בכעשרה אחוזים מן ההיריונות מתרחשת ירידת מים לפני תחילת הלידה. במרבית המקרים הללו, העובר נולד בתוך 24 שעות מירידת המים. עם זאת, חמישה אחוזים מן המקרים מתרחשים בשבועות היריון מוקדמים יותר, לעתים כאשר העובר אינו בשל עדיין. מצב זה נקרא 'ירידת מים מוקדמת'.

[2] מבחינה רפואית, לאחר ירידת מים יש לשקול לידה יזומה בטווח של כיממה, מפני שהעובר חשוף לזיהומים.

[3] זאת מכיוון שנפסק שאי אפשר לפתיחת הקבר ללא דם, יו"ד סי' קפח. עיינו לעיל סי' ט, דין פתיחת צוואר הרחם כהתחלת לידה.

הגמרא[4] מביאה מספר סימנים מבשרי לידה המאפשרים לחלל את השבת לצורך היולדת.[5] גמרא זו הינה בסיס הדיון להגדרת האישה כיולדת גם לעניין נידה. מאחר שפקיעת מי השפיר אינה מוזכרת בין הסימנים מבשרי הלידה,[6] לכאורה היא אינה אוסרת את האישה.

אמנם יש לדון אם יציאת מי השפיר מן הרחם מעידה על פתיחה שאוסרת את האישה מדין פתיחת הקבר. לדעת בעל תשובה מאהבה, אין חוששים לפתיחת הקבר כאשר היוצא מן הרחם אינו חתיכה או גוש אלא נוזל[7] ולכן יציאת מי השפיר אינה אוסרת. מנגד, יש פוסקים שאסרו את היולדת לאחר ירידת המים מסיבה אחרת, שמא מעורב בהם דם, ולא בשל פתיחת הקבר.[8] ויש שאסרו רק אם נפקעו המים בשטף.[9]

לפי הגר"ע יוסף, כל עוד אין רואים בבירור דם המעורב במים אין מקום לחשוש,[10] וכך פסק גם הגרש"ז אויערבאך.[11]

לכן נראה שכאשר ירידת המים מקדימה בהרבה את המועד הצפוי ללידה, וכן כאשר הפקיעה היא חלקית והמים אינם יוצאים בשטף, אין לאסור את בני הזוג בשלב זה של הלידה.

---

[4] שבת קכט, ועיינו שו"ע או"ח סי' של סע' ג.

[5] להרחבה בעניין מאימתי מוגדרת האישה כיולדת עיינו לעיל סי' ט, דין פתיחת צוואר הרחם כהתחלת לידה.

[6] בספר שמירת שבת כהלכתה מתייחס המחבר לירידת המים כסימן לכך שניתן לחלל על היולדת את השבת וכורך יחד עם הסימן המוזכר בגמרא "הדם שותת ויורד" את ירידת מי השפיר. עיינו שש"כ ח"א פרק לו סע' ט (עמ' תצ).

אמנם במהדורה השלישית החדשה (עמ' תקצג), כתב אחרת "אסור לעשותם עד לפתיחה מתקדמת של הרחם, או כשהדם מתחיל לשתות, או כשהאישה כבר אינה יכולה ללכת" ולא מזכיר ירידת מים. אמנם בהערה כב שם הוא דן בירידת מים ופוסק שמחללין את השבת כדי להביא אותה לבית חולים, ועושים צעדים אחרים הנחוצים למניעת זיהום, "אבל ... בהעדר אחד מג' הסימנים הידועים אין לעשות דברים הסובלים דיחוי."

[7] שו"ת תשובה מאהבה חלק א סי' קטז, כדברי החוות דעת, ומוכיח את דבריו ממציאות של דם טוהר שאף הוא יצא מן הרחם.

[8] בדי השלחן סי' קצד ביאורים ד"ה "מפני שא"א לפתיחת הקבר בלא דם".

[9] חוט השני עמ' שלב וכן בשיעורי טהרה עמ' תרעה, ובשיעורי שבט הלוי סי' קצד ס"ב אות ד' בעמ' רמה.

[10] טהרת הבית חלק ב' סי' יא עמ' נג-נד.

[11] ספר מחשבת הטהרה עמ' קכא. ומ"מ עדיף לברר, כאשר הדבר אפשרי, אם לא נתערב דם במים.

גם כאשר המים יורדים בשטף בסמוך ללידה הצפויה, לדעת רוב הפוסקים סימן זה לבדו אינו מספיק על מנת לאסור את בני הזוג.

יש מפוסקי דורנו[12] שכתבו שאין האישה נאסרת בעקבות ירידת מי השפיר אבל הם אסורים כבעונת פרישה, כלומר אסור לקיים יחסים אבל שאר הקריבות מותרות, ובמקרה שהלידה לא מתקדמת היא חייבת לעשות בדיקה פנימית. למעשה, אישה לא תעשה בדיקה פנימית וגם לא תקיים יחסים לאחר ירידת מים מחשש של חשיפת העובר לזיהומים.

ז.ב.

---

[12] דרכי טהרה מהדורה שנייה עמ' קלח ושיעורי טהרה עמ' תרעח-ט.

סימן יג

סיוע הבעל בחדר לידה

שאלה

אני מצפה ללדת בשבועות הקרובים בעז"ה. ברצוני לדעת במה אוכל להיעזר בבעלי בשעת הלידה: האם יש בעיה בנוכחותו בעת הלידה? האם מותרת עזרה פיזית בהתמודדות עם הצירים כמו עיסוי, תמיכה בתנוחות שונות וכדומה?

תשובה

בן הזוג שלך יכול לתמוך בך פיזית במהלך הצירים המוקדמים, עד שאת רואה דם או שהלידה מגיעה לשלביה הפעילים[1] בהם מגע פיזי אסור מפני שאז את מוגדרת כבר כנידה. משלב זה יכול בעלך להיות תומך פעיל ומעודד, אך לא לגעת בך. נוכחות בעלך בחדר הלידה אינה אסורה ובלבד שימנע מלגעת בך ומהסתכלות במקומות מוצנעים שבגופך.

יש יולדות המעסיקות תומכת לידה (דולה) ללוותן ולתווך בינן לבין הצוות הרפואי, וזהו פיתרון מצויין לשלב הלידה בו נאסר המגע בין בני הזוג. תומכות לידה בד"כ מתחילות את הקשר עם האישה ההרה עוד במהלך ההיריון, אך זאת הוצאה כספית גדולה וכן פיתרון שאינו מתאים לכל יולדת. אין חובה הלכתית להעסיק דולה.

יש לדעת שלמרות שתהליך הלידה הוא טבעי, היולדת נחשבת לחולה שיש בה סכנה, ואף שייך בה גדר הלכתי של יישוב הדעת. לכן, אם את זקוקה לתמיכה בשעת הצירים

---

[1] ראו לעיל סי' ט, דין פתיחת צוואר הרחם כהתחלת לידה וסי' יב, האם ירידת מים אוסרת, העוסקות בתחילת לידה.

המתקדמים ולא נוכחת אשה שיכולה לתמוך בך דוגמת תומכת לידה, מלווה או מילדת, בעלך חייב למלא את בקשותיך כדי שתהיי מיושבת בדעתך, גם אם מדובר במגע פיזי. מגע זה מותר רק אם את דורשת אותו.

הרחבה

הלידה מורכבת משלושה שלבים: בשלב הראשון פועלים הצירים להביא את צוואר הרחם לפתיחה מלאה של 10 ס"מ. השלב השני הוא מפתיחה מלאה ועד ליציאת התינוק. השלב השלישי הוא שלב יציאת השלייה. למרות ההתקדמות ברפואה, לרוב היולדות זוהי חוויה המלווה בלחץ נפשי, כאב ופחד. רוב נשים חוות צירים בכאב רב. גם דחיפת התינוק דורשת מאמץ פיזי רב מצד האם, וגם פחד מהכאב ומסיבוכים אפשריים בלידה יכולים להוסיף ללחץ.

קיימות התערבויות שונות כדי לסייע ליולדות בתהליך הלידה. ראשית, הכנה ללידה יכולה לתרום להורדת המתח והפחד מפני הלידה. שנית, אמצעי טשטוש והרדמה, כמו אפידורל, מסייעים לנשים רבות (אך לא לכולן) עם כאבי הלידה. בנוסף, תמיכה ביולדת יכולה לתרום גם היא להורדת הכאב וסיבוכי לידה.

הצרכים של יולדות שונות הם שונים, ותלויים באופן התפתחות הלידה, במתן אלחוש אפידורלי, בנוכחות תומכת לידה, וגם באופיה ובתגובותיה של היולדת עצמה.

שיתוף הפעולה של היולדת חשוב להתקדמות הלידה ואף להיותה לידה פשוטה ובריאה. עליה לקדם ולא לעכב את מהלך הלידה, ולכן יולדות רבות זקוקות לתמיכה נפשית ורגשית, ויש מי שזקוקה לעזרה פיזית: להרטיב את שפתיה או את מצחה, להפעיל לחץ נגדי בגב התחתון בזמן צירים, לסייע לה לשנות תנוחה, לבצע עיסוי גב להקלה בכאב, לאפשר לה לחיצת יד בשעה שמתמודדת עם כאב חזק במיוחד, וכדומה. יש מי שחשה ביטחון מירבי כאשר הבעל הוא המלווה והתומך. גם במקרה של אלחוש אפידורלי זקוקה היולדת לתמיכה כדי לדחוף החוצה את התינוק.

בעבר בתי חולים רבים לא איפשרו כניסת גברים לחדרי הלידה. כיום בתי חולים בדרך כלל מעודדים את ליווי היולדת, ונוכחות הבעל בעת הלידה הפכה לדבר שבשגרה.

אמנם בעל מנחת יצחק אסר את כניסת הבעל לחדר הלידה אף אם יימנע מלהסתכל

ביציאת התינוק, מחשש למכשול.[2] על כך הגיב הגר"ע יוסף[3] שמצד ההלכה אין מניעה שישהה האיש עם אשתו היולדת ויחזק את רוחה, ובלבד שיזהר שלא להסתכל ביציאת התינוק.

בשו"ע נפסק[4] שאין האיש יכול לסייע לאשתו החולה בזמן שהם אסורים, וכך אפילו בעל שהוא רופא אסור לו למשש את דופק אישתו הנידה. על דברי השלחן ערוך אלו כתב הרמ"א שכאשר אין אחר שישמשה, מותר לאיש לשמש את אשתו החולה.[5]

הבית יוסף כתב שאם האישה חולה מסוכנת, גם אם אין בסמוך מי שישמשה, ייתכן שהרמב"ם יאסור שימוש על ידי הבעל מטעם אביזרייהו דעריות, שלפיו איסור 'לא תקרבו לגלות ערווה' הוא מדאורייתא.[6] ולעומת זאת, ייתכן שיתיר זאת הרמב"ן מפני שסובר שנגיעת נידה אסורה רק מדרבנן.[7] על כך חולק הש"ך, ומסביר שגם לרמב"ם אין איסור דאורייתא אלא כשעושה כך דרך תאווה וחיבת ביאה.[8]

היתר הרמ"א הוא כאשר אין בנמצא אדם אחר שיסייע לאישה. כאשר הלידה מתרחשת בבית החולים, האישה אינה לבדה והיא יכולה להסתייע בצוות חדר הלידה, ולכן אף לפוסקים כרמ"א, האישה לכאורה לא תזדקק לסיוע הבעל. אולם, במציאות המוכרת לנו כיום, לא תמיד הצוות הרפואי זמין לכל צרכיה של היולדת. לרוב, המיילדת נמצאת עם היולדת רק לסירוגין, והקלה על כאבי הלידה באמצעות תמיכה בתנוחות לידה, או עיסוי,[9] מתבצעת על ידי המלווה של היולדת ולא על ידי הצוות הרפואי.

---

[2] ח"ח סי' ל שאלה ב. ובעקבותיו, שיעורי טהרה פרק לג עמ' תרפב, הבחין בין שלב הצירים בו מותר לבעל לשהות לצד אשתו, לבין השלב הפעיל של הלידה, בו לדעתו אינטנסיביות הסיטואציה עלולה לפגוע ביישוב הדעת הנדרש לשמור על ההרחקות.

[3] טהרת הבית ח"ב עמ' קסו.

[4] שם סע' טו-יז

[5] יש לתת את הדעת על כך שמישוש הדופק אינו פעולת ריפוי אלא כלי אבחנה. בדרכי משה הקצר יו"ד סי' קצה כתב הרמ"א "ואני מצאתי הגהה במרדכי פ"ק דשבת (שלטי הגיבורים סט: אות ה) שכתב וזה לשונו: כתב הר"ם אותן שנזהרין מליגע בנשותיהן נדות כשהן חולות שזהו חסידות של שטות, מפי הר"ר טוביה מבראנה ע"כ לשון ההגהה שם".

[6] הל' איסו"ב פרק כא הל' א.

[7] השגת הרמב"ן לס' המצוות מצווה שנג.

[8] ש"ך יו"ד סי' קצה ס"ק כ . הבית שמואל באה"ע סי' כ ס"ק א חלק על הש"ך. לפי ניסוח בדברי הרמב"ם, הל' איסו"ב פ' כא הל' א, האיסור מהתורה הוא רק כאשר הנגיעה יכולה להביא לידי ביאה.

[9] תמיכה כזו מקובלת כאשר היולדת אינה מאולחשת, ובפרט כאשר מתאפשרת לה תנועתיות בעת הלידה.

כבר כתב הרי"ה הנקין שאם היולדת חוששת בלעדי הבעל, הוא חייב להיות נוכח,[10] וציין שלעומת שאר חולים שיש בהם סכנה, אשר לרוב הראשונים אין מחללים שבת ליישוב דעתם ורק מבצעים עבורם אותן פעולות אסורות אשר נצרכות לרפואתם– לעומת זאת, מחללים את השבת ליולדת אפילו לשם יישוב דעתה. כך, אם יולדת עיוורת מבקשת להדליק נר ביום השבת עבור המטפלים בה, גם כאשר הנר מיותר עבורה וגם עבור המיילדת כגון בשעות היום, בכל זאת חובה להדליקו. והסביר הרי"ה הנקין שההבדל בין יולדת לבין שאר חולים שיש בהם סכנה הוא שהיולדת חייבת להשתתף בלידה לדחוף החוצה את היילוד ולשלוט בעצמה תוך כדי צירים כדי לבצע את הוראות המיילדת ללחוץ או ולהרפות. לכן יש צורך ביישוב דעתה בזמן הלידה, וכל תמיכה הנדרשת להביא ליישוב דעתה הוא בגדר פיקוח נפש.[11]

בנוסף, הרי"ה הנקין פקפק בחומרת האיסור מצד הבעל בשעת הלידה, כיוון שאז "אין היולדת מסורה לביאה כלל".[12] והר"ש דייכובסקי הציע שהבעל יעטה על ידיו כפפות רפואיות.[13] ראוי שהבעל יזכיר לאשתו בעדינות שהיא נידה, אך אם היא ממשיכה לדרוש עזרתו, עליו לסייע לה.

ז.ב. והצוות

---

[10] שו"ת בני בנים ח"א סי' לג.

[11] שם ד"ה ולע"ד ברוך שנתן מחכמתו ליראיו.

[12] שו"ת בני בנים ח"ד סוף סי' טז.

[13] "הרגעת יולדת ומעוברת" תחומין כרך כג עמ' 237.

סימן יד

מוך דחוק ובדיקות ז׳ נקיים לאחר לידה

שאלה

ילדתי לפני שלושה שבועות בלידה לא קלה במסגרתה נצרכו עשרה תפרים. הדימום כבר הפסיק והתחלתי לחשוב על ספירת שבעה נקיים, אך המקום עדיין רגיש ואני חוששת מהבדיקות. מה לעשות?

תשובה

הדימום בעקבות הלידה נמשך בממוצע כ-4 שבועות, ועד לשמונה שבועות הדימום אינו נחשב חריג. לקראת הסוף, הדימומים הופכים קלים ואף מצוי שנפסקים ומתחדשים שוב לפני שפוסקים כליל, ובשל כך עלולים להקשות על הטהרה. לכן ליולדת נדרשת סבלנות עד לטבילתה.

עברת לידה לא קלה, והאיזור כנראה עודנו רגיש. מעיקר הדין, על האישה המיטהרת לבצע בדיקת הפסק טהרה, מוך דחוק, ושתי בדיקות בכל יום משבעת הנקיים. בתור יולדת המתקשה לבדוק, תוכלי לוותר על המוך הדחוק ולהפחית במספר הבדיקות. עליך לבצע לפחות בדיקה אחת ביום הראשון ובדיקה אחת ביום השביעי, וכן ראוי לבדוק באחד מהימים האמצעיים (׳בדיקת אמצע׳). תוכלי להרטיב את עד הבדיקה במעט מים או ג׳ל על בסיס מים כדי להקל על הבדיקה.

הקלות אלה תקפות רק במצב אותו תיארת, ויש לבחון אותן מחדש לפני ספירת שבעה נקיים בפעם הבאה.

הרחבה

אחרי לידה, במיוחד כאשר ישנם תפרים רבים כתוצאה מחיתוך לידה או מקרעים

פנימיים, איזור הנרתיק רגיש ונדרש זמן עד שיחזור לקדמותו. בדיקת הפסק טהרה היא הכרחית, ובלעדיה לא ניתן להתחיל לספור שבעה נקיים.[1] לעומתה, בדיקת המוך הדחוק מוגדרת מנהג טוב,[2] או כחומרה לכתחילה,[3] ולכן ניתן לוותר עליה לאחר לידה.[4]

לאור רגישות האיזור לאחר הלידה, ניתן גם להפחית במספר הבדיקות לפי הצורך. המינימום הנדרש הוא בדיקה אחת ביום הראשון ובדיקה אחת בשביעי.[5] אם ניתן לבצע בדיקה נוספת בלי לגרום לדימום באזור, יש לבצעה באחד מימי האמצע.[6] במקרה של יובש בנרתיק, שהיא תופעה מוכרת לאחר לידה, ניתן להרטיב את עד הבדיקה במעט מים כדי להקל על הבדיקה.[7]

ש.כ.

---

[1] יו"ד סי' קצו סע' א.

[2] יו"ד שם בשם הרשב"א.

[3] רמ"א שם.

[4] פוסקים רבים הקלו לוותר על מוך דחוק בשעת הצורך, ובמיוחד ביולדת. וראו להלן סי' יח, הפסק טהרה ביולדת לאחר שקיעה.

[5] יו"ד שם סע' ד בשם י"א.

[6] בדיקת האמצע חשובה למקרה בו תשכח האישה לבצע בדיקה ביום השביעי, ויווצר מצב שיעברו יותר מחמישה ימים ללא בדיקה. זאת ע"פ הסמ"ג שהובא בדגמ"ר סי' קצו סק"ו, וכן על פי נודע ביהודה תנינא יו"ד סי' קכח.

[7] ראו גם להלן סי' כד, הפחתת בדיקות באישה שהפילה.

סימן טו

ספירת ז' נקיים לאחר ניתוח קיסרי

שאלה

ב"ה ילדתי השבוע בת בניתוח קיסרי מתוכנן, וכמעט ולא היה דימום. האם נאסרתי? ואם כן, האם אני יכולה כבר לספור ולטבול?

תשובה

אחרי לידה חלים שני סוגי טומאה - טומאת יולדת וטומאת נידה. יולדת בניתוח קיסרי אינה נטמאת בטומאת לידה אך נטמאת בטומאת נידה, מפאת הדימום הנרתיקי המלווה את הניתוח. בימינו ההיטהרות משני סוגי הטומאה זהה למעט פרט אחד: מפאת טומאת לידה, יולדת בת בלידה רגילה אינה יכולה לטבול לפני ליל ה-15 ללידה, כיוון שמן התורה היא טמאה ארבעה עשר יום ללא קשר לראיית דם. יולדת זכר טמאה מן התורה רק שבעה ימים ויכולה לטבול החל מליל השמיני. כיוון שילדת בניתוח קיסרי ולא נטמאת בטומאת לידה, תוכלי לבצע הפסק טהרה לאחר ארבעה או חמשה ימים, לפי מנהגך, ולהתחיל לספור שבעה נקיים למחרת, גם אם עדיין לא יעברו ארבעה עשר יום.

הרחבה

בתורה מוזכרת טומאה המיוחדת ליולדת. טומאה זו אינה קשורה לראיית דם, והיא נמשכת ארבעה עשר יום ליולדת נקבה ושבעה ימים ליולדת זכר.[1] בגמרא מכונה

---

[1] ויקרא פרק יב פס' ב-ה.

לידה ללא דם[2] 'לידה יבשתא', כלומר לידה יבשה. יולדת טמאה בטומאת לידה אפילו בלידה יבשה.[3]

בגמרא נחלקו אם אפשר לפתיחת הקבר ללא דם.[4] 'פתיחת הקבר' היא הביטוי התלמודי לפתיחת צוואר הרחם, ונחלקו חכמים אם פתיחת צוואר הרחם עצמה מטמאת, אפילו ללא דימום. לדעת רבי יהודה אי אפשר לפתיחת הקבר ללא דם ולכן פתיחת הקבר, אפילו אם לא מצאה דם, מטמאה. רוב הראשונים פסקו כרבי יהודה, ואחריהם השלחן ערוך.[5] לכן, יולדת בלידה יבשה טמאה טומאת יולדת וגם טומאת נידה, כיוון שבלידה ודאי היתה פתיחת הקבר.[6] אמנם, בניתוח קיסרי בדרך כלל אין פתיחת צוואר הרחם, ולכן אם אין דימום האישה אינה טמאה כפי שנראה להלן.

במשנה מכונה לידה בניתוח קיסרי 'יוצא דופן'. לדעת תנא קמא יוצא דופן, אין יושבין עליו ימי טומאה וימי טהרה[7] דכתיב "אשה כי תזריע וילדה"[8] - עד שתלד ממקום שמזרעת. כלומר, שרק לידה דרך הנרתיק מטמאת את היולדת בטומאת לידה. לכן, אישה שילדה בניתוח קיסרי אינה נטמאת טומאת לידה. ואילו לדעת ר' שמעון, יוצא דופן הוא כילוד. כלומר, שהוא מטמא את אימו בטומאת לידה למרות שהוא יצא דרך החתך בבטן ולא דרך הנרתיק.

באשר לטומאת נידה, אישה שילדה בניתוח קיסרי טמאה בטומאת נידה רק אם תראה דם שיצא דרך הנרתיק. אם הדם יצא רק דרך הדופן, היא אינה נטמאת בטומאת נידה. כך דברי ר' יוחנן משום ר' שמעון,[9] אין אישה טמאה עד שיצא מדוה דרך ערותה כפי שכתוב בפסוק "את מקורה הערה".[10] כלומר, דם מהרחם שלא יוצא דרך הנרתיק אלא בצורה אחרת אינו מטמא. לכן בניתוח קיסרי, אם הדם מהרחם יוצא דרך חתך הניתוח בלבד ולא דרך הנרתיק, הוא אינו מטמא את האישה.

---

[2] מבחינה רפואית תאורטית תיתכן לידה ללא דם, אך במציאות התופעה אינה מוכרת.

[3] נדה מב ע"ב.

[4] נדה כא ע"א.

[5] יו"ד קפח סע' ג.

[6] בנושא ההיטהרות אחרי לידה רגילה, ראו לעיל סי' יד, מוך דחוק ובדיקות ז' נקיים לאחר לידה.

[7] נדה מ ע"א.

[8] ויקרא פרק יב פס' ב.

[9] נדה מא ע"ב.

[10] ויקרא פרק כ פס' יח.

כל הראשונים פסקו כתנא קמא, שיוצא דופן אינו גורם טומאת לידה, וכרבי יוחנן, שיוצא דופן שרק יצא דם דרך דופן אמו, אמו טהורה.[11] כך נפסק גם בשו״ע, שבלידת יוצא דופן, אם לא יצא דם אלא דרך דופן אמו, היולדת טהורה מלידה ומנידה ומזבה.[12]

באחרונים, בעל נחלת שבעה כתב שאישה שישבה על המשבר צריכה ז׳ נקיים, דאי אפשר לפה״ק בלא דם.[13] הביטוי ׳ישיבה על המשבר׳ מתייחס ללידה פעילה עם צירים חזקים ופתיחה משמעותית. לדעתו, אישה שהיתה בלידה פעילה קודם הניתוח צריכה ז׳ נקיים גם אם לא ראתה דם,[14] וכבר נדחו דבריו ע״י רבים.[15]

בעל נשמת אברהם כותב שהיום אין מציאות שאישה תעבור ניתוח קיסרי ולא תראה אפילו טיפת דם כחרדל דרך הנרתיק, כאשר מקור הדם הינו מהרחם במקום של חיבור השלייה[16] ולא רק בעקבות הניתוח. לכן אם יופיע רק דימום מועט, הוא יידון לפי דיני כתמים.[17]

לכן, אישה היולדת בניתוח קסרי ללא דימום נרתיקי מטמא[18], היא טהורה.[19]

ג.כ.ס.

---

[11] הראשונים פסקו במשנה כתנא קמא ובדין הגמרא, פסקו כר׳ יוחנן משום ר׳ שמעון.

[12] יו״ד סי׳ קצד סע׳ יד.

[13] פתחי תשובה יו״ד סי׳ קצ״ד ס״ק ח. ראו לעיל סי׳ ט, דין פתיחת צוואר הרחם כהתחלת לידה. ראו גם בדי השלחן ס״ק ק (שפסק לפי דעתו של הנחלת שבעה).

[14] במקרה בו אנו דנים כאשר האישה עברה ניתוח קיסרי מתוכנן, כל עוד היא לא היתה בלידה פעילה קודם לכן, היא לא הגיעה למצב של ישיבה על המשבר ולכן אין צורך לדון בפתיחת הקבר לפני הלידה.

[15] וראו לעיל סי׳ ט בהרחבה.

[16] ולכן לא נחשב אותו הדם כדם מכה.

[17] נשמת אברהם יו״ד סי׳ קצד ס״ק יג ע קצו. להרחבה בנושא דם שלייה ראו לעיל סי׳ ו, דימומים בהיריון בסיכון בעקבות שליית פתח.

[18] שאין זה נקרא ׳פתיחת הקבר׳ אם אין יציאת דבר מהרחם דרך צוואר הרחם, וראו חוו״ד יו״ד קצד באורים ס״ק א.

[19] ראו חוט השני סי׳ קפג סע׳ ב ס״ק ד. לגבי השאלה הרפואית אם מותר להיכנס למקווה ואם מותר לקיים יחסי אישות לפני הבדיקה הרפואית שמקובל לקיים בתום שישה שבועות מהלידה, מומלץ שהאישה תתייעץ ברופא/ת נשים.

סימן טז

ראיית דם על ידי רופא בבדיקה לאחר הלידה

שאלה

הייתי בביקורת רפואית שישה שבועות אחרי שילדתי, תוך כדי ספירת שבעה נקיים. הבדיקה בוצעה באמצעות ספקולום, והרופא העיר שהוא רואה מעט דם. איך אני אמורה לנהוג?

תשובה

תהליך הטהרה אחרי לידה עשוי להיות ממושך ודורש סבלנות. כדאי לדעת שאחרי לידה יש לעתים קרובות דימומים חוזרים, ולהיות מוכנים לאפשרות שיהיה צורך להתחיל מחדש. ישנן גם הקלות מסוימות שניתן לנהוג לפיהן אם התהליך מתמשך, בפרט לגבי מספר הבדיקות.[1]

הרופא הבודק נאמן לומר שראה דם יוצא מן הרחם או נמצא בנרתיק, ודם זה מטמא את האישה. אם יש לך אפשרות, שאלי את הרופא מניין לדעתו יצא הדם. במקרה שהרופא אינו מוצא פצע הגורם לדימום, קביעתו שראה דם סותרת את ספירת שבעת הנקיים. עלייך לבצע הפסק טהרה מחדש ולהתחיל שוב בספירת שבעה נקיים.

אמנם, אינך חייבת לשאול את הרופא מה ראה, וכן אינו חייב לדווח לך.

הרחבה

לפירוט על בדיקת הרופא לאחר לידה ראו להלן נספח רפואי ג, לידה.

בדרך כלל אין אישה נאסרת אלא אם כן יש לה עדות חיצונית שיצא דם, למשל בדיקה פנימית שיצאה ועליה סימן לדימום. במקרה הזה הרופא ראה דם בנרתיק או בצוואר

---

[1] לפרטים ראי לעיל סי׳ יד, מוך דחוק ובדיקות ז׳ נקיים לאחר לידה.

הרחם, שלא נראה לאישה בבדיקות שביצעה בשבעת הנקיים. הספרא,[2] המשנה[3] והגמרא[4] קובעים שדם מטמא כבר כשיצא מן הרחם לנרתיק (׳פרוזדור׳) גם אם עוד לא נראה מבחוץ.

לגבי נאמנות הרופא להעיד על ראית דם זו, נחלקו ראשונים ואחרונים בהבנת פניית חכמים לרופאים המתוארת במסכת נדה,[5] ונראה שבמקום שהרופא הסתכל באמצעות כלי המאפשר לכל אדם לראות,[6] הוא אינו אלא מגלה לנו על מציאות קיימת,[7] ולכן הוא נאמן.[8]

לעומת זאת אם הרופא לא דיווח, אין צורך לתחקר אותו אודות מה שראה, או לבדוק את המכשירים שהיו בתוך הגוף, ואין הבדל בין ימי הטהרה לבין ז׳ נקיים.[9] אם, למרות שאין חובה לבדוק, האישה תראה דם על מכשיר או כפפה שהיו בתוך גופה, תהיה עליה חובה לברר עם הרופא מהו ההסבר לדם שעל המכשיר והאם הוא פצע[10] אותה במהלך הבדיקה.[11]

ר.ש.פ.

---

[2] ספרא מצורע פרשת זבים פרשה ד.

[3] נדה פ״ב משנה ה.

[4] נדה כא ע״ב ורש״י שם.

[5] דף כב, שם מובא מעשה באישה שהייתה מפלת כמין קליפות. שאלו לרופאים ואלו קבעו שמדובר במכה, אך חכמים ביצעו ניסוי להוכחת העניין. הדיון בפוסקים נסוב על תפקידו של הניסוי מול נאמנותם של הרופאים, אם הם נאמנים למה לנסות וכו׳. ראו שו״ת הרא״ש כלל ב תשובה יח, והדיון באחרונים.

[6] שו״ת מהרש״ם ח״א סי׳ כד וח״ב סי׳ ע״ב וק״א.

[7] שו״ת משפטי עוזיאל כרך ב יו״ד סי׳ כו.

[8] וראו דיון נרחב בשיעורי שבט הלוי סי׳ קפז סע׳ ג׳ עמ׳ ע״ח ואילך, וטהרת הבית הקצר סי׳ ה סע׳ לב.

[9] ראו חוט השני סי׳ קפג סע׳ ג ס״ק ה.

[10] ראו להלן סי׳ כא, תלייה בפצע בז׳ נקיים וסי׳ סא, מציאת דם בדיאפרגמה.

[11] מנגד יש לדון מצד ׳לפני עוור לא תתן מכשול׳ אם יש חיוב לרופא ירא שמיים לדווח מיוזמתו על הפרשות שהוא רואה בתוך הגוף, ורמז לדבר ״לא תעמוד על דם רעך״, וצ״ע. ונ״ל שאינו מחויב מפני שבבדיקה פנימית באמצעות ספקולום אין לו תנאי תאורה בתוך הגוף וגם לא המומחיות ההלכתית להבחין בין האדמומיות הכללית של הגוף לגוונים שבהפרשה. אפשר להנחות את האישה לבקש מן הרופא שלא ידווח לה מה הוא רואה. בניגוד לכך, כתב הגר״ש וזנר בשיעורי שבט הלוי (סי׳ קפח סע׳ ד עמ׳ ק) שטוב לעשות בדיקת חו״ס אחר בדיקת הרופא. נראה שבבדיקה שגרתית שבה אין חשש לפתיחת הקבר, ואולי קיים חשש הפוך של גירוי רקמות הנרתיק ע״י הספקולום ויצירת מכה, אין עניין לבדוק או לחפש דימום כזה.

סימן יז
תלייה בטחורים בז' נקיים לאחר לידה

שאלה

מאז הלידה, אני סובלת מטחורים[1] המדממים בזמן ניגוב. האם ניתן לתלות את הדם על העדים בבדיקות הפנימיות בטחורים? כיצד ניתן להבחין בין דם מהרחם לדם מהטחורים?

תשובה

אם ייתכן שבשעת הבדיקה נגעת גם באזור פי הטבעת, יש מקום להקל ולתלות את המראה שעל העד בטחורים. עליך להשתדל להימנע ממגע באיזור הטחורים בשעת הבדיקה.

קשה מאוד להבחין בין דם מהרחם לדם הטחורים, משום שאין לו מראה אופייני והוא מופיע בגוונים שונים, כולל כאלה התואמים מראות דם נידה.

הרחבה

חזקתו של מראה דמי שנראה על עד בדיקה היא שבא מן הרחם. הגמרא דנה באפשרות להתיר מראה דמי שנראה על עד, על סמך ההנחה שהעד נתלכלך בדם ממקום אחר לאחר הבדיקה.[2] מסקנת הגמרא היא להתיר כאשר צורת הכתם שנראה על העד מעידה על כך שמקורו אינו בבדיקה,[3] או כשיש סיבה אחרת שלפיה נראה שאין זה דם מהרחם.

---

[1] טחורים הם ורידים מורחבים באיזור פי הטבעת. בתור כלי דם בעלי דפנות דקות, הם נוטים לדמם אחרי פעולת מעיים קשה.

[2] נדה נח ע"ב.

[3] כגון כאשר צורתו עגולה, נדה נח ע"ב, יו"ד סי' קצ סע' לד.

השו״ע פוסק[4] שהיתר מראה דמי, על יסוד ההנחה שמקור הדם שנמצא עליו אינו מהרחם, אפשרי גם בבדיקת עד כאשר מצטרפים שני תנאים המעידים על כך שהמראה הדמי אינו מן הרחם: צורת הכתם וגודלו; והשהייתו בטרם בדיקתו במקום שאינו בדוק מדם.

בבית יוסף[5] כתב שהשימוש בעד לבדיקה לא צריך לעכב מלתלות, גם כתם גדול מגריס, כאשר יש יסוד סביר להניח שמקור הדם על העד אינו מגוף האישה, כגון כאשר נתעסקו בקרבתו במיני דמים. זאת בתנאי שלא הרגישה ביציאת הדם מגופה[6] ושאין מדובר בכתם שצורתו מעידה שנוצר בעת הבדיקה.

האפשרות לתלות את הדם על העד במקור חיצוני קשורה ברמת הסבירות לכך ובכללי התלייה במכה.[7] כדוגמא לסבירות גבוהה, הט״ז[8] מציין מצב שבו אישה סובלת לעתים מדימום רקטאלי, וכותב שיכולה לתלות דם שנמצא בבדיקה במקור זה, אם בשעת הבדיקה נגעה גם בפי הטבעת. דברים אלו הם פירוש לדברי הבית יוסף, אלא שהט״ז מוסיף שהיות הכתם משוך אינה גורעת, כי ההנחה היא שההכתמה אכן התרחשה בזמן הבדיקה אך מקורה בדם מפי הטבעת.[9]

בעוד הט״ז הניח כיסוד להיתר שהעד עלול לבוא במגע עם פי הטבעת במהלך הבדיקה ולהתלכלך מדם המצוי שם, החתם סופר[10] דן במציאות שבה, מסיבה רפואית כל שהיא,[11] מצוי בנרתיקה של האישה דם שאינו מרחם האישה אלא מקורו ברקטום, ושיבוש בסדרי הגוף הרגילים מוליכו בדרך פנימית לנרתיק. יש לציין שמצב זה נדיר

---

[4] שם.

[5] יו״ד סי׳ קצ סע׳ לד-לה: ״ונראה לי דהיכא דאיכא למיחש שמא בא הדם בעד זה מחמת שנתעסקו סמוך למקום שהעד שם במיני דמים, תולים בהם אפילו יותר מכגריס ועוד, דמפני שקנחה בו לא נניח מלתלות במה שאפשר לתלות, כיוון שלא הרגישה ביציאת הדם מגופה״.

[6] דברי הבית יוסף מתבססים על ההנחה שהאישה לא הרגישה ביציאת הדם מגופה, אלא שיש להקשות על הנחה זו מכיוון שמדובר בבדיקת עד, וייתכן שהיא הרגישה ויחסה את הרגשתה כ׳הרגשת עד׳ (נדה נז ע״ב). ועיינו בחוות דעת בביאורים ס״ק כז, שחילק בין מצב שבו קיים ספק אם הדם בא מהרחם, שאז אין תולים וחוששים להרגשת עד, לבין מצב שבו ודאי שהדם בא מהרחם, ובמצב זה חוששים להרגשת העד. וכן כתב הגר״ע יוסף, להלן הערה 16.

[7] ראו להלן סי׳ כא, תלייה בפצע בז׳ נקיים.

[8] ט״ז יו״ד סי׳ קצ סע׳ לד ס״ק כג.

[9] ראו גם ערוך השולחן יו״ד סי׳ קצ ס״ק צז.

[10] שו״ת חתם סופר יו״ד סוף סי׳ קפה.

[11] החתם סופר מכנה מציאות זו בכינוי ״עורק הזהב״ או ״גילדעני אדר״.

מאוד מבחינה רפואית.[12] החת"ס פוסק שמכיוון שמקור הדם נותר בספק, אין להקל אלא בכתמים, ולא בדם הנמצא בעד, אך ניתן להקל שתבדוק את עצמה בדיקה ראשונה על מנת שתתנקה מדם חיצוני, ולא תעיין בעד אלא תזרוק אותו ולאחר מכן תבדוק עצמה.

הגר"ע יוסף מביא את דברי המהרי"ף[13] שכתב בנוגע לאישה שמצאה מראה דמי על העד שלה לאחר יחסי אישות ורצתה לתלות את המראה בדם טחורים, שאכן ניתן לתלות. זאת לאור מסקנת הסוגיא בדין רמ"ת, שכאשר יש מכה - תולים בה, ואין צורך לדמות דם המכה לדם מן הרחם. עוד הוסיף המהרי"ף שלדם טחורים אין מראה אופייני והוא עשוי להימצא בגוונים שונים. זאת בניגוד לדברי אחרונים אחרים[14] שלדעתם על האישה מוטלת החובה להביא ראיה כלשהי לכך שדם זה אינו מן הרחם אלא מפי הטבעת.

אמנם, נראה כי העד שאליו מתכוון המהרי"ף הוא עד שבו האישה קינחה את עצמה קינוח בעלמא לאחר קיום יחסים, ולא העד שבו האישה בדקה עצמה בבדיקה פנימית. לכן כותב בעל שו"ת רב פעלים[15] שאין להתיר עד בדיקה על סמך היתר זה.

הגר"ע יוסף[16] דוחה את דברי הרב פעלים בעקבות שיטתו כי הרגשת עד אינה אלא ספק הרגשה. בנידון דנן, שבו אין לאישה הרגשה בפועל, אין להחמיר בשל הרגשת העד כנגד ההנחה שישנה אפשרות סבירה שמקור הדם שלפנינו הוא בדם הטחורים. אם ייתכן, לדברי האישה, שבשעת הבדיקה נגע העד בפי הטבעת והוכתם שם מדם, יש להתיר לדבריו את העד.

יצוין כי ניתן לתלות בטחורים גם בשלושת הימים הראשונים לז"נ.[17]

בכל זאת יש לעודד את האישה לטפל בטחורים, גם מבחינה רפואית וגם על מנת למנוע הסתבכות במחלוקת.

ז.ב.

---

[12] וכבר העיר על כך הנוב"י במהדורא קמא בסי' מט ובסי' ס, וכתב שם שמצב של דימום נרתיקי מחמת גלדני אדער לא ייתכן. למעשה ייתכן מצב נדיר יחסית של התהוות נקב (פיסטולה) בין הנרתיק לרקטום.

[13] שו"ת מהרי"ף סי' פו.

[14] דבר שמואל יו"ד סי' עא.

[15] שו"ת רב פעלים ח"ג יו"ד סי' יג, ולמעשה גם בקינוח הוא חושש להתיר ומסקנתו להתיר רק בכתם.

[16] שו"ת יביע אומר חלק י' יו"ד סי' נח.

[17] טהרה כהלכה עמ' צג.

סימן יח

הפסק טהרה ביולדת לאחר שקיעה

שאלה

ילדתי לפני חודשיים. כבר כמה שבועות שאני נקייה אבל עדיין לא חזרו לי הכוחות, ולכן לא התחלתי לספור שבעה נקיים. אתמול התכוונתי לעשות הפסק טהרה ושכחתי. היום רציתי לעשות הפסק אבל נזכרתי בכך באיחור, ועשיתי אותו חמש דקות לאחר שקיעה. האם ההפסק של היום תקף?

תשובה

שישה שבועות אחרי לידה חוזר הרחם לגודלו ולמצבו הטבעי שמלפני ההיריון. בצד השמחה על התינוק שהצטרף לאחרונה למשפחה, על היולדת להתמודד בתקופה זו עם מחסור מתמשך בשעות שינה, עם עומס ההנקה והטיפול בתינוק הקטן ועם הניהול השוטף של הבית. באם אפשר, מומלץ לדאוג לעזרה בבית על מנת לשמור על כוחותיך. אם חודשיים אחרי לידה עדיין אינך מרגישה טוב, כדאי להיבדק אצל רופא ולוודא שהכל כשורה.

מעיקר הדין יש לבצע את בדיקת הפסק הטהרה לפני השקיעה ובסמוך לה.

במצב המתואר בשאלה, יש צורך קודם כל לבדוק את שעת השקיעה המדויקת במקום המגורים שלך, וכן לוודא שהשעון בו הבטת היה מדויק. לעיתים דיוק בנתונים אלו מוכיח שהבדיקה נעשתה בזמן.

במידה ואכן היה איחור, עליך לבצע הפסק חדש למחרת היום. כדי לא לשכוח שוב כדאי לעשות תזכורות (כגון תזכורת בטלפון הנייד, פתק במקום בולט, רישום ביומן וכד׳). כמו כן, מומלץ לעשות בדיקת הפסק ניסיונית במהלך היום, בשעה שנוחה לך

(אפילו בבוקר), כדי שתוכל לשמש כהפסק טהרה בדיעבד, במידה ותשכחי ותאחרי שוב.

הרחבה

בדיקת הפסק טהרה מעבירה את האישה ממצבה כטמאה למצב של "בחזקת טהרה". במשנה ובגמרא[1] נחלקו חכמים לגבי הזמן בו ניתן לבצע הפסק טהרה בנידה דאורייתא. מכאן נלמד הדין גם לגבי זבה, הפוסקת בטהרה לפני שבעה נקיים.[2] רוב הראשונים[3] פסקו לפי דעת חכמים במשנה, שניתן לעשות הפסק טהרה גם בבוקר, חוץ ממקרה בו אישה רואה דם יום אחד בלבד, שבו יש חיוב לעשות את הבדיקה דווקא בבין השמשות, סמוך לסוף היום.[4]

הטור מצטט את דברי הרא"ש[5] שבדיקה זו צריכה להיות "בין השמשות ביום שתפסוק בו". והב"י שם מסביר שאין כוונתו בתוך זמן בין השמשות שהוא כבר ספק יום, אלא סמוך לבין השמשות ככל הניתן, ולא לפני זמן מנחה קטנה, כשעתיים וחצי לפני השקיעה.

על בסיס זה פסק השו"ע[6] שיש לבצע את הפסק הטהרה סמוך לבין השמשות.[7] בעל תורת השלמים[8] מסביר עוד שאם נעשה ההפסק בספק לילה או בלילה ממש הוא אינו עולה, כי צריך ששבעת הימים הנקיים יהיו ימים שלמים, של עשרים וארבע שעות.

---

[1] נדה סח ע"א - ע"ב.

[2] ע"פ המשנה בנדה לא ע"ב והגמרא שם לג ע"ב, כדי ששבעה הנקיים יהיו ימים שלמים, יש להפסיק בטהרה יום לפני הספירה, ויום שפסקה בו אינו נחשב לספירה, להוציא ממנהגן של בנות כותים. בכל דיני נידה, חישוב הימים הוא משקיעה עד שקיעה, ולא מצאת הכוכבים. (כשהלילה הוא משקיעה עד זריחה).

[3] רשב"א, תורת הבית, בית ז שער ה; רמב"ן, הלכות נדה פרק שני אות א, ועוד.

[4] באישה שראתה יום אחד בלבד יש חשש שעדיין מעיינה פתוח ולכן החמירו בה שהפסק טהרה עולה לה רק אם נעשה סמוך לבין השמשות. הראשונים הוסיפו שיש גם חיוב להניח מוך דחוק במצב כזה, וכך פסק השו"ע (יו"ד קצו ב). לדעת הרמ"א גם ללא מוך דחוק, הפסק הטהרה עולה לה בדיעבד בתנאי שנעשה סמוך לבין השמשות.

[5] טור יו"ד סי' קצו סע' א (ג).

[6] יו"ד סי' ק צו סעיפים א - ב.

[7] בשערי אורה עמ' 133 מסביר הר"ש לוי מדוע פסק השו"ע כך, למרות שאין דעה כזו במשנה.

[8] שם סק"ב.

מכאן עולה שבמידה והבדיקה נעשתה לאחר שקיעה, בזמן בין השמשות, היא אינה מועילה יותר להפסיק בטהרה באותו יום.

הרמ"א על אתר מוסיף שדין זה הוא לכתחילה, אבל בדיעבד גם אם עשתה את הפסק הטהרה בבוקר הוא עלה לה,[9] ובלבד שאין זה היום הראשון או היחיד לראייתה. לכן, אם יש חשש שהאישה תשכח לבצע הפסק טהרה בזמן, ניתן להמליץ לה לבדוק את עצמה בבוקר, ליתר בטחון, כדי שאם תשכח שוב לעשות הפסק טהרה בזמן, תוכל בדיקת הבוקר לשמש בדיעבד כהפסק טהרה, וכך לא תפסיד עוד יום.

אמנם, בפסיקת האחרונים התעורר דיון לגבי איחור קל בזמן הבדיקה, כשהיא נעשית כמה דקות אחרי השקיעה, בזמן בין השמשות שהוא ספק יום ספק לילה.

חלק מהפוסקים נוקטים בגישה שאין מקום להקל בשום מצב של איחור, כפי שנכתב לעיל. כך פסקו הרב פייוול כהן[10] והר"ש וואזנר[11] וכן כתב בעל שו"ת קנה בושם,[12] והחמיר עוד, שאפילו אם מסופקת אם בדקה לפני השקיעה או לאחריה, אינה יכולה להתחיל בספירת השבעה נקיים ממחרת, ועליה לחכות עוד יום.[13]

לעומתם, פוסקים אחרים נטו להקל במצבים של שעת הדחק. בעל זכרון יוסף[14] כתב שיש מקום להקל בדיעבד, משום שיש כאן שלושה ספקות. ספק אחד שמא פסקה מלראות לפני זמן בין השמשות, ספק שני שמא בין השמשות יום הוא, וספק שלישי שמא אין האישה נידה אלא זבה. הגר"ע יוסף[15] מסתפק בתקפותם של חלק מהספקות שהזכרון יוסף מעלה, אולם מביא שלושה ספקות משלו: שמא לא ראתה כלל בין השמשות; ואם ראתה טיפת דם אחר שקיעה ואבדה, שמא בין השמשות יום הוא; ושמא יש לחשב את זמן בין השמשות על פי שיטת רבינו תם ולא על פי שיטת הגאונים. לאחר דיון ארוך בדיני ספיקות, מכריע הגר"ע יוסף להקל רק בדיעבד או

---

[9] כדעת תנא קמא וחכמים במשנה שם, וכפי שמובא בראשונים.

[10] בדי השלחן סי' קצו סע' ו, ס"ק יג. המחבר מדגיש שכל שלבי הבדיקה צריכים להסתיים לפני השקיעה, כי מרגע ששקעה החמה, נוצר מצב של 'ספק לילה', ובדיקת הפסק טהרה צריכה להעשות דווקא ביום. עם זאת הוא מוסיף שאם שכחה או נאנסה ולא בדקה לפני השקיעה, תשאל שאלת חכם.

[11] שו"ת שבט הלוי ח"י סי' קמד.

[12] שו"ת קנה בושם חלק א סי' צט.

[13] חומרה זו לא התקבלה ע"י רוב הפוסקים.

[14] שו"ת זכרון יוסף סי' נח.

[15] טהרת הבית ח"ב סי' יג ס"ק א, עמ' רס"ה ואילך.

בשעת הדחק וצורך מרובה על פי פסיקת חכם, עד שלוש עשרה וחצי דקות אחרי השקיעה (שהן ספק יום ספק לילה).[16]

הגר"מ פיינשטיין[17] דן ארוכות בחישובי הזמנים, ופוסק שבמקום שנהגו על פי שיטת רבינו תם, ניתן בדיעבד להקל בבדיקת הפסק טהרה עד תשע דקות אחרי השקיעה.[18] אמנם בתשובה מאוחרת יותר[19] הוא מדגיש שקולא זו היא רק לנוהגים כרבינו תם, ולא לנוהגים על פי שיטת הגאונים.

לאור זאת, במצבים מיוחדים בהם איחור של יום בטבילה עשוי להיות משמעותי מאד לזוג (כגון נסיעה של אחד מבני הזוג לפני שהאישה תספיק להיטהר, או נסיון להיכנס להיריון) ניתן להקל ולהחשיב את הפסק הטהרה שנעשה באיחור של מספר דקות.[20]

נ.ל.

---

[16] בטהרת הבית הקצר סי' יג הל' ה מצמצם הרב דוד יוסף את פסיקת אביו, וכותב שבשעת הדחק ניתן להקל "כחמש או עשר דקות אחר השקיעה".

[17] שו"ת אגרות משה או"ח חלק ד סי' סב.

[18] חישוב זה נעשה על סמך אופק ניו יורק. שיטת ר"ת התקבלה להלכה ע"י השו"ע, הרמ"א והמשנה ברורה, כנראה בגלל התאמתה לזמן השקיעה במקומות מסוימים בחו"ל. מולם עומדת שיטת הגר"א, הפוסק ע"פ הגאונים. המנהג הנפוץ ביותר כיום הוא שזמן בין השמשות הוא 13.5 דקות, כשיטת הגאונים (ולפי הרמב"ם 18 דקות). עם זאת, מיעוט הציבור בארץ ובחו"ל נוהגים להמתין 72 דקות בין שקיעה לצה"כ, כרבינו תם. למחלוקת זו יש משמעויות לקולא ולחומרא, ואכמ"ל.

[19] שו"ת אגרות משה יו"ד ח"ד סי' יז, אות כו. הר"י פרקש (טהרה כהלכה פרק טז הל' לב, עמ' רפח) פוסק לאור תשובה זו שאין להקל כלל בהסתמך על שיטת רבינו תם במקום שלא נוהגים לפי שיטה זו. לדעתו בדיקת הפסק טהרה אחרי שקיעה אינה עולה לאישה אפילו בדיעבד.

[20] יש להדגיש שההכרעה מה נחשב מצב מיוחד המאפשר הקלה צריכה להיעשות על ידי מורה הוראה.

סימן יט

עונות פרישה וקביעת וסת בכ"ד חודש לאחר לידה

שאלה

לפני שבוע טבלתי פעם ראשונה אחרי לידה. האם אני צריכה לפרוש בעונות הווסת, וכיצד עלי לחשב את עונות הפרישה?

תשובה

לפי חז"ל, אישה אחרי לידה מוגדרת במשך כ"ד חודש כמינקת, שהיא בחזקת מסולקת דמים. אמנם בימינו, אצל רוב הנשים חוזר המחזור קודם כ"ד חודש. לכן, יולדת לא תחשוש לווסתות עד לאחר המחזור הראשון שאחרי היטהרותה מהלידה. לאחר המחזור הראשון עליה לחשוש לשתי עונות פרישה: עונה בינונית (שלושים יום), ועונת החודש (התאריך העברי); ולאחר המחזור השני תחשוש גם לעונת ההפלגה (שמצריכה שתי ראיות). האישה חוששת לנ"ל בתור וסת שאינו קבוע, ואינה קובעת וסת חדש תוך כ"ד חודש מהלידה. מנגד, בעלת וסת קבוע מלפני ההיריון תחשוש לווסתה הקבוע גם בתוך כ"ד חודש, משיתחדש המחזור.

אם המחזור אינו חוזר תוך כ"ד חודש, מיד לאחר סיום כ"ד החודש יש לחשוש לווסת הקבוע שהיה לפני ההיריון. אם הווסת הקבוע היה בהפלגת ימים, תחזור האישה לחשוש לו רק לאחר המחזור הראשון שלאחר הלידה.

לכן, כרגע אינך צריכה לחשוש כלל, עד שיגיע המחזור בפעם הראשונה.

הרחבה

שנינו במשנה[1] שארבע נשים נחשבות 'מסולקות דמים', אחת מהן אישה מניקה. לדעת

---

[1] נדה ז ע"א.

ר' מאיר,[2] כל עוד היולדת מניקה, היא נחשבת מסולקת דמים משום שהדם "נעכר ונעשה חלב", אך אם נגמל התינוק תוך כ"ד חודש, דינה ככל הנשים. לעומת זאת, לרבי יהודה, רבי יוסי ורבי שמעון, כל יולדת דינה כמסולקת דמים למשך כ"ד חודש, בין אם מניקה בפועל בין אם אינה מניקה, משום שאיבריה של היולדת 'מתפרקים' בשעת הלידה.

השלחן ערוך[3] פוסק כדעת חכמים, שלעולם אין גופה של יולדת חוזרת לעצמה עד עשרים וארבעה חודש. לפיכך אפילו אם מת הוולד או גמלה אותו, אינה חוששת לווסתה שהיה קודם ההיריון כל כ"ד חודש.[4]

ואולם, בימינו רוב הנשים שבות לראות דם תוך כ"ד חודש, גם אם ממשיכות להניק.[5] לדעת פוסקים רבים[6] נשתנו הטבעים, ולכן נשים בימינו כבר אינן מוחזקות כמסולקות

[2] שם ט ע"א.

[3] יו"ד סי' קפד סע' ז. יו"ד סי' קפט סע' לד.

[4] עיינו פתחי תשובה ס"ק יג לעניין המחלוקת בין הש"ך (שם ס"ק יח) לבין הכרתי ופלתי אם חודש העיבור (אדר ב') עולה למניין כ"ד של מינקת שאינה חוששת לווסתה.

[5] אפשר שהדבר תלוי בשיעור תוספת המזון לתינוק הנהוג בימינו. נשים המניקות הנקה מלאה ללא מתן תוספות בכלל עשויות להישאר ללא ביוץ במשך כמה חודשים. נשים שאינן מניקות, או נשים שנטלו כדורים להפסקת הנקה, עשויות לבייץ 2-4 שבועות אחרי הלידה. ראו:
"The World Health Organization multinational study of breast-feeding and lactational amenorrhea. IV. Postpartum bleeding and lochia in breast-feeding women. World Health Organization Task Force on Methods for the Natural Regulation of Fertility". Fertil Steril. 1999 Sep;72(3):441-7.

[6] לחם ושמלה סי' קפט שמלה ס"ק נד. שו"ת אגרות משה יו"ד ח"ד סי' יד (קפד: ז), יו"ד ח"ג סי' נב א, יו"ד ח"ד סי' יז. שו"ת שבט הלוי חלק ד סי' קא. שו"ת משנה הלכות ח"ה סי' קלט.

דמים כ"ד חודש,[7] כדברי האגרות משה[8] בזמננו, כשאישה אינה מניקה, כמעט תמיד היא חוזרת לראות דם, ואפילו בין הנשים המניקות, רבות רואות דם, ויש להן וסת. לכן כאשר נשים חוזרות לראות דם,[9] אפילו תוך כ"ד חודש, הן כבר לא מוחזקות כמסולקות דמים, וחוזר דינן להיות ככל הנשים.[10]

בעקבות השינוי במציאות שבימינו, יש לדון אם אישה מניקה שראתה דם צריכה לחשוש גם לעונה בינונית, ועל כך חולקים הסדרי טהרה[11] ושלחן ערוך הרב.[12] בדרכי טהרה פסק כדעת הסדרי טהרה, שאישה מניקה הרואה דם תוך כ"ד חודש חוששת

[7] לעומת שיטת נשתנו הטבעים, יש מי שסובר שהחזרה המוקדמת של הווסת קשורה לשיפור הבריאות והתזונה של האם בימינו. כך כתב בעל קונטרס פרדס רימונים (מובא בשו"ת בני בנים חלק א סי' לא): "בימינו, עכ"פ, אפילו אצל אמהות מניקות מתחיל וסת סדור תוך ו' חודשים מהלידה. רמות התזונה והבריאות המשופרות של דורנו הקטינו את הקשיים הגופניים שבהירין, בלידה ובהנקה. האם המינקת, כמו האמא שאינה מינקת, חייבת איפוא לשמור על כל הלכות נדה". העיר לו הרי"ה הנקין בעל שו"ת בני בנים: "נשים המניקות באופן בלעדי במשך ו' חודשים ראשונים, וע"כ מייצרים גופיהן חלב בשפע, ורק אחרי ו' חודשים מוסיפות מאכלים אחרים בצד ההנקה, אבל ממשיכות להניק כרצון התינוק - לרוב אין נשים אלו חוזרות לוסתן עד לשנה או שנתיים כבימי הגמרא, ולא נשתנו הזמנים והדברים אינם קשורים לרמת התזונה אלא להורמונים שבגוף האשה. מציאות זו מפורסמת". המחלוקת הנ"ל נאמרה לעניין מניעת הירין ע"י הנקה, ולא לעניין קבעת וסתות.

[8] יו"ד ח"ג סי' נב א.

[9] גם כאשר ראייה זו היא בימים המוגדרים מעיקר הדין כדם טוהר (בלידת זכר מהיום השמיני שלאחר הלידה ועד ליום הארבעים, ובלידת נקבה מהיום החמישה עשר מהלידה ועד ליום השמונים). כך עולה מסתימת לשון הרמ"א סי' קצד סוף סע' א "ודינו כשאר דם לכל דבר".

[10] דרכי טהרה פרק ז' עמ' פד, טהרת הבית ח"א עמ' פה. בבדי השלחן סי' קפט סע' לג בביאורים ד"ה "חוששת לראיה שתראה" מביא את החת"ס (סי' קמג) שחוששת לראיות אף בתוך ימי טוהר שהם מ' לזכר ופ' לנקבה. כ"כ בחזו"א סימן פז ס"ק ב, לא לחלק בין ימי טוהר לשאר הימים, כלומר דם טוהר דינו כשאר דם לכל דבר. ראו

Zimmerman DR. Lactational amenorrhea and mesuleket damim- a medical and halachic review. B'Or Hatorah 2002;13E:173-182.

[11] סי' קפט סע' לו ד"ה ועוד, מובא גם בפתחי תשובה סי' קפט ס"ק לא, שאינן צריכות לחשוש לעונה בינונית. בעלת וסת קבוע שרואה שלא בזמנה חוששת לראייתה ולא לעונה בינונית, כיוון שעונה בינונית היא לבעלות וסת שאינו קבוע, כ"ש כשמדובר במסולקות דמים, מעוברות ומניקות, אינן צריכות לחשוש לעונה בינונית, הווסת של רוב נשים.

[12] יו"ד סי' קפט ס"ק קיד, שפסק להחמיר שצריכה לחשוש לעו"ב בשם המהר"ם פדואה (סי' כה).

לעונת החודש ולהפלגה, אך אינה צריכה לחשוש לעונה בינונית כדין מעוברת.[13] כך סובר גם הר"י ורהפטיג.[14] אך הגר"מ אליהו העיר שיש שמחמירים לחוש גם לעונה בינונית ויש לחוש לדבריהם. וכן פסק באגרות משה,[15] בשיעורי שבט הלוי,[16] ובטהרה כהלכה[17] שיש לחשוש לעונה בינונית בראיות שבימי הנקה.[18]

עד כאן עסקנו בנושא החשש לעונות פרישה.

הראשונים חלוקים בדבר קביעת וסת במינקת במשך כ"ד חודש לאחר לידה:

לדעת הרמב"ן,[19] מקרה שבו אישה רואה דם תוך כ"ד חודש ללידה מוכיח שאיננה מסולקת דמים, ולכן קובעת וסת בימי ההנקה. כך פסק גם הש"ך[20] בעקבות הב"ח, וגם מובא להלכה בשו"ת משנה הלכות.[21]

לדעת הרשב"א,[22] מעוברות ומניקות מוחזקות כמסולקות דמים באופן מוחלט, אפילו אם רואות ג"פ בזמנים קבועים,[23] ולכן הראיות נידונות כאירועים חריגים ואינן קובעות וסת.[24]

---

13 דרכ"ט פרק ז עמ' פד. ראו הרחבה בסימן א, "עונה בתחילת היריון". כך גם פסק חלקת יעקב יו"ד ס' צו.

14 ראו הר"י ורהפטיג, "עונה בינונית", תחומין כרך כד עמ' 235.

15 יו"ד ח"ג סי' נב א.

16 סי' קפט סע' לג אות ה. כדעת המהר"ם פדואה (סכ"ה).

17 טהרה כהלכה, פרק 24 סעיף ק. וכותב שגם הסבורים שבעונה בינונית יש לפרוש גם ביום השלושים ואחד, מ"מ ב"מסולקת מדמים" גם הם מסכימים שניתן להסתפק ביום השלושים בלבד.

18 בדי השלחן (בביאורים סי' קפט סע' לג ד"ה "חוששת לראיה שתראה וכו'") מביא את דעת המהר"ם פדואה המחמירה, שחוששים ג"כ לעו"ב מראייה שראתה בימי עיבור והנקה. אך תוהה בדה"ש "אם אינה חוששת לוסת שקבעה היא עצמה למה תחוש לעו"ב שהיא וסתן של סתם נשים". הדיון נשאר בצ"ע. כותב בטהרת הבית ח"א סי' ב סע' ח ראוי להחמיר לעו"ב, מ"מ המקל לגמרי בזה יש לו על מה שיסמוך.

19 נדה יא ע"ב ד"ה מדאמרינן.

20 יו"ד סי' קפט ס"ק עג.

21 חלק ה סי' קלט.

22 תוה"ב בית ז' שער ג' יב ע"א.

23 בסוף דבריו הרשב"א כותב שיש לחוש לדברי הראב"ד, כלומר שיש לחוש לראיות בימי הנקה כווסת שאינו קבוע.

24 שו"ת משנה הלכות (ח"ה סי' קלט) מסביר את טעמם של הרשב"א והשו"ע שאמנם אין פוסקים כגמרא לעניין סילוק דמים, אך לעניין קביעת וסת בימי הנקה הדין לא השתנה משום חולשת הלידה ופירוק איבריה, כ"ש בזמן הזה שירדה חולשה לעולם.

לפי הראב"ד,[25] מסולקות דמים אינן קובעות וסת בימי הנקה ועיבור אך חוששות לראיות כווסת שאינו קבוע. כך נפסק בשלחן ערוך,[26] וכן נפסק בטהרה כהלכה.[27] בהמשך לשיטה זו, בדרכ"ט[28] כתב ש"אישה שקבעה וסת בזמן הנקה, צריכה לחשוש בתוך כ"ד חודש אלה רק לוסת שקבעה. ואין דין וסת זה כוסת לכל דבר, וכשיעברו ימי הנקתה, תצטרך לחזור ולחשוש לוסת שקודם עיבורה, אם היה לה".[29] וכן נפסק בשעורי שבט הלוי[30] ובבדי השלחן.[31]

מתי חוזרת האישה לחשוש לווסת הקבוע שנקבע לפני ההיריון? דעת הרשב"א[32] היא שאישה חוזרת לחשוש לו מיד לאחר כ"ד חודש, אפילו בטרם ראתה דם, וכך נפסק בשלחן ערוך.[33] לעומת זאת סברו הראב"ד והרמב"ן,[34] ובעקבותיהם הש"ך,[35] שאישה נחשבת מסולקת דמים תוך כ"ד חודש כל עוד לא ראתה דם. רק מהראייה הראשונה של דם חוזרת האישה לחשוש לווסתה הקבוע הקודם.

לפי הגר"מ אליהו,[36] לאחר ימי ההנקה, דהיינו כ"ד חודש, חוזרת האישה לחשוש לווסת הקבוע שהיה לפני עיבורה, שאם תראה בו תחשב כבעלת וסת קבוע, ואם לא תראה - דינה כבעלת וסת שאינו קבוע. כך, אם היה לה לפני היריונה וסת ליום מסוים בחודש, וחזרה לאחר כ"ד חודש לראות באותו יום, היא תיחשב כבעלת וסת קבוע. מנגד, אינה צריכה לחשוש לווסת הגוף עד שתחזור לחוש אותו מחדש. אם יחזור וסת הגוף אפילו פעם אחת, דינו כווסת קבוע ונעקר בג' פעמים.[37] אישה שהייתה בעלת וסת לא קבוע קודם היריונה אינה צריכה לחשוש לתאריכים הישנים לאחר

---

[25] בעלי הנפש שער תיקון הוסתות עמוד נה.

[26] יו"ד סי' קפט סע' לג.

[27] פרק אחד עשר סע' י.

[28] פרק ז עמ' פה.

[29] נלמד מפתחי תשובה יו"ד קפד ס"ק יד.

[30] סי' קפט לד, ס"ק ג.

[31] סי' קפט לג בביאורים ד"ה לראיה שתראה.

[32] תוה"ב בית ז' שער ג יג ע"א.

[33] יו"ד סי' קפט סע' לד.

[34] הלכות נדה ו ז.

[35] יו"ד סי' קפט ס"ק עה.

[36] פרק ז' עמ' פה.

[37] יו"ד סי' קפט סע' לד.

כ"ד חודש.[38] לעומת זאת, סובר האגרות משה[39] שיש לחשוש לווסת קבוע מיד כאשר חוזרת לראות, ואפילו בתוך כ"ד חודש.

לסיכום, בימינו נשים חוזרות לראות דם תוך כ"ד חודש של ימי הנקה, בתקופה שבה היא מוחזקת לדעת חז"ל כמסולקת דמים. על כן אישה שמקבלת מחזור, אפילו תוך כ"ד חודש, חייבת לחשוש לווסת שאינו קבוע.

ש.כ.

---

[38] נודע ביהודה בפ"ת סי' קפט ס"ק לב, וכ"פ דרכ"ט פרק ז עמ' פה.

[39] יו"ד ח"ג סי' נב א.

סימן כ

בדיקות ז' נקיים במצב צניחת רחם

שאלה

בעקבות הלידה האחרונה, אני סובלת מצניחת רחם מאוד רצינית, והרופא שם לי טבעת (pessary). באופן עקרוני אני יכולה להוציאה בעצמי, אבל לא נעים ולא פשוט לעשות כן. בנוסף, אני חוששת מדימום בגלל צניחת הרחם. איך אני אמורה לעשות הפסק טהרה ובדיקות בשבעה נקיים?

תשובה

אם את יכולה להוציא את הטבעת בקלות, עליך להוציאה בזמן הבדיקות, לפחות בהפסק הטהרה ובבדיקה אחת תוך שבעה הנקיים. אולם, אם יש לך קושי להוציאה, או שהיא קבועה ואינה ניתנת להסרה אלא על ידי רופא, ניתן להקל ולבצע את הבדיקות כאשר הטבעת נשארת בגוף, כיוון שהיא פנימית, בעומק צוואר הרחם.

בעת ביצוע הבדיקות עליך להשתדל להגיע פנימה ככל שתוכלי, מבלי להכאיב או להזיק לעצמך.

אם יש דימום או שמופיעים כתמים, עליך לברר בבדיקה רפואית אם מקורם בפצע הנגרם מצניחת הרחם, או לא. במידה שהדימום נובע מצניחת הרחם, הוא מוגדר דם פצע. במצב זה, עליך להגיע בבדיקת הפסק הטהרה לעד נקי מדם. אפשר לבצע בדיקות חוזרות (בעדינות, ועם הפסקות של כמה דקות ביניהן כדי שלא לגרום להחמרת הפצע) עד שתצא בדיקה אחת נקייה. כמו כן עליך להשתדל שבדיקה אחת ביום הראשון ואחת ביום השביעי תהיינה נקיות מדם. אם קשה, לפחות בדיקה אחת בראשון או בשביעי צריכה להיות נקייה. ואם גם זה בלתי אפשרי, לפחות בדיקה אחת בתוך שבעה נקיים.

בשאר הבדיקות, אם אינן יוצאות נקיות, ניתן לתלות את הדם בפצע. ניתן גם להפחית בבדיקות (אחת ביום, או פעם ביומיים או רק בימים ראשון ושביעי, לפי מצבך ולפי הצורך).

אם הדימום אינו קשור לצניחת הרחם, לא ניתן להקל בבדיקות שאינן נקיות, אך אפשר להפחית במספר הבדיקות ככל אישה המתקשה להיטהר.

אם יש דימום או שמופיעים כתמים, עליך לברר בבדיקה רפואית אם מקורם בפצע הנגרם מצניחת הרחם, או לא. במידה שהדימום נובע מצניחת הרחם, הוא מוגדר דם פצע. במצב זה, עליך להגיע בבדיקת הפסק הטהרה לעד נקי מדם. אפשר לבצע בדיקות חוזרות עד שתצא בדיקה אחת נקייה.

הרחבה

צניחת רחם היא מצב רפואי בו הרחם 'מחליק' ממקומו באגן לכיוון הנרתיק. גורמי הסיכון לכך הם אלה שמחלישים את השרירים והגידים המחזיקים את הרחם, כגון היסטוריה של לידות קשות, ניתוחים גניקולוגיים קודמים, השמנה, עצירות מתמשכת, שיעול כרוני, גורמים תורשתיים ועוד. צניחת הרחם יכולה להתרחש בדרגות חומרה שונות, כאשר בחמורה שבהן הרחם והצוואר יוצאים כמעט החוצה.

התסמינים משתנים מאישה לאישה לפי דרגת החומרה של הצניחה. לרוב אין כאן בעייה רפואית אלא פגיעה באיכות החיים של האישה, כגון קושי בהליכה, כאבים בזמן יחסי אישות, דימומים לא סדירים ודליפת שתן.

הטיפול המקובל כיום בשלב ראשון הוא שינוי בהרגלי החיים כדיאטה, פעילות גופנית והפסקת עישון. בנוסף, טיפול פיזיותרפי של חיזוק שרירי רצפת האגן הוכח כיעיל במקרים רבים. באם צעדים אלו אינם מועילים, ניתן לנתח, או חילופית להכניס התקן נרתיקי התומך בנרתיק ו'מרים' את הרחם בחזרה למקומו. טיפול זה ינתן בדרך כלל כטיפול זמני או לנשים שאין אפשרות לנתחן. אצל נשים לאחר גיל הפריון, הטיפול הסופי לבעיה לאחר מיצוי כל האפשרויות הקודמות, יהיה כריתת רחם.

הוצאת הטבעת בזמן בדיקות

הטבעת הנרתיקית התומכת ברחם בזמן צניחה ידועה לנו רק במאות השנים האחרונות. מספר פוסקים עסקו בשאלת ביצוע הפסק טהרה ובדיקות לאישה עם טבעת בנרתיק.

בעל זכרון יוסף[1] התיר להשאיר את ההתקן הנרתיקי בזמן בדיקות הטהרה "שכשם שאין הטבעת מעכבת את בעלה מלבוא עליה ולשמש עמה, כך אינה מעכבת על המוך להכניסה לשם", אולם בסדרי טהרה[2] דחה דבריו וחייב להוציא את ההתקן לפחות להפסק הטהרה. פוסקים אחרים מחייבים להוציא את ההתקן אף לבדיקת היום הראשון לשבעה הנקיים.[3] בערוך השלחן[4] תלה את הדבר ביכולתה של האישה להוציא את הטבעת בעצמה. אם היא יכולה להוציאה - תוציא, ואם לא (מחמת סכנה או שהטבעת קבועה במקום ורק רופא יכול להוציאה) - תעשה בדיקת הפסק טהרה יסודית עם מוך דחוק כל בין השמשות, ועוד בדיקה יסודית אחת כזו בתוך שבעה נקיים, ובשאר הימים תסתפק בבדיקה קלה יותר, ואין הטבעת מעכבת.

בעל נשמת אברהם[5] הביא שכך פסקו גם הר"י נויבירט הגרש"ז אויערבאך, על סמך חשב האפוד,[6] אך לדעתו, כיוון שעל פי רוב, ההתקן ניתן להוצאה בקלות, לכתחילה יש להוציאו. במקרה שלפנינו הטבעת ניתנת להוצאה אך לא בקלות, לכן נראה שניתן להקל בשעת הצורך.

דימום נרתיקי כתוצאה מצניחת רחם

הטור והשלחן ערוך דנו בצניחת רחם.[7] מקור הדין בהוראה של ר' שמשון מקוצי אשר, על סמך דברי הגמרא[8] העוסקת במפלת חתיכה מלאה דם, טיהר אישה "שנעקר מקור שלה וכמין חתיכות הבשר היה נופל לה בבית החיצון...כיון שאין דרך אישה לראות כך".[9]

הרמ"א מוסיף:[10] "ואפילו ראתה דם, כל זמן שהחתיכות בבית החיצון שלה, טהורה,

---

[1] יו"ד סי' י.

[2] סדרי טהרה יו"ד סי' קצו ס"ק כג.

[3] שו"ת בנין ציון חלק א סי' עא.

[4] ערוך השלחן יו"ד סי' קצו סע' כט.

[5] נשמת אברהם יו"ד סי' קצו ס"ק ד.

[6] שו"ת חשב האפוד חלק ב' סימן קיח. בעל חשב האפוד שם מתייחס לענין חציצה, אך הפוסקים השוו את הדינים גם לעניין הבדיקות בז"נ. לגבי פסיקת ההלכה בשאלה האם הטבעת חוצצת, ראו סימן מט, טבילה עם נובה רינג.

[7] טוש"ע יו"ד סי' קפח סע' ג.

[8] נדה כא ע"ב.

[9] לשון הרא"ש, הובא בב"י שם.

[10] יו"ד סי' קפח סע' ג.

דתלינן הדם בחתיכה זו, הואיל וידעה ודאי שנעקר מקורה, ומחמת מכה היא. וכן משמע בטור ורבינו ירוחם והרא"ש".

מנגד, הב"ח[11] פוסק שהאישה טהורה רק אם לא ראתה דם בשעת נפילת החתיכות ורק אחר כך ראתה דם בבית החיצון, שאז אין דרכה לראות כך, והש"ך הלך בעקבותיו.[12] להלכה דחה הב"ח את פסיקת הר"ש מקוצי (בהסתמכו על שיטת רש"י ותוספות). הט"ז,[13] לעומת זאת, סובר כרמ"א, אך לא מטעמו שניתן לתלות כאן במכה, כי אם מהנימוק שאין דרך אישה לראות כך, ונפקא מינא מדבריו שגם אם יש בחתיכה דם נידות, טהורה, משום שרק דם היוצא מהמקור כשהוא במקומו מטמא.

בעל פתחי תשובה[14] הביא פוסקים רבים שעסקו בנושא זה, וציין שמפאת מורכבות הנושא, רק גדולי הדור יכולים להכריע בו. אמנם בימינו, ברור לחלוטין מממצאי הרפואה שבמקרה של צניחת רחם, הדימום שלא בעת נידתה אינו בא מהרחם עצמו אלא הוא חיצוני, ולכן פשוט להקל. כך כותב ערוך השלחן,[15] המביא את דעות הראשונים והאחרונים בסוגיא, ומעיר:[16] "ואדרבא מצד הסברא אמר אחד מהגדולים שהפארפא"ל [= צניחת רחם] קילא מדרבינו שמשון לפי פרוש הקדמונים, דהא בזה לא ראתה דם כלל עד שנפל המקור לבית החיצון, ובנפילת המקור היה בשר ולא דם, ומבית החיצון התחיל הדם לירד, ושם אינו מקום טומאה כלל [פר"ר בט"ז סק"ה]".

דימום פנימי מחלל הרחם

אם הדימום הוא מתוך חלל הרחם עצמו, כתבו רוב הפוסקים להחמיר ולטמא את האישה, כדעת הש"ך.[17]

הנודע ביהודה עסק בעניין זה בשני מקומות עיקריים. במהדורה קמא[18] הוא דן באישה צעירה, בגיל הפוריות, שצנח מקורה, ויצא בחריפות נגד הפוסקים המתירים, על סמך

---

[11] ב"ח טיו"ד סי' קפח ס"ק ג.
[12] ש"ך יו"ד סי' קפח סע' ג ס"ק ט.
[13] ט"ז יו"ד סי' קפח סע' ג ס"ק ה.
[14] פתחי תשובה יו"ד סי' קפח סק"ז.
[15] ערוך השלחן יו"ד סי' קפח סע' כג ואילך.
[16] שם סע' נח.
[17] ש"ך יו"ד סי' קפח ס"ק ח.
[18] סי' נח.

הר"ש מקוצי, דימום מרחם שצנח. לטענתו, הר"ש מקוצי התיר רק ביציאת חתיכות מהרחם ולא בדימום, שהוא דם נידה לכל דבר ולא דם מכה. עוד טען שם שגם אם המקור נפל, כשיוצא ממנו דם נידה הרי זה "כדרכה", למרות שאינו מונח במקומו. וגם אם נאמר שיש כאן מכה, הרי זו מכה שאין ידוע אם מוציאה דם או לא, ולכן יש להחמיר בה.

לעומת זאת, במהדורה תנינא[19] דן באישה בת ששים שכבר פסקו דמיה, הסובלת מצניחת רחם, ושם פסק שבזקנה תולים גם במכה שלא ידוע לגביה שמוציאה דם, ובמיוחד נכון הדבר כשהאישה חשה כאב, ולכן היא טהורה. עם זאת, הוא מתנה זאת בכך שלא הייתה לה הרגשה, ומפאת חומרת הדין כתב שיש לפסוק כך רק אם עוד חכם מבין גדולי הדור יסכים עמו.

הנודע ביהודה[20] ופוסקים רבים נוספים דנו בדברי המעיל צדקה[21] שפירש אחרת את דברי הר"ש מקוצי. לדבריו, יש להגיה "חתיכת" ולא "חתיכות", וכוונתו לנפילת הרחם עצמו כחתיכה אחת. הדימום שהאישה רואה במקרה זה אינו נחשב ראייה כדרכה, ולכן אינו מטמא. הנודע ביהודה דחה את דבריו, אך פוסקים אחרים נטו לקבל אותם.[22]

החת"ם סופר[23] דן גם הוא באישה שסבלה מצניחת רחם, ולא הצליחה להיטהר כיוון שהיא רואה מראות ירוקים ולבנים שהופכים אחרי התייבשותם לאדומים. החת"ם סופר נטה לקבל את דברי המעיל צדקה ודחה סברת הנודע ביהודה, אך חשש להקל בגלל הרמב"ם שלא פסק כר"ש מקוצי. לכן הוא התנה את פסיקתו בפסיקת חכם נוסף, ומצא פתח להקל בגלל צירוף הנסיבות המיוחד: אין הרגשה (פרט להרגשת זיבת דבר לח, שאינה נחשבת הרגשה לדעתו); המראות טהורים בתחילה ורק אחר כך הופכים לאדומים; ויש לאישה מכה של נפילת המקור, שלפי חלק מן הפוסקים אין דרכה לראות כך וטהורה. בהמשך נתן הנחיות מדויקות לאישה כיצד לנהוג בז"נ (ראו להלן).

---

[19] סי' קיד.

[20] מהדורה קמא סי' נח.

[21] שו"ת מעיל צדקה סי' לד.

[22] ראו למשל בסד"ט סי' קפה סוף סק"ד, שנטה להסכים אתו אך חשש לפסוק כך נגד דעת רוב הפוסקים, וכן החת"ם סופר להלן.

[23] חת"ם סופר ח"ב יו"ד סי' קמה.

על סמך פוסקים אלו ואחרים הקל גם בעל שו"ת יהודה יעלה[24] באישה מבוגרת בת שבעים ושלוש, וכן בערוך השלחן,[25] שהראה שאין מחלוקת בין הר"ש מקוצי לרש"י ותוספות, ולכן ניתן להקל.

כך כתב גם הגר"ש וואזנר:[26] "אישה הסובלת מצניחת רחם... ובבדיקה נגעה שם ויצא דם, והרופא אומר שיש שם פצע שמוציא דם, פשוט שיכולה לתלות...".

לאור זאת נראה שבעקבות התפתחות אמצעי המעקב הרפואיים בימינו, ניתן לחלק ולומר שאם ברור שמקור הדם הוא חיצוני לרחם, ניתן להקל בכל מצב. אם הדימום הוא מתוך חלל הרחם, ניתן להקל באישה מבוגרת שפסקו דמיה. באישה שלא פסקו דמיה יש לברר היטב את מקור הדם אם הוא דם נידה או דם מכה, ולפי זה להכריע.

מספר הבדיקות הנדרש

אם קיים דימום או שמופיעים כתמים, יש לברר בבדיקה רפואית אם מדובר בפצע הנגרם מצניחת הרחם או לא. דימום הנובע מצניחת הרחם נחשב דם פצע. על כן, בבדיקת הפסק טהרה יש להגיע לעד נקי מדם (אפשר לאחר כמה נסיונות) וכן ניתן להפחית בבדיקות: אחת ביום, או פעם ביומיים או רק יום ראשון ושביעי, לפי המצב ולפי הצורך.[27]

יש להשתדל שלכל הפחות, בדיקה אחת ביום הראשון ואחת ביום השביעי תהיינה נקיות. אם קשה, לפחות בדיקה אחת בראשון או בשביעי, צריכה להיות נקייה, ואם גם זה בלתי אפשרי, לפחות בדיקה אחת בתוך שבעה נקיים. אם לאחר בדיקת הפסק טהרה ובדיקת יום ראשון נקיות מוצאת האישה דם בבדיקות, ניתן לתלות דם זה במכה.

לענייננו נוסיף את דברי בעל ערוך השלחן:[28] "שאם לפי ראות עיני המורה החכם

---

[24] שו"ת יהודה יעלה יו"ד ח"א סי' ריט ד"ה היום פניתי.

[25] ערוך השלחן יו"ד סי' קפח ס"ק כג-סד.

[26] שש"ה הוספות עמ' שעה.

[27] עניין זה נידון בהרחבה בסי' יד לעיל, מוך דחוק ובדיקות ז' נקיים לאחר לידה, ע"פ יו"ד סי' קצו סע' ד וסע' ו. וכן נוב"י מהדורה תנינא יו"ד סי' קכט, שש"ה שם, דרכ"ת עמ' קלד, שערי אורה עמ' 137. באג"מ פסק שבמקרה שיש מכה כואבת ניתן להסתפק גם בבדיקה אחת בלבד בתוך ז"נ (אג"מ, יו"ד ח"ב סי' סט, ועיין גם בח"ג סי' נו אות ג). בשו"ת הר צבי (יו"ד סי' קמו) הפנה למהר"ש אנגל (חלק ג סימן פג) שכתב בדיקה ביום א' או ז'. עיינו בסמוך סי' כא, תלייה בפצע בז"נ.

[28] ערוך השלחן יו"ד סי' קפח ס"ק ח. כך פסק גם בשש"ה עמ' שעה בהוספות.

בתורה וירא אלהים ומבין בהענין שיש לאשה זו קלקול במקור או בסביבות המקור מקלקול הבשר וכיוצא בזה ואינה יכולה להטהר לבעלה ויש לה וסת קבוע לטהרה שלא בשעת וסתה, ורק בדיקה נקיה של הפסק טהרה מוכרחת להיות לה וגם בדיקה אחת נקיה בתוך ז' ימי ספירתה, ותטבול ותטהר לבעלה ולא תביט אחרי הבדיקות אינן נקיות ואחרי כתמיה...".

אם הדימום אינו קשור לצניחת הרחם, לא ניתן להקל בבדיקות שאינן נקיות, אך אפשר להפחית בדיקות ככל אישה המתקשה להיטהר.

נ.ל.

סימן כא

תלייה בפצע בז' נקיים

שאלה

אני בת 32, שנה לאחר לידה. אני מניקה וחזרתי לקבל מחזור סדיר לפני ארבעה חודשים. מאז הלידה, אני מתקשה בבדיקות של שבעה נקיים. הפסק הטהרה והבדיקות הראשונות יוצאים נקיים, אבל לאחר כמה ימים אני מוצאת דם על העד, ואז עוברים כמה ימים עד שאני מצליחה שוב לעשות הפסק טהרה.

אינני מוצאת הפרשות על התחתון וכן לא כואבות לי הבדיקות. פניתי לרופא אשר הסביר שהדימום כנראה נובע מיובש בנרתיק, ולפי דבריו אינו דורש טיפול רפואי. אני אסורה כבר חודש וחצי בגלל מצב זה, ובינתיים הספקתי לקבל שוב את המחזור, וטרם טבלתי. מה ניתן לעשות?

תשובה

הפרשות טבעיות מופרשות בנרתיק כדי לסוך את האזור ולכן בדרך כלל בדיקות לא פוצעות את האזור. בעקבות שינויים הורמונליים כגון שינויים ברמת האסטרוגן בתקופת ההנקה, יש אפשרות לרגישות כתוצאה מיובש בנרתיק. בעקבות היעדרות חומרים סכים, בדיקות פנימיות חוזרות יכולות לפצוע את האזור ולגרום להופעת דם על עד הבדיקה. מריחת חומרי סיכה באזור יכולה לסייע למניעת תופעה זו. אם המצב אינו משתפר, מומלץ לפנות לרופא לבחון אפשרות של טיפול במשחה שניתנת עם מרשם רופא.

לאור האבחון של הרופא בדבר קיומו של יובש בנרתיק אשר עשוי לדמם, ניתן להניח כי המראה הדמי שראית מקורו בדם פצע. לכן תוכלי לספור שבעה נקיים, ולתלות בפצע את המראות הדמיים שתראי במהלך שבעה הנקיים, ואין צורך להתחיל את הספירה מחדש בכל פעם.

היות שאת רואה דם לאחר כמה ימי בדיקות, נראה שהבדיקות הן גורמות לדימום. כדי לא לגרום להחמרה במצבך, לאחר הפסק הטהרה תוכלי לבדוק רק בדיקה אחת ביום הראשון ובדיקה אחת ביום השביעי. כדאי גם להרטיב את העד או לשים ג׳ל על בסיס מים על העד לפני ביצוע הבדיקה.

גם במצב בו תולים במכה, יש להשתדל שלכל הפחות, בדיקה אחת ביום הראשון ואחת ביום השביעי תהיינה נקיות. אם מצבך אינו מאפשר זאת, לפחות בדיקה אחת בראשון או בשביעי צריכה להיות נקייה, ואם גם זה בלתי אפשרי, לפחות בדיקה אחת בתוך שבעה נקיים. ואם לאחר בדיקת הפסק טהרה ובדיקת יום ראשון נקיות את מוצאת דם בבדיקות, ניתן לתלות דם זה במכה.

יש להשתדל להגיע לפחות לבדיקה אחת נקייה מכל דם. בהפסק הטהרה לא ניתן להקל, ואם הבדיקה אינה יוצאת נקייה ניתן להעזר באחות בודקת טהרה או ברופאה על מנת לבצע אותה.

הרחבה

כאשר רופא רואה בנרתיק רקמה מדממת,[1] האשה מוגדרת כבעלת מכה ידועה העשויה להוציא דם.[2] על כך נאמר בגמרא "ואם יש לה מכה תולה במכתה".[3]

הראשונים נחלקו מתי יש להתיר אישה מנידתה על סמך ההנחה שהדם בא ממכה. לדעת הרשב"א ניתן להקל לתלות במכה אפילו אם אין ידוע בוודאות שהיא מוציאה דם,[4] ואילו לדעת ספר התרומה, אמנם לא נדרשת ודאות גמורה שהדם שראתה כעת זב מהמכה, אך צריך שתהיה ידיעה ברורה שמכתה היא כזו שמוציאה דם.[5]

---

[1] לאפשרות תלייה במכה על סמך מיקום הדם על העד או כאב בעת הבדיקה ראו להלן סי׳ מה, חשש לפצע ומיקום הדם על העד. בפוסקים מובאת מחלוקת לגבי מידת האמינות והידע של רופאים. החתם סופר כתב כי ידיעת הרופא מוחזקת כידיעה כללית ולכן אי אפשר להתיר אישה על סמך דבריו, אולם רוב פוסקי זמננו חולקים. עיינו פתחי תשובה סי׳ קפז אות לח, טהרת הבית ח"א סי׳ ה עמ׳ רמג, ושש"ה סי׳ קפז סע׳ ח. ראו גם לעיל סי׳ טז, ראיית דם בבדיקת רופא לאחר לידה.

[2] היתר התלייה במכה נידון בגמרא בעניין אישה הרואה מחמת תשמיש (נדה סו א). פסק הראשונים בסוגיא כדעת רבי.

[3] שם בנדה.

[4] תורת הבית ב"ז שער ד כ"ג.

[5] יו"ד סי׳ צב.

בשו"ע[6] כתב שאם יש מכה באותו מקום, תולין במכתה, ולא התייחס לרמת הסבירות הנדרשת לשם תלייה במכה. הרמ"א חילק בין שלושה מצבים: בעלת וסת קבוע תולה במכתה שלא בשעת וסתה אף אם אינה יודעת שמכתה מוציאה דם. בעלת וסת שאינו קבוע המסתפקת אם הדם הוא מן המקור או מן הצדדים–גם היא תולה במכתה מכח ספק ספקא, שמא הדם הוא נרתיקי ולא רחמי, ואם הוא רחמי–שמא מקורו במכה. אך אם ברור שמדובר בדם מהרחם, יש צורך בידיעה ברורה שמכתה מוציאה דם.

בשאלה שלפנינו ניתן לסמוך על אבחנת הרופא שרקמת הנרתיק יכולה לדמם לעתים בעקבות מגע, ואם כך ניתן לתלות את הדם שראתה בדם מכה. הדימום בעקבות היובש אינו מטמא היות שמקור הדימום ידוע, והוא מחוץ לרחם. אומנם, על האשה לבצע בדיקות נקיות בכדי לקבוע חזקת טהרה, ולכן הדימום הזה מקשה על כך.

אמנם, תלייה במכה בימי ליבונה של האישה היא מורכבת יותר. הרמ"א כותב שאין לתלות כתמים בג' ימים ראשונים של ז"נ, אלא אם כן מדובר במכה שיודעת שמוציאה דם.[7] והש"ך[8] מחמיר שאף כאשר ידוע שהמכה מוציאה דם, אין לתלות בג' ימים ראשונים. למעשה, לנוהגים כשו"ע, ניתן לתלות בפצע בכל ימי הספירה, ולנוהגים כרמ"א ניתן לתלות כאשר ידוע שהמכה אכן עשויה לדמם. יש לשים לב שדין ג' ימים ראשונים נוהג באשה שנאסרה מחמת וסתה,[9] אך אם סתרה ספירתה וספרה בשנית, יכולה לתלות בכל אחד מהימים.

בשאלה שלפנינו, לו פנתה האשה בימי ליבונה, ניתן היה לתלות בפצע ולהמשיך בספירת הימים הנקיים. אמנם מכיוון שהאישה כבר נאסרה בשנית,[10] יש להדריכה כיצד אישה הסובלת מפצע בנרתיק צריכה לנהוג בבדיקת הפסק הטהרה ובדיקות הימים הנקיים.

בדיקת הפסק הטהרה נועדה להוציא את האישה מחזקת איסורה הראשון, ולכן תלייה בפצע אינה מועילה כי בסופו של דבר יש צורך בבדיקה שאין עליה כל מראה דמי

---

[6] יו"ד סי' קפז סע' ה.

[7] יו"ד סי' קצו י' בהגהה.

[8] יו"ד סי' קצו סקי"ג.

[9] שאז יש חזקה ש'מעיינה פתוח' ועיין בדגמ"ר קצ"ו י' ד"ה י"א.

[10] ויש לדון האם, לולי שנאסרה שוב היה מקום להתיר למפרע או שכבר נאסרה מדין 'שוויא אנפשיה' מפני שאסרה עצמה וכן האם יש לאסור כאשר אישה סברה בטעות שהיא נאסרה. ועיינו להלן סי' נט, נקודה על טמפון.

על מנת לברר שאכן הדימום הרחמי פסק. לכן כתבו אחרונים רבים שגם כאשר אישה סובלת מפצע בנרתיק יש צורך בבדיקה הנקייה ממראה דמי על מנת להפסיק בטהרה, ובבדיקה זו אין לתלות בפצע.[11]

יש אחרונים שכתבו שניתן להקל ולתלות במכה אף בבדיקת הפסק הטהרה, מתוך הנחה לפיה לא הבדיקה היא המוציאה את האישה מחזקתה הראשונה אלא שדרך העולם שלאחר ימי ראייתה שוב אינה רואה דם, ואם חלף הזמן בו על פי רוב מפסיק הדימום, ניתן לתלות בפצע.[12] הגר"ע יוסף פסק לתלות בפצע אף בהפסק טהרה.[13]

הגר"מ אליהו[14] פסק שכאשר ודאי לאישה שהדם שראתה מקורו בפצע–וכגון שהדם מופיע תמיד בצד אחד של העד– תוכל לתלות אף בבדיקת הפסק טהרה, אך מוסיף שעל מנת לעשות כן יש לחזור על הבדיקה שלוש פעמים ערב בוקר וערב, כאשר הדם ממשיך להופיע באותו צד, על מנת שתתחזק בטהרה.[15]

בעיה דומה עולה גם ביחס לבדיקות הימים הנקיים. במצב בו אישה סובלת מפצע, אין להורות לאישה שתבדוק את כל הבדיקות שמתבצעות לכתחילה בימי הספירה, אלא תבדוק מלבד בדיקת הפסק הטהרה בדיקה אחת ביום הראשון ובדיקה אחת ביום השביעי בלבד. אם בבדיקות אלו תראה דם, תוכל לתלות אותו בפצע. אך עדיין נשארת שאלה אם בדיקה כזו תוכל להוציאה ידי חובת הבדיקה, ובכך נחלקו האחרונים באופן דומה למחלוקתם בבדיקת ההפסק.

החוות דעת[16] כותב שעליה להגיע לבדיקה נקייה לפחות בבדיקת היום הראשון בנוסף לבדיקת ההפסק, ואילו בשו"ת חתם סופר[17] חלק עליו וכתב שבבדיקות כל שבעת הנקיים ניתן לתלות בפצע. זאת מכיוון שבניגוד לסברתו ביחס להפסק שהוסברה לעיל,[18] תפקיד הבדיקות אינו להוציא את האישה מחזקתה כאסורה אלא לברר את טהרתה.

---

[11] חתם סופר יו"ד קע"ז, חוות דעת קצ"ו סק"ג, עזרת יהודה יו"ד סכ"ט, סדרי טהרה קצ"ו סוף ס"ק כ"ג.

[12] שו"ת זכרון יוסף יו"ד סי' י.

[13] טהרת הבית ח"א סימן ה סע' י עמ' רנ"ב-ג.

[14] דרכי טהרה עמ' ל"ד- ל"ה מהדורה שניה, תשס"ז.

[15] על פי האחרונים המובאים בפתחי תשובה קפ"ז ס"ק כ"ד.

[16] חוות דעת סי' קצו סק"ג.

[17] שו"ת חתם סופר יו"ד סיק קעז.

[18] שם.

הגר"ש וואזנר מביא דברים אלו וכותב להחמיר ולהצריך בדיקה נקייה אף ביום הראשון לנקיים, בנוסף לבדיקת ההפסק כדברי החוות דעת, ורק במצב בו לא ניתן לעשות כך, לסמוך על דברי החתם סופר.

בשו"ת הר צבי[19] מובאת תשובה המתיחסת לשאלת התלייה בפצע ובדיקות שבעה נקיים, ומצריך שלוש בדיקות נקיות - הפסק הטהרה, בדיקת היום הראשון ובדיקת היום השביעי.[20]

יישום ההלכה בפועל בדין זה תלוי במצבה של האישה.

עתים שבדיקה חוזרת, לאחר שנמצא דם בבדיקה הקודמת, תאפשר לאישה להגיע לבדיקה נקייה, לאחר שאת קודמתה תלתה בדם הפצע. במצב כזה יש להשתדל רבות על מנת ששלוש הבדיקות שהוזכרו בשו"ת הר צבי, תהיינה נקיות מדם ולא יהיה צורך לדון בעניין תלייה בפצע בבדיקות אלו.

ישנם מצבים בהם טיב המכה הוא כזה שאינו מאפשר בדיקה נקייה, אם משום שמיקומו של הפצע ורגישותו למגע אינם מאפשרים זאת, ואם מפני שהבדיקה מסבה לאישה כאב. במצבים אלו ניתן יהיה להקל - אם כשו"ת שבט הלוי על פי החוות דעת, שצריכה בדיקת הפסק ובדיקת יום א', אם כחתם סופר, שניתן להסתפק בבדיקת ההפסק לבדה, ואם כדעות האחרונים שניתן לתלות בפצע בכל הבדיקות, וכפסק הגר"ע יוסף.

משך הזמן בו תוכל אישה לתלות מראות דמיים במכה זו עשוי להשתנות לפי המקרה הפרטי ועיינו להלן סי' נב, דימום מפצע הנגרם ע"י התקן תוך-רחמי, בו עסקנו בשאלה זו.

ז.ב.

---

[19] שו"ת הר צבי יו"ד סי' קמו.

[20] בשו"ת מהר"ש אנגל ח"ג סימן פ"ג הנזכר בדברי ההר צבי, נכתב שמספיקה בדיקה ביום הראשון או השביעי ולא בשניהם.

שער ג

אובדן היריון

סימן כב

ספירת ז' נקיים לאחר גרידה

שאלה

עברתי גרידה אחרי הפלה נדחית בשבוע העשירי להיריון. הרופא מסר שגודל העובר לפי בדיקת האולטרסאונד היה מתאים לשבוע השישי ושלושה ימים. מתי אוכל לעשות הפסק טהרה? בתום הדימום? שבוע מיום ההפלה (בהנחה שאין דימום כמובן)? רק אחרי שבועיים?

תשובה

כאשר ההיריון נמשך פחות מארבעים יום מיום ההפריה, האישה נטמאת בהפלה, אך לא קיימת טומאת לידה. במקרה זה אפשר לבצע בדיקת הפסק טהרה ולספור שבעה נקיים כרגיל, ברגע שיפסק הדימום.

במקרה של הפלה לאחר יותר מארבעים יום מההפריה, ולפני שידוע אם העובר היה זכר או נקבה, יש להמתין ארבעה עשר יום לפני שניתן לטבול, אך ניתן לבצע את תהליך הטהרה כולו כבר לפני כן.

במקרה שלך הגרידה נעשתה בשבוע העשירי, שהוא השבוע השמיני לפי החישוב ההלכתי. שמונה שבועות הם לכל הדיעות יותר מארבעים יום. למרות שיש מקום להניח שהעובר מת זמן מסוים לפני ההפלה, עדיין ייתכן שעברו כבר ארבעים יום מההפריה.

לכן, את יכולה לעשות הפסק טהרה מיד בתום הדימום, ולספור שבעה נקיים, אך לטבול רק לאחר שבועיים מיום הגרידה. עם זאת כדאי לדעת שלעתים נמשך הדימום זמן רב יותר, ורק בסופו ניתן להתחיל בתהליך הטהרה.

הרחבה

בנדה ל ע"א מובאת מחלוקת בין ר' ישמעאל לחכמים. ר' ישמעאל סובר שוולד זכר - צורתו נגמרת לאחר ארבעים יום, ונקבה - לאחר שמונים יום. חכמים סוברים שבין נקבה ובין זכר, צורתם נגמרת לאחר ארבעים יום. ההלכה נפסקה כחכמים, ולכן בכל מקרה של הפלה לפני ארבעים יום[1] מניחים שלא נגמרה צורת הוולד, והדימום נחשב כ'מיא בעלמא'[2] ולא כלידה. יחד עם זאת, האישה עדיין נטמאת מההפלה וצריכה לספור שבעה נקיים כנידה.[3] כך פסקו כל הראשונים ומובא להלכה בשולחן ערוך.[4]

בנוסף, הבית יוסף מביא דיון בין הראשונים,[5] וכן מובא בטהרת הבית[6] ושעורי שבט הלוי,[7] שאולי אפילו משום נידה אינה טמאה אם לא היה דימום, מכיוון שהנפל עדיין בגדר 'מיא בעלמא', ואין כאן עדיין הגדרה של פתיחת קבר משום מימדיו הקטנים. השו"ע פסק שטמאה כנידה אפילו לא ראתה דם וכן פסקו כולם אחריו. כל שכן במקרה הרגיל יותר כאשר ישנו דימום.

לעומת זאת, המפלת לאחר ארבעים יום, לאחר שנגמרה צורת הוולד, דינה כיולדת לעניין טומאת לידה. מן התורה,[8] היולדת בן ממתינה שבעה ימים לפני שטובלת ומיטהרת מטומאת לידה, ואילו היולדת בת ממתינה 14 יום. ימי טומאת הלידה אינם צריכים להיות נקיים מדם לידה. כאשר לא ניתן לדעת את מין הנפל, נפסק בשו"ע להמתין שבועיים כבת.[9]

---

[1] וכן אם הפילה ביום הארבעים עצמו, לפי לשון המשנה בנדה ל ע"א.

[2] ראו יבמות סט ע"ב. משמעות הביטוי 'מיא בעלמא' היא שאין כאן עדיין גוף חי של עובר, אלא רק נוזל בלבד.

[3] כך נפסק ביו"ד קצד ב, ומסביר הרמ"א שזאת משום שא"א לפתיחת הקבר בלא דם (כפי שנפסק ביו"ד סי' קפ"ח סע' ג). כמו כן, אם מוציאים את חלקי רירית הרחם או נפל שגודלו מעל 19 מ"מ, אז האשה נידה מעצם זה שיצאה ממנה חתיכה גדולה שגרמה לפתיחת הקבר (ראה על כך בהרחבה הרפואית). עוד בעניין פתיחת הקבר ראו להלן סי' נ, הכנסת התקן תוך-רחמי בז"נ.

[4] סי' קצד סע' ב.

[5] יו"ד סי' קצד סע' ב. הרשב"א סבר שללא דימום אין האישה נטמאת והראב"ד ורמב"ן חלקו עליו.

[6] טהרת הבית ח"א סי' יא סע' ו, ובמשמרת הטהרה שם.

[7] שעורי שבט הלוי סי' קצד סע' ב סק"ב.

[8] ויקרא יב.

[9] יו"ד סי' קצד סע' ג. ראו לעיל סי' טו, ספירת ז' נקיים לאחר ניתוח קיסרי.

כמו כן, אחרי חומרת ר׳ זירא, נפסק בגמרא שכל יולדת מוגדרת כ׳יולדת בזוב׳,[10] ולכן עליה לספור גם שבעה נקיים, ככל אישה שראתה דם. שבעת הימים הנקיים יכולים להיכלל בתוך ימי טומאת הלידה שאינה רואה דם בהם.[11] דין זה נוהג גם לאחר הפלה.

ספירת ארבעים היום לעניין מפלת מעלה את השאלה ממתי סופרים את תחילת ההיריון. ישנן דרכים שונות לחישוב גיל ההיריון. החישוב הרפואי המקובל הוא למנות את גיל ההיריון (40 שבועות) מהיום הראשון של הווסת האחרון. כתוצאה מכך, האישה נחשבת בהיריון כשבועיים לפני שהרתה. למרות חוסר ההיגיון שבכך, זהו החישוב המקובל ברפואה היות ובדרך כלל זהו התאריך הוודאי היחיד. דרך נוספת היא לקבוע את גיל ההיריון לפי התפתחות העובר הנראית בבדיקת אולטרסואנד, אולם היא אינה מדויקת, וישנו טווח סביר של טעויות (כשבוע לכל כיוון בשליש הראשון של ההיריון).

החישוב ההלכתי סופר את גיל ההיריון מיום ההפריה המשוער. אמנם, כיוון שלא ניתן בדרך כלל לדעת בוודאות באיזה יום בדיוק התרחשה ההפריה, הועלו אפשרויות שונות לחישוב, כשהמקובלת ביותר היא לספור מליל הטבילה האחרון שאחרי הווסת.[12] לפי

---

[10] נדה לז, בית יוסף יו״ד קצד ושו״ע יו״ד קצ״ד א. ׳יולדת בזוב׳ היא אישה שהייתה זבה לפני הלידה אך לא הספיקה לספור שבעה נקיים. בימינו, אנו יוצאים מתוך נקודת הנחה שכל אישה ראתה דם עוד לפני תחילת הלידה ולכן כל היולדות נחשבות כיולדות בזוב כיוון שאי אפשר לפתיחת הקבר ללא דם.

[11] נדה לז ע״א, מחלוקת אביי ורבא אליבא דר׳ מרינוס אם ימי לידה שאינה רואה בהם עולים לשבעה נקיים או לא. לאביי אינם עולים ולרבא עולים. רבינו תם פסק כאביי (תוספות נדה לז ע״א ד״ה אביי אומר), כי סבר שזהו אחד מהמקרים שהלכה כאביי ביע״ל קג״ם (ל = לידה), אך כל הראשונים פסקו כרבא, שהלכה כמותו בדרך כלל (וה- ל׳ של יע״ל קג״ם פירושו לחי העומד מאליו בהלכות עירובין), וכך נפסק להלכה בשו״ע סי׳ קצד סע׳ א.

[12] דבר זה נלמד בפירוש רש״י לנדה ל ע״א: ״המפלת ליום ארבעים״ - ״לטבילתה״, וכן מלשון הרמב״ם בהלכות אסורי ביאה פרק י׳ הל׳ ב: ״הפילה ארבעים ואחד יום אחר תשמיש״. אמנם מלשון זו של הרמב״ם ניתן גם להסיק שהספירה היא מהתשמיש הראשון אחר הטבילה ולא מיום הטבילה עצמו. יכול להיות שרש״י גם התכוון לתשמיש הראשון אבל מתוך ספק חוששים מהטבילה. במקרה שיודעים מתי שימשו אפשר לספור מיום זה. ראו חתם סופר להלן בהערה 16.

שו"ת עבודת הגרשוני[13], האישה סופרת ארבעים יום מליל טבילתה לווסתה,[14] ולא מטבילה שהייתה בעקבות ראיית כתם.[15] אולם אחרונים רבים השיגו עליו, בטענה שאישה בשלושת חודשי ההיריון הראשונים עדיין יכולה לראות דם.[16] הגר"ע יוסף[17] דן בעניין זה באריכות ופסק שאין לחשוש שהייתה מעוברת לפני וסתה, ומונים את ארבעים היום מליל טבילתה. כך מסיק גם הגר"ש וואזנר[18] ומוסיף שכיום ניתן לברר ע"י בדיקת אולטרסאונד אם ההיריון קדם לדימום או לא; אולם לא ניתן לקבוע את גיל ההיריון המדויק לפי זה, כיוון שהטעויות שכיחות. אינדיקציה נוספת היא אם יודעת בבירור מתי הייתה עם בעלה.[19]

ברוב המקרים, בהנחה שהאישה טבלה כשבועיים אחרי תחילת הווסת האחרון, ארבעים יום הם כשבעה וחצי שבועות לפי החישוב הרפואי. במקרה שלפנינו, ברור אם כן שההפלה התרחשה לאחר ארבעים יום. אולם כיוון שהייתה כאן הפלה נדחית, עדיין יש מקום לשקול אם חישוב הפסקת ההיריון נעשה לפי זמן ההפלה או הגרידה, או לפי הידוע לנו על מועד מותו של העובר. מעטים עסקו בכך. בעל נשמת אברהם[20] הביא אפשרות לצרף ספק זה (מתי בדיוק נפסק ההיריון) לספקות אחרים לקולא, ובשו"ת קנה בושם[21] כתב שנראה לו לחשב את ארבעים היום לפי גיל העובר ולא לפי זמן ההפלה, אך נשאר בצריך עיון, כי לא מצא מי שעסק בזה. גם הרי"ה הנקין הסתפק בזה. לדעת הר"י ורהפטיג, במקרה שידוע בוודאות שהעובר מת לפני ארבעים יום ניתן להקל בשעת הצורך.

---

[13] עבודת הגרשוני סי' כא.

[14] כך פסקו גם שו"ת שבות יעקב חלק א סי' עא, החכמת אדם כלל קטו סי' כ, והתשובה מאהבה סי' קצד ס"ק ג.

[15] ראו פתחי תשובה סי' קצד, ג ושו"ת קנה בשם חלק ב סי' סד.

[16] ביניהם החוות דעת סי' קצד ס"ק ב, הסדרי טהרה סי' קצד ס"ק ז, והחתם סופר ביו"ד סי' קסט. דבריהם הובאו בקצרה בפתחי תשובה שם. לדעת החת"ם סופר בגלל חוסר הידיעה מתי התחיל ההיריון, תמיד יש לחשוש אולי ההפלה היתה לאחר ארבעים יום, ולהמתין ארבעה עשר יום לפני הטבילה, אלא אם כן הזוג פרשו לגמרי זה מזו זמן רב קודם.

[17] בטהרת הבית חלק א סי' יא סע' ו ובמשמרת הטהרה שם.

[18] שיעורי שבט הלוי, סי' קצד סע' ב סק"ב.

[19] כמשתמע מהרמב"ם בהלכות אסו"ב פרק י' הלכה ב, ועיין בגיליון מהרש"א סי' קצד ב. וכן עיינו בטהרה כהלכה פ"א סע' ח הערה 22.

[20] נשמת אברהם סי' קצד סע' ב.

[21] שו"ת קנה בושם יו"ד סי' קצד.

לסיכום, בכל מקרה של הפלה, האישה יכולה לבצע הפסק טהרה מיד בתום הדימום (ובתנאי שעברו ארבעה או חמישה ימים לפחות מתחילת הדימום, ככל נידה), ולהתחיל לספור ז׳ נקיים. אם ההפלה התרחשה לפני שמלאו להיריון ארבעים יום לפי החישוב ההלכתי, האישה יכולה לטבול כנידה רגילה בתום שבעה נקיים. אם ההפלה התרחשה לאחר ארבעים יום, עליה להמתין מספק שבועיים מיום ההפלה עד הטבילה, אף אם שבעת הימים הנקיים הסתיימו קודם. יש לחזור ולהדגיש שפעמים רבות דימום אחרי הפלה נמשך זמן ארוך יותר מווסת רגילה, וכל אישה תנהג לפי מצבה.

נ.ל.

סימן כג

עונות פרישה לאחר הפלה

שאלה

לפני שלושה שבועות עברתי הפלה ספונטנית בשבוע התשיעי להיריון. לפי הרופא, אני אמורה לקבל את המחזור תוך שבועיים. באלו עונות פרישה עלי לפרוש?

תשובה

בהפלה המתרחשת מעל לארבעים יום לאחר הטבילה האחרונה שקדמה להיריון, האישה מוגדרת כמסולקת דמים. על אף שהיא לא ילדה תינוק חי, מבחינה הלכתית היא נחשבת ליולדת, שאינה אמורה לראות דם במשך עשרים וארבעה החודשים הבאים, ולכן בתקופה זו אינה צריכה לחשוש לווסתה עד שתראה דם לראשונה.

בימינו נשים שבות ומקבלות מחזור בתוך תקופה זו. לפיכך, לאחר הפסקת הדימום של ההפלה, כאשר את חוזרת לראות דם, עליך להתייחס לווסתך החדש כווסת שאינו קבוע, ולפרוש ביום החודש ובעונה בינונית. עונת ההפלגה (פרק הזמן שבין שתי הראיות) תחול רק לאחר ראייה שניה.

באם היה לך וסת קבוע מלפני ההיריון עליך לחשוש לווסתך הקבוע משיתחדש המחזור. ייתכן שהמחזור יהיה בלתי-סדיר בחודשים שלאחר ההפלה.

הרחבה

אישה היולדת נטמאת בטומאת לידה, בין אם נולד תינוק חי ובין אם נולד מת. לכן, אישה המפילה עובר אחרי שחלפו ארבעים ואחד יום או יותר[1] מאז הטבילה שקדמה

---

[1] עד ארבעים יום העובר נחשב כמיא בעלמא. יבמות סט ע"ב.

להיריון, דינה כיולדת.[2] היום הארבעים ואחד, המצביע על גמר צורת הוולד,[3] על פי רוב יוצא באמצע השבוע השמיני של ההיריון לפי הספירה הרפואית.[4]

על פי ההלכה, יולדת מוחזקת כמסולקת דמים במשך כ"ד חודש[5] אף אם אינה מניקה בפועל, שכן בעקבות ההיריון 'איבריה מתפרקין',[6] דהיינו הפעילות ההורמונלית של היולדת אינה חוזרת לאיתנה עד לאחר כ"ד חודש. כך הדין אף במפלת,[7] שאינה אמורה לראות דם[8] ואינה חוששת לווסת שהיה לה קודם כניסתה להיריון.[9] ברם, כשרואה דם, עליה לחשוש לווסתה הקבוע הקודם, או לראייתה החדשה בתור וסת שאינו קבוע.[10]

בימינו רוב הנשים חוזרות לראות דם בתוך כ"ד חודש.[11] לכן, אישה שעברה הפלה -

---

[2] משנה נדה ל ע"א: "המפלת יום מ' אינה חוששת לולד, ליום מ"א תשב לזכר ולנקבה ולנדה". וכן פסקו הרמב"ם הל' איסורי ביאה פ"י ה"א, הרשב"א תוה"ב הארוך בית ז שער ו, כח ע"ב, והרמב"ן הלכות נדה פ"ז ה"א. וכן בש"ע יו"ד סי' קצד א.

[3] משנה שם, וראו פירוש רש"י. ראו גם בספר נשמת אברהם יו"ד סי' קצד סק"ד ד"ה בתוך מ' אודות המשמעות הרפואית של מ' יום.

[4] חישוב גיל ההיריון מבחינה רפואית וכיצד סופרים ארבעים יום לפי ההלכה נידונים בסי' כב, זמן הטהרה לאחר גרידה.

[5] נדה ט ע"א כדעת רוב התנאים בברייתא.

[6] נדה ט ע"א.

[7] עיינו חוות דעת ביאורים סי' קפ"ט ס"ק לח. וכפי שכתב בשיעורי שבט הלוי נדה סי' קפט לג ס"ק ד שדין זה אינו תלוי בהנקה בפועל אלא כיוון שטעם הדין הוא שאיבריה מתפרקין, אין חילוק בין מפלת ליולדת, וכדברי המהרש"ם, עיי"ש.

[8] ולגבי הטהרה לאחר הפלה, עיינו לעיל סי' כב, ספירת ז"נ לאחר גרידה.

[9] יו"ד סי' קפט סע' לד.

[10] יו"ד סי' קפט סע' לג, כדעת הראב"ד (בעלי הנפש, שער תיקון הווסתות) וכפי שהובאה על ידי הרשב"א (תוה"ב בית ז' שער ג', יב ע"א) בסוף דבריו. עיינו עוד לעיל בסימן יט, עונת פרישה לאחר לידה.

[11] ולכן אף אישה מניקה צריכה לחוש לקביעת וסת, שו"ת אגרות משה יו"ד ח"ד סי יד, וראו מי שחולק עליו לעיל סי' יט.

לאחר שייפסק הדימום של ההפלה,[12] צריכה לחשוש לווסת שאינו קבוע מהראייה הבאה; כלומר, ליום בחודש ולעונה בינונית,[13] ולאחר ראייה נוספת גם לעונת ההפלגה.[14]

נחלקו הפוסקים אם ניתן לקבוע וסת בתוך כ"ד חודש שלאחר הפלה. בשו"ת משנה הלכות הביא מפתחי תשובה בשם כרתי ופלתי ועוד פוסקים שהמפלת לאחר שלושה חודשים[15] קובעת וסת לקולא,[16] כלומר שחוששת רק לווסתה זה ולא לשאר זמנים, אך לא לחומרא, שלא נדרשות שלוש פעמים לעקרו.[17] לעומתו באגרות משה כתב שכיוון שבימינו כמעט כל יולדת חוזרת לראות דם בתוך כ"ד חודש, היא קובעת וסת בתקופה זו,[18] וכן משתשוב לראות דם, תחזור לחשוש לווסתה הקבוע שהיה לה מלפני ההיריון, ואפילו אם עודנה מניקה. מנגד, בדרכי טהרה כתב כי אינה חוששת לווסתה הקבוע הקודם עד תום כ"ד חודש.[19]

המפלת קודם שמלאו ארבעים יום להריונה[20] אינה מוגדרת כיולדת וממשיכה לחשוש לווסתה כמקודם.

ש.כ.

---

[12] דם ההפלה - אין לו משמעות לחישובי וסתות. טהרה כהלכה פרק 24 סעיף ה'.

[13] ראו לעיל בסימן יט, עונה אחרי לידה, שם הובאה מחלוקת בנוגע לחשש לעונה בינונית במסולקת דמים במציאות ימינו שרוב הנשים רואות דם קודם סיום כ"ד חודש. באגרות משה יו"ד ח"ג נב א, דרכי טהרה פרק ז עמ' פד, שיעורי שבט הלוי סי' קפ"ט לג אות ה, וכן טהרה כהלכה פרק 24 סעיף ק' מחמירים כדעת שו"ע הרב (יו"ד סי' קפ"ט סעיף קיד) ע"פ מהר"ם פדואה סי' כ"ה שגם במצב כזה יש לחשוש לעונה בינונית.

[14] יו"ד סי' קפט סע' ב.

[15] לדעתו דין מסולקת דמים שייך רק במפלת לאחר ג' חודשים, משנה הלכות חלק יב סי' עו והניח בצ"ע.

[16] שו"ת משנה הלכות חלק יב סי' עו. ובפתחי תשובה הביא בשם סדרי טהרה שדין שאינה קובעת וסת נאמר לקולא, שהווסת נעקר בראייה אחת, אבל קובעת וסת ע"מ לפרוש בווסת הקבוע ולא בשאר וסתות.

[17] כפי שפסק בשו"ע יו"ד סי' קפט, לג ביחס לראיות במעוברת ומניקה.

[18] שו"ת אגרות משה יו"ד ח"ג נב א. וראו עוד לעיל סי' יט, עונת פרישה וקביעת וסת בכ"ד חודש לאחר לידה.

[19] דרכי טהרה פרק ז עמ' פה.

[20] וראו לעיל סי' כב.

סימן כד

הפחתת בדיקות באישה שעברה הפלה

שאלה

עברתי הפלה שהיתה למעשה לידה יזומה של עובר מת, בשבוע 27. עברו שבועיים, הדימום הפסיק וברצוני לספור שבעה נקיים. האם אוכל לוותר על בדיקות פנימיות מתוך חשש לדלקת לאחר הפרוצדורה הרפואית הקשה, שממנה אני חוששת מאוד?

תשובה

אישה חייבת בבדיקת הפסק טהרה לפני ספירת שבעה נקיים, ולכתחילה גם במוך דחוק ובשתי בדיקות בכל יום משבעת הימים הנקיים. בדיעבד או בשעת צורך גדול ניתן לצמצם את מספר הבדיקות וכן לוותר על המוך הדחוק. כדאי לבצע את הבדיקות בעדינות, ובמידת הצורך אפשר לבדוק פחות לעומק, ובתנאי שהבדיקה תהיה עדיין פנימית.

במקרה של הפלה בשלב מתקדם של ההיריון, האישה עוברת תהליך פיזיולוגי כבַלידה, ובנוסף התמודדות נפשית עם אובדן ההיריון.[1] יחד עם זאת, לאחר שבועיים כבר אין חשש שהבדיקות יגרמו לדלקת בנרתיק או בצוואר הרחם. בכדי להיטהר, חובה לבצע הפסק טהרה, אך ניתן לוותר על מוך דחוק. מתוך בדיקות שבעה הנקיים, יש לבצע לכל הפחות בדיקה אחת ביום הראשון ובדיקה אחת ביום השביעי. מומלץ לבצע לכל הפחות בדיקה אחת נוספת מעל למינימום ביום השלישי או הרביעי.

[1] להרחבה בהיבטים הרפואיים והנפשיים של הפלה, ראו נספח רפואי ד, אובדן היריון. ראו גם Normal and Abnormal Puerperium, Michail Spiliopoulos, MD http://emedicine medscape.com/article/260187-overview#aw2aab6b5.

במקרה של יובש בנרתיק, שהיא תופעה מוכרת לאחר הפלה או לידה, ניתן להרטיב את עד הבדיקה במעט מים כדי להקל על הבדיקה, או להשתמש בחומר סיכה על בסיס מים, כגון KY ג'לי.[2]

הקלות אלה תקפות רק במצב שתואר, ויש לבחון אותן מחדש לפני ספירת שבעה נקיים בפעם הבאה.

הרחבה

תהליך הטהרה כולל שלושה סוגי בדיקה: הפסק טהרה, מוך דחוק, ובדיקות בשבעה הימים הנקיים.

הפסק הטהרה הוא הכרחי, ובלעדיו לא ניתן לספור שבעה נקיים.[3] הוא מוכיח שהדם פסק מלזוב, ומעביר את האישה ממצב טומאה למצב בו היא 'בחזקת טהרה'. רוב הפוסקים סברו שיש לו תוקף של חובה מדאורייתא,[4] ולכן גם במצבים רגישים לא ניתן לוותר עליו.[5]

לעומתו, המוך הדחוק מופיע בשלחן ערוך, בעקבות הרשב"א, כמנהג טוב,[6] והרמ"א מציין שהוא רק חומרא לכתחילה, ואם אישה לא ביצעה אותו, בדיעבד היא טהורה.[7] לכן ניתן לוותר עליו לאחר הפלה או לידה.[8]

מספר הבדיקות בשבעה נקיים נידון באריכות במשנה ובגמרא. מהמשנה[9] עולה שלכתחילה יש לבדוק בדיקה אחת ביום בכל אחד משבעת הנקיים, אולם בדיעבד גם

---

[2] לפירוט נוסף עיינו לעיל סי' כא, תלייה בפצע בז' נקיים.

[3] יו"ד סי' קצו סע' א, על בסיס המשנה והגמרא בנדה סח. מקורו של המונח 'הפסק טהרה' בגמרא נדה לג ע"א, שהכותים בועלי נידות משום שבנותיהם 'יום שפוסקת בו סופרתו למנין שבעה'.

[4] עיינו בטהרת הבית סי' יג עמ' רכט והלאה.

[5] במצבים בעייתיים במיוחד יכולה רופאת נשים יר"ש או בודקת טהרה לעזור לאישה לעשות הפסק טהרה.

[6] יו"ד סי' קצו סע' א.

[7] שם סע' א-ב.

[8] שהרי 'מעיין פתוח' אינו שייך לאחר הפלה. פוסקים רבים הקלו לוותר על מוך דחוק בשעת הצורך. ראו פרדס רימונים עמ' 31; חוט השני סי' קצו סע' א הערה טז; טהרת הבית סי' יג עמ' רסא. ועיינו עוד במאמרה של יועצת הלכה מיכל רונס, "גדרי הנחת מוך דחוק", תחומין תשע"א (לא). בספרים שערי אורה (עמ' 129) ואיש ואישה (עמ' 100) ציינו כן במפורש.

[9] נדה סח ע"ב.

בדיקה אחת ביום הראשון ובדיקה אחת ביום השביעי בלבד עולות לספירת הימים, כשיטת רבי אליעזר. הגמרא פוסקת שהלכה כמותו והאמוראים נחלקו, אליבא דרבי אליעזר, עד כמה ניתן להקל. רבי חנינא סובר כפשט דעתו של רבי אליעזר, שהמינימום הנדרש הוא בדיקה אחת ביום הראשון ובדיקה אחת ביום השביעי. לעומתו סובר רב שגם בדיקה אחת בתחילת שבעה נקיים או בסופם מספיקה. רוב הראשונים הכריעו כדעת רב, אולם יש שפסקו להחמיר כדעת רבי חנינא.[10]

השלחן ערוך פסק לכתחילה לבדוק שתי בדיקות ליום, כדעת חלק מהראשונים.[11] ואולם, בבית יוסף ציין שמעיקר הדין בדיקה אחת מספיקה.[12] אחרונים כתבו שאם קשה לאישה לבדוק פעמיים ביום, כגון לאחר לידה, ניתן להסתפק בבדיקה אחת ליום.[13] במצבי בדיעבד, כתב השלחן ערוך בסתם שניתן להפחית עד לבדיקה אחת בלבד (בהתחלה, באמצע, או בסוף), וב"יש אומרים" כתב שהמינימום הוא בדיקה אחת ביום הראשון ואחת ביום השביעי "ואין להקל".[14]

הכלל בפסיקות השו"ע הוא 'סתם ויש אומרים - הלכה כסתם',[15] אלא שכאן הכריע המחבר וכתב ש"אין להקל". לכן נראה שלדעתו אם לא בדקה בימים הראשון והשביעי - לא עלו לה שבעה הנקיים.[16]

---

[10] רוב הראשונים (רמב"ן, רשב"א, ראב"ד, רמב"ם ועוד) פסקו כרב, שכן הגמרא בהמשך דנה בשיטתו וכן "הלכה כרב באיסורי" (רא"ש נדה פ"י סי' ה); אולם יש שפסקו כר' חנינא (סמ"ג, סה"ת, ר' שמחה), שכן "מכל מקום מאחר שאין זה פסק מבורר ראוי להחמיר בדבר" (סמ"ג סי' קיא). מכאן שהפסיקה כר' חנינא היא חומרא, ולא מעיקר הדין. לעיון נוסף בדיעות השונות עיינו במאמרה של יועצת הלכה נועה לאו, "בדיקת היום הראשון משבעה נקיים", תחומין תש"ע (ל).

[11] יו"ד סי' קצו סע' ד. בבית יוסף הוא מציין שכך פסקו סמ"ג, ספר התרומה, מרדכי ורוקח. בניגוד לרמב"ן, רשב"א, רא"ש והג"מ בשם תוספות שפסקו שבדיקה אחת ביום מספיקה.

[12] כנכתב לעיל, כך פסקו רמב"ן, רשב"א רא"ש והג"מ בשם תוספות, והטור פסק כך לכתחילה: "בכל ז' ימי הספירה צריכה להיות בודקת לכתחילה פ"א ביום ובספר המצות כתב פעמיים אחת שחרית ואחת ערבית" (טור יו"ד קצו).

[13] דרכי טהרה עמ' קלד, טהרת הבית סי' יג ס"ק ה עמ' שב, שש"ה סי' קצו סע' ד ס"ק ג עמ' רפג, טהרה כהלכה פרק יז סעיף יד עמ' שי.

[14] יו"ד סי' קצו סע' ד.

[15] ראו ברכי יוסף סי' סא, שיורי ברכה ס"ק ב, שביאר: "שמרן עצמו אמר כן". וראו בהרחבה עין יצחק כללי השולחן ערוך עמ' תסב-תצב.

[16] אמנם ראו בטהרת הבית ח"ב סימן יג ס"ק ה עמ' שו-שז, שהביא פוסקים שונים שסברו שגם כאן פוסק השו"ע כדיעה המובאת ב'סתם'. כך פסקו למשל השיורי טהרה (נו,ג) שו"ת תפארת אדם (יו"ד סי' נא אות א), ושו"ת שואל ונשאל (ח"ג סי' שלב; ח"ז סי' קסח). חלק מפוסקים אלו הסבירו שהכלל 'סתם ויש

בדברי האחרונים מצאנו מקרים שבהם נפסק שניתן לכתחילה להסתפק בבדיקות בימים הראשון והשביעי, כדברי ה"יש אומרים";[17] וכן מקרים של צורך גדול בהם נפסק שניתן לכתחילה להסתפק אפילו בבדיקה אחת בכל שבעת הנקיים, כדברי ה'סתם'.[18]

במקרה שבו עוסקת השאלה, בעקבות רגישות איזור הבדיקות לאחר ההפלה, ובהתחשב במצבה הרגשי של האישה, ניתן להפחית בדיקות לפי הצורך עד למינימום של בדיקה אחת ביום הראשון ובדיקה אחת ביום השביעי (בנוסף להפסק טהרה). במידת האפשר ראוי לעשות לפחות בדיקה אחת נוספת מעל המינימום ביום השלישי או הרביעי (בדיקת אמצע).[19] ואם ניתן, רצוי לעשות גם בדיקה אחת לפחות בכל אחד מהימים האמצעיים.

נ.ל.

הלכה כיש' גובר על הכרעת השו"ע עצמו, וחלק הסבירו שהמילים "ואין להקל" הן חלק משיטת ה"יש אומרים", ואין להסיק מהן על דעתו של השו"ע.

[17] כגון אישה שיש לה פצע והבדיקות קשות לה, ראו בטהרת הבית סימן יג ס"ק ה עמ' שג - שיב, טהרה כהלכה פרק יז סעיף טו עמ' שיא.

[18] עיינו ערוך השלחן סי' קצו סע' כו ועוד וכן בטהרת הבית שם (ופירוט נוסף במאמר הנ"ל בתחומין, לעיל הערה 10). ההיתר לבדיקה אחת בלבד במהלך שבעה נקיים נועד למצבים קיצוניים ביותר, ולא נראה שזהו המצב במקרה שלפנינו.

[19] בדיקת האמצע חשובה למקרה שבו תשכח האישה לעשות בדיקה ביום השביעי, ויווצר מצב שיעברו יותר מחמישה ימים ללא בדיקה. זאת ע"פ הסמ"ג שהובא בדגמ"ר סי' קצו סק"ו, וכן על פי נודע ביהודה תניינא יו"ד סי' קכח (הובא בפתחי תשובה סי' קצו סק"ו), שם כתב על חשיבות המסגרת של יום ראשון ויום שביעי, על מנת שלא יעברו יותר מחמישה ימים ללא בדיקה. לסוברים שיש הכרח במסגרת של יום ראשון ושביעי, במצב שעשתה בדיקת אמצע ושכחה ביום השביעי אפשר להחשיב את בדיקת האמצע כבדיקת יום ראשון וממנו להשלים לשבעה נקיים. לסוברים שהעיקר הוא שלא יעברו יותר מחמישה ימים ללא בדיקה, אפשר במצב כזה לעשות בדיקה כבר ביום השמיני ולטבול.

שער ד

הנקה

סימן כה

בדין הרגשה

שאלה

אני נוטלת מיקרולוט, גלולה למניעת היריון המיועדת לנשים מניקות. לאחרונה אני מוצאת כמות רבה של כתמים. לפעמים אני מרגישה את רטיבות התחתונים, ולפעמים אף את יציאת ההפרשה מהגוף. אני לובשת תחתון צבעוני וכן מניחה תחתונית. האם אני רשאית להתייחס לדימומים הללו כאל כתמים שאינם מטמאים אותי?

תשובה

גלולת המיקרולוט אכן גורמת לדימומים וכתמים מרובים אצל חלק מהמשתמשות, כניסיונך. נשים רבות סובלות מהם בחודשי השימוש הראשונים כאשר הגוף מסתגל להורמון החדש, או לחילופין כאשר ישנה ירידה בתדירות ההנקה, לפעמים עם תחילת האכלת התינוק בתוספות. אצל חלק מהנשים, יבוא שיפור משמעותי בחודש השני או בשלישי לשימוש. מומלץ להקפיד ליטול את הגלולה באותה שעה מידי יום, עם כוס מים, על מנת לצמצם את הדימומים למינימום. ייתכן שמצבך יתאזן עם הזמן, אך ייתכן גם שבשל ריבוי הכתמים תיאלצי להפסיק את המיקרולוט ולעבור לאמצעי אחר שאינו גורם לדימומים כגון דיאפרגמה, או להתקן לא-הורמונלי. יש לציין שהדיאפרגמה היא פתרון שאינו פוגע בייצור החלב או גורם לדימומים, ומומלץ לשקול את המעבר אליו.

פוסקים רבים סוברים שרק שלוש הרגשות אוסרות את האישה, והן פתיחת המקור, זעזוע הגוף, וזיבת דבר לח בגוף. לדעתם, במקרה שאינך מרגישה אחת משלוש הרגשות אלה בשעת יציאת ההפרשה הדמית מהגוף שלך, או לחילופין הרגשה גופנית כגון כאב גב או בטן שתמיד מלווה אצלך בדימום וסתי, ההפרשה שלך נידונה לפי דיני כתמים.

לכן, כל עוד הפרשות אלו הן על תחתונית, או על גבי בגד תחתון צבעוני, לא נאסרת,

אף אם התופעה מתמשכת. רטיבות על תחתונים צבעוניים, ללא הרגשה, אינה אוסרת. עם זאת, למרות שמן הדין יחסים מותרים גם כשיש כתמים, בכל זאת מומלץ להימנע מהם, שמא תמצאו דם מיד לאחר יחסים, ותתעורר שאלה חמורה של רואה מחמת תשמיש. הימנעות זו גם תאפשר לכם לבחון אם יתפתחו הכתמים לדימום וסתי של ממש.

אם תמשיכי בגלולת המיקרולוט ובכל זאת תיאסרי מסיבה כלשהי, תיתכן תקופה ארוכה בה לא תצליחי להיטהר בשל הכתמים שיטמאו בבדיקות. במקרה כזה, תצטרכי לעבור לאמצעי שאינו גורם לכתמים.

במידה והכתמים ממשיכים להופיע, מומלץ לבצע קינוח חיצוני בנייר טואלט לפני קיום יחסים על מנת לוודא שאת נקייה. קינוח זה אין לבצעו תוך חמש עשרה שניות ממתן שתן. גם אם תמצאי כתם בצורה זו, לא תיאסרי. כ"כ מומלץ שתשתמשו בסדינים כהים ותנקו את עצמכם לאחר יחסים במגבות צבעוניות ושלא תסתכלו בהן, שכן כאשר האישה טהורה ושלא בעונה הסמוכה לווסת, היא אינה חייבת להתחקות אחר כתמים.

במקרה שהכתמים נמשכים, ראוי לשקול מעבר לאמצעי אחר. ניתן גם לעבור לסוג אחר של 'מיני פיל', אך גם עם הגלולה החדשה עלולה להיות תקופת הסתגלות של חודש עד חודשיים. במצבך ניתן גם לשקול גלולות משולבות, היות ולאחר מספר חודשי הנקה ייתכן שהירידה בתפוקת החלב לא תהיה משמעותית עבור התינוק. במקרה וההפרשות מתגברות ומגיעות לכדי כמות דם הדומה למחזור החודשי, הנך נאסרת.

הרחבה

גלולת המיקרולוט[1] היא 'מיני-פיל' הפועלת על בסיס ההורמון פרוגסטרון באופן בלעדי. גלולות מסוג זה ניתנות לנשים מניקות, שכן בניגוד לגלולות המכילות אסטרוגן, פרוגסטרון משפיע פחות על איכות או כמות החלב בזמן ההנקה.

דא עקא, לפי נתונים רפואיים עכשוויים, בין 40% ל-70% מהמשתמשות בתכשירי הפרוגסטרון השונים סובלות מכתמים בתקופת ההסתגלות.[2] אצל חלק מהנשים, יחול שיפור בחודש השני או השלישי לשימוש, אמנם ישנן נשים שאצלן ממשיכים להופיע

[1] להרחבה בנושא סוגי הגלולות והשפעתן, ראו להלן נספח רפואי ה, אמצעי מניעה. ישנן גם גלולות המבוססות על סוג אחר של פרוגסטרון.

[2] תופעות הלואי עשויות לכלול הכתמה, דימום מחזורי ממושך, ומחזורים תכופים. וראו נפסח רפואי שם.

כתמים גם לאחר מכן, ואילו אחרות תראינה כתמים עם ירידת תדירות ההנקה. מנגד, ישנן נשים שאינן סובלות מכתמים כלל, ואמצעים על בסיס פרוגסטרון אף עשויים להשאיר אותן ללא דימום למשך מספר חודשים.[3]

במצב של הכתמה מרובה, הפתרון הרצוי ביותר מבחינה הלכתית הוא מעבר לאמצעי חילופי שאינו גורם לכתמים כגון דיאפרגמה, או להתקן לא-הורמונלי.[4] ניתן לשקול גם גלולות משולבות, אך כאמור אלה עלולות לפגוע בייצור החלב.[5]

באם, למרות הניסיונות להיזהר,[6] נאסרה אישה הנוטלת מיקרולוט כתוצאה מכתם מטמא על בשרה או על בשרו או בכל תנאי האוסר–ייתכן שידרשו קולות מפליגות בז"נ כדי לטהרה.[7]

דין הרגשה

בנדה נז עמ' ב דרש שמואל מן הכתוב שרק דם המלווה בהרגשה מטמא מדאורייתא.[8] דם שאינו מלווה בהרגשה נידון לפי דיני כתמים, וכל שאפשר לתלותו בגורם כל שהוא, אף אם הסתברותו רחוקה–תולה.[9] יש בדבר ארבע שיטות בראשונים:

1. לדעת הרמב"ם, הרמב"ן הרשב"א, ושורה ארוכה של ראשונים (ס' האשכול, סמ"ק, מאירי, מהר"ח אור זרוע, הגהות מיימוניות בשם מהר"ם, אורחות חיים,

---

[3] שם.

[4] שם. וראו להלן סי' לה, שימוש בדיאפרגמה, וכן שו"ת שיח נחום סי' צה.

[5] דבר שהוא משמעותי ביותר בחודשי החיים הראשונים של התינוק, לפני מתן תוספות.

[6] כל עוד האישה מכתימה ללא הרגשה האוסרת, יש להדריכה לא להתחקות אחר כתמים, וראו שו"ת מהר"ח אור זרוע סי' קיב והגהות מיימוניות (הל' איסו"ב פרק ד הל' טז) בשם מהר"ם רוטנברג, והוסיפו בשם מהר"ם שהבדיקות לפני ואחרי תשמיש לא הוזכרו אלא לעניין טהרות ולא ע"מ לטהרה לבעלה, ומהר"ם גער באישה שהיתה בודקת עצמה לאחר תשמיש, שֶׁלמה תחמיר לקלקל עצמה בדבר שאסרו חכמים, ש"הם אמרו היכא דמשכחה דם [דהיינו בכתם] אסורה והם אמרו שלא לבדוק" (שו"ת מהר"ח או"ז שם ובדומה בהג"מ), וכן בשו"ת מהר"ם מלובלין סי' ב.

[7] כגון הסתפקות בבדיקה אחת למשך ז"נ, ראו יו"ד סי' קצו סע' ד וש"ך שם ס"ק ח.

[8] רב אשי ורב ירמיה חולקים לגבי דינו של דם שיצא מהרחם ללא הרגשה, אם הרגשה היא סימן או גורם ותנאי לטומאה דאורייתא. רוב הראשונים פוסקים שהרגשה היא הגורמת לטומאה, וראו להלן. ראו גם שעורי שבט הלוי סי' קצ סע' א ס"ק יד, עמ' קנט. אמנם הצמח צדק (לובאוויטש) סי' צה פירש אחרת, שגזרת הכתוב הוא, דם ולא כתם.

[9] נדה נח ב, וראו ס"ט סי' קצ ס"ק סז ד"ה נחזור, ועוד מקומות.

כלבו, תשב"ץ, רבינו ירוחם, ר"ן, תרומת הדשן, ס' החינוך, ועוד)[10] אם האישה לא הרגישה ביציאת הדם, אינה טמאה מדאורייתא, ודם זה נידון על פי דיני כתמים. וכן נפסק בטור ובשלחן ערוך.[11] אולם הרמב"ם הוסיף שדמים מן הרחם חזקה שבאים בהרגשה, ולכן אם אישה מצאה דם בבדיקה בפרוזדור לפנים, אף אם היא סוברת שלא הרגישה, יש להניח בוודאות שהיתה הרגשה, והיא טמאה מדאורייתא.[12] יוצא מדבריו שדם הווסת, אף אם האישה לא הרגישה, מטמא מדאורייתא; שהרי בידוע שדם הווסת הוא דם שבא מן המקור; ודם הבא מן המקור, חזקה שבא בהרגשה, וכולו טמא.[13]

2. לדעת רש"י[14] ייתכן שהיתה הרגשה ולא שמה לב לכך או ששכחה מפאת הזמן שחלף, שכן האישה "יודעת בעצמה כשיוצא דם ממנה",[15] ולכן המוצאת כתם טמאה מספק.[16] ובס' ראב"ן כתב שאישה אינה רואה אלא בהרגשה, ולכן אם מצאה כתם שאינה יכולה לתלותו, יש להניח שהרגישה ולא שמה לב לכך, או שסברה בטעות שזו הרגשת מי רגלים; ולכן טמאוה חכמים מספק.[17]

---

[10] רמב"ם איסורי ביאה פ"ט ה"א, רמב"ן הל' נדה פ"ד ה"א ובחידושיו לנדה נב ב, רשב"א תורת הבית השער הרביעי, ס' האשכול הל' נדה סי' מב, חידושי הר"ן נדה פרק ח ד"ה תרתי ש"מ, סמ"ק מצווה רצג, כלבו סי' פה, אורחות חיים הל' נדה אות ב, שו"ת תשב"ץ ח"ג סי' נח אות טו, מאירי בה"ב נדה נז ב ד"ה כתם, שו"ת מהר"ח או"ז סי' קיב, הגהות מיימוניות הל' איסורי ביאה פ"ד אות כ, תרומת הדשן שאלה רמו, וס' החינוך מצוה רז. וראו עוד בטהרת הבית ח"א סי' א משמרת הטהרה ס"ק ג שציין לרשימת ראשונים ואחרונים.

[11] יו"ד סי' קפג.

[12] הל' איסורי ביאה פ"ט הל' א. והשיג עליו בשו"ת צמח צדק (לובאוויטש) יו"ד סי' צח אות א. שיטה זו של הרמב"ם בכוחה לענות על השאלה למה לא תוכל אישה ללבוש בגדים צבעוניים ע"מ להינצל מנידות דאורייתא גם בשעת המחזור. ושלא כערוה"ש סי' קפג סע' נד שאף השותתת דם ולא הרגישה אינה טמאה מדאורייתא.

[13] הל' אסו"ב פ"ה הל' ה. פרט לדם מכה, ולדמים שלא אסרה תורה, עיי"ש.

[14] נדה נח א ד"ה מדרבנן.

[15] נדה ג א ד"ה מרגשת.

[16] הגר"מ פיינשטיין (אג"מ יו"ד ח"ד סי' יז אות יב) פירש שאין כוונת רש"י שהמסופקת אם הרגישה היא טמאה מדרבנן, שהרי ספק דאורייתא לחומרא; אלא שחכמים גזרו לטמא גם את היודעת בבירור שלא הרגישה, שמא תרגיש האישה הרגשה קלה ולא תשים לב לכך. וע"ע ערוה"ש יו"ד סי' קפג סע' מח.

[17] מס' נדה סוף סי' שכא.

3. הרי"ף,[18] הראב"ד,[19] ס' יראים,[20] ס' התרומה,[21] הסמ"ג,[22] הרא"ש[23] וס' האגור[24] השמיטו דין הרגשה. הסמ"ג הביא דין שמואל שבדקה קרקע עולם וישבה עליה ומצאה דם עליה טהורה אליבא דר' נחמיה, שכל דבר שאינו מקבל טומאה אינו מקבל כתמים,[25] ואילו הראב"ד כתב שכל דם שאינה יכולה לתלות מטמאה. הרשב"א כתב בשם רבינו יונה[26] שכל עוד היא ראתה דם כדרך הנשים האישה נטמאת מדאורייתא, ולא תלה דין זה בהרגשה. במהר"ח אור זרוע כתב בשם רבו ר' עובדיה ש"עד שתרגיש בבשרה" פירושו שמוצאת דם על בשרה כגון דם הנמצא בפרוזדור, דהיינו לאו דווקא הרגשה גופנית.[27] נראה שכל הנ"ל לא סברו שטומאה מדאורייתא תלוייה בהרגשה גופנית.[28]

4. שיטה רביעית היא של רש"י ותוספות לדעת בעל סדרי טהרה[29] וכן של תוספות רי"ד.[30] הם מפרשים שהרגשה אינה גזירת הכתוב לטמא את האישה כי אם הוכחה שהדם בא מהרחם. ולכן אישה נטמאת מדאורייתא גם ללא הרגשה באם מוכח שהדם בא מרחמה.[31]

---

[18] שבועות ג א בדפי הרי"ף, והביא מלשון "בבשרה" רק שמטמאה מבפנים כבחוץ, ולא את דין הרגשה.

[19] בעלי הנפש, שער הכתמים.

[20] מצוה קצב.

[21] סי' צב.

[22] לאווין קיא.

[23] נידה פרק ט.

[24] הלכות נדה ס"י שסז.

[25] וראו תוספות נדה נח ע"א ד"ה כרבי נחמיה דאמר כל דבר שאינו מקבל טומאה כו', שהיות שהכתם בו טהור, לכן גם על האישה לא גזרו טומאה.

[26] מובא בחידושי הרשב"א נידה נז ד"ה תרתי שמעת מינה בשם רבו.

[27] שו"ת מהר"ח אור זרוע סוף סי' קיב. גם ערוה"ש יו"ד סי' קפג סע' נז פירש שהרגשה אינה בדווקא תחושה פיזית כי אם ידיעה, וראו להלן.

[28] ולא כערוה"ש אשר כתב ש"כל רבותינו הראשונים והאחרונים הסיכמו דמן התורה אין אשה טמאה כישצא ממנה דם אא"כ יצא הדם בהרגשה". נראה שכוונתו שלא חלקו בפירוש על דין הרגשה, ואף אם השמיטו דין הרגשה, לא חולקים עליו, וצע"ג.

[29] סי' קצ ס"ק צג ד"ה וטרם אכלה, ובסיכום ד"ה נחזור על הראשונות.

[30] נז ב ד"ה אמר שמואל.

[31] אפשרות זו הועלתה ונדחתה ע"י מהר"ם לובלין קרוב ל-200 שנה לפני הסדרי טהרה. ראו שו"ת מהר"ם לובלין סי' ב. אחרונים רבים דחו דברי הסדרי טהרה, וראו ט"ז סי' קצב ס"ק א בשם הרב המגיד, ערוה"ש סי' קפג סע' מח. וראו עוד טהרת הבית סי' א משמרת הטהרה עמ' ח-ט-י.

מה נחשב הרגשה האוסרת?

א. פתיחת המקור וזעזוע הגוף

שמואל לא פירש מה טיבה של אותה הרגשה המטמאת.[32] שני מיני הרגשות צוינו בראשונים כמטמאות: הרמב"ם הזכיר זעזוע הגוף[33] ובשו"ת תרומת הדשן הזכיר פתיחת המקור.[34] ואילו באחרונים, הנודע ביהודה סבר שההרגשה העיקרית היא זיבת דבר לח.[35]

בפתחי תשובה[36] מובאות שלוש ההרגשות הנ"ל, ובעקבותיו הרגשות אלה הובאו ע"י אחרונים רבים, שאלה הן ההרגשות האוסרות.[37]

מנגד, רוב נשים מעידות שבצד 'כאבי מחזור' המשתנים מאישה לאישה ואף ממחזור למחזור,[38] בשעת יציאת הדם הן מרגישות רק זיבה מהפתח החיצון של הנרתיק ולחוץ, או זיבה בתוך הנרתיק, ואִילו אינן מזהות הרגשה של פתיחת המקור או זעזוע הגוף.[39] תחושה זו של זיבה הינה מצוייה ביותר. כיצד ייתכן שהפוסקים והנשים חלוקים במציאות ההרגשה ובתיאורו? שאלה זו עומדת ברומו של עולם, היות שרוב הקולות של כתמים תלויות בהעדר הרגשה.

שלושה הסברים ישנם לכך:

---

[32] וכך הבין רש"י נדה ג א ד"ה מרגשת, שהאישה יודעת בעצמה כשיוצא ממנה דם נידה–ולא ציין הרגשה ספציפית.

[33] הל' איסורי ביאה פרק ה הל' יז.

[34] סי' רמ"ו. וכן במהר"ח אור זרוע סי' קיב. וראו הלאה לגבי הרגשות הווסת ("חוששת פי כריסה ושיפולי מעיה וכו'") המוזכרות ברמב"ם.

[35] שו"ת נודע ביהודה מ"ק, יו"ד סי' נה. והעיר עיני הרב י"צ רימון ששיטה זו מוזכרת כבר בראשונים, בשו"ת מהרי"ק חדשים סי' מט ש"בעינן שתרגיש כשנפלט מן המקור לבית החיצון". וכן כותב בחוו"ד, וראו להלן.

[36] פתחי תשובה סי' קפג סע' א.

[37] וראו ערוה"ש סי' קפג סע' נז-נח, חוט שני הל' נדה עמ' כט ועמ' שמב, ועוד רבים.

[38] כאבי בטן תחתונה או אגן, במידת חומרה משתנה, מופיעים אצל נשים רבות מספר ימים לפני המחזור ודועכים עם תחילת המחזור, ואצל חלקן נמשכים או מופיעים דווקא בימי המחזור הראשונים. וראו נספח רפואי א, מערכת הרבייה הנשית.

[39] בעל שב יעקב כבר כתב לפני שנת תק"א בשאלה מ' ש"קשה עלי להבין אותה הרגשה שנזכר בש"ס ופוסקים שהרגישה שנפתח מקורה ושאלתי להנשים ואין פותר לי רק שמרגישין שזב מהם דבר לח" וממשיך שדבריהן לא מתיישבים עם קושיית הגמרא על דברי שמואל מאישה שעושה צרכיה בראש פרק הרואה. וכן בעל תשורת שי (הודפס בתרס"ה) שאל נשים "שאננות" [דהיינו, מבוגרות] שמסרו שאינן מרגישות פתיחת פי המקור כלל, רק זיבת דבר לח.

1. **נשתנו הטבעים**, והיום אין הרגשות פתיחת המקור וזעזוע הגוף מצויות אצל רוב נשים.[40] כך מתאר במנחת אשר:[41] "והנה בזמן הזה לא שכיחי כלל כל ההרגשות הנ"ל ולא שמענו בנשי דידן שתרגשנה פתיחת פי המקור או זעזוע הגוף וגם לא זיבה מתוך הרחם."[42]

2. **נשתנה המינוח.**[43] כך לדעת בעל ציץ אליעזר[44] הרגשות הווסת אותן מונה הרמב"ם ("מפהקת, או מתעטשת, או חוששת פי כריסה ושיפולי מעיה, או אחזה צמרורית [=צמרמורת] או ראשה כבד עליה או איבריה כבדין וכיוצא באלו")[45] דינם כהרגשות לטמא מדאורייתא,[46] והן כלולות במונח 'זעזוע הגוף'. נראה שלדעתו, זעזוע הגוף אין פירושו רעידה[47] כי אם שינוי או 'טלטול' הורמונלי אשר מלווה לעתים בכאבי בטן או גב "וכיוצא באלו". ובדומה לכך כתב מהר"ם שיק לטמא מדאורייתא ב"שארי מקרי הגוף הרגילין בעת הווסת" כולל ראשה ואבריה כבדין עליה, שכולם נקראים הרגשה, וע"י הרגשות אלה יודעת האישה בבירור שהדם זב בבשרה.[48]

---

[40] קובץ תשובות סי' פד.

[41] הל' נדה סי' א ד.

[42] וממשיך שכך מובא בשם הרמב"ן בחידושיו ששאל מנשים זקנות והעידו שאין מרגישין בזמן הזה. וכבר הראה בשו"ת ציץ אליעזר שאלה אינם דברי הרמב"ן אלא "שגיאה גסה" של בעל דרכי תשובה שייחס לרמב"ן את דברי בעל תשורת שי. גם אחרים ציטטו מדרכי תשובה בשם הרמב"ן.

[43] והרי"ה הנקין מעיר שיתרון גישה זו אשר מפרשת את ההרגשות המוזכרות בפוסקים במונחים שמתאימים למציאות של היום הוא שהיא ממעיטה את הצורך להכתיב לאישה מה היא מרגישה.

[44] חלק ו סי' כא. השוו חוט השני הל' נדה סי' קפג סע' א ס"ק ד, שאם רגילה לראות בהרגשות אלו, חיישינן שזה וסת הגוף וצריכה בדיקה.

[45] ונלמד מן המשנה, נדה פ"ט משנה ח. וכן הל' מטמא מו"מ פ"ג הל' ו.

[46] בערוה"ש (סי' קפג סע' נט) דחה אפשרות שהרגשות הווסת שהזכיר הרמב"ם (מעטשת, חוששת פי כרסה וכו') דינן כהרגשה לטמא מדאורייתא, שהרי לא שייך שהרגשת מי רגלים וכו' יסוו הרגשות שהן במקום אחר בגוף. וצ"ע, שגם בזעזוע הגוף לא שייכת הסוואת הרגשת יציאת הדם, שאינם באותו מקום בגוף; והרי לכו"ע זעזוע הגוף מקרי הרגשה; ובעל כרחינו נצטרך לפרש שמי רגלים וכו' יכולים להסוות רק חלק מההרגשות אבל לא כולן.

[47] ובדומה פירש בציץ אליעזר ח"ו סי' כא אות ב, ושלא כפירושם של רבים שמדובר ברעידה ממש של הגוף, וראו לדוגמא צמח צדק לובאוויטש יו"ד סי' קמב, וערוה"ש יו"ד סי' קפג סע' נח-נט, סי' קצ סע' ט וסי' קצא סע' ג. אמנם בהל' איסורי ביאה פ"ה הל' יז מזכיר הרמב"ם אישה שהשתינה "ואפילו הרגיש גופה ונזדעזעה" ושם מדובר ברעידה ממש.

[48] שו"ת מהר"ם שיק חיו"ד סי' קפ"ד, "דנהי שפתיחת פי המקור הרבה אין מרגישין אבל שאר מקרה מרגישין...וצריך לפרש לשון חכז"ל שתרגיש כשיבוא הדם לבשרה".

הסבר זה של שינוי במינוח יש בכוחו לפתור גם את הקושי שהרגיש בו בעל שערי אורה לגבי פתיחת המקור, ש"כיום ידוע שהרחם כלל אינו נפתח כאשר זב ממנו דם נידה".[49] הציור של פתיחת המקור מבוסס על תיאור גוף האישה כאילו יש מֵעין שֶׁסָּתום בגוף אשר נפתח להוציא דם. כן כתבו התוספות,[50] וכן הסביר בעל פרדס רימונים:[51] "הנה זה מבואר במ"ר ספר ויקרא פי"ד שהמקור לעולם מלא דם יעו"ש, וזה שאמרו בש"ס ופוסקים בכ"ד על עת ראייתה שנפתח המקור, כי המקור לעולם מלא דם רק שלא בעת ראייתה הוא סתום וכשמגיע עת ראייתה נפתח המקור והדם יוצא".

3. **נחלשו החושים**, ההרגשות הינן כפי שהיו בעבר כמתואר בפוסקים, רק הנשים של היום אינן מזהות אותן.[52] או לחילופין, הנשים טועות, הן מרגישות אבל אינן יודעות לזהות את ההרגשה. כך כתב בעל ערוך השלחן על הנשים שמסרו למהרשש"ך משאטין שחלקן אינן מרגישות בפתיחת המקור ורק מרגישות בזיבת הדם "והבל יפצה פי הנשים האלה ולא ידעי מאי קאמרי".[53] והגר"מ פיינשטיין סמך ידיו על ערוה"ש.[54] וגם בפרדס רימונים הלך בדרך זו.[55]

לפי גישת נשתנו הטבעים, נוכל לסמוך על אישה המדווחת שלא חשה פתיחת המקור או זעזוע הגוף ע"מ לטהר כתם שבא שלא בהרגשה. לפי גישת נחלשו החושים, נצטרך לחשוש שמא הרגישה פתיחת המקור ולא זיהתה אותה. לפי גישת נשתנה המינוח, נצטרך לחקור אם חשה הרגשת מחזור כל-שהיא; ובאם כן–נאמר שֶׁאלה הן ההרגשות אשר בעבר נקראו 'פתיחת המקור' או 'זעזוע הגוף', והכתם טמא מדאורייתא.

---

[49] עמ' 70.

[50] תוס' נדה ד א ד"ה והא אשה מכוסה היא.

[51] פתחי נידה חקירה ה', ומוסיף שאפשר לדם מכה במקור לצאת גם ללא פתיחה. אפשר שמסיבה זו עיקר חששם של חכמים היה לתחילת הווסת, שאז לדעתם נפתח הפתח, עד ששוב נסתם המעיין בסוף הווסת.

[52] ולדוגמא, ראו שו"ת תשורת שי סי' רנז: "ונ"ל משום דנחלשו החושים והדעת", חוט שני קיצור הל' נדה עמ' כט, שו"ת שבט הלוי ח"י סי' קמב, ושיעורי שבט הלוי ריש וסוף סי' ק"צ.

[53] ערוה"ש יו"ד סי' קפג סע' סא. ציור אברי הרבייה הפנימיים של האישה המצוי אצלו נגזר מהתוספות הנ"ל.

[54] שו"ת אגרות משה יו"ד ח"ד סי' יז. וכתב "חזינן דיודעות בדיוק מתי נעשו נדות" אך נשים רבות העירו שלא כן חווייתן.

[55] שם, דף כו "והרגשה זו דפהמ"ק אפשר לומר דאין הנשים בקיאין בזה".

הגרי"ש אלישיב כתב[56] שהיות ונשי זמנינו אינן מרגישות כלל, לכן אין צורך בהרגשה לטמא כתם מדאורייתא; והביא ראייה לדבריו מתינוקת בת יומה שמטמאת בנידה, והרי לגבי תינוקת לא שייכת הרגשה. אבל צ"ע, כי לא תיתכן בשום אופן הרגשה אצל תינוקת, מה שאין כן בנשים, שהן בנות הרגשה גם אם בפועל לא חוו הרגשה.[57]

ב. זיבת דבר לח

כאמור, זיבת דבר לח היא התחושה השכיחה ביותר בין נשים, ואף על פי כן אחרונים רבים אינם דנים אותה כהרגשה האוסרת.

הראשון שהזכירה היה המהרשש"ך משאטין, אשר פנה לבעל שב יעקב להתיר אישה שסבלה מכיני ערווה, והיתה מרגישה באופן תדיר הפרשת "לחה לבנה", ועקב ההרגשה בודקת, ומוצאת טיפות דם בליחה.[58] המהרשש"ך שאל לנשים לתאר את הרגשתן, והיו שתיארו "הרגשה גדולה כאלו נופלת דבר מפי מקורה" לעומת אחרות שהרגישו רק "שזב מהן דבר לח". לכן, אילמלא היה יכול לתלות את אותן טיפות קטנות של דם בכיני הערווה, היה מטמאה משום טיפת דם הבאה בהרגשה. בעל שב יעקב דחה דבריו והתירה משום שזיבת דבר לח אינה נחשבת הרגשה, שהרי בשונה מהרגשת פתיחת המקור, זד"ל אינה מעידה באופן מובהק על יציאת דם; והוכיח דבריו מכך שכבר טיהר הרמב"ם את המוצאת דם במי רגלַים, אשר ודאי הרגישה זיבת דבר לח. ואף העומדת ומטילה מי רגלים[59] ומוצאת דם בשתן, טהורה אם ברור לה שלא הרגישה שנפתח מקורה, ואנו תולים את הרגשת הזיבה בהטלת מי הרגלים.[60] והאריך בעל סדרי טהרה להוכיח דבריו.[61]

---

[56] קובץ תשובות ח"א סי' פד. וכתב עוד שהקולא של כתמים שייך רק במצאה דם על הבגד לעומת תחבושת, דאיכא למימר מעלמא קאתי.

[57] כך העיר לי אישי הרי"ה הנקין על דברי הגרי"ש אלישיב.

[58] שו"ת שב יעקב ח"א סי' לט.

[59] אשר לדעת ר' מאיר בגמרא טמאה. ר' מאיר סובר שהיות שדרכה של אישה להטיל מים בישיבה, באם יצאו לה מי רגלים בעמידה כתוצאה מכך שלא הצליחה להתאפק ולעצור בעדם עד שתשב—כנראה שהיה אצלה לחץ רב, ואותו לחץ גרם למי הרגלים לחזור למקור ולהוציא משם דם. לעומת זאת, אישה המספיקה להתיישב לפני מתן מי רגלים, אין אצלה לחץ מיוחד, ולכן איננו אומרים לגבה "הדור מי רגלים למקור ואייתי דם."

[60] שו"ת שב יעקב, שם ד"ה ועוד קשה עלי מאוד, כדעת ר' יוסי בנידה יד ע"ב.

[61] ריש סי' קצ.

מנגד הנודע ביהודה[62] כתב שזיבת דבר לח היא ההרגשה לה כיוון שמואל בדרשה "בבשרה–עד שתרגיש בבשרה", שהרי מלשון בבשרה למדו חז"ל דין נוסף, שמטמאה בפנים כבחוץ, והוא שאינה מטמאה אלא מן השיניים (בסמוך לצוואר הרחם)[63] ולחוץ (הנרתיק); ואם כן אותו בשר עליו צריכה להרגיש את הדם ממילא הוא מחוץ לפי הרחם, והוא דופן הנרתיק. לכך אי אפשר לפרש שהצריך שמואל שתרגיש את פתיחת המקור, ולכן בפסוק מוזכר הבשר ולא המקור. והוסיף לדבריו תלמידו בעל חכמת אדם[64] שהרמב"ן והרשב"א כתבו שהאישה נטמאת רק בהרגשה בשעה שהדם יוצא בבשרה, וכן העתיק הלבוש, ולא הזכירו הרגשת פתיחת המקור, ומדברי כולם נלמד שצריך "איזו הרגשה שיהיה".

ואילו בחוות דעת[65] כתב לאסור רק בהרגשת זיבה מהמקור (הרחם) אל הפרוזדור (הנרתיק), ולא בפרוזדור בלבד.[66] ובפרדס רימונים[67] הסביר שהיה קשה לחוות דעת היכן תחול הטומאה לשיטת הנודע ביהודה, שהרי אם לא הרגישה ביציאת הדם מפי המקור, הדם הינו טהור, ולמה תחול טומאה בפרוזדור על דם טהור?[68]

את דבריו של הנודע ביהודה דחה החתם סופר[69] כ"המצאה חדשה" שאינה מבוססת על דברי קדמונים, ולכן די לאסור בפתיחת המקור ללא חומרות חדשות, ואין זיבת דבר לח נחשבת הרגשה שמטמאה מדאורייתא. דבריו אלה של החת"ס שימשו יסוד לכל מי שאחריו פסק לטהר מדאורייתא בהרגשת זיבת דבר לח. כך בערוך השלחן[70]

---

[62] מהדורא קמא, חלק יו"ד סימן נה.

[63] אלה קיפולי הבשר שבצדדי הנרתיק בסמוך לרחם, עיינו רש"י ומאירי נידה מא עמ' ב. ושלא כדעת מהר"ם שיק חיו"ד סי' קפד שמדובר בצוואר הרחם עצמו.

[64] בינת אדם שער בית הנשים סי' ז. והמשיך שבין ווסת לווסת וכל שכן בזמן ההיריון, אישה שרגילה להרגיש זיבת הפרשה "לבנה", ומרוב הפרשות אינה מצליחה לבדוק עצמה, טהורה אם הרגישה רק זיבת דבר לח.

[65] סי' קצ סע' א.

[66] ובהגהות ברוך טעם על נודע ביהודה (מהדו"ק חיו"ד סי' נה ד"ה ע"ד שורה א) כתב שידוע ופשוט שאין הרגשת זיבת דבר לח בתוך הגוף, ורק מורגשת הזיבה "במקום שיש שליטת האויר"– ובזה נדחו גם דברי החו"ד.

[67] פרדס רימונים, פתחי נידה, החקירה הה' דף כד ע"ב.

[68] מהר"ם שיק (חיו"ד תשובה קפד) ביטל קושיית החוו"ד, ותירץ שלדעת הנודע ביהודה הדם היוצא מהמקור תלוי ועומד ואינו נטהר עד שיעבור את כל הפרוזדור ללא שתרגיש בבשרה.

[69] שו"ת חת"ס יו"ד סי' קס"ז.

[70] ערוה"ש סי' קפג סע' סג-סו.

סתר ראיות קודמיו המטמאים בזיבת דבר לח, וכן בשו"ת שבט הלוי[71] שבזיבת דבר לח בלי הרגשת פתיחת המקור או זעזוע וכיו"ב, לא נקראת הרגשה. ובטהרת הבית מנה שורה ארוכה של אחרונים שנתלו בדברי החת"ס.[72]

כיצד דחה החת"ס את ההרגשה המצויה ביותר בין הנשים? הרגשת זיבה לא הוזכרה לא בגמרא ולא בראשונים. הנודע ביהודה פירש את דברי שמואל מכוח הסברה, כדלעיל. לעומת זאת, החת"ס הביא דברי בעל שב יעקב, שחז"ל לכל הדעות טיהרו את היושבת ומטילה מי רגלים ומוצאת דם,[73] ובוודאי הרגישה זיבת דבר לח שהרי השלפוחית סמוכה לרחם. והוסיף מדיליה שורה ארוכה של ראיות מהגמרא לדחות סברת הנודע ביהודה, וכדברי תלמידו הגדול מהר"ם שיק, "ראיות שממש אין עליהן תשובה".[74] כך, לדעת שמאי, אישה שישֵׁנה תתעורר בשעת קבלת המחזור אגב צער,[75] ודוחק גדול לומר שמתעוררת אגב זיבת דבר לח.[76] ועוד מוכיח מאישה שסבלה מצניחת רחם, וחתיכות בשר נופלות לה בבית החיצון (דהיינו הנרתיק), ויחד עם החתיכות היא רואה דם; וטיהרה רבינו שמשון, שאין דרך האישה לראות בכך, וכך נפסק בטור ובשו"ע; [77] ואף אם הדם הזה נוגע בדפנות הנרתיק בסמוך ליציאה מהגוף, טהורה. ומוכח מכך ש"בבשרה" - היכן שהדם מטמא - הוא לפנים יותר מה'בית החיצון' והיינו ב'פרוזדור', אשר הוא, לדעת החת"ס צוואר הרחם.[78] בנוסף, הרגשת זיבת דבר

---

[71] חלק ה סי' קיג.

[72] חלק א סי' א סע' ד, עמ' יד והלאה במשמרת הטהרה. וכן מנה שורה של אחרונים שסוברים כחוו"ד.

[73] נדה נז ב, וראו הערה 69 לעיל.

[74] שו"ת מהר"ם שיק חיו"ד קפ"ד.

[75] נדה ג א.

[76] דהיינו, אף שאפשר לפרש בדוחק את דברי שמאי שהוא מדבר "על הרוב", דהיינו שהאישה מתעוררת כאשר היא שופעת דמים מרובים, אך גם זיבה מועטת מוגדרת הרגשה מטעמי לא פלוג–בכל זאת, אין פירוש כזה לדברי שמאי בראשונים, ואדרבה נראה להפך ברמב"ם ובשב יעקב, ולכן לדברי החת"ס אין לחדש פירוש זה. וצע"ג מהו אותו צער לו כיוון שמאי, שהרי מעשים שבכל יום שנשים מתעוררות בבוקר ומוצאות שהתחיל המחזור תוך שנת לילה, ולא התעוררו.

[77] טור ושו"ע יו"ד קפח.

[78] שו"ת חת"ס יו"ד קסז. זיהוי זה של ה'פרוזדור' שהוא צוואר הרחם ולא הנרתיק הוא לפי דברי הרמב"ם בהל' איסו"ב פ"ה ה"ג, ולא כתוספות.

לח בנרתיק אינה מעידה באופן מובהק על יציאת דם,[79] שהרי הפרשות טהורות רבות ישנן בנרתיק ולדוגמא סיכת הנרתיק בעקבות התעוררות החשק.[80]

באשר לזיבת דבר לח מהפתח החיצון של הנרתיק וחוצה, הגר"מ פיינשטיין כתב[81] שהיות ובימנו נשים אינן מבחינות בין זיבה מהרחם לבין זיבה מהנרתיק, לכן כל הרגשת זיבת דם מהנרתיק וחוצה תיחשב הרגשה. אמנם לרוב דעות, אין זו הרגשה האוסרת. לכולי עלמא הרגשת רטיבות ולחות מחוץ לגוף אינה בכלל הרגשה.[82]

ג. הרגשות גופניות אחרות

לדעת בעל ציץ אליעזר דם המלווה בהרגשות הווסת כולל כאבי בטן וגב מטמא מדאורייתא, ולאלה כיוון הרמב"ם בביטוי 'זעזוע הגוף'. לדעתו, גם החתם סופר סובר שזעזוע הגוף וצער "כעין עקיצת מי רגלים"[83] הם הם הרגשת פתיחת פי המקור, ומטמאים מדאורייתא. גם מהר"ם שיק לא היה שלם עם צמצום הרגשות האישה לשתיים בלבד, וכן כתב בשו"ת מהר"ם שיק [84] שדרשת שמואל "עד שתרגיש בבשרה" מכוונת לבשר כל הגוף ולא לבשר הפרוזדור בלבד, וכך "שארי מקרי הגוף הרגילין

---

[79] בדומה לדברי בעל שב יעקב. אמנם נשים רבות ששאלתי ידעו כולן להבחין בין הרגשת זיבת דם להרגשת מתן שתן. האחרון הוא הוא פעולה רצונית, ואפשר בד"כ לשלוט בו ואף לעצור את הזרם בעזרת כיווץ שרירי האגן, מה שאי אפשר בהפרשה האוטונומית של דם נידה. ויש מי שמבחינות בין מתן שתן לזיבת דם גם בכך שבא ממקום אחר בגוף ולפעמים מלווה בהקלה בלחץ שבשלפוחית. ונצטרך לומר שאין כוונת הגמרא ש"הרגשת מי רגלים הואי" לומר ששתי ההרגשות זהות, אלא שהרגשת מי רגלים עלולה להקהות את הרגשת זיבת הדם, בדומה לשני המצבים הנוספים העשויים להקהות או להסוות את הרגשת זיבת הדם, ולא שהאישה תוכל להחליף בין הרגשת מי רגלים לבין הרגשת עד או איבר.

[80] חת"ס שם: "לפי מה שידוע ברפואה שרוב הזיבת האלו באו להנשים מחמדה ותאוה". ובדומה גם כתב בחכמת אדם לטהר מעוברת שהרגישה בפתיחת המקור ולא מצאה הפרשה טהורה דתלינן מה שנפתח מקורה היה להוציא לחה לבנה או ירוקה (חכמת אדם שבה"נ כלל קיג סע' ב) וכן בערוה"ש שידוע שנשים הרות סובלות מהפרשות מרובות.

[81] אג"מ יו"ד ח"ד סי' יז אות ז.

[82] וראו שש"ה סי' ק"צ ס"ק ב עמ' קנו, וכן באג"מ שם.

[83] הגמרא נדה ג א מזכירה שאישה מתעוררת בלילה מצער כשפורסת נידה, והחת"ס פירש שצער זה דומה לעקיצת מי רגלים, ואולי התכוון לתחושת הצריבה שלפעמים מלווה הטלת שתן. אחרים פירשו שמדובר בהקלת הלחץ שבשלפוחית לאחר מתן שתן (ערוה"ש סי' קפג סע' ס) או לצער שבעיכוב מתן שתן (יביע אומר ח"ה יו"ד סי' טו), ומסתבר שבגללו אדם מתעורר משנתו.

[84] שו"ת מהר"ם שיק סי' קפד , א. יוצא שלשיטת מהר"ם שיק, זד"ל בנרתיק אינה מטמאת, אבל הרגשות הווסת בכל מקום אחר בגוף מטמאות. וראו עוד בפרדס רימונים, בפתחי נדה דף כ"ד עמ' א.

בעת הוסת" מטמאים מדאורייתא, ולכך כיוון הרמב"ם בראש פרק ט' מאיסורי ביאה, שחזקת דם שבא בהרגשה.[85] על כן, לדעתו אישה שמוצאת כתם בליווי הרגשות גופניות המסמנות באופן מובהק את תחילת המחזור נאסרת מדאורייתא.[86] ובערוך השלחן כתב שאין הכוונה בדרישה שתרגיש שנפתח פי המקור להרגשה ספציפית זו או אחרת, כי אם לידיעה, שיודעת שנפתח המקור, וזוהי לדעתו דעת רש"י, שהאישה יודעת בעצמה כשיוצא דם ממנה.[87] כך שלפוסקים הנ"ל, אישה נטמאת מדאורייתא מכתם המלווה בכאב בטן, כאב גב, וכדו' באם כך דרכה לראות.

ד. דימום הורמונלי שלא בשעת וסתה: האם ניתן לתלות במאכולת או שמעלמא קאתי?

דין תלייה מבוסס על אפשרות שהכתם מקורו בגורם חיצוני כל-שהוא, ואף אם הסתברותה נמוכה ביותר, שחכמים אסרו כתמים רק במקרה שלא קיימת אפשרות תלייה כלל.[88] אי לכך, יש שהסתפקו ביכולתם של מורי הוראה להתיר כתמים מגלולות פרוגסטרון, לגביהם לא רק שידוע לנו בוודאות שהדם בא מגוף האישה אלא שאף המנגנון ההורמונלי אשר מביא לידי כתמים ידוע ומוכר לנו.[89] אמנם מהר"ם לובלין כתב במפורש[90] שטעם רבותינו שאין האישה מטמאה עד שתרגיש אינו ע"מ להוכיח מעבר לכל ספק שהדם הוא ממנה בצורה שאין אפשרות לתלות את הדם בשום גורם אחר, כי אם גזירת הכתוב שרק כך טמאה מדאורייתא. שאם הרגשה באה רק להוכיח שהדם ממנה, למה הצריכה התורה הרגשה ולא הוכחה, שהרגשה היא דרך אחת של הוכחה, אבל ייתכנו דרכים נוספות.

גם הגר"ע יוסף כתב נגד שיטת הס"ט, והורה להתיר כתם אף על פי שברור למורה הוראה שהוא דם היוצא מגופה, כל עוד לא הרגישה, היות ואין טומאתו אלא מדברי סופרים, וכלשון מהר"ם לובלין "הם אמרו והם אמרו."[91]

---

[85] וכן כתב בפרדס רימונים פתחי נדה חקירה ה עמ' כד.

[86] יוצא מדברי מהר"ם שיק שאישה לא תיטמא בהרגשת זיבה בפרוזדור, אך תיטמא בהרגשה בכל מקום אחר בגוף, וצע"ג.

[87] ערוה"ש יו"ד סי' קפג סע' נז. ומוכיח דבריו מלשון חכמים באגדה, ולדוגמא בדרשה במגילה טו ב "אולי ירגיש המקום ויעשה לנו נס", שאין הכוונה להרגשה גופנית.

[88] וראו סד"ט סי' קצ ס"ק צב באריכות.

[89] ולדוגמא, דברים כאלה כתב הגר"י אריאל בדברי ברכה לבעל שערי אורה, עמ' 11.

[90] שו"ת מהר"ם מלובלין סי' ב.

[91] טהרת הבית א סי' ח סע' ו.

ה. סיכום השיטות בדבר זיבת דבר לח

המטמאים: לשיטת הנודע ביהודה, חכמת אדם, סדרי טהרה, מהרש"ק,[92] ובימנו הגר"מ פייטשטיין והגרא"י וולדינברג – כתם המלווה בהרגשת זיבת ד"ל נידון כדם הבא בהרגשה ומטמא בכל-דהוא. החוו"ד מטמא רק אם הרגישה זיבה מהמקור אל הפרוזדור–הרגשה שאינה שכיחה, ואולי אף אינה מצויה; ואילו הגרמ"פ מטמא גם אם הרגישה רק זיבה מהנרתיק אל מחוץ לגוף, ולא רק בתוך הפרוזדור. מהר"ם שיק לא מטמא בזד"ל, אך מטמא בכל הרגשת וסת במקום אחר בגוף, שכך "יודעת" האישה שיצא דם ממקורה.

המטהרים: מהר"ם לובלין, שב יעקב, חתם סופר, ערוך השלחן, ובימנו הגר"ש וואזנר והגר"ע יוסף ואחרים כולם דנים כגון זה לפי דיני כתמים.

ו. בנידון דידן

היות שמדובר במחלוקת הפוסקים לאורך מאות בשנים ממהר"ם לובלין ועד ימינו, ובעובדה שמדובר לא רק בכתם בודד כי אם בציפייה להכתמה ממושכת, ראוי להמליץ לשואלת לעבור לאמצעי אשר אינו גורם לכתמים כדי להינצל משאלות מורכבות.[93] בכל אופן, בנידון שלנו אפשר שגם החושש לדעת הציץ אליעזר ואחרים יודה שיש לדון את דימומה של השואלת על פי דיני כתמים היות שהיא מניקה ומסולקת דמים, ועיקר חששות הפוסקים הוא לראיית דם בשעת המחזור.[94] ורבים נוהגים להקל גם באישה שאינה מסולקת דמים.[95]

ח.ה.

---

[92] מי נדה דף קל, סוף.

[93] כן מורה אישי הרי"ה הנקין.

[94] וכדברי ר"ע דם ולא כתם, נדה נח ב. וכן הוא בבינת אדם שער בית הנשים סי' ז סוף , ובציץ אליעזר ח"ו סי' כא "דעכ"פ אחת מכל ההרגשות האלה ישנן גם לנשי דידן לפני או עם קבלת וסתן". וראו עוד חת"ס יו"ד סי' קמה, סוף, ועוד. ובשו"ת דברי חיים (יו"ד א, ל"ז) כותב שהרגשת יציאת הדם צריכה להיות ברורה, ושהאישה בוודאי תזהה הרגשה זו אם אכן התרחשה, ולכן לדעתו, במקרה שהאישה מסתפקת אם היתה לה הרגשה, אינו נחשב כהרגשה כדי לטמאה מדאורייתא.

[95] כן מורה הר"י ורהפטיג ע"פ הגר"ע יוסף.

סימן כו

כאב וחוסר עניין ביחסים

שאלה

ילדתי לפני שישה חודשים. מאז הלידה כואב לי מאד להיות יחד עם בעלי. התפרים של הלידה נתרפאו מזמן ואינם כואבים, ואין לי מושג ממה נובע הכאב. בעקבות הכאבים אין לי רצון או כוח ליחסים. אני מניקה ולא מקבלת מחזור, כך שאפילו אין לי הפסקות שבהן עלינו בהכרח לא להיות ביחד. הכאבים מקשים עלי, ובנוסף אני תשושה מהעומס של הטיפול בתינוק ובבית, ומהעבודה שאליה חזרתי לפני חודש. בעלי מתוסכל מהסירוב הקבוע שלי. אינני יודעת מה לעשות.

תשובה

כל עוד כואב לך, אינך מחויבת לצער עצמך לטובת יחסים עם בעלך. אך חשוב לטפל במצב לטובתך ולטובת בריאות הקשר הזוגי.

הריפוי מהלידה אורך בדרך כלל עד שישה שבועות, ואחריו יחסים אינם אמורים לכאוב. אם הכאב נמשך מעבר לתקופה זו, ייתכנו סיבות רבות לכך, ולכן מומלץ לפנות לרופאה לשם איבחון וטיפול מתאים. בין השאר, התמורות ההורמונליות המלוות את ההנקה עשויות להביא לירידה בחשק המיני וכן ליובש נרתיקי אשר הופך את היחסים לכואבים. לחילופין, הכאב יכול להצביע על קיומם של דלקת או של פצע באזור הנרתיק, או על מצב אחר אשר דורש טיפול. רוב גורמי הכאב בשעת יחסים ניתנים לטיפול רפואי.

חוסר העניין ביחסים יכול לנבוע גם מגורמים נוספים, ביניהם מחסור מתמשך בשעות שינה, דיכאון לאחר לידה, ושימוש באמצעי מניעה הורמונליים. כדי להתמודד עם תשישות, ראוי לארגן עזרה בבית ולהקפיד על שעות מנוחה. במקרה שאין שיפור יש

להתייעץ עם רופאה לשם אבחון והצעת טיפול. אפשר גם לקבוע 'זמן איכות' עם בן זוגך כגון לצאת יחד למסעדה או להליכה, או להתנסות במגע פיזי ללא יחסי אישות. צעדים אלה עשויים לעורר רצון להתקרב לבן זוגך.

מעבר לכאב, שאלתך מעלה את נושא מחויבותה של אישה ליחסים, וגבולות מחויבות זו. הנישואים מבוססים על המחויבויות ההדדיות של בני הזוג, ואחת מחובות היסוד היא יחסי אישות. מצווה על האיש לפקוד את אשתו בשעת עונתה וגם כאשר היא מגלה רצון לקשר, והאישה אף היא מחויבת לחיות חיי אישות עם בעלה. ההיקף המעשי של מחויבות זו מותנה בתנאים המשתנים מזוג לזוג, בהתאם לתעסוקה, לרצון ולכוחות. על מנת למלא את תפקידכם ההדדי, כדאי להשקיע ביצירת תקשורת פתוחה סביב הקשר שלכם. כך, עם הזמן, לומדים בני זוג להיות קשובים ולהכיל את צרכי בן או בת הזוג. במקרה שאין שיפור אפשר לפנות לייעוץ מקצועי לסיוע.

גם בהעדר כאב, אינך חייבת להיות עם בעלך כאשר מצבך הרגשי אינו מאפשר זאת. יחד עם זאת, עליך לזכור כי אַת שותפתו הבלעדית בכל הנוגע לתחום האישות, ואף אם בעלך קשוב לקשייך, אין הדבר מספק מענה לצרכים שלו. פירוד ממושך ודאי מקשה עליו ואף עלול להכשילו.

תיאום ציפיות נחוץ במיוחד בתקופת ההנקה, שבה לרוב אינכם נאסרים למשך תקופה ארוכה. במצב זה לפעמים נדרשות הפסקות לאישה על מנת לחדש כוחות פיזיים או נפשיים.

הרחבה

חובת בני הזוג לקשר הגופני נגזרת מעצם הקידושין. לאחר קיום פרייה ורבייה,[1] לבעל מותר להימנע מיחסי אישות שלא ברשות אשתו[2] רק במקרה שהוא חולה או שאין לו את היכולת הפיזית הנדרשת,[3] ואף אז, לכל היותר למשך שישה חודשים.[4] פירוד ממושך יותר הינו עילה לגירושין, והאישה רשאית לתבוע כתובתה. מנגד, כשם

[1] רמב"ם הל' אישות פרק טו הל' א. וראו גם שו"ע אה"ע סי' עו סע' ו.

[2] ואם שניהם מוחלים, מותר, וראו אג"מ אה"ע ח"א סי' קב.

[3] רמב"ם הל' אישות פרק יד הל' ז.

[4] פרק הזמן של שישה חודשים נלמד מעונת מלחים, המותרים לשהות מחוץ לבית למשך שישה חודשים. וצ"ע אם ההיתר לבעל להיעדר מהבית לפרקי זמן ממושכים תופס בימינו, כאשר תנאי התחבורה נוחים ובהישג יד.

שאסור לאיש למנוע יחסים מאשתו כדי לצערה,[5] כך אין לאישה להימנע מאישות כדי לנקום בבעלה ולצערו.[6] סירוב עקרוני לאישות מגדיר את האישה כמורדת והוא עילה לגירושין.[7] עם זאת, ההלכה מכירה בכך שהאישה אינה מוכנה תמיד לחיי אישות, ולכן אינה חייבת להיענות בכל עת שבעלה חפץ בכך. כל עוד איננה מסרבת באופן מוחלט, זכותה לסרב כאשר הדבר קשה לה[8] ובוודאי כאשר היחסים גורמים לה כאב וצער.[9]

חיי אישות אמורים להביא סיפוק והנאה לשני בני הזוג. כך מתארים חז"ל את חובת האישות בתור "לשמח את אשתו בדבר מצווה".[10] האיש מצווה לפקוד את אשתו במועדים קבועים, ועליו להיות קשוב גם לגילויי רצונה לקשר.[11] האישה מחויבת גם היא לבעלה, שיוכל לפוקדה בעונה שקבעו לו חכמים, ואף בזמן שמצטער,[12] דהיינו כשהוא רוצה בקשר. התדירות שקבעו חכמים לקשר היא בהתאם לתעסוקתו ומקצועו של האיש, שמשליכים על יכולותיו וצרכיו.[13]

הגר"מ פיינשטיין[14] העלה שחובת מצוות עונה מוגדרת לפי צרכיה של האישה, בדומה לחובת שאר וכסות, אלא שחכמים קבעו שיעור תדירות משום שמפאת צניעותה, האישה עשויה להסתיר את צרכיה. הסבר זה מופיע כבר בדברי הראב"ד.[15]

למרות שאין לבעל לדרוש להיות יחד עם אשתו בשעה שאינה רוצה בכך,[16] "שאינה

---

[5] רמב"ם הל' אישות פרק יד הל' ז.

[6] שם פרק טו הל' יח.

[7] שם פרק יד הל' ח-ט.

[8] וראו פירוש שֵם יוסף על הרמב"ם הל' אישות פרק טו הל' יח.

[9] בשו"ת אגרות משה או"ח ח"ד סי' עה כתב שפשוט "שבזמן שקשה לפניה לקבל תשמיש היא פטורה" מהשעבוד לבעלה.

[10] פסחים עב ע"ב.

[11] או"ח סי' רמ סע' א.

[12] שו"ת אגרות משה או"ח ח"ד סי' ע"ה ד"ה "והנה אגב". יצוין שמעט מאוד פוסקים עסקו בשאלות אלה.

[13] או"ח סי' רמ סע' א, ושו"ת אגרות משה או"ח ח"ד סי' ע"ה ד"ה והנה אגב.

[14] שו"ת אגרות משה אה"ע ח"ג סי' כח ד"ה עכ"פ כיון דחזינן.

[15] בעלי הנפש לראב"ד שער הקדושה עמ' קיז.

[16] וראו נדרים כ ע"ב, ואיגרת הקודש המיוחסת לרמב"ן פרק ו.

שבויית חרב להזדקק לו בכל שעה"[17] ואיינה מחויבת לצער עצמה לצורך מילוי רצון בעלה,[18] ראוי לאישה להבין שהאיזון בין צרכי בני הזוג ורצונותיהם דורש גם ממנה הבנה שהבעל נדרש לעמוד בפני יצרו, ובהיענותה לו היא מרחיקה אותו מעבירה[19] וסירובה הממושך עלול להכשילו.

יש לעודד את בני הזוג לתקשורת גלוייה אשר תאפשר להם להתמודד עם האתגרים המתחדשים לצד החובות ההלכתיות והרגשיות שבחייהם האינטימיים. על האישה להתחשב בצרכי בעלה ולהיות מודעת לאחריותה כלפיו, אך באותה מידה לדעת שאם אין לה כוח ליחסי אישות, היא פטורה מכך, וזכותה לצפות שבעלה יבין ויכיל את מצבה.

מ.ר.

---

[17] שו"ת מהרי"ט ח"א סי' ה. וראו רמב"ם הל' אישות פרק יד הל' ח, ועוד שו"ת דברי יציב חלק אה"ע סי' נה.

[18] בגמרא (כתובות כב ע"ב ותוספות שם ד"ה ואפילו) מסופר על אשתו של שמואל שאמרה שהיא נידה ע"מ לא להזדקק לו באותו לילה. באג"מ שם תמה למה ראתה צורך לשקר לבעלה, שהרי הבעל אינו רשאי לכוף את אשתו להיות עמו כאשר הדבר קשה לה. ותירץ ששיקרה מתוך רצון להתחשב ברגשותיו, שלא תגרום לו להצטער על חולשתה.

[19] יבמות סג ע"א, ראב"ד בעלי הנפש שער הקדושה עמ' קיז ד"ה והרביעית שהוא מתכוין לגדור את עצמו בה. מהרש"א חידושי אגדות יבמות סב ע"ב ד"ה באין חומה שנאמר נקבה תסובב גבר. וראו עוד שו"ת חת"ס ח"ב יו"ד סי' קסב. המחוייבות של האישה נובעת בין השאר מהעובדה שלאחר חרם דרבנו גרשום היא שותפה יחידה לבעלה ואין לו אפשרות אחרת לסיפוק צרכיו.

סימן כז
דם על נייר קינוח

שאלה

אני מניקה ולא מקבלת מחזור. אתמול ראיתי דם על מגבון בעת הקינוח בשירותים, והיום שוב ראיתי דם, הפעם על נייר הקינוח. האם נאסרתי?

תשובה

נייר קינוח (נייר טואלט, טישו) ומגבונים לחים אינם מקבלים טומאה, ולכן כל עוד לא היתה לך הרגשה הלכתית אוסרת, אף אם את רואה עליהם דם, באופן עקרוני לא נאסרת כתוצאה מכך. אמנם, אם הקינוח היה סמוך ממש להטלת שתן, לאשכנזים קיים חשש שמא יצא הדם מהגוף בהרגשה, והאישה בטעות ייחסה את ההרגשה למתן השתן, ועל כן האישה נאסרת מספק. אולם, אם האישה המתינה כ-15 שניות לפני שקינחה עצמה, ספק זה אינו קיים, והדם נידון ככתם רגיל הנמצא על דבר שלא מקבל טומאה, והיא אינה נאסרת. לפי מנהג ספרד, אין חוששים שמא תסווה הרגשת הטלת שתן את ההרגשה של יציאת דם, לכן הרואה דם על נייר קינוח תמיד טהורה.

לכן אם את נוהגת כמנהג ספרד, לא נאסרת. אם את נוהגת כמנהג אשכנז, עליך לבחון אם המתנת כ-15 שניות לפני הקינוח. אם המתנת כנדרש, לא נאסרת; ואם נגבת את עצמך מיד בתום מתן השתן נאסרת, ועליך להמתין חמישה יום כולל יום ראיית הכתם, להפסיק בטהרה ולספור שבעה נקיים ולטבול.

הרחבה

בבירור דינה של המוצאת דם בקינוח לאחר הטלת מי רגלים, יש להתייחס למספר עניינים: חשש הרגשה בזמן הטלת מי הרגלים; דינו של נייר טואלט לענין קבלת

טומאה; דין כתם שנמצא על דבר שאינו מקבל טומאה אשר מונח על גבי דבר המקבל טומאה; ודיני כתמים באותו מקום.

חשש הרגשה בזמן הטלת שתן

חכמים זיהו שלוש פעולות העלולות להסוות הרגשת יציאת דם מהרחם: הטלת מי רגלים, ביצוע בדיקה פנימית בעד בדיקה, ותשמיש.[1] יש סוברים שהמוצאת דם בקינוח לאחר הטלת שתן נאסרת מחשש שמא יצא הדם בהרגשה, והאישה טעתה לחשוב שהרגישה רק את יציאת מי הרגלים.[2] במקרה זה, לא נוכל לסמוך על דבריה של האישה שלא הרגישה את יציאת הדם, כי ייתכן ש'עקיצת' מי הרגלים העלימה ממנה את ההרגשת יציאת הדם. על כן, האישה תיאסר אפילו אם מצאה את הדם על נייר שאינו מקבל טומאה. הרמב"ם[3] אינו חושש לאפשרות זו.[4]

ואולם, גם החוששים להסוואת הרגשת הדם ע"י יציאת מי הרגלים חוששים רק אם האישה מיהרה לקנח עצמה מיד עם סיום מתן השתן. אם המתינה מעט לפני הקינוח, נתווסף ספק נוסף, היות שכלל איננו בטוחים שהדם שמצאה יצא ממנה בשעת מתן השתן. ייתכן שיצא לאחר מכן, בשעה שכבר יכלה להרגיש את יציאתו. לכן, אם המתינה לקנח את עצמה, אין לחשוש להרגשה, והדם נידון לפי דיני כתמים, ואינו מטמא על נייר שאינו מקבל טומאה.

האחרונים נחלקו בשיעור הזמן שיש לה להמתין בכדי לשלול את החשש שהדם יצא בהרגשה.

את שיעור הזמן ניתן ללמוד מ'שיעור וסת', שהוא הזמן שבין סיום תשמיש לבין מציאת הדם. שיעור זה הוזכר באישה המוצאת דם לאחר תשמיש, כאשר עולה החשש שמא אישה זו רואה מחמת תשמיש. 'שיעור וסת' מוזכר בגמרא[5] בהקשר הבדיקות הפנימיות שעל האישה לבצע לפני תשמיש ולאחריו.[6] שיעור זה מוגדר בגמרא באופן

---

[1] נדה נז ע"ב.

[2] חוות דעת סי' ק"צ ביאורים א' ד"ה ואם. יש שלא חששו להרגשה בהטלת מי רגלים, וראו חזון איש סי' צ ס"ק ה ד"ה והנה.

[3] הל' איסורי ביאה פרק ה הל' יז.

[4] כך נפסק בטהרת הבית חלק א' עמ' כד, לכן ספרדיות לא צריכות לחשוש מהרגשה בזמן הטלת מי רגלים.

[5] נדה יב.

[6] איננו פוסקים כדעת הרמב"ם, ואין חובה לבדוק לפני ואחרי תשמיש. ראו יו"ד סי' קפו סע' א.

הבא: "משל לשמש ועד שעומדים בצד המשקוף ביציאת השמש נכנס עד". מדובר בשיעור זמן קצר ביותר, שהוא פחות מהזמן שלוקח לאישה לבצע בדיקה פנימית של חורים וסדקים, ולמעשה רק קינוח חיצוני מהיר יכול להתבצע בתוך שיעור וסת.[7] בעקבות זאת, כותב החוות דעת[8] לאסור את האישה רק במקרה שמצאה את הדם בקינוח שנעשה בתוך שיעור וסת.

השלחן ערוך[9] קובע ששיעור זה הוא "הזמן שלוקח להושיט ידה לתחת הכר ותטול עד ותקנח" והרמ"א פוסק כראב"ד שאיננו בקיאים לשער במדויק את הזמן, ולכן יש לחשוש לכל דם שמצאה סמוך לחשש הרגשה.[10]

בבדי השלחן[11] נפסק להחמיר כל עוד קיים ספק אם הקינוח היה סמוך להטלת מי הרגלים; אולם המחבר מוסיף[12] שאם הדם שנמצא הוא פחות מגודל גריס, והאישה אומרת שברור לה שהיא לא הרגישה, אפשר לצרף זאת לכך שאין דרך הנשים לראות דם נידה בשעת הטלת מי רגלים, ולהקל בדינה.[13]

בחלק מהפוסקים מופיעה הגדרה כללית בלבד, ללא פירוט זמן. כך החזון איש[14] מחלק בין אישה שקינחה מיד לאחר הטלת מי רגלים, למוצאת את הדם לאחר זמן מרובה.

לעומת זאת, בשיעורי שבט הלוי[15] נפסק שכל שהאישה מקנחת ורואה דם על נייר קינוח בתוך דקה מסיום הטלת מי רגלים, הדבר נחשב לסמוך, והיא נטמאת מספק דאורייתא שמא הרגישה בשעת יציאת הדם ולא הייתה מודעת לכך.[16] אמנם, לאור הדברים שהוזכרו לעיל, לפיהם מדובר בשיעור זמן קצר יותר מזמן בדיקת חורים וסדקים, נראה ששיעור זה הינו מופלג.

---

[7] וכלשון השו"ע יו"ד סי' קצ סע' נא: "שקנחה עצמה בעד שבידה מיד תיכף למציאת הדם, אבל אם שהתה כדי שיעור בדיקה דהיינו כדי שתקנח בחורים ובסדקים..."

[8] חוות דעת סי' קצ ביאורים א ד"ה ואם מצאה.

[9] יו"ד סי' קפז סע' א.

[10] להרחבה בנושא ראו סי' מד, דם לאחר תשמיש בנוטלת גלולות.

[11] בדי השלחן סי' קצ ס"ק קד.

[12] שם סי' קצ ביאורים ד"ה כיצד.

[13] הוא מסתמך על הנטע שעשועים חלק יו"ד סי' כא.

[14] יו"ד סי' צ ס"ק א.

[15] סי' קפז סע' א ס"ק יא עמ' סח, וגם סי' קצ סע' י ס"ק ג עמ' קע.

[16] לפי שיעורי שבט הלוי שם, לכתחילה כאשר נמצא דם ממש, כלומר שהאישה בטוחה שיש דימום (ולא כתם חום) ומקורו לא בדלקת בדרכי השתן, יש להחמיר גם מעבר לדקה אחת.

לעומת זאת, כתב הפרי דעה[17] "שיש לנו לתפוס סמיכה היותר קטנה שבש"ס דהיינו שיעור של [הליכת] כ"ב אמה". השיעור הזה הובא בשלחן ערוך[18] בהגדרת המונח "תכף" בנושא השהייה בין נטילת ידים לבציעת הפת. בתוספות במסכת סוטה[19] מוזכר כי שיעור זמן של "תכף" נלמד מהסמיכה על ראש הקרבן, שצריכה להיעשות סמוך לשחיטה, ושיעור זה מתקיים אף במקום שבו הסמיכה נעשתה במרחק הליכה של כ"ב אמה ממקום השחיטה. על פי חישוב זמן הליכת מיל, ניתן לקבוע כי הליכת כ"ב אמות אורכת כ-15 שניות,[20] וכל שהמתינה שיעור זה ולאחר מכן קינחה עצמה אינה צריכה לחשוש להרגשה, ודין הדם שנמצא בקינוח כדין כתם. היות שהראשונים והרבה מהאחרונים לא הביאו את החשש של הרגשה בזמן הטלת מי רגלים, לחוששים להרגשה במקרה זה אפשר לסמוך על השיעור הקצר של הפרי דעה, וכן מורה הר"י ורהפטיג.

במקרה שבו האישה אינה יודעת לומר בוודאות אם אכן חיכתה 15 שניות בין סיום הטלת השתן לקינוח, אפשר לברר איתה אם הייתה לחוצה לצאת מהר מהשירותים. האגרות משה[21] מחדש שהחשש להרגשה אינו אלא בשעת יציאת טיפות השתן האחרונות, שכן אין דרך הדם לצאת יחד עם קילוח מי רגלים. לדבריו, אישה שהייתה לחוצה לצאת מהשירותים בכדי לטפל בתינוק בוכה או בסיר שגולש על הכיריים וכדומה, ומתוך כך קנחה עצמה במהירות בשעה שטיפות השתן האחרונות עדיין יוצאות מגופה, נטמאת מחשש הרגשה במוצאת דם בקינוח. ואולם, במקרה שהמתינה ולא קינחה עצמה עד לסיום כל הטלת השתן "אלא ישבה עד שיצאו כל הטיפין, וקינחה ומצאה דם ולא הרגישה כלום - דינה ככתם" ואיננה חוששת שהדם שנמצא בקינוח בא בהרגשה.

נייר כדבר שלא מקבל טומאה

ההנחה המצויה בדברינו, שדינו של נייר הקינוח של ימינו כדין דבר שאינו מקבל טומאה, מבוארת בדברי הפוסקים. האג"מ כותב שאף לדיעה הסבורה שנייר ראוי עקרונית לקבל טומאה, נייר הקינוח הדק שלנו אינו בגדר הנ"ל היות שהוא לא נעשה

---

[17] שפתי לוי סי' קפז ס"ק ז.

[18] או"ח סי' קסו.

[19] סוטה לט ד"ה כל כהן שלא נטל ידיו.

[20] יש 2000 אמה במיל. שיעור כדי הילוך מיל נע בין 18 ל-24 דקות, ראו שו"ע או"ח סי' תנט סע' ב. לפי החישוב הקצר, זמן הילוך כ"ב אמה הוא 11.88 שניות, ואילו לשיעור הארוך מדובר ב- 15.84 שניות. כל שהמתינה יותר מכך, אין זה נחשב תכף או סמוך.

[21] שו"ת אגרות משה יו"ד חלק ד סי' יז ס"ק יג.

לשם שימוש המתקיים.[22] כך גם פוסק הגר"ע יוסף בטהרת הבית.[23] למגבונים לחים דין זהה לנייר קינוח.[24]

דבר שאינו מקבל טומאה המונח על גבי דבר המקבל טומאה

בסדרי טהרה[25] העלה חשש נוסף שלפיו, למרות שהדם נמצא בפועל על נייר הקינוח שאינו מקבל טומאה, יש להחמיר בדינו מאחר שהנייר עצמו מונח בתוך ידה, ועל כן יש להחשיבו כדין דם הנמצא על דבר המקבל טומאה. ואולם, באגרות משה,[26] בבדי השלחן,[27] ובטהרת הבית[28] חלקו על דבריו וכתבו שדין הדם שנמצא על נייר הקינוח כדין דם שנמצא על דבר שאינו מקבל טומאה.[29]

דיני כתמים באותו מקום

טענה נוספת שהועלתה היא שיש להתייחס לדם שנמצא בקינוח כאל כתם שנמצא על

---

[22] אג"מ יו"ד חלק ג' סי' נג, ויו"ד חלק ד' סי' יז ס"ק יד: "שהרי לא נעשה לתשמיש [דהיינו, שימוש] המתקיים, וגם לא ראוי לדבר מתקיים". פוסקים רבים דנו בדין הנייר. בנודע ביהודה תנינא סי' קה החמיר, וכן בחכמת אדם כלל קיג סי' ח. לעומת זאת, בשו"ת חת"ס ח"ו סי' פ"א הקל בנייר אפילו אם נעשה מבלאי בגדים. אמנם יש הבדל בין הנייר כפי שהוא נוצר בעבר לבין הנייר שלנו כיום, ולדעת רוב הפוסקים אף אם הנייר נעשה מחומר שמקבל טומאה, היות שהוא נטחן תחילה וצורתו משתנה לגמרי, למעשה הוא אינו מקבל טומאה. בדברי יציב (חיו"ד סי' פט ס"ק ה ד"ה וגם שהנייר צבוע) חילק בין נייר קינוח צבעוני ונייר לבן: דם בנייר צבעוני בוודאי לא אוסר את האישה משום כתם (יו"ד סי' קצ ס"ק י). באג"מ (יו"ד ח"ד סי' יז ס"ק כח) כתב שאין צורך לקנח בנייר לבן אפילו בשבעה נקיים, ושימוש זה מביא לידי ספקות וחומרות לגבי צבעים שנראו על הנייר.

[23] ומביא שם עוד הרבה פוסקים שמקילים בנייר שלנו. ח"א סי' ח סע' י ס"ק י. להרחבה בנושא דבר שלא מקבל טומאה ראו להלן סי' מה, כתם על תחתונית ובגד סינתטי.

[24] כך פוסקים הרי"ה הנקין והר"י ורהפטיג, כי המגבון דומה לנייר טישו שהוא לשימוש חד פעמי ונזרק מיד, וכמוהו הוא עשוי מנייר ולא מבד.

[25] סדרי טהרה סי' קצ ס"ק צג בד"ה מזה יצא. באופן כללי, סדרי טהרה פוסק שאין צורך בהרגשה כדי לטמא אישה מדאורייתא ומספיק שהדם ודאי מגופה כדי לטמאה. להרחבה בעניין ראו לעיל סי' כה, בדין הרגשה.

[26] יו"ד חלק ד סי' יז ס"ק טו.

[27] ראן בדי השלחן סי' קצ ס"ק י ביאורים ד"ה דבר לא מקבל טומאה שמציין לחת"ם סופר והגרי"ז שאינם פוסקים כסדרי טהרה.

[28] טהרת הבית ח"א סי' ח סע' יב ס"ק יב.

[29] החוששת לדברי הסד"ט תוכל לפתור את הבעיה ע"י קינוח בנייר צבעוני. זו הסיבה להדרכה שניתנת לפעמים לכלות להעדיף את השימוש בנייר צבעוני, אך כיוון שרוב פוסקים לא קבלו את דברי הסד"ט, אין צורך להנחות כן. ובעיקר יש להקפיד שנשים לא תחשובנה שנאסרו אם לא קנחו בנייר צבעוני.

הגוף, היות שברור שהדם היה תחילה על גופה של האישה ורק לאחר הקינוח עבר לנייר הקינוח. על כן אין מקום לטענה שהכתם נמצא על דבר שאינו מקבל טומאה, ויש לאסור את האישה בכתם הגדול מגריס.[30] טהרת הבית[31] חולק על כך וכותב שהדם נידון על פי מקום הימצאו, ובדומה לדין בדקה קרקע עולם, שגם שם ודאי הוא שהדם יצא מגופה ובכל זאת טהורה כדין כתם הנמצא על דבר שאינו מקבל טומאה.[32]

סיבה נוספת להחמיר במצב שלפנינו היא שיש מקום לומר שהיתר של כתם פחות מגריס לא יחול על דם שנמצא בקינוח של אותו מקום, היות שהדם בוודאי יצא מגופה כי לא מצויות שם מאכולות כלל,[33] ועל כן יש לטמא את האישה גם בכתם הפחות מכגריס.[34] האגרות משה דוחה זאת וכותב שדיני כתמים חלים גם על מקרה של דם שנמצא בקינוח, משום שבשעת הקינוח האישה נוגעת בכל הסביבה ולא רק באותו מקום ממש.[35]

באופן כללי, הנוהגות כמנהג ספרד אינן חוששות לדם על נייר קינוח. לנוהגות כמנהג אשכנז, יש פוסקים הממליצים לאישה שכלל לא תסתכל על נייר הקינוח.[36] ואולם, היות שישנן נשים שנלחצות מאוד מהוראה זו, והיות שחשוב שהאישה תדע מה קורה בגופה,[37] יש להנחות את הנשים להמתין כ-15 שניות לפני שהן מקנחות, וכל עוד קינחה רק חיצונית, אף אם תראה דם על הנייר לא נאסרת.[38]

מ.ר.

---

30 קנה בושם ח"א יו"ד סי' עז. טענה דומה נמצאת גם בשו"ת חשב האפוד (ח"ב סי' עה), וכך גם פוסק בשו"ת בצל החכמה חלק ו סי' קכה.

31 טהרת הבית ח"א סי' ה עמ' כה.

32 להרחבה בנושא דם שנמצא על הגוף ראו להלן סי' מא, נטילת גלולות ברצף.

33 נדה יד עמ' א.

34 ראו תורת השלמים סי' קפג סע' א. כך פוסק להלכה טהרה כהלכה פרק ב סי' יג.

35 אגרות משה יו"ד ח"ד סי' יז ס"ק טז. בדומה לכך כותב אף בשיעורי שבט הלוי סי' קצ סע' ו ס"ק ו.

36 שיעורי שבט הלוי סי' קצא ס"ק כ עמ' רכ"ב, שערי אורה עמ' 89, טהרה כהלכה פ"ב סי' טז.

37 מטעמים שונים חשוב שהאישה תדע אם יש לה כתמים או דימום. מבחינה רפואית, הדבר חשוב לשם זיהוי הפרשות לא תקינות שבעקבותם תוכל לגשת לרופא להיבדק. הדבר חשוב אף מבחינה הלכתית כדי שתדע מתי לצפות לתחילת מחזור כדי להימנע מקיום יחסים בשעה שעלולה לראות דם.

38 במקרה שהאישה יודעת שהיא סובלת מטחורים, תוכל לתלות את הדימום בטחורים. להרחבה בנושא ראו לעיל סי' יז, תלייה בטחורים בז' נקיים לאחר לידה.

סימן כח

המשך הנקה לאחר הפסקה בפעוט

שאלה

אני ובעלי אמורים לצאת יחד, ללא ילדים, לחופשה בת שבוע ימים. עודני מניקה את בננו בן השנתיים וחודשיים, ולמרות שאינו תלוי בהנקה, הייתי רוצה להמשיך בה ככל שאפשר. שמעתי שיש בעיה הלכתית לחזור להניק תינוק גדול שכבר הפסיק לינוק. אם לא אניק במשך שבוע, האם אוכל להמשיך להניק לאחר שנחזור?

תשובה

מבחינה הלכתית ההנקה נחשבת כרצויה לטובת בריאות הילד. כך גם בתפיסה הרפואית העכשווית: ככל שההנקה נמשכת לתקופה ארוכה יותר, כך רבה התועלת לבריאות הילד. עם זאת, לאחר גיל שנתיים, במידה והתקיימה הפסקה בהנקה של שבעים ושתים שעות, אסור מבחינה הלכתית לחזור ולהניק. זאת בתנאי שהפסקת ההנקה נעשתה מתוך רצון התינוק; אבל אם ההפסקה מקורה במחלה של התינוק או של האם , מותר להמשיך להניק עד גיל ארבע או חמש.

לפיכך, אם את מפסיקה להניק במשך שבוע בעקבות נסיעה, הרי מצד התינוק הפסקה זו נחשבת כאונס, שהרי ההורים בחרו לנסוע אך התינוק לא בחר להיגמל. לכן, במידה שהתינוק בוכה ומבקש לחזור לינוק לאחר חזרתכם, מותר לך לחזור להניק. אך אם התינוק לא דורש לחזור להנקה, יהיה אסור לך לחזור להניקו.

הרחבה

מוסכם היום שהנקה היא הדרך המועדפת להזנת התינוק. הרופאים ממליצים שבשישה חודשי חייו הראשונים ייזון התינוק מחלב אם בלבד, ולאחר מכן ימשיך ביניקה עד גיל

שנה, לצד תוספת כלכלה מתאימה.[1] לאחר שנה, מומלץ להמשיך את ההנקה בהתאם לרצון התינוק והאם.[2]

מובא בגמרא[3] ש"סתם תינוק מסוכן אצל החלב". בשל חשיבות ההנקה התירו חכמים לאם לשאוב חלב בשבת בתנאים מסוימים.[4] כמו כן אסרו על אלמנה מניקה להינשא בשנית במשך שנתיים, מחשש שמא תגמול את התינוק ויסתכן בכך.[5] הנקת התינוק נמנית בין חובותיה של אישה לבעלה.[6] אמנם ניתן היום להאכיל את התינוק בתחליף חלב אם, אבל עדיין עולות סגולות חלב האם על התחליפים המלאכותיים.

חז"ל מציינים כ"ד חודש כתקופת ההנקה המקובלת.[7] עד כ"ד חודש, אם הפסיק התינוק לינוק, מותר לחזור להניקו.[8] באשר לתקופה שלאחר מכן, נפסק שמותר להניק ברציפות עד גיל ארבע לילד בריא וגיל חמש לילד חלש או חשוף למחלות.[9] כך גם כותב הרמב"ם[10] ומובא להלכה בשולחן ערוך.[11] אך אם לאחר כ"ד חודש הפסיק הפעוט לינוק למשך זמן העולה על שלושה ימים, אין לחזור ולהניקו, בתנאי שנגמל מרצונו ולא בשל מחלה.[12]

הנקה של ילד גמול בן כ"ד חודש ומעלה הינה אסורה מדברי סופרים, ונחשבת כ'יונק

---

[1] הארגון הבריאות העולמי (WHO) ממליץ על הנקה עד גיל שנתיים.

[2] ראו מדריך לאנשי מקצוע להזנת התינוק והפעוט http://www.health.gov.il/hozer/bz25_2012.pdf . ראו גם American Academy of Pediatrics: Section on Breastfeeding. Breastfeeding and the Use of Human Milk. Pediatrics 2012:120: e827-e841. Available at http://pediatrics.aappublications.org/content/early/2012/02/22/peds.2011-3552

[3] יבמות קיד ע"א.

[4] או"ח שכח לה.

[5] יבמות לו ע"ב. וכן אה"ע סי' יג בדין מינקת חברו.

[6] כתובות נט ע"ב.

[7] יבמות לו ע"ב ורש"י שם ד"ה דבר אחד, כתובות ס ע"א, נדה ט ע"א. להרחבה בנושא ראו Zimmerman D.R. "Duration of Breastfeeding in Jewish Law" in Jewish Legal Writings by Women, Halperin M, Safrai C [ed] Urim Publications, Jerusalem, 1999.

[8] רמב"ם שם, שו"ע יו"ד פא ז.

[9] כתובות ס ע"א, ותוספות שם ד"ה רבי יהושע אומר. בשיטה מקובצת שם מובא בשם תלמידי רבנו יונה שלדעת רבני צרפת מותר להניק אפילו מעבר לגיל חמש.

[10] רמב"ם הלכות מאכלות אסורות פרק ג הל' ה.

[11] יו"ד פא ז.

[12] ירושלמי כתובות פרק ה הל' ו, וכך נפסק בשו"ע יו"ד פא ז.

שקץ׳.[13] אחרונים העלו חשש שמא ילמדו מהיתר חלב אֵם להתיר חלב בהמה טמאה: אם יהיה מותר למי שכבר אינו תינוק לינוק מהאישה הגם שבשר אדם אסור לאכילה, יש לחשוש שמא יטעו להתיר לינוק מבהמה טמאה האסורה באכילה.[14]

אם נגמל הילד מרצונו לאחר כ״ד חודש אך מסיבות בריאות עדיין עדיף שימשיך לקבל חלב אם, על האם לשאוב ולהאכילו באמצעות בקבוק. אך אם אינו מוכן לקבל בצורה זו, יש שכתבו שמותר להתחיל שוב להניק כל עוד מוגדר הילד לעניין הצורך בחלב כחולה שאין בו סכנה.[15]

אם חלה התינוק לאחר גיל שנתיים, והחזרה לחלב אֵם רצוייה לשם חיזוק בריאותו, מותר לה להניקו בימי המחלה, אך לאחר החלמתו עליה להפסיק להניק, היות שהחזרה להנקה הותרה עקב המחלה בלבד.[16]

בשו״ת וישב משה[17] התיר לאישה שיצאה לחו״ל לשבוע ללא בנה בנסיון לגומלו לאחר כ״ד חודש, לחזור להניקו היות ובכיו של התינוק הוכיח שלא פירש ׳מתוך בוריו׳ (כלומר: רצונו כילד בריא) ואינו נחשב כגדול שאסור לינוק מאמו. אבל במקרה שהפעוט לא בוכה ולא דורש לינוק, אסור לחזור להניקו.

לכן בנידון דידן, לכשתחזור האם, אם יבכה הפעוט ויחפש לינוק, סימן שחסרה לו ההנקה ולא נגמל, ומותר לאם לחזור ולהניקו.

מ.ר.

---

13 יו״ד שם. וראו רש״י כתובות ס ע״א ד״ה כיונק שרץ שהכוונה היא שהתינוק יונק דבר משוקץ, דהיינו החלב, ולא שהוא כיונק משקץ. לדיון אם האיסור מתייחס לחלב עצמו או למעשה ההנקה ראו הר״י נויבירט, ״הנקת תינוק בן ג׳ לצורך רפואה״, עטרת שלמה ד תשנ״ט עמ׳ קנד-קנט.

14 ט״ז יו״ד סי׳ פא ס״ק ט. ראו גם ערוך השלחן שם סעיף לב, וספר שמו יוסף לר׳ יוסף בן יצחק אבן ואליד סי׳ רסז עמ׳ נ.

15 שו״ת יביע אומר ח״ה סי׳ יא ס״ק ד. ונסמך על דברי הרשב״א המתיר ככלל להאכיל לקטן איסורי דרבנן כל שהדבר נעשה לצורך הקטן עצמו.

16 ש״ך יו״ד סי׳ פ״א ס״ק כב.

17 חלק א סי׳ כז.

סימן כט

העברת תינוק בין ההורים בימי הנידות

שאלה

לפני חודש ילדתי תאומים, כך שיש לנו כעת חמישה ילדים בני שמונה ומטה. שנינו תשושים ועצבניים מהעומס ומחוסר שינה. לאחר הלידות, אני מתקשה מאד עם ההרחקות ועם הפירוד הארוך דווקא בתקופה שבה אני זקוקה ביותר לתמיכה רגשית. עכשיו שהעזרה של בעלי נצרכת באופן שוטף, קשה לי לשמור על איסור העברת התינוקות או חפצים אחרים מהאחד לשני. גם קשה לסחוב את העגלה הכפולה במדרגות ללא הרמה משותפת. האם אין אפשרות להקל בדברים אלו?

תשובה

קודם כל מזל טוב כפול!

איסור העברת חפצים מיד ליד נועד למנוע מגע וקירבה בין בני הזוג בזמן שהם אסורים. איסור זה גורם קושי להורים רבים הן בגלל הצורך בתמיכה רגשית והן בגלל הצורך המעשי בעזרה פיזית בתקופה עמוסה זו. מומלץ שהאחד יניח את התינוק, והשני ירים אותו מיד. לפעמים ניתן להעביר את התינוק דרך אדם שלישי. כך נולד המנהג של קוואטר בברית, כדי שההורים לא יידרשו להעביר את התינוק ישירות מהאחד לשני. עם זאת, מטבע הדברים, ובמיוחד בשבועות הראשונים שלאחר הלידה, וכל שכן כאשר נולדים תאומים, לא תמיד ניתן להניח את התינוק על משטח בטוח על מנת להימנע מהעברה ישירה. לכן, במקרה של קושי וצער, תוכלו לסמוך על המתירים להעביר ישירות את התינוקות, תוך זהירות להימנע ממגע.

אם אין מי שיסייע לכם בהרמת העגלה, מותר לכם להרימה יחד. יש מי שמתיר זאת גם אם קיימת אפשרות לבקש עזרה, כל עוד הדבר נעשה באופן שלא תגעו זה בזו.

הרחבה

אחת ההרחקות בזמן שהאישה נידה היא איסור העברה מיד ליד.[1] מקור ההלכה בגמרא בכתובות,[2] שם נאסרה מזיגת הכוס והעברתה לאישה. שיטות הראשונים בנדון מתחלקות לשלוש:

1. האיסור חל רק על העברת כוס משום חיבה או קירבה (רמב"ם[3] וספר היראים[4]).

2. האיסור חל על העברת כל חפץ שמא יגעו האחד בשני (רמב"ן,[5] רשב"א,[6] תוספות הרא"ש,[7] רבינו ירוחם,[8] ספר החינוך[9] והטור[10]).

3. ייתכן שיש מקום להקל בחפצים גדולים לגביהם אין חשש של נגיעה או קירבה (רש"י,[11] תוספות,[12] וס' התרומה[13]).

לדעת הרמ"א, האיסור חל גם על זריקת חפצים,[14] וכן על העברת חפצים ארוכים שלגביהם אין לכאורה חשש של נגיעה.[15]

יש שהבחינו בין תינוק לשאר חפצים: בפתחי תשובה[16] מובאת תשובת התשב"ץ[17] שכותב שאין התינוק נכלל באיסור ההעברה כי הוא חי שנושא את עצמו,[18] והוא

---

[1] יו"ד סי' קצה סע' ב.

[2] סא ע"א.

[3] הל' אישות פרק כא הל' ח, ומגיד משנה שם.

[4] ס' יראים סי' כו ד"ה ובכתובות.

[5] חידושי הרמב"ן כתובות סא ע"א, ד"ה ויש מי שאומר.

[6] חידושי הרשב"א כתובות שם ד"ה ומזיגת הכוס.

[7] תוספות הרא"ש כתובות שם ד"ה מחלפא ליה.

[8] רבינו ירוחם, תולדות אדם וחוה נתיב כו חלק ד ד"ה פי' מזיגת כוס.

[9] מצוה רז.

[10] סי' קצה.

[11] מובא במחזור ויטרי סי' תצט.

[12] תוס' כתובות סא ע"א ד"ה מחלפי דבייהו בידא דשמאלא.

[13] הל' נדה סי' פט.

[14] יו"ד סי' קצה סע' ב' ורמ"א שם, וכן דרכי משה שם ס"ק א.

[15] בית יוסף שם וכן בש"ך שם ס"ק ג.

[16] יו"ד סי' קצה סע' ג ד"ה ולא יקבלנו מידה.

[17] שו"ת תשב"ץ חלק ג סי' נח וסי' רל.

[18] כך גם נפסק בברכי יוסף, שיורי ברכה יו"ד סי' קצה ס"ק ז.

"עצמו הוא יוצא מחיק אמו ובא לחיק אביו" ולכן מותר להורים להעבירו מאחד לשני.[19]

האם גדר 'חי שנושא את עצמו' חל רק על תינוק שבכוחו לעבור מיד ליד, או ששייך גם ביילוד קטן?[20] יש שכתבו שהיכולת של התינוק לעבור מאם לאב היא תנאי להיתר. לדידם, אם התינוק קטן או חולה ואין ביכולתו לעבור בעצמו, אסור להעבירו מיד ליד.[21] מנגד, יש שקבלו את היתר התשב"ץ למרות ההשגות על נימוקיו והתירו העברת תינוק בכל גיל.[22]

פוסקי זמנינו[23] כתבו שיש להימנע לכתחילה מהעברת תינוק מיד ליד, היות שקשה להימנע ממגע. בשעת הדחק אפשר להקל כאשר הוא עובר מעצמו, ואף ביילוד ממש.[24] כמבון שיש להיזהר שלא להניח את התינוק במקום מסוכן בניסיון להימנע מאיסור העברת חפץ.[25]

בנוגע להרמת עגלת תינוק, כאשר המשא אינו כבד סימן שהסיוע הינו בגדר פעולה של חיבה, שאינה נעשית בשל צורך, ולכן יש להימנע מכך.[26] באם העגלה כבדה או

---

[19] בערוך השולחן יו"ד סי' קצה סע' ה חלק על התשב"ץ ואסר גם כאשר יכול התינוק לעבור בעצמו; בשו"ת שבט הלוי ח"ב סי' צב העיר שהתשב"ץ מתיר לשיטתו בזריקת חפצים, אך לפי האוסרים בזריקה יהיה אסור להעביר גם תינוק המסוגל לעבור בעצמו מהורה אחד לשני, ובח"ד סי' קיב חלק על היתר התשב"ץ. בס' בדי השולחן (סי' קצה סע' ב ס"ק כד ציונים מג) סבר שגם התשב"ץ אסר על העברת תינוק קטן ביותר, ואולי גם תינוק שישן.

[20] מחלוקת דומה יש בהלכות שבת, אם תינוק בן שמונה ימים נחשב חי שנושא את עצמו לעניין ברית בשבת. ראו מג"א סי' שח ס"ק ע ופמ"ג אשל אברהם שם ס"ק עא ואליה רבה שם ס"ק פד ד"ה דחי נושא וכו'.

[21] כך גם בדרכי טהרה עמ' מג.

[22] ראו בברכי יוסף, שיורי ברכה שם, וראו גם בטהרת הבית ח"ב סי' י"ב ס"ז ובהערה ז' (עמ' קא), שם מתיר להעביר תינוק אך מוסיף שראוי לאשכנזים להחמיר.

[23] מנחת אשר הל' נדה סי' ו סע' א ס"ק ב עמ' מז. ואלו דבריו: "ראוי ממידת חסידות להמנע כהאי גוונא כיון שקשה להעביר תינוק מיד ליד בלי נגיעה כלשהי בבשרה או בבגדיה דהוי כגופה... ובשעת הדחק יש למקיל על מה לסמוך."

[24] טהרת הבית שם. ובספר חוט השני סי' קצה סע' ב ס"ק ו (שער הציון ס"ק יח) מתיר לקחת תינוק מברכי אשתו, שכן אין בכך מסירה אלא רק לוקח אותו מהמקום שבו מונח, אך בעל נפש יחמיר על עצמו.

[25] כך מעיר הרב מרדכי ויליג, מובא בספר סדר טהרת הקודש עמ' 314.

[26] ראו שו"ת אגרות משה יו"ד ח"ב סי' עה. וכן בנשמת אברהם יו"ד סי' קצה ס"ק ג ד"ה הורדה והעלת עגלת ילדים, שמביא בשם הגרש"ז אויערבאך שנכון להחמיר בכל עגלה גם אם כבדה.

שאין אפשרות לאחד להרימה לבד, ההרמה היא פעולת עזרה ולא חיבה, והיא מותרת בדרך שינוי.[27]

מ.ר.

[27] כך נכתב בתשובות והנהגות כרך א סי' תקב, אך מתיר רק בשעת הדחק ודרך שינוי ניכר, ועדיף שיבקשו עזרה או יימנעו מהצורך בכך. ראו גם שו"ת ציץ אליעזר חלק יב סי' נח.

שער ה

אמצעי מניעה

סימן ל

בדין דחיית היריון אחר לידה

שאלה

יש לי שתי בנות מתחת לגיל שלוש, ואיני רוצה להיכנס להיריון בזמן הקרוב. האם אני יכולה לחכות, ואם כן - כמה זמן?

תשובה

מצוות פרו ורבו היא המצווה הראשונה בתורה, ואחת המטרות המרכזיות של הנישואין. הגדרת המצווה היא הולדת בן ובת בני קיימא. אמנם כאישה אינך מחויבת במצוות פרו ורבו, אך עדיין מוטל עליך חיוב לסייע לאישך בקיומה. לכן כל עוד לא נולדו לכם בן ובת, עליכם להמשיך ולהשתדל לקיים את המצווה במלואה. גם לאחר הולדת בן ובת, מצווה האיש לא להיבטל לגמרי מפרייה ורבייה.

יחד עם זאת, למשך שנתיים אחרי הלידה הנך מוגדרת בהלכה כ'מינקת', בהנחה שלגוף האישה לוקח שנתיים עד שהוא שב ומתאושש מהלידה. תקופה זו מוגדרת כתקופת הנקה אף אם אינך מניקה את תינוקך בפועל, והיא מוקדשת לטיפול בילד. לכן, אם את מרגישה שטרם חזרת לכוחותייך, ניתן למנוע היריון במהלך השנתיים שלאחר הלידה.

לאחר שעברו שנתיים, חוזר החיוב לקיום מצוות פרו ורבו, אולם גם לאחר שנתיים ההלכה מתחשבת בשיקולים נוספים כבריאות האישה, בריאות הילד, היכולת הכלכלית של המשפחה ועוד. לכן אם לאחר תקופה זו, תרגישו שטובתך וטובת המשפחה מצריכות המתנה נוספת, כדאי להתייעץ שוב על מנת לבחון הלכתית את ההיבטים השונים.

הרחבה

בשאלה שלפנינו מדובר במצב שבו אחרי שתי לידות רצופות עדיין לא קוימה מצוות

פרו ורבו, ועל כן חיוב הבעל הוא בגדר מצווה מדאורייתא. הדיון שלהלן יתמקד בכמה שאלות:

1. חיוב הבעל מול פטור האישה.
2. השתדלות לקיום המצווה מול תוצאות ההשתדלות.
3. שיקולים המצדדים במניעת הירין אחרי לידה.

1. חיוב הבעל מול פטור האישה

אף ששניהם נדרשים לשם הולדה, חיובי הבעל והאישה בהולדה שונים.[1] האיש מצווה במצווה מדאורייתא של פרייה ורבייה ובמצווה מדרבנן של 'לערב על תנח ידיך', ובמצווה שלישית מדברי סופרים של 'לשבת יצרה' אשר לדעת חלק מהפוסקים מחייבת אף את האישה. מצוות פרייה ורבייה מחייבת הולדת בן ובת, מצוות לערב - שלא יבטל לגמרי מפרייה ורבייה, ומצוות לשבת - הולדת ילד אחד, ולפי חלק מהאחרונים שני ילדים אף אם הם בני אותו המין.[2] לפי הרמב"ם, מותר לאישה לוותר מרצונה על קיום עונתה כל עוד כבר יצא הבעל ידי חובת פרייה ורבייה. ומותר לה גם לשתות עיקרין שמסרסין אותה עד שלא תלד,[3] וכן נפסק בשלחן ערוך.[4] אך אם הבעל לא יצא ידי חובת פרייה ורבייה, הוא חייב לפקוד את אשתו בכל עונה עד שיהיו לו בנים.[5] גם במציאות שבה עדיין לא קוימה המצווה, תכיפות החיוב ליחסי אישות נגזרת מחיוב מצוות עונה, שהוא פועל יוצא של מקצועו וכוחותיו של האיש וגם רצונה וכוחותיה של האישה.[6]

אף שהאישה פטורה ממצוות פרייה ורבייה, ואף מותרת בשתיית כוס עיקרין,[7] חובתה להיות שותפה בקיום מצוות האיש, כחלק מהמחוייבות שקיבלה על עצמה בעצם הנישואין.[8]

---

[1] וראו בסמוך סי' לא בהרחבה.

[2] וראו להלן סי' לא, מניעת הירין לאחר כמה לידות.

[3] הל' אישות פט"ו הל' א.

[4] אה"ע סי' ה סע' יב. היום, כשאפשר לברר באילו ימים עשויה האישה להיכנס להירין, ראוי לקיים יחסים בימים אלה.

[5] הל' אישות פט"ו הל' א, ד.

[6] ראו מאמר של הרב יגאל אריאל על רווח בין הירינות בצהר י'.

[7] ראו סי' לא להלן, מניעת הירין לאחר כמה לידות.

[8] שו"ת חת"ס ח"ג (אבה"ע א) סי' כ.

אחרונים רבים דנו בשאלה עד כמה ניתן לחייב את האישה להצטער בשביל שיקיים בעלה את מצוות ההולדה המוטלות עליו.[9] החתם סופר קבע מסמרות נגד מי שרצה לאסור על האישה לשתות כוס של עיקרין, כדלהלן:[10]

א. אישה שיש לה צער לידה, כנראה ברמה מסוכנת, בלשונו "צער לידה וירקון", יכולה לשתות כוס של עיקרין אף אם אין לה ולד כלל, מכיוון שמחוייבות האישה לבריאותה קודמת למחוייבותה ליישוב העולם.

ב. לאחר שקיימה את מצוות 'לשבת' מותרת האישה לשתות כוס של עיקרין אף ללא צער, והוא שעושה כן ברשות הבעל, שהוא מחוייב למצוות 'לערב'. ההיתר לשתות שלא ברשות הבעל אף שלא במקום צער היה שייך לפני חרם דרבנו גרשום, שאז היה יכול הבעל לשאת אישה שנייה לשם מצוות 'לערב'.

ג. במקרה של צער רב, אינה מחוייבת לצער את עצמה משום מצות 'לערב' של בעלה, גם אם בעלה אינו נותן את רשותו.

היתר זה יחול רק על אמצעי מניעה דוגמת גלולות הפועלים באופן עקיף ככוס של עיקרין.[11]

2. ההשתדלות לקיום המצווה מול תוצאותיה

הר"י אריאל[12] דן בהבדל בין שיהוי מצוות פרו ורבו לבין ביטולה, שמצות פרו ורבו אינה עוברת אך גם אין קיומה קבוע לזמן מסוים. מכיוון שהיא ניתנת לקיום במשך שנים רבות, ניתן לדחות את קיומה מטעמים מוצדקים כולל נטיעת כרם ובניית בית (דהיינו שיקולי פרנסה) ולימוד תורה, ואין בכך משום ביטול המצווה. בנוסף, מצוות פרו ורבו מיוחדת בכך שהיא מסורה לאדם אך קיומה המלא אינו תלוי בו. יכול האדם להשתדל ולעשות את מרב המאמצים ובכל זאת לא יעלה בידו לקיים את המצווה, מכיוון שלא זכה חלילה לזרע של קיימא או מכיוון שזכה למספר ילדים מאותו המין. מתוך כך, מסכם הר"י אריאל, כי גדר המצווה הינו ההשתדלות לקיימה, וכל עוד האדם דוחה אותה מטעמי הכרח אינו נחשב כמבטל מצווה.

---

[9] ראו אוצר הפוסקים אבה"ע סי' ה' י"ב ס"ק ע"ב.

[10] שו"ת חת"ס אבה"ע תשובה כ'.

[11] להרחבה נוספת ראו להלן סי' לב, שימוש בהתקן תוך-רחמי ודירוג אמצעי מניעה.

[12] אסיא ד' עמ' 188-184 וכן http://www.medethics.org.il/articles/ASSIA/ASSIA4/R0041183.asp.

3. שיקולים המצדדים במניעת היריון אחרי לידה: בריאות האישה וטובת הילד
ההלכה מקנה לאישה אפשרות לרווח בין הלידות לטובת גידול הילד ולצורך בריאותה שלה. ריווח ההיריונות מטעמים אלה לא ייחשב כביטול מצווה, ולעתים השיהוי במצווה יאפשר לשוב ולקיימה ביתר הידור בזמן הנכון.

בשו"ת בני בנים כתב הרי"ה הנקין בשם סבו הגרי"א הענקין[13] שמותר למנוע היריון למשך כ"ד חודש לאחר לידה, ואם יש צורך בכך אף יותר, והוא שהדבר נעשה לצורך הילד ולא משיקולים אחרים. למשך תקופה זו, אין לחלק אם קיים האיש מצוות פרייה ורבייה או לא. לפי דבריו, ריווח הלידות למשך כ"ד חודש לאחר לידה אינו דורש התייעצות עם מורה הוראה.

שיקול נוסף להתיר מניעת היריון לצורך רווח בין לידות הוא בריאות האישה. יולדת מוגדרת כמסולקת דמים למשך כ"ד חודש משום ש"כל כ"ד אבריה מתפרקין, ואין נפשה חוזרת עד עשרים וארבע חדש".[14] חז"ל מציינים כך את העובדה שההיריון והלידה מחלישים את האישה ונדרש לה פרק זמן כדי לחזור לכוחותיה. ביטוי זה מתאר גם את מצבה הגופני הכולל וגם מצבה הנפשי של היולדת, דבר השונה מיולדת ליולדת ותלוי במשתנים רבים כולל בריאותה הכללית של האישה, אופי הלידה, אופי הילד, מידת העזרה שמקבלת האישה, וכדומה.[15] כך, מניעת היריון למשך שנתיים אחרי הלידה מותרת מבחינה הלכתית, כדי לאפשר לאם לשוב לכוחותיה, ולהניק את התינוק ולטפל בו בדרך הטובה ביותר. היתר זה תקף גם לפני קיום מצוות פרו ורבו במלואה.

כפי שראינו, מותרת אישה לדחות היריון אחרי לידה במשך שנתיים ללא צורך בהתייעצות עם מורה הוראה. אם לאחר תקופה זו האישה מרגישה שהיא עדיין צריכה זמן נוסף, כדאי שתעשה התייעצות הלכתית.

א.ק. והצוות

---

[13] שו"ת בני בנים ח"א סי' ל-לא.

[14] נדה ט ע"א.

[15] ד"ר אורי לוי, "על החובה לשמור על הבריאות בכלל ועל בריאות היולדת וילדיה בפרט", צהר י תשס"ב עמ' 216-205. אמנם הרב יואל וד"ר חנה קטן טענו ש'אבריה מתפרקין' מתייחס אך ורק לתפקוד המערכת ההורמונלית, וראו "תכנון משפחה על פי ההלכה", צהר י' אביב תשס"ב עמ' 217-221.

סימן לא

מניעת היריון לאחר כמה לידות

שאלה

יש לנו חמישה ילדים, שלוש בנות ושני בנים. אני מרגישה שבהווה ואולי בכלל, גודל זה של המשפחה הוא הגודל המתאים עבורי מבחינות רבות. בעלי סובר כי מכיוון שאני זו שנושאת את ההיריון, יולדת, ובאופן טבעי נושאת בחלק גדול מנטל גידול הילדים, ההחלטה צריכה להיות שלי והוא יקבל אותה בשמחה. האם מותר לי להסתפק בגודל המשפחה הנוכחי ולמנוע היריון?

ברצוני לציין כי אני בת 36 ומודעת לכך ששנות הפוריות שלי לקראת סופן, ובכל זאת מרגישה שאין בכוחותי ללדת ולגדל ילד נוסף.

תשובה

שאלתך שנשאלת ממקום מאוד אישי נוגעת בציווי הראשון שצווה המין האנושי עם היווצרו. דבר ה' לאדם וחוה "פרו ורבו ומילאו את הארץ" (בראשית א כח) מתפרש במקומות שונים הן כברכה והן כציווי. נראה שכך יש לראות את משימת הקמת המשפחה וגידול הילדים. זוהי ברכה וזכות וגם חלק חשוב בחובתו של האדם בעולמו.

המצווה להביא ילדים לעולם כוללת שלושה חיובים בדרגות חיוב שונות:

1. **מצוות 'פרו ורבו' היא מצווה מדאורייתא, אשר חלה על האיש לבדו. להלכה, יוצאים ידי חובה בבן ובבת.**

2. **מצוות 'ולערב אל תנח ידך'** (קהלת יא ו) היא מצווה מדרבנן המחייבת לא להיבטל לגמרי מלהמשיך להוליד אף לאחר שקיימו פרו ורבו. מצווה זו חלה אף היא על האיש. מצוות 'לערב' אינה מוגדרת במספרים כמו חיוב פרו ורבו,

ומשתמע מכך שהכוונה היא לא להיבטל לגמרי מהולדת ילדים. ויש מי שסובר שיוצאים ידי חובתה בהולדת בן ובת נוספים.

3. **מצוות 'לשבת'** היא מצווה מדברי סופרים אשר לפי חלק מן הדעות מחייבת אף את האישה. המצווה נלמדת מספר ישעיהו (מה יח) המתאר את מטרת בריאת העולם כ"לא תוהו בראה לשבת יצרה", ולפיה חייב אדם ליטול חלק ביישוב העולם. לפי חלק גדול מהאחרונים משתמע כי מצוות 'לשבת' מקויימת בהולדת ילד אחד, בן או בת, או בהולדת שני ילדים אף אם הם מאותו מין.

אין גודל 'נכון' או 'אופטימלי' למשפחה, ומה שטוב עבור אישה אחת יכול להיות מעל לכוחותיה של אישה אחרת, וכתוצאה מכך אף מעל לכוחות המשפחה. לאחר קיום מצוות פרייה ורבייה, יש למצוא את האיזון הנכון עבורכם בהמשך גידול המשפחה– בין האידיאל הגדול של לידת ילדים והמשך בנייתו של עם ישראל מצד אחד לבין שיקולים של בריאות, פרנסה, שלום בית, סבלנות וכוחות נפש לחינוך וגידול הילדים, כולל ילדים בעלי צרכים מיוחדים. עליכם לברר, כמובן, מה הם אמצעי המניעה המותרים לשימוש על פי ההלכה.

הרחבה

מצוות פרייה ורבייה

במשנה ביבמות (סה ב) נחלקו בחיוב מצוות פרו ורבו. לפי תנא קמא, האיש מצווה על פרייה ורבייה אך לא האישה, ולפי ר' יוחנן בן ברוקא החיוב חל על שניהם היות והקב"ה צווה לאדם וגם לחוה "פרו ורבו ומילאו את הארץ". דעת תנא קמא שנפסקה להלכה מנומקת בגמרא בשני טעמים. הראשון, כי סיום הפסוק "פרו ורבו ומלאו את הארץ וכבשוה" מוסב על האיש בלבד, שהאיש דרכו לכבוש אך לא האישה, ועל כן יש להבין כך גם את תחילת הפסוק. טעם שני הוא שציווי ה' ליעקב לפרות ולרבות נאמר בלשון יחיד, "ויאמר לו אלוקים אני אל שדי פרה ורבה גוי וקהל גויים יהיה ממך" (בראשית לה יא). לכן מפרש התוספות כי הפנייה אל אדם וחוה היא לברכה בעלמא ולא למצווה, והמצווה חלה על האיש בלבד.[1]

משנה נוספת ביבמות (סא ב) מביאה מחלוקת בין בית שמאי לבית הלל בגדרי מצוות פרו ורבו. לב"ש שני זכרים ולב"ה זכר ונקבה.[2]

[1] תוספות יבמות סה ב ד"ה ולא קאמר פרו ורבו.

[2] בגמרא שם מובאות שתי דעות נוספות לגבי גדרי החיוב אך לא נפסקה ההלכה לפיהן.

ברמב"ם, בטור ובשו"ע נפסק להלכה כדעת תנא קמא במשנה כי הציווי חל על האיש לבדו, וכדעת בית הלל לגבי גדר החיוב.[3]

מצוות לערב

המשנה לעיל[4] פותחת: "לא יבטל אדם מפריה ורביה אלא אם כן יש לו בנים". הגמרא מדייקת כי יש לאדם רשות להיבטל מפרייה ורבייה לאחר שקיים את חובתו, למרות שעדיין חל עליו חיוב להיות נשוי.

אולם בהמשך הסוגיא מובאת דעת ר' יהושע: "ר' יהושע אומר היו לו בנים בילדותו יהיו לו בנים בזקנותו שנאמר "בבוקר זרע את זרעך ולערב אל תנח ידך כי אינך יודע אי זה יכשר ואם שניהם כאחד טובים". ובהמשך: "אמר רב מתנא הלכה כר' יהושע". לדעת ר' יהושע, יכולת האדם לתכנן את חייו מוגבלת ביותר ועל כן עליו לעשות את מירב המאמץ מצדו.

להלכה מובאת דעתו של ר' יהושע כמצווה מדברי סופרים[5] כאשר ישנם חילוקים בין הראשונים לגבי תוקף החיוב ומשמעויותיו.

הרמב"ם[6] כותב ש"אף על פי שקיים אדם מצות פריה ורביה הרי הוא מצווה מדברי סופרים שלא יבטל מלפרות ולרבות כל זמן שיש בו כח". וכן משמע בהלכות גדולות "ואסיר ליה לבר ישראל למבטל מפריה ורביה".[7] אמנם שאר ראשונים לא כתבו כן, והרמב"ן[8] כתב "ומיהו כיון דמצוה דרבנן היא כמנהג דרך ארץ...ולא קורין עבריינא למי שאינו רוצה לעסוק בה".[9] וכן משתמע מלשון הברייתא "היו לו תלמידים בילדותו יהיו לו תלמידים בזקנותו שנא' בבקר זרע את זרעך", הרי שאינו חיוב גמור אלא עיצה טובה. ובטור ובש"ע לא הוזכר איסור ליבטל ממצוות לערב. וכן משתמע משו"ת חתם

---

[3] רמב"ם הל' אישות פט"ו הל' ב והל' ד, טושו"ע אבה"ע סי' א סע' ה לעניין גדר החיוב בבן ובת, וסעיף יג לעניין חיוב באיש ולא האישה.

[4] יבמות סא ב.

[5] רי"ף יבמות יט, רמב"ם הל' אישות פט"ו הל' טז, טושו"ע אבה"ע סי' א סע' ח.

[6] הל' אישות שם.

[7] הלכות כתובות דפוס ונציה עמ' 165.

[8] מלחמות ה' יבמות דף כ. בדפי הרי"ף.

[9] וכך כתב הרמ"א (אה"ע סי' א) שאלמן, שהוא חייב להינשא בשנית, יכול לשאת אישה שנייה שאינה בת בנים אם מתירא ממריבות בין הבנים מהנישואים הקודמים ובין אשתו, ופירש הבית שמואל דהיינו משום חשש קטטה יכול לבטל לערב אל תנח ידיך, ואין זו עבירה.

סופר[10] שכתב "אם הוא [הבעל] מתואבי בנים ורוצה לקיים לערב אל תנח ידך", הרי שתלוי ברצונו. ובערה"ש[11] כתב שמשמע אף מדברי הרמב"ם במקום אחר[12] שלא ישא אדם אישה שאינה יכולה ללדת אלא אם קיים כבר פרייה ורבייה, שמצוות לערב היא "כעין הידור מצוה ומנהג דרך ארץ".[13]

ובשו"ת בני בנים כתב שמסתבר שהשיעור מדרבנן הוא כשיעור מן התורה, בן ובת.[14] שיעור זה הוא בנוסף על חיוב בן ובת של מצוות פרייה ורבייה.

מצוות שבת

המשנה בגיטין (מא א) קובעת שיש לשחרר מי שחציו עבד וחציו בן חורין משום "לא תוהו בראה לשבת יצרה". התוספות מקשים מדוע מוכיחה המשנה את חיוב הילודה מהפסוק "לא תוהו" שהוא מדברי נביאים ולא מהציווי המפורש בתורה של פרו ורבו.[15] ומביאים כמה הסברים: א. אם היתה לעבד אפשרות לקיום כל-שהוא של מצוות שֶבת, לא היינו מחויבים לשחררו רק מצד פרו ורבו, אך הצרוף של חוסר היכולת לקיים את שתיהן מחייב את השחרור. ב. מצוות שבת היא 'מצווה רבה' - מצווה בעלת משקל מיוחד, כנראה משום שמבטאת את מילוי רצונו של הקב"ה ליישוב העולם.[16] ג. מצוות פרו ורבו חיובה הוא על האדם החופשי, אך העבד הוא אנוס ואינו מחויב בה, אולם במצוות שבת מחויב אף העבד מכיוון שהיא מצווה כללית ליישוב העולם, שחלה על כל האנושות. מטעם זה יש ללמוד כי במצוות שבת מחויבת אף האישה.

לחלק מן הדעות יוצאים ידי מצוות 'לשבת' בילד אחד בלבד (בן או בת), ולדעות

---

[10] אבה"ע סוף סי' כ.

[11] אה"ע סי' ע סע' ח.

[12] הל' אישות טו ז.

[13] אמנם באוצה"פ סי' ה סע' יב ס"ק עב הביאו מבית משה "שיש לעיין האם אשה שיש לה בעל מותרת לשתות כוס עיקרין, דאף כשקיים כבר פו"ר חייב לקיים לערב, ואם תשתה כוס עיקרין הרי הבעל לא יקיים לערב". אך לא הזכירו לא את הרמב"ן ולא את ערוה"ש.

[14] שהרי כל מה דתיקון רבנן מעין דאורייתא תיקון, ראו שו"ת בני בנים חלק ד קיצור הפסקים עמ' קנג. לפי זה יש שיעור גם למצוות לערב.

[15] תוספות בבא בתרא יג א ד"ה שנאמר וגיטין, שם מא ב ד"ה לא תוהו בראה.

[16] ולדעת החת"ס משום שהיא נוספת למצוות פו"ר, שו"ת חת"ס אבה"ע סי' כ.

אחרות בשני ילדים אף אם הם בני אותו מין.[17] כלומר האדם (גבר או אישה) יוצא ידי מצוות 'לשבת' עוד לפני שקוימה מצוות פרו ורבו.

ולכן בנידון דידן, שהאישה כבר ילדה שני בנים ושתי בנות ויותר, אינה מחויבת להוסיף ללדת משום מצוות לערב.[18]

נספח: מניעת היריון על ידי האישה

הגמרא ביבמות[19] מביאה מעשה ביהודית אשת ר' חייא:

> יהודה וחזקיה תאומים היו, אחד נגמרה צורתו לסוף תשעה, ואחד נגמרה צורתו לתחילת שבעה. יהודית דבייתהו דר' חייא הווה לה צער לידה, שנאי מנא ואתיא לקמיה דר' חייא, אמרה: אתתא מפקדא אפריה ורביה? אמר לה: לא. אזלא אשתיא סמא דעקרתא. לסוף איגלאי מילתא, אמר לה: איכו ילדת לי חדא כרסא אחריתא; דאמר מר: יהודה וחזקיה אחי, פזי וטוי אחוותה.[20]

ניתן להסיק ממעשה זה:

א. שאלת יהודית עוסקת בחיוב מצוות פרו ורבו לאישה,[21] ומתוך תשובת ר' חייא,

---

[17] כך משתמע משו"ת חת"ס ח"ג אבה"ע א כ ומהעמק שאלה שאילתא יח ס"ק ב. אך באוצה"פ אבה"ע סי' א סע' ה ס"ק ל דייקו מדברי הנימוקי יוסף ביבמות כ ע"א שהמצווה מתקיימת בהולדת שני ילדים אפילו ממין זהה.

[18] ויפה כתב הרב יגאל אריאל ("רווח בין הריונות", צהר חלק י', תשס"ב, עמ' 223 - 236) "עלינו לשמוח במהפך של התרחבות המשפחות בדורנו. משפחות שצמחו בעבר מכוח חוק הטבע, הדין והנורמות החברתיות, גדלות עכשיו ביזמתן בבחירה. כאשר האישה מרגישה טוב ורוצה בכך יכול כל זוג לקבל על עצמו ללדת יותר ממה שהוא חייב מן התורה... לעומת זאת קיימות משפחות גדולות למעלה מכוחם הפיזי, הנפשי, הכלכלי והחינוכי ומצבן על גבול האסון . לאם אין כוח להחזיק את עצמה, הם לא יכולים לטפל בילדים או לחנכם לתורה וליראת שמים. וחילול השם גדול הוא כשטועים לחשוב שהנורמה ההלכתית המחייבת היא שכופה עליהם את המצב הזה ואסור לעשות דבר לשנותו".

[19] יבמות סה ב - סו א.

[20] בתרגום חופשי: יהודה וחזקיה תאומים היו, אחד נגמרה צורתו לסוף תשעה ואחד נגמרה צורתו לתחילת שבעה. יהודית אשתו של ר' חייא היה לה צער לידה, התחפשה ובאה לפני ר' חייא. שאלה: אישה מצווה על פרייה ורבייה? אמר לה: לא. הלכה ושתתה סם מעקר. לבסוף התגלה הדבר. אמר לה ר' חייא: חבל שלא ילדת לי עוד כרס אחת, שאמר מר: יהודה וחזקיה אחים (תאומים), פזי וטוי אחיות.

[21] ע"פ הסיפור מבואר שיהודית ובעלה כבר קיימו מצוות פרו ורבו ועל כן שאלתה תמוהה, וכך תהו אף התוספות בשבת קי ע"ב ד"ה והתניא מניין לסירוס שהוא אסור, והערוך לנר על יבמות שם. ותרצו כי

היא מסיקה כי מותרת לשתות כוס של עיקרין. לא נמצאת בספרות ההלכה ביקורת על מסקנה זו.[22]

ב. הצורך של יהודית במניעת היריון הוא משום צער לידה, ולא משום סכנה.

ברמב"ם, בטור ובש"ע נפסק בסתם שאישה מותרת לשתות כוס של עיקרין.[23]

ואולם אחרונים נחלקו אם ניתן ללמוד ממעשה יהודית היתר כללי לאישה או שמדובר רק במקרה צער לידה או שאין בניה הולכין בדרך ישרה.[24] מכל מקום, פוסקים רבים[25] לא הזכירו תנאי של צער לידה, ויש מהם שכתבו במפורש שנטילת כוס עיקרין לאישה מותרת אף ללא צער לידה.[26] אמנם יש לציין שהיתר זה לשתיית כוס עיקרין אף ללא צער נאמר רק במקרה בו קויימה מצוות פרייה ורבייה, שכן נלמד ממעשה יהודית.

בימינו נראה שאמצעי המניעה הדומה ביותר לכוס של עיקרין הוא גלולות. שניהם ניטלים דרך הפה ופועלים באופן עקיף על איברי ההולדה. לכן, לדעת פוסקים רבים, לאחר קיום פרייה ורבייה, ניתן לאישה למנוע היריון באמצעות גלולות גם ללא צער לידה, כפי שנפסק לגבי כוס של עיקרין.

הצוות

נראה ששאלתה התייחסה למצוות לערב, ומכאן יש ללמוד כי מצוות לערב חלה רק על המחוייב בפרו ורבו.

22 אמנם בשו"ת חת"ס ח"ג אבה"ע א סי' כ כתב שהותר לאישה לשתות כוס של עיקרין ללא ידיעת בעלה רק לפני חדר"ג, שאז יכל האיש לקחת אישה שנייה לשם מצוות 'לערב', אך לאחר חדר"ג אין לה לשתות ללא רשותו אם לא מסיבת צער לידה, שאינה מחויבת לצער עצמה מפני שיעבודה לבעלה.

23 רמב"ם הל' אסו"ב פט"ז הל' יב. טור ושו"ע אה"ע הל' פריה ורביה סי' ה סע' יב. אמנם ביראים (דפוס ישן סי' שפב, דפוס חדש סי' שפא) כתב להתיר רק במצב של צער, משום מצוות לערב.

24 יש"ש יבמות פ"ו סי' מד. אך הט"ז אבה"ע סי' ה ס"ק ז ד"ה ואשה מותרת לשתות סיים דבריו "והחילוק דבין צער לידה אינו משמע מן הפוסקים כלל".

25 רמב"ם אס"ב פט"ז הל' יב, טושו"ע אבה"ע סי' ה, ביאור הגר"א אבה"ע סי' ה ס"ק כ"ז.

26 חלקת מחוקק אבה"ע סי' ה ס"ק ו, ט"ז אבה"ע סי' ה ס"ק ז, באר היטב אבה"ע סי' ה ס"ק יא.

סימן לב

שימוש בהתקן תוך-רחמי ודירוג אמצעי מניעה

שאלה

בשנים האחרונות השתמשתי בגלולות למניעת היריון, אך לאחרונה קראתי מספר מחקרים המזהירים מפני תופעות לוואי של נטילת הורמונים. נטיית ליבי היא לעבור לאמצעי אחר למניעת היריון. האם ההתקן מותר, והאם קיים הבדל הלכתי בין סוגי ההתקנים? בנוסף, האם יש משקל הלכתי לשיקולי בריאות בבחירת אמצעי מניעה?

תשובה

במידה ויש היתר למניעת היריון, מותר להשתמש בהתקן.

קיימים שני סוגי התקן תוך-רחמי. הראשון עשוי בעיקר נחושת ומותקן ברחם, והוא גורם לסביבה עוינת לזרע המונעת ממנו להגיע לביצית. קיימים מספר סוגי התקן מסוג זה. כל ההתקנים יכולים לגרום לכתמים ודימומים. אצל חלק מהנשים, התקן הנחושת גורם לדימום מחזורי חזק ומתמשך, ואף לצמצום הזמן שבין מחזור למחזור, תופעות העלולות להפחית את ימי הטהרה של האישה. אלה שכיחים בחודש הראשון לשימוש, ואמורים להשתפר תוך שלושה חודשים, אך יש נשים שתמשכנה לסבול מדימומים גם לאחר תקופת ההסתגלות.

הסוג השני הוא התקן הורמונלי אשר מפריש פרוגסטרון, ולדוגמה ה'מירנה'. התקן זה גורם לדימום בלתי-סדיר למשך עד חצי שנה, כולל כתמים מרובים בחודשי השימוש הראשונים להכנסתו. אך לאחר תקופה זו, אצל רוב הנשים הדימום המחזורי הופך דליל ופחות תכוף, ואצל נשים מסויימות אין דימום מחזורי כלל.

מבחינה הלכתית, ישנה עדיפות להתקן הנחושת על פני המירנה, אשר עלולה להביא לידי שאלות הלכתיות מורכבות בשל ריבוי כתמים. עם זאת, חשוב לציין שגם התקן

הורמונלי מותר בשימוש. ללא קשר לסוג ההתקן בו תבחרי, מומלץ שעוד לפני הכנסתו תעברי על עיקרי דיני כתמים על מנת שתדעי להתמודד במקרה שתסבלי מכתמים.

הרחבה[1]

קיימת אפשרות של תופעות לוואי באמצעיים הורמונליים, כבכל תרופה, ולכן ישנן נשים המחפשות פתרונות אחרים למניעת היריון. ראוי שהבחירה באמצעי תיעשה תוך איזון בין שיקולים הלכתיים ורפואיים שונים.[2] מצד אחד עומדים השיקולים הקשורים למניעת היריון: איסור השחתת זרע,[3] סוגיית השימוש במוך,[4] הצורך בקיום יחסי אישות כדרך כל הארץ,[5] וחשש להפלה.[6] מצד שני עומדים השיקולים הקשורים להלכות נידה, ובעיקר לכתמים.[7] בנוסף ישנם שיקולים רפואיים בעלי משמעות הלכתית: כיצד משפיעים אמצעי מניעה שונים על גוף האישה, ושמא יש בהם סכנה לבריאותה. האיזון בין השיקולים הנ"ל אינו חד-משמעי, וכן המידע הרפואי משתנה עם הזמן, ולכן פוסקים שונים מדרגים בשונה את אמצעי המניעה. ההמלצה על אמצעי מסוים אמורה להתחשב ברקע הרפואי, האישי והמשפחתי של האישה.

אמצעי מניעה, סקירה כללית

אמצעי המניעה הזמניים[8] שבשימוש היום הינם: 1) אמצעים הורמונליים משולבים המכילים אסטרוגן ופרוגסטרון, ואמצעים המכילים פרוגסטרון בלבד. 2) התקן נחושת תוך-רחמי, והתקן הורמונלי. 3) אמצעים חציצתיים, כולל דיאפרגמה וספוגית וקוטלי זרע (קצף, נרות, פילם). 4) זיהוי ימי הפוריות. 5) קונדום. להלן יִדון כל אמצעי, וידורג במידת האפשר לפי שיטות הפוסקים.

אמצעים הורמונליים

לאמצעים הורמונליים יתרון הלכתי (גלולות, טבעת, מדבקה, זריקה, שתל תת עורי)

---

[1] ראו נספח רפואי ה, אמצעי מניעה.

[2] תשובה זו אינה עוסקת בהיתר למניעת היריון, אלא בדירוג ההלכתי של אמצעי מניעה שונים. בדין היתר מניעת היריון עיינו לעיל סי' לא.

[3] עיינו להלן סי' לג, שימוש בקונדום במקרה של סכנה להרות.

[4] עיינו לעיל סי' לה, שימוש בדיאפרגמה .

[5] עיינו להלן סי' לג, שימוש בקונדום וכו', וסי' לה, שימוש בדיאפרגמה.

[6] עיינו להלן סי' לו, גלולות היום שאחרי.

[7] להרחבה בדיני כתמים, ראו להלן סי' מא, נטילת גלולות ברצף.

[8] לעומת שיטות מניעה לצמיתות.

היות ואין בהם לא השחתת זרע ולא שימוש במוך, ואף העקרות לה הם גורמים חולפת עם תום השימוש בהם. תנאי השימוש נוחים לאישה, ובגלולות המשלבות אסטרוגן ופרוגסטרון קיימת אפשרות (תוך התייעצות עם רופא) לצרף חפיסות ע"מ לכוון את תקופות הנידות למועדים מסוימים ואף ליצור הפלגה ארוכה בין נידות לנידות.[9] בנטילת פרוגסטרון בלבד, לעתים נמנעת הנידות בכלל למשך תקופה ארוכה. מנגד, אמצעים הורמונליים עלולים לחשוף את האישה לתופעות לוואי מסוכנות,[10] לגרום לכתמים מרובים (וכך במיוחד באמצעים שעל בסיס פרוגסטרון בלבד), ולפגוע בחשק המיני של האישה.[11]

התקן תוך-רחמי

קיימים שני סוגי התקן תוך-רחמי. הראשון הוא חתיכת נחושת (בצורת T או צורות שונות אחרות), כאשר הנחושת משנה את התנאים בתוך הרחם ומונעת בדרך כלל את הפריית הביצית. ההתקן משחרר יונים של נחושת בחלל הרחם ויוצר סביבה הפוגעת בחיוניותם של תאי הזרע וביכולתם להפרות את הביצית. במקביל, נוכחותו של גוף זר בתוך הרחם משנה את אופיה של רירית הרחם, כך שאם במקרה התרחשה הפרייה, הביצית המופרית תתקשה להשתרש בה. סוג התקן זה גורם לעיתים קרובות לדימום מחזורי חזק ומתמשך ולדימום בין-וסתי, ואף לצמצום הזמן שבין מחזור למחזור, תופעות העלולות להפחית את ימי הטהרה של האישה. התקן ה'גיניפיקס' עשוי גם

---

[9] בחודשי השימוש הראשונים, עד שהגוף מסתגל לרמת ההורמונים, תיתכן הכתמה בין-וסתית כתוצאה מצירוף חפישות, וראו להלן סי' מא, נטילת גלולות ברצף, הערה 1. ייתכן והכתמה זו תצומצם או תימנע ע"י הארכה הדרגתית של משך הזמן בו ניטלות הגלולות ברצף.

[10] המרכיב האסטרוגני מעלה את הסיכון להיווצרותם של קרישי דם העלולים להגיע לריאות (תסחיף ריאתי), ללב (אוטם שריר הלב) או למוח (שבץ). הקשר בין אמצעים הכוללים אסטרוגן לבין סרטן השד שנוי במחלוקת. הגישה הרווחת כיום במחקר היא שלא קיימת זיקה ישירה ביניהם, אך רופאים רבים עדיין חוששים ממתן תכשירים המכילים אסטרוגן לבעלות היסטוריה משפחתית משמעותית של סרטן השד. כשליש מהנשים המשתמשות באמצעים הורמונליים מדווחות על שינויים במצב הרוח. שינויים במצב הרוח ובעיקר דיכאון, ועלייה במשקל, הם תופעות לוואי שכיחות של אמצעי פרוגסטרון (אע"פ שעלייה במשקל לא הוכחה בשימוש על פני תקופה ארוכה). ממחקרים חדשים עולה כי אין זיקה בין אמצעים המבוססים על פרוגסטרון בלבד לבין סרטן השד. ראו נספח רפואי ה, אמצעי מניעה.

[11] ירידה בחשק המיני בעקבות אמצעים הורמונליים היא תופעת לוואי שכיחה, אך לא תמיד הרופא מידע את האישה על כך.

הוא מנחושת, אך צורתו שונה והוא גמיש יותר. יש מי שטוען שהוא פחות גורם לדימומים, אך הדבר טרם מוכח מדעית.[12]

הסוג השני הוא התקן המכיל את ההורמון פרוגסטרון (משווק כיום בתור ה'מירנה' וה'סקיילה'), והוא סליל המכיל פרוגסטרון המופרש בהדרגה וגורם לסמיכות הפרשות צוואר הרחם ולדילול רירית הרחם, וכן להשפעות נוספות אשר מונעות הפרייה. כאמור, להתקן זה יש תופעת לוואי שכיחה של כתמים מרובים בחודשים הראשונים להכנסתה ועד חצי שנה. לאחר תקופה זו, אצל רוב הנשים הדימום הופך דליל ופחות תכוף, ואצל נשים מסויימות אין דימום כלל. אצל נשים אחרות, הדימום ימשיך ויקשה על הטהרה.

אמנם יש צורך ברופא שיכניס את ההתקן לתוך הרחם, אך יתרונו בכך שהאישה אינה חייבת לזכור ולעשות מעשה על מנת שיפעל (בניגוד לגלולות), ולכן יעילותו גבוהה מאד. מנגד, כיוון שנדרשת לגוף תקופת הסתגלות שבה שכיחים כתמים, ההתקן רלבנטי בעיקר למניעה לתקופה ממושכת.

דיאפרגמה[13]

הדיאפרגמה אינה גורמת לכתמים, ואין בה לא סיכון לבריאות האישה ולא השפעה על החשק. יש מבין הפוסקים שדירגו את הדיאפרגמה כעדיפות ראשונה, ויש שדנוה כאסורה מטעם שימוש במוך, וראו בהמשך.

קוטלי זרע

קוטלי זרע מכילים חומר העוצר את תנועת תאי הזרע ומונע את הפריית הביצית, וכך מונע הירידון. הוא קיים כקצף, כמשחה, כנר וכפילם. יעילותם אינה גבוהה ולכן עיקר שימושם הוא כליווי לאמצעים נוספים כגון הדיאפרגמה.

שיטת המודעות לפוריות (שמ"פ)

אין בשמ"פ התערבות מלאכותית ולכן אין בה מגרעה הלכתית או רפואית, אך היא

---

[12] Cao X, Zhang W, Gao G, Van Kets H, Wildemeersch D., Randomized Comparative Trial in Parous Women of the Frameless GyneFix and the TCu380A Intrauterine Devices: Long-term Experience in a Chinese Family Planning Clinic. European Journal of Contraception and Reproductive Health Care, 2000 Jun;5 (2):135-40.

[13] הדיאפרגמה היא כיפה עשויה גומי המותאמת לכסות את פתח צוואר הרחם, והיא חוסמת את דרכם של תאי הזרע ומונעת מהם להיכנס אל הרחם. בתוספת קוטל זרע, ניתן לפגוע בתפקודם של תאי זרע העשויים להתגבר על המכשול.

מצמצמת את הימים המותרים ביחסים, ולכן המשתמשים בה יבחרו בדרך כלל להשתמש בנוסף באמצעי חציצתי בימי הפוריות.

קונדום

הקונדום מהווה מחסום פיזי המונע מעבר של הזרע אל הנרתיק. בשילוב עם קוטל זרע, הוא משיג גם את הפגיעה בתיפקוד תאי הזרע ומגדיל את יעילותו. הקונדום הנפוץ יותר מיועד לשימוש על ידי הגבר. הקונדום הנשי הוא שפופרת גומי בעלת דופן דק עם טבעת גמישה בכל אחד מצדיו, ובצדו הפנימי הוא סגור. הטבעת שבצד הסגור משמשת להחדרת הקונדום אל עומק הנרתיק ולהחזקתו במקום, ואילו הטבעת החיצונית בצדו הפתוח נותרת מחוץ לפתח הנרתיק. הקונדום, גם הגברי וגם הנשי, הוא האמצעי הבעייתי ביותר מבחינה הלכתית, בראש ובראשונה משום שהזרע כלל אינו נכנס בגוף האישה; ועוד, במקרה של הקונדום הגברי, כיוון שהגבר הוא שמצווה על פרייה ורבייה. לכן חל איסור מוחלט על השימוש בקונדום שלא במקרים חריגים ביותר.[14]

ב. הדירוג ההלכתי של אמצעי המניעה

לדעת הציץ אליעזר, גלולות הריהן כ׳כוס של עיקרין׳ שבגמרא.[15] לדבריו, אם באמת יתברר כדברי הרופאים שפחתו הסיכונים, והגלולות כבר כמעט ואינן מסכנות את האישה היום – יש לדרגן במקום הראשון, היות שאין בהן לא השחתת זרע וגם לא פעולת עקרות ישירה, ואף העקרות היא זמנית בלבד.[16] לגבי הדיאפרגמה וההתקן, בתשובה מוקדמת משנת תשכ״ז[17] כתב הגרא״י וולדינברג להעדיף דיאפרגמה על פני התקן, כיוון שדרך הפעולה של ההתקן היא להשחית את זרע הבעל ואת הביצית, ובאם התרחשה הפרייה, אף את העוברון. לכן למרות שיש בעייתיות מסויימת בכיסוי צוואר הרחם על ידי דיאפרגמה ומניעת כניסת הזרע לרחם, בכל זאת יש עדיפות לכך על פני פעולת ההשחתה של ההתקן. אך בתשובה מאוחרת יותר משנת תש״ל,[18] לאחר שהוסבר לו כי דרך פעולת ההתקן אינה בהריסת הזרע או העובר אלא בשינוי התנאים ברחם באופן המונע את ההפרייה וההשרשה, הוא שינה דעתו והעדיף את

---

[14] וראו להלן סי׳ לג, שימוש בקונדום במקרה של סכנה להרות.

[15] וראו אבן העזר סי׳ סה סעי׳ יב, ומקורו ביבמות סה ע״ב. וראו עוד לעיל סי׳ לא, מניעת היריון לאחר כמה לידות.

[16] שו״ת ציץ אליעזר ח״ט סי׳ נ״א פ״ב (משנת תשכ״ז).

[17] שו״ת ציץ אליעזר, שם.

[18] שו״ת ציץ אליעזר ח״י, סי׳ כה פ״י (משנת תש״ל).

ההתקן על פני הדיאפרגמה. זאת משום שההתקן ממוקם עמוק בתוך הרחם, ובשל כך הוא מאפשר תשמיש כדרך כל הארץ וכן כניסה חופשית של הזרע לתוך הרחם. לעומת זאת, הדיאפרגמה מכסה את פתח הרחם וחוסמת בפני הזרע את הכניסה. לכן לדעתו יש בה חשש להשחתת זרע, וגם אפשר שירגישו בה בשעת תשמיש. הוא מדרג כך: במקום הראשון גלולות, במקום השני התקן, ובמקום השלישי דיאפרגמה.[19]

לדעת האגרות משה, הדיאפרגמה היא ה'מוך' עליו דנו בגמרא, והיא מותרת בשימוש רק במקרה של סכנה פיזית או נפשית,[20] ורק לאישה צנועה אשר לא תספר על כך לחברותיה.[21] למרות הבעייתיות של הדיאפרגמה בשל השחתת זרע, במקום סכנה היא עדיפה על פני הגלולות וההתקן כי אינה גורמת לכתמים או פוגעת בבריאות האישה. לעומת זאת, הגלולות, שהן כ'כוס של עיקרין' שבגמרא, הן אמצעי טוב יחסית מבחינת דיני מניעת הירֵיון, ולכן יהיו מותרות אף במקרה של חולשה ולא של סכנה בלבד; ואם כבר קיימו פרייה ורבייה, יהיו מותרות אף משום לחץ כלכלי וכל צורך אחר. יחד עם זאת, הגלולות בעייתיות מצד אחר, כיוון שגורמות לכתמים וגם מסוכנות לבריאות האישה.[22] לכן הוא מתיר את הגלולות רק לאישה שעושה "בדיקה גדולה" בעזרת הנחת תחבושת היגיינית במשך חודש שלם על מנת לוודא שהן לא גורמות לה לדימום. לגבי בטיחותן הבריאותית של הגלולות , דעתו השתנתה. בשתי תשובות מוקדמות אסר הגרמ"פ לגמרי את הגלולות משום סכנה לבריאות האישה.[23] כעשרים שנה מאוחר יותר כאשר פחת מינון ההורמונים שבגלולה, שוב הזכיר את החשש לבריאות האישה, אך בצורה מאופקת ולא בהכרעה חד-משמעית.[24] באשר להתקן, הגרמ"פ אוסר אותו לגמרי משלוש סיבות: הוא גורם לדימומים העלולים לטמא;

---

[19] בשערי אורה שער שני, עמ' 44 מדורגים אמצעי המניעה על פי הציץ אליעזר.

[20] אה"ע ח"א סי' סג משנת תרצ"ה וח"ד סי' עד משנת תש"כ. אה"ע ח"א סי' סג משנת תרצ"ה, ח"ג סי' כא משנת תשכ"ה.

[21] שם אה"ע ח"א סי' יג.

[22] שם אבן העזר ח"ד סי' עב.

[23] שם אה"ע ח"ב סי' יז משנת תשכ"ב, וח"ג סי' כד.

[24] שם אה"ע ח"ד סי' עב.

ייתכן ויהיה מורגש בשעת תשמיש;[25] וכן ישנו חשש כל-שהוא שיגרום להפלה.[26] אם כן, הדירוג לפיו יוצא כך: אישה בסכנה תוכל להשתמש בדיאפרגמה, שאין בה לא סכנה לבריאותה ולא בעיית כתמים. אישה שיש לה צער גדול או חולשה, אסור לה להשתמש בדיאפרגמה אך תוכל ליטול גלולות, אמנם רק אחרי בדיקת חודש ימים. התקן תוך-רחמי אסור בכל מצב. ככלל, האיגרות משה חשש מאוד מאמצעי מניעה שגורמים לכתמים, היות שהדם ודאי בא מגופה.[27]

הגרש"ז אויערבאך דירג את אמצעי המניעה השונים בסדר הבא:[28] בעדיפות ראשונה גלולות, כיון שאין בהן ספק השחתת זרע. במקום השני התקן, כיון שהוא מאפשר תשמיש כדרך כל הארץ וגם אין בו פעולה אקטיבית של השחתה, אלא שממילא נמנע ההיריון. לדעתו אין בעיה של הפלה בהתקן, כי הוא בעיקר מונע הפרייה ואין לחשוש למקרה רחוק של מניעת השרשה, ואף אם כן–מדובר בעובר תוך מ' יום שנחשב מים בעלמא.[29] במקום השלישי, הדיאפרגמה, כאשר עמדתו לגבי השימוש בדיאפרגמה נתונה במחלוקת. לדעת הרב ד"ר מרדכי הלפרין, הגרשז"א שינה את דעתו בנדון.[30] תחילה דירג את הדיאפרגמה אחרי ההתקן אך ציין שאינה זהה למוך משום שאינה ממלאה את חלל הנרתיק, ולכן התיר את השימוש בה במקרים של סבל קשה, נזק רציני לבריאות האישה, ובעיית שלום בית. מאוחר יותר, דירג הגרשז"א את הדיאפרגמה בשווה להתקן לאחר שנוכח לדעת שפליטת הזרע היא על דופן הנרתיק והדיאפרגמה רק עוצרת בעד כניסתו לרחם. והרב יואל קטן טען[31] שהגרשז"א נשאר בדעתו הראשונה.

---

[25] שם אה"ע ח"ג סימן כא. וקשה לדעת למה כיוון הגמר"פ בדבריו "שלפעמים ניכר ומורגש הקנה בביאתו", שהרי ההתקן ממוקם בתוך הרחם, ואולי כיוון לחוט של ההתקן שמשתלשל מעט מהרחם אל תוך הנרתיק.

[26] אה"ע ח"ג סימן כא. בשו"ת משנה הלכות חלק ט סימן רעז אסר את ההתקן לגמרי מדין רציחה, שמונע הירויון ע"י גרימה להפלה, אמנם באיגרות משה כתב שיש רק סיכון רחוק להפלה. וראו להלן סי' לו, בדין גלולת היום שאחרי, וכן מאמרם של הרב יואל וחנה קטן, "חשש הפלה בעקבות התקן תוך רחמי ושימוש בגלולות אצל נשים מבוגרות", אסיא 66-65, אלול תשנ"ט.

[27] הרב שבתי רפפורט מסר בע"פ שאף באישה הלובשת תחתונים הצמודים לגוף, לדעת הגרמ"פ מה שהיא רואה הוא בגדר קינוח ולא כתם, ולכן המחמירים בקינוח יחמירו גם בכתם על תחתונים צמודים.

[28] מכתב הגרש"ז אויערבאך מתאריך ח' ניסן תשל"ה, הובא על ידי הרב יואל קטן, "שימוש בדיאפרגמה למניעת היריון", אסיא גליון עז-עח, עמ' 135-124, תשסו.

[29] שם.

[30] שם.

[31] וראו להלן סי' לה, שימוש בדיאפרגמה.

לגבי בעל שבט הלוי, במקרים המצומצמים בהם הוא מתיר מניעת הירייון, הוא מתיר שימוש בהתקן.[32] לפי דבריו, ההתקן אינו נחשב לשימוש במוך כיוון שהוא מונח עמוק מאוד בתוך הרחם, וכמו כן הוא אינו חוסם את כניסת הזרע לרחם אלא רק מונע את ההפריה.

לעומת הדעות הנ"ל, הרי"ה הנקין סובר שאין אפשרות לקבוע דירוג חד-משמעי לאמצעים בשל ריבוי השיקולים אשר חלקם משתנים מאישה לאישה: כתמים, שז"ל, תשמיש כדרך כל הארץ, בריאות, צמצום ימי הנידות, ויעילות ונוחות השימוש.[33] כ"כ לדעתו אי אפשר להשוות בין דעות הפוסקים מאחר וחלו שינויים באמצעים למשך השנים. כפי שהתיר סבו הגרי"א הענקין,[34] הרי"ה הנקין מתיר את השימוש בדיאפרגמה,[35] שלדעתם אינה דומה למוך, משום שאינה ממלאת את חלל הנרתיק ולכן היא מאפשרת תשמיש כדרך כל הארץ, והגבר אינו כמטיל על עצים ואבנים. לדעת הרי"ה הנקין, הדיאפרגמה אף עדיפה על פני אמצעים הורמונליים משום שאינה גורמת לכתמים, וכן אין בה סיכון בריאותי לאישה ואין חשש לפגיעה בכמות החלב לתינוק היונק.[36] וכן הורה גם הרנ"א רבינוביץ להעדיף את הדיאפרגמה על פני השימוש בגלולות, ואף אסר את הגלולות לאישה מניקה.[37]

יש להעיר שאמצעים הורמונליים ואף התקן נחושת דורשים זהירות יתירה בתחילת השימוש על מנת להימנע מכתמים האוסרים.

ג.כ.ס. והצוות

---

[32] שו"ת שבט הלוי חלק ג סימן קעט.

[33] כך מסר בע"פ לכותבת.

[34] שו"ת בני בנים חלק א סימן ל.

[35] וביאר שהמוך שבגמרא הונח בנרתיק ע"י האישה לאחר תשמיש על מנת לשאוב את הזרע, וכדברי רש"י בכתובות לט א, ורש"י ורבינו תם שניהם מסכימים שהמוך ניתן בנרתיק רק לאחר תשמיש, וראו בני בנים שם.

[36] לדעת הרי"ה הנקין, למרות שימושם הנפוץ של אמצעים הורמונליים, ייתכן שיתגלו בעתיד השפעות שליליות על האם ואף על התינוק היונק, ושומרת נפשה תנהג בזהירות.

[37] שו"ת שיח נחום סי' צד וסי' צה.

סימן לג

שימוש בקונדום במקרה של סכנה להרות

שאלה

לאחר בדיקות דם התגלה שאין לי נוגדנים לרובלה (אדמת). אני אמורה לקבל חיסון בזמן הקרוב, אך בינתיים אנחנו חייבים למנוע היריון באופן מוחלט, לפחות בשלושת החודשים הבאים.[1] רציתי להשתמש בנרות קוטלי זרע אבל הרופא התנגד בטענה שמניעה זו אינה מספיק בטוחה במצבי, והמליץ להשתמש בקונדום. האם הדבר מותר?

תשובה

למרות היות הקונדום אמצעי זמין ופשוט לשימוש, מבין אמצעי המניעה הנפוצים היום, ובמיוחד לתקופה קצרה, הקונדום הוא הבעייתי ביותר מבחינה הלכתית, משתי סיבות. האחת, כי בקונדום הזרע כלל אינו נכנס בגוף האישה, ועל כן קיימת השחתת זרע. הסיבה השנייה היא שהשימוש בו נעשה על ידי הגבר ולא האישה. כיוון שהגבר הוא המצווה ב'פרו ורבו', חל עליו איסור למנוע היריון באופן ישיר, ולכן אסור להשתמש בקונדום למניעת היריון. יחד עם זאת, חכמים ראו חשיבות גדולה מאד בקיום מצוות עונה (כלומר, חיי אישות), ולכן במצבים קיצוניים, חריגים ונדירים ביותר, כגון כאשר ישנו סיכון להידבקות במחלה מסכנת-חיים, או שקיימת סכנה לאישה להיכנס להיריון וכל אמצעי מניעה אחר אינו בא בחשבון, יהיה מקום להתייעצות הלכתית בדבר האפשרות להשתמש בקונדום, לאחר חוות דעת רפואית אמינה ולאחר שמוצו כל האפשרויות האחרות. במצב בו אתם נמצאים, יש אפשרויות נוספות שלא נבדקו, ואין היתר לקונדום.

---

[1] החיסון נגד אדמת הוא חיסון חי, וקיים חשש שיגרום בעצמו להיריון לא תקין. לכן מומלץ להמתין שלושה חודשים לאחר קבלת החיסון לפני הכניסה להיריון.

יש לציין שמבחינה רפואית, יעילותו של הקונדום במניעת היריון אינה גבוהה לעומת אמצעים אחרים. יתרונו היחיד הוא נוחותו לתקופה קצרה, היות שאין צורך בהתערבות רפואית.

הרחבה

שימוש באמצעי מניעה מכל סוג שהוא, כרוך מניה וביה בביטול או דחיית מצוות פרו ורבו, ולכן גם כאשר ישנו היתר למניעת היריון, יש עדיפות לאמצעים הניטלים ע"י האישה מאשר פעולות הנעשות ע"י הגבר, שכן הגבר הוא המצווה הישיר במצווה זו.[2]

הגמרא בנדה יג ע"א וע"ב עוסקת בחומרתה של הוצאת זרע לבטלה (הז"ל). על סמך גמרא זו ובעקבות דברי הזוהר, נפסק בשו"ע[3] ש"עוון זה חמור מכל עבירות שבתורה", ומיד מוסיף השו"ע: "לפיכך לא יהיה אדם דש מבפנים וזורה מבחוץ". כלומר, אפילו אם נעשה הדבר במסגרת יחסי אישות, עדיין יש עבירה אם הזרע אינו נכנס בגוף האישה.[4]

איסור הז"ל בזמן יחסי אישות מופיע בגמרא ביבמות לד ע"ב. חכמים דוחים את דעת ר' אליעזר, הסובר שבגלל הסכנה לתינוק היונק, שלא תתעבר אמו ויפָסק חלבה, מותר להוריו לשמש באופן של דש מבפנים וזורה מבחוץ במשך שנתיים אחרי הלידה.[5] מנגד סוברים חכמים כי תשמיש באופן זה הוא כמעשה ער ואונן.

מגמרא זו עולה שער ואונן השחיתו זרעם כדי שתמר לא תתעבר, אך כל אחד מהם פעל מתוך כוונה שונה. אונן כיוון שלא להוליד בן[6] בעוד ער כיוון שלא יפָגע יופייה

---

[2] ראו תוספתא יבמות פ"ח ה"ד (נוסח כתב יד ערפורט ונוסח הדפוס הראשון): האיש אין רשיי לשתות עיקרין שלא יוליד והאשה רשאה לשתות עיקרין שלא תלד. וכן יבמות סה ע"ב ואבה"ע סי' ד סע' יב.

[3] אה"ע סי' כג סע' א.

[4] בעצם טעמו של איסור השחתת זרע נחלקו הראשונים. יש שהסבירו שהטעם הוא בגלל ביטול מצוות פרו ורבו (תוספות סנהדרין נט ע"ב ד"ה והא פריה ורביה), ויש שסברו שהטעם הוא עצמאי, כי בכל זרע ישנו פוטנציאל של חיים. (רמב"ן בחידושיו לנידה יג ע"א). את שתי הגישות סיכם בעל שרידי אש בחלק א סי' קסב, אותיות כז - כח. עיינו במאמר העומד להתפרסם מאת הרבנית ד"ר מיכל טיקוצ'ינסקי אשר דן בנושא.

[5] למרות שלא נפסק כך להלכה, אין ספק שלפי ר' אליעזר אין זה "עוון חמור מכל עבירות שבתורה", אם הוא מותר לצורך בריאות התינוק.

[6] כי לא רצה בן שיקום על שם אחיו המת.

של תמר בשל ההיריון. שתיהן כוונות שיסודן בחטא, והן כוונות אסורות בהשחתת זרע תוך כדי יחסי אישות.

כ"כ עולה מהגמרא שער ואונן נענשו על שבאו על תמר שלא כדרכה,[7] ומכאן שביאה שלא כדרכה אסורה.

מסקנה זו לכאורה סותרת את הגמרא בנדרים כ ע"ב,[8] ממנה עולה שאין הגבלה על בני הזוג בחיי אישות, ואיסור הוצאת זרע אינו מוזכר כלל. ראשונים נחלקו כיצד ליישב בין שתי הסוגיות. הרמב"ם[9] פסק כגמרא בנדרים, אך בהגבלה שלא תהיה הז"ל.

אמנם, הנוסח של "ובלבד שלא יוציא שכבת זרע לבטלה" הנמצא בסוף דברי הרמב"ם המודפסים, אינו מופיע בכ"י של הרמב"ם.[10] גם בפירוש המשניות לסנהדרין פרק ז' לא התנה הרמב"ם את ההיתר באי הוצאת זרע ולכן ייתכן שאינו רואה בכך תנאי.[11]

ואילו ר"י בתוספות ביבמות[12] מיישב את הסתירה בין שתי הגמרות בשתי דרכים: האחת, כדרך הרמב"ם בדפוסים שלנו, שביאה שלא כדרכה מותרת בתנאי שלא יוציא ז"ל. השנייה, שההיתר תלוי בשני קריטריונים: א) כוונת המעשה ("דלא חשוב כמעשה ער ואונן אלא כשמתכוון להשחית זרע") ב) תדירותו ("ורגיל לעשות כן תמיד. אבל באקראי בעלמא...שרי").[13]

הטור[14] הביא להלכה גם את הרמב"ם וגם את ר"י בתירוצו השני. הב"י[15] ציין שהרא"ש

---

[7] הראשונים נחלקו בהגדרת ביאה שלא כדרכה ואכמ"ל.

[8] סתירה לגמרא ביבמות עולה גם מכך שביאה שלא כדרכה נחשבת לדרך ביאה לגטימית, ע"פ דרשת הפסוק "משכבי אשה" (ויקרא, יח, כב). הריבוי בא לציין שגם ביאה שלא כדרכה היא בכלל 'משכבי אישה', וראו סנהדרין נד ע"א ועוד מקומות רבים בתלמוד ובמדרשים, ולכן מעיקר הדין היא מותרת.

[9] הל' איסורי ביאה פרק כא הל' ט.

[10] וכן אינו מופיע במהדורת הרב קאפח, וגם העיר על כך ברמב"ם במהד' פרנקל. כל זה ציין בשו"ת בני בנים כרך ד סי' יח.

[11] עיינו בהרחבה בשו"ת בני בנים שם.

[12] תוספות ד"ה ולא כמעשה ער ואונן, יבמות לד ב.

[13] ר"י קושר בין שני הקריטריונים, ולכאורה נראה מדבריו שאין להפריד ביניהם בהיתר. לניתוח דבריו, עיינו במאמרו של הרב יצחק רונס, "מגע פיזי בין בני זוג נשואים", אסיא צ"ז-צ"ח (כרך כ"ה, א-ב) תשע"ה עמ' 134-140.

[14] טאה"ע כ"ה.

[15] אה"ע כ"ה ד"ה ומה שכתב רבינו בשם ר"י: "וכתב הרא"ש שם דהאי שינויא בתרא עיקר. ודבר קשה הוא להתיר לו להכשל בהוצאת ז"ל אפילו באקראי ושומר נפשו ירחק מזה". ודבריו מובנים לפי מה

פסק כדברי ר"י בתירוצו השני, אך מסייג שאינו מקבל זאת בגלל חומרת איסור הז"ל, ובשו"ע השמיט דין זה. מנגד הרמ"א[16] הביא את דברי הטור במלואם. אחרונים[17] פסקו כיש מקילין שהביא הרמ"א, שמותר לאדם לשמש עם אשתו שלא כדרכה, גם אם ישנה הוצאת זרע, "אם עושה באקראי ואינו רגיל בכך".

בעל התוספות רי"ד[18] מציין שאיסור שז"ל תלוי בכוונת העושה, ורק כאשר הכוונה היא לשם השחתה המעשה אסור. בניגוד לר"י, הוא אינו מציין כלל את הדרישה של אי-תדירות המעשה, ולכן עולה מדבריו שבמקום שהכוונה אינה לשם השחתה אלא אדרבה, לשם קיום מצוות עונה במצב בו קיימת סכנה ביחסי אישות רגילים,[19] הדבר מותר תמיד.

דין קונדום

המהרש"ם[20] כתב להתיר את ה"פסעריום", שהוא אמצעי הדומה לדיאפרגמה שהיה בשימוש במאה ה-19, כאשר ההיריון מסכן את האישה, משום שהתשמיש נעשה בדרך הרגילה, שהאיש שופך זרעו "בתוך הרחם" (=הנרתיק) רק שהזרע נופל על המוך. לעומת זאת כתב שאין להקל ב"כיס המכסה כל האיבר" [=קונדום] אף משום פיקוח נפש, משום שהזוג יכול שלא לשמש כלל וע"י כך להימנע מן הסכנה.[21]

שראינו לעיל, באה"ע כג סעיף א לענין חומרת איסור הז"ל. במקומנו כותב עוד הב"י בבדק הבית שאילו היה ר"י רואה את דברי הזוהר על שז"ל לא היה פוסק כך, אך אחרונים רבים אינם מקבלים טענה זו, עיינו במאמרו של הרב רונס שם.

[16] אבן העזר כ"ה סעיף ב.

[17] עיינו בעזר מקודש אבה"ע סי' כה סע' ב, וכן בשו"ת אגרות משה אבה"ע חלק א סימן ס"ג. בסוף התשובה מביא האג"מ את הראשונים המקילים מול המחמירים, ונראה שהרוב פסקו להקל כרמ"א.

[18] יבמות לד ע"ב ד"ה תני.

[19] הר"י הנקין, שם, מדייק בדברי התוספות רי"ד שאם כוונת המעשה היא "לתאוות יצרו" לשמש שלא כדרכה, מותר לגמרי, אך משום סכנה (לעניין תשמיש עם מוך) מותר רק מדאורייתא ואסור מדרבנן. אמנם הגר"מ פיינשטיין (אגרות משה אהע"ז חלק א' סי' ס"ד) יוצא נגד עמדת התוספות רי"ד בחריפות ומוכיח שהאיסור אינו תלוי בכוונה, ולכן ההיתר שלא כדרכה הוא רק בדרך אישות (נראה שכוונתו בביטוי "בדרך אישות" היא לכך שהזרע יוצא בתוך גוף האישה). אולם הר"י הנקין חולק, ומסביר מדוע בתשמיש שלא כדרכה הכוונה היא זו שקובעת, כדברי התוספות רי"ד.

[20] שו"ת מהרש"ם חלק ג' סימן רסח. רוב הפוסקים מתירים שימוש בדיאפרגמה על כל פנים בשעת סכנה. עיינו לעיל סי' לה, שימוש בדיאפרגמה.

[21] טיעון זה מופיע (ונדחה) גם בדברי הגר"מ פיינשטיין, בתשובה המובאת להלן. נראה שכאשר מדובר בזמן קצר מאד, יש מקום לשקול שלא לשמש כלל. אולם לאורך זמן, הדבר פוגע מאד בחיי הנישואין ויש למצוא פתרון אחר.

עמדה זו, שעדיף שלא ישמשו מאשר שישמשו עם קונדום, נתמכת בשו"ת דובב משרים[22] שהביא את דברי המהרש"ם, והוסיף: "וידוע רב חילו ותקפו מהגאון שר התורה הזה בכחא דהתירא, ואם הוא ירא להחליט לקולא על כן גם אני ירא להקל בזה".

אולם בעל שו"ת אחיעזר חולק[23] ומביא שני נימוקים להתיר קונדום במקום סכנה כאשר הזוג כבר קיים פו"ר. האחד, כפי שכתבו הטור והרמ"א, שהאיסור לעשות כמעשה ער ואונן שייך רק כאשר ישנה כוונה להשחית את הזרע ורגיל לעשות כן תמיד, ואינו שייך במקום סכנה, ובאקראי.[24] השני הוא, שכיוון שמדובר באיסור דרבנן[25] ולא דאורייתא, ניתן לדחותו בגלל מצוות עונה.

בעל אגרות משה[26] שוקל אם ניתן לדמות קונדום ["ראבער"] למוך. מסקנתו היא שניתן להשוות ביניהם, ולכן לפי שיטת ר"י והפוסקים עמו,[27] המתירים שימוש במוך בשעת סכנה ומקום עיגון, וסוברים שאין זו הז"ל כיוון שהדבר נעשה לצורך מצוות עונה, ניתן יהיה גם להתיר שימוש בקונדום בשעת סכנה, וכשאין כל ברירה אחרת, משום מצוות עונה.

אמנם לפי הסוברים שהיתר המוך הוא בשל היותו דרך תשמיש, לא יהיה ניתן להתיר שימוש בקונדום, משום שכל עוד הזרע אינו יוצא בתוך גוף האישה לא נחשב המעשה ל'דרך תשמיש'. האג"מ דוחה את דברי האחיעזר שגם תשמיש עם קונדום נחשב כדרך תשמיש, בטענה שהזרע נשאר על גוף הגבר גם לאחר פרישתו מהאישה, ואינו נכנס

---

[22] שו"ת דובב מישרים, ח"א סי' כ.

[23] חלק ג סימן כ"ד.

[24] למילה "באקראי" ניתנו פירושים שונים. הרי"ה הנקין בשו"ת בני בנים (כרך ד, עמ' סד-סה) מציין שלפי לשונו של רבנו ירוחם (תולדות אדם וחוה, נתיב כ"ג חלק א) ניתן להבין שבאקראי פירושו פעם אחת, אולם אין כוונתו פעם אחת בחיים (כפירוש השל"ה) אלא פעם אחת בין וסת לווסת. עוד מוכיח הרי"ה הנקין מלשון הגמרא בנדרים המביאה את הסיפורים על נשים שבאו לשאול את הרבנים על הפיכת השלחן, שלא ניתן לומר שמדובר בפעם אחת בלבד, כי על כך לא היו באות להתלונן, כי מאי דהוה הוה. גם מלשון הטור והרמ"א מסתבר שבאקראי פירושו כמה פעמים, כל שאינם הרוב. לאור זאת פוסק בשו"ת בני בנים שם שב'אקראי' יכול להיות מליל טבילתה ועד למחזור הבא. מכאן שכל עוד מדובר במעשה שאינו קבוע אלא זמני ולתקופה מוגבלת הוא כלול עדיין בהגדרת האקראיות.

[25] בתשובת הרב קלאצקין [קלאצקי] המוזכרת באחיעזר, התייחס למקרה שהבעל קיים כבר מצוות פרו ורבו, ומתכוון למנוע סכנה לאישה, ולכן רואה בזה איסור דרבנן בלבד. האחיעזר הסכים עמו במקרה זה, אך לא ברור אם יסכים לכך גם במקרים אחרים (למשל, כאשר הזוג עדיין לא קיים פרו ורבו).

[26] שו"ת אגרות משה אבן העזר חלק א סימן סג (בסופו).

[27] שנראה שהם רוב הפוסקים.

כלל לגוף האישה. לכן, רק במקרים חריגים, כשהחשש לסכנה לאישה הוא גדול, ואם לא נתיר את השימוש בקונדום לא יוכלו לשמש לעולם, ניתן יהיה לסמוך על ההיתר לפי שיטת ר"י, "דכדאי הם רוב הפוסקים והרמ"א בתוכם לסמוך עלייהו בשעת הדחק גדול ועינוי נפש כזה וגם מקום עיגון ועשית שלום בין איש לאשתו שהתורה וחז"ל הקלו בהרבה דברים". אך התנה היתר זה בכך שאחד מגדולי הדור יסכים עמו.

לסיכום, שימוש בקונדום כאמצעי למניעת הירידון הוא בעייתי ביותר ולכן בדרך כלל יהיה אסור להשתמש בו.[28] רק במקרים מעטים וחריגים ביותר ישנה אפשרות לשקול את השימוש בו כאשר אין לזוג כל ברירה אחרת, ורק לאחר התייעצות עם מורה הוראה מובהק.

קונדום נשי

בשנים האחרונות נכנס לשימוש כאמצעי מניעה גם קונדום נשי.[29] בשונה מהדיאפרגמה, הקונדום הנשי מכסה את כל הנרתיק של האישה ולא רק את צוואר הרחם, ולכן כאמצעי למניעת הירידון הוא בעייתי.

לעומת זאת, במצב של סכנה הוא עדיף על פני הקונדום הגברי, משום שהאישה היא המבצעת את פעולת המניעה כשהיא מכניסה אותו לנרתיק, והזרע נשאר בגופה גם לאחר קיום היחסים, עד שהיא מוציאה את הקונדום. לכן במקרים המיוחדים בהם יש היתר לשימוש בקונדום, עדיף להשתמש בקונדום הנשי.[30]

נ.ל.

---

[28] שונים המקרים בהם נדרש שימוש בקונדום כדי למנוע הדבקה במחלה מסוכנת. למשל, במצב בו יש לבעל HIV או אפילו רק חשש לכך (במקרה בו אחד מבני הזוג נדקר ממחט מזוהמת), או במצב בו הבעל נדבק ב CMV ולאישה אין נוגדנים למחלה, ובמיוחד כשהיא בשליש הראשון של ההיריון. במקרים אלו הדרך היחידה להמשיך את חיי האישות היא ע"י שימוש בקונדום נשי או גברי באופן קבוע ומתמשך.

[29] http://www.plannedparenthood.org/health-info/birth-control/female-condom.

[30] הגר"מ פיינשטיין לא התייחס לאפשרות זו בתשובתו משום שהקונדום הנשי עדיין לא היה בשימוש בתקופתו, אולם לפי דבריו משתמע שדינו קל יותר.

סימן לד

שימוש בקוטל זרע

שאלה

עברתי הפלה ספונטנית לפני חודש ולאחריה גרידה. הרופא מסר שאני חייבת למנוע היריון עד אחרי המחזור הבא. הוא המליץ להשתמש בקונדום, אבל ברור לי שהדבר אסור. איך אני אמורה למנוע היריון לחודש הקרוב?

תשובה

במקרים רבים אחרי הפלה או הפסקת היריון הרופאים מבקשים למנוע היריון לטווח קצר כדי לתת לגוף להתאושש וכדי להיוָכח באמצעות מחזור סדיר אחד לפחות שהגוף ומערכות הפוריות חזרו לתפקד כשורה.

החלטה על אמצעי לשימוש קצר-טווח היא אתגר המחייב התחשבות בשיקולים ההלכתיים, במגבלותיה הרפואיות של האישה, ברמת ההכרח שבמניעת ההיריון, ובסיכון אם תיכשל המניעה.

מבחר האמצעים מוגבל למדי. קונדומים אסורים בשימוש, פרט למקרים מיוחדים המצריכים תמיד שאלה למורה הוראה מובהק. אמצעים הורמונליים והתקנים תוך-רחמיים דורשים תקופת הסתגלות ולכן אינם מתאימים לשימוש קצר. הדבר נכון במיוחד אחרי הפלה, שאז ודאי לא רצוי לשבש את התאוששות המערכת ההורמונלית של האישה, ובפרט כאשר היא מקווה להרות שוב בקרוב. הדיאפרגמה דורשת התאמה והזמנה מיוחדת, וחלק מן האמצעים האחרים אינם נחשבים די בטוחים.

קוטלי זרע משווקים ללא מרשם, פשוטים לשימוש, ונמכרים בצורות שונות: נרות, קצף, משחה, ופילם (film). אמנם אמצעים אלה ידועים בשיעור לא מבוטל של כישלון

במניעה. ניתן לצמצם במידת מה את שיעור הכישלון דרך ציות מוקפד להוראות, ובמיוחד באשר למשך הזמן שצריך לחלוף בין החדרת קוטל הזרע לבין יחסים.

אמצעי נוסף העובד בצורה דומה הוא ספוגית. יעילותה דומה לזו של נרות קוטלי זרע, והיא מתאימה לשימוש לטווח קצר, וגם נמכרת ללא מרשם בבתי מרקחת. כמו הדיאפרגמה, היא חוסמת את כניסת הזרע לרחם, וקוטל הזרע שמכיל הספוג פוגע בתנועתיות של תאי זרע שמצליחים לעבור את הספוגית ולהגיע אל תוך הרחם.

מבחינה הלכתית, השימוש בקוטל זרע אינו נחשב להשחתת זרע, כיוון שהוא מאפשר קיום יחסים בצורה רגילה וגם אינו מונע את כניסת הזרע לרחם. לכן, בשעה שעצם מניעת ההירין מותרת, מותר להשתמש בקוטלים. הספוגית פחות רצוייה היות שהיא גדולה יותר מנרות, ויש סיכוי שתורגש בזמן היחסים. אמנם, אם מסיבה כל-שהיא אין אפשרות לרכוש קוטל זרע, מותר להשתמש בספוגית.

חשוב לדעת: יעילותם של הקונדום ושל קוטלי זרע אינה גבוהה במיוחד.[1]

הרחבה

להרחבה על איסור שימוש בקונדום ראו לעיל סי׳ לג, שימוש בקונדום.

בקוטלי זרע יש חומר העוצר את תנועת תאי הזרע ומונע את הפריית הביצית, וכך מונע הירין.

לדעת הגר״מ פיינשטיין[2], השימוש בקוטל זרע אינו נחשב להשחתת זרע[3] כיוון שהוא אינו חוסם את כניסת הזרע לרחם. לכן, לדעתו זהו אמצעי מועדף מבחינה הלכתית. אלא שהוא מודה שיעילותו נמוכה, ולכן אינו מומלץ למי שאסור לה להרות. גם במנחת יצחק מתיר את השימוש בקוטל זרע מאותו הטעם.[4]

---

[1] כך לפי נתונים של הארגון הבריאות העולמי. ראו: http://www.cdc.gov/reproductivehealth/unintendedpregnancy/pdf/contraceptive_methods_508.pdf.

[2] שו״ת אגרות משה אה״ע ח״א סי׳ סה.

[3] להרחבה בנושא הוצאת זרע לבטלה ראו לעיל סי׳ לג, שימוש בקונדום וכו׳.

[4] ח״א סי׳ קטו ד״ה (יב) ובזה.

בדברי יציב מוסיף שבקוטלי זרע מתקיימים היחסים כדרך כל הארץ, והשימוש בהם אינו שונה מבחינה זו מעקרה וזקנה שמותרות בתשמיש למרות אי-יכולתן להרות.[5]

הספוגית הינה אמצעי חסימה, כדיאפרגמה.[6] בדומה לדיאפרגמה, היחסים תוך שימוש בספוגית מתקיימים כדרך כל הארץ, והיא מותרת באותם תנאים כדיאפרגמה.[7]

ג.כ.ס.

---

[5] חלק אה"ע סי' לא, ד"ה ובאמת מעודי. טעם זה כבר הוזכר על ידי המהרש"ל בדיון על סוגיית שלש משמשות במוך, ראו ים של שלמה יבמות פ"א סי' ח.

[6] עיינו בסמוך סי' לה, שימוש בדיאפרגמה.

[7] וראו בסמוך סי' לה.

סימן לה

שימוש בדיאפרגמה

שאלה

אני מעוניינת למנוע היריון. הלכתי לרופאה ובין שאר האפשרויות, היא הזכירה גם את הדיאפרגמה. זוהי הפעם הראשונה ששמעתי על אמצעי מניעה זה. האם הוא מותר לשימוש מבחינה הלכתית?

תשובה[1]

סוגיית השימוש בדיאפרגמה דורשת קודם כל התייחסות לעצם ההיתר למנוע היריון. בהנחה שיש לכם היתר לכך, הדיאפרגמה היא בין אמצעי המניעה המותרים לשימוש.

יש לדעת שלשימוש בדיאפרגמה ישנם יתרונות וחסרונות, בדומה לכל אמצעי אחר שתבחרו, וכדאי להיות מודעים להם מראש.

הרחבה

הדיאפרגמה היא כיפה העשויה מלטקס או סיליקון אשר סוגרת את הכניסה לרחם ומונעת את כניסת הזרע לתוכו, בכדי למנוע הפרייה.[2] הוראות השימוש בדיאפרגמה כוללות שימוש בקוטל זרע המונח על הדיאפרגמה לפני החדרתה לנרתיק. האישה מקפלת את הדיאפרגמה ומכניסה אותה בעומק הנרתיק עד שעה לפני קיום יחסים, ומשאירה אותה שם למשך לפחות שש שעות לאחר קיום יחסים.

---

[1] סימן זה עוסק רק בשימוש בדיאפרגמה. לגבי עצם ההיתר לתכנון משפחה, ראו לעיל סי׳ ל, בדין דחיית היריון לאחר לידה. יחד עם הדיאפרגמה, יש להשתמש בקוטל זרע, וראו לעיל סי׳ לד.

[2] להרחבה רפואית בנושא דיאפרגמה ראו נספח רפואי ה, אמצעי מניעה.

המקור לדיון ההלכתי בהיתר שימוש דיאפרגמה הוא סוגיית 'שלוש נשים משמשות במוך' ביבמות יב ע"ב:

תני רב ביבי קמיה דרב נחמן: שלש נשים משמשות במוך: קטנה, מעוברת, ומניקה; קטנה שמא תתעבר ושמא תמות, מעוברת שמא תעשה עוברה סנדל, מניקה שמא תגמול בנה וימות; ואיזו היא קטנה? מבת י"א שנה ויום אחד עד י"ב שנה ויום אחד, פחות מכאן ויתר על כן משמשת כדרכה והולכת, דברי רבי מאיר; וחכמים אומרים: אחת זו ואחת זו משמשת כדרכה והולכת, ומן השמים ירחמו, משום שנאמר (תהלים קט"ז) שומר פתאים ה'.

הברייתא עוסקת באפשרות למניעת היריון מִסיבת סכנה בריאותית לשלוש נשים (קטנה, מעוברת ומניקה) מול האיסור של השחתת זרע הבעל, ומביאה מחלוקת בין ר' מאיר לחכמים. הראשונים נחלקו בהבנת מהותה של מחלוקת זו, כאשר הדיון נסוב סביב שתי שאלות מרכזיות.

הראשונה, האם מדובר פה באיסור והיתר או בחיוב מול אפשרות. כלומר, האם ר' מאיר מתיר לשלוש נשים לשמש במוך, ואוסר לאחרות, וחכמים אוסרים לכולן, או שר' מאיר מחייב או ממליץ לשלוש נשים לשים מוך ואחרות יכולות לרצונן, בעוד לדעת חכמים זוהי אפשרות מותרת לכולן, אך אין הן חייבות.

השאלה השניה היא בהבנת הביטוי 'משמשות במוך' - האם מדובר בהכנסת מוך לתוך חלל הנרתיק לפני התשמיש, וכך נמנע מהזרע להכנס לרחם, או מדובר בקינוח או בשאיבת הזרע לאחר התשמיש על ידי הכנסת מוך.

פירושיהם של רש"י[3] ורבינו תם[4] בשתי שאלות אלו מהווים את הבסיס לדיון ההלכתי, אך גם בהבנתם רבו המחלוקות והפירושים.[5]

לדעת רוב הראשונים,[6] אין להתיר שימוש במוך בשעת תשמיש גם במקום סכנה

---

[3] רש"י יבמות יב ע"ב ד"ה משמשות במוך וכן בנידה ג ע"א ד"ה משמשות במוך.

[4] תוס' יבמות יב ע"ב ד"ה שלש נשים.

[5] דיון ממצה בשיטות הראשונים מופיע באנציקלופדיה התלמודית כרך יא ערך "השחתת זרע", סעיף ה - דרך ביאה. וכן במאמרו של הרב יואל קטן "מבוא לשאלת היתר דיאפרגמה" (סוגיית מוך בשעת תשמיש) אסיא עז - עח עמ' 65 - 72 (2006). לרי"ה הנקין יש שיטה ייחודית בהבנת מחלוקת רש"י ור"ת, עיינו בשו"ת בני בנים כרך א סי' ל.

[6] רבינו תם, רא"ש, רש"י לפי פירוש הרי"ה הנקין ועוד.

לאישה, מפני שיש בכך השחתת זרע על ידי הבעל "והרי זה כמטיל זרע על העצים ועל האבנים".[7] יחד עם זאת ישנם ראשונים המתירים תשמיש תוך שימוש במוך לכל הנשים, כתוספות רי"ד.[8] בנוסף יש לציין את שיטתו של המהרש"ל[9] המפרש כרש"י, שהברייתא עוסקת במוך לפני תשמיש, אבל מתיר זאת לכל הנשים משום שאינו רואה בכך השחתת זרע, כי התשמיש נעשה בדרך הרגילה ואין פגיעה בהנאה של שני בני הזוג (כשם שתשמיש עם קטנה אין בו השחתת זרע למרות שאין בו אפשרות של הירָיון).

להלכה, ישנה מחלוקת בפוסקים האחרונים האם להתיר לאישה לשים מוך לקראת תשמיש כאשר ישנה סכנה לאישה להכנס להיריון.[10] רוב הפוסקים פסקו להתיר, אולם גם האוסרים וגם המתירים מסכימים שהדיאפרגמה אינה דומה למוך, ולכן דינה שונה.[11]

הראשון שדן בשאלה של השוואת אמצעי מניעה מודרניים למוך בשעת תשמיש הוא המהרש"ם.[12] בתשובתו הוא אינו דן בדיאפרגמה אלא ב'פעסאר' שהוא מעין כובעון

---

[7] לשון רבינו תם בתוספות, שם. שאלה נוספת העולה כאן לדיון היא האם איסור השחתת זרע הוא רק על האיש, המצווה על 'פרו ורבו' או גם על האישה הפטורה מפרו ורבו. אמנם גם אם אין איסור עצמאי לאישה, חל עליה איסור להשחית זרע מפני בעלה, אך זהו איסור קל יותר.

[8] תוספות רי"ד יבמות יב ע"ב, לפי הסברו של הרב הנקין, שם.

[9] ים של שלמה יבמות א ח. פירושו משלב בין דעת רש"י לדעת רבינו תם בפירוש הסוגיה.

[10] האוסרים מסתמכים על דעת ר' עקיבא אייגר (שו"ת רבי עקיבא אייגר מה"ק סי' עא) והחת"ם סופר (שו"ת חתם סופר יו"ד סי' קעב) שאסרו בכל מצב. בין האוסרים: שו"ת בנין ציון סי' קלז, ושו"ת רב פעלים ח"ד יו"ד סי' יז. לעומתם ארוכה רשימת המתירים, וביניהם: שו"ת מהרש"ם ח"א סי' נח, שו"ת חמדת שלמה סי' מו, שו"ת צמח צדק החדש אהע"ז סי' פט, שו"ת מלמד להועיל ח"ג סי' יח, והחזון איש הל' אישות סי' לז. פוסקים רבים מציינים שאם היה החת"ם סופר רואה את המהרש"ל היה גם הוא מתיר. כך כתב גם הרי"ה הנקין, שם עמ' צד. רשימה חלקית של הפוסקים להתיר ולאסור מופיעה באנציקלופדיה תלמודית, שם, הערות 175 – 178, וכן במאמרו של הרב יואל קטן, שם, וכן בשו"ת יביע אומר אבה"ע חלק י' סי' כד, שהביא פוסקים רבים ופסק גם הוא להקל, לא רק במקום סכנה ממש אלא גם במקום חשש סכנה.

[11] נראה שהגרא"י וולדינברג לא הבחין בין שימוש במוך לבין דיאפרגמה, ראו ציץ אליעזר ח"ט סי' נא שער ב. אולי עקב כך הוא מחמיר יותר בשימוש בה, מתיר אותה רק במצבי סיכון לאישה, וממקם אותה בעדיפות נמוכה ביחס לאמצעי מניעה אחרים.

[12] שם, במאמרו של הרב יואל קטן "מבוא לשאלת היתר דיאפרגמה" הנ"ל.

גומי המונח על פתח צואר הרחם ומונע כניסת הזרע לרחם.[13] לדבריו אמצעי זה אינו דומה למוך משום שהתשמיש איתו נעשה בדרך הרגילה והזרע אינו 'כמשליך על העצים ועל האבנים', ובזה דומה למעוברת שהתשמיש איתה מותר למרות שפי הרחם סגור. על סמך תשובה זו ואחרות[14] התירו פוסקים רבים גם את השימוש בדיאפרגמה בימינו.

בהמשך לסברא של המהרש"ם, הרי"ה הנקין[15] מסביר את ההבדל בין שימוש במוך בשעת תשמיש, שאותו הוא אוסר, לבין שימוש בדיאפרגמה. לדבריו בניגוד למוך שממלא את הנרתיק ולכן מונע מהתשמיש להעשות כדרכו, וגם הזרע הוא כמטיל על העצים והאבנים, בדיאפרגמה הדבר אינו כך ולכן הוא מותר. כך גם פסק סבו, הגרי"א הענקין. על סמך תשובה זו פסק גם הרנ"א רבינוביץ[16] שהדיאפרגמה מותרת, כיוון שהיא מוכנסת בעומק הנרתיק ועל כן אינה דומה למוך.

לעומת פסיקות אלו, טוען הרב יואל קטן[17] שישנו הבדל משמעותי בין ה"פעסאר" לבין הדיאפרגמה, ולכן אין להתיר את הדיאפרגמה אלא בשעת סכנה, כפי שמתירים מוך בשעת תשמיש. לדבריו הדיאפרגמה מכסה חלק גדול יותר מהנרתיק מאשר הפעסאר, ניתן להרגישה בשעת תשמיש והוצאתה מיד אחרי התשמיש מהווה 'ניפוץ הזרע בידיים' שאסור בגלל השחתת זרע.[18] כך פסקו לדבריו גם הגרש"ז אויערבאך[19] והגרי"ש אלישיב. בהערות למאמרו של הרב קטן, חולק הרב ד"ר מרדכי הלפרין (עורך כתב העת אסיא) על דעתו גם בענין אופן הפעולה של הדיאפרגמה וגם בענין דעתו של הגרש"ז אויערבאך. במאמר נוסף[20] הוא מוכיח שהגרש"ז אויערבאך שינה את עמדתו לגבי הדיאפרגמה. גם לפני שנת תשמ"ה הוא התיר את השימוש בה בשעת

---

[13] אמצעי זה היה בשימוש מסוף המאה התשע עשרה עד שנות הארבעים של המאה העשרים, אך השימוש בו פסק אחרי שהומצאה הדיאפרגמה, שיש לה יתרונות רבים עליו. עיינו במאמרו של הרב יואל קטן, השימוש בדיאפרגמה למניעת הירַיון, אסיא עז - עח, עמ' 124 - 135.

[14] שו"ת שרידי אש ח"ג סי' טו, שו"ת אגרות משה אה"ע ח"א סי' יג וכן ח"ג סי' כא.

[15] שו"ת בני בנים, שם, עמ' צד.

[16] שו"ת שיח נחום סי' צד. הרב רבינוביץ מזהה את הדיאפרגמה עם ה'פעסאר' שבתשובת המהרש"ם.

[17] הרב יואל קטן, אסיא, שם.

[18] בנוסף הוא טוען שהיא פחות בטוחה לשימוש מאמצעי מניעה אחרים. יש להעיר שהוראות השמוש בדיאפרגמה קובעות שאין להוציא את הדיאפרגמה עד 6-8 שעות לאחר קיום יחסים.

[19] עמדתו של הרב אויערבאך מובאת בנספח למאמרו של הרב יואל קטן ובמאמר של הרב הלפרין, להלן.

[20] "רפואה מציאות והלכה ולשון חכמים מרפא", סי' כב. וכן בקישור

http://98.131.138.124/articles/ASSIA/ASSIA77-78/ASSIA77-78.17.asp.

סכנה, וסבר שהיא קלה יותר ממוך בשעת תשמיש, אך לאחר תשמ"ה הקל בה אף יותר.

לסיום יש להוסיף שהמחלוקת העיקרית בין פוסקי זמננו היא היכן למקם את הדיאפרגמה בין שאר אמצעי המניעה.[21] לדעת המחמירים[22] השימוש בה מותר רק כשאמצעי המניעה האחרים אינם מתאימים לאישה מסיבה בריאותית ורק בשעת סכנה או חשש סכנה מכניסה להיריון. המקלים רואים בה אמצעי מניעה שווה ערך לאמצעים אחרים (כגלולות והתקן תוך-רחמי), וההחלטה תלוייה ברצון האישה. לפי דברי הר"מ הלפרין[23] "לאחר חזרה, הרחיב הגרש"ז אויערבאך זצ"ל את היתר השימוש בדיאפרגמה, לאחר שנוכח כי פליטת הזרע בתשמיש עם דיאפרגמה היא על קרקעית הנרתיק בחלקו הפנימי, באותו מקום של פליטה בתשמיש טבעי, כשההבדל היחידי הוא חסימת הדרך לצוואר הרחם על ידי הדיאפרגמה החוצצת בחלק העליון הפנימי של הנרתיק. משום כך הורה הגרש"ז אויערבאך כמה פעמים כי השימוש בדיאפרגמה מותר, ושמקומו בסולם אמצעי המניעה הוא בעדיפות שנייה אחרי הגלולות, ממש במקביל לדרגת העדיפות של התקן תוך רחמי".

לדברי הרנ"א רבינוביץ,[24] הדיאפרגמה היא האמצעי המועדף, ורק כשמסיבות שונות אין אפשרות להשתמש בה, ניתן להשתמש באמצעים אחרים. הסיבה לכך היא יתרונה הגדול של הדיאפרגמה שאינה מתערבת בתהליכים הטבעיים בגוף האישה, אינה גורמת דימומים,[25] ואין בה סכנה לבריאות האישה, כפי שקורה בנטילת הורמונים או בהתקן תוך-רחמי.[26]

---

[21] עוד בעניין זה עיינו לעיל בסי' לב, שימוש בהתקן תוך-רחמי ודירוג אמצעי מניעה.

[22] ציץ אליעזר, שם. הרב יואל קטן, שם. וכן הרב שלמה אבינר, אסיא כרך ד וכן באתר דעת: http://www.daat.ac.il/daat/kitveyet/assia/tihnun-2.htm.

[23] במאמרו שם.

[24] שו"ת שיח נחום סי' צה.

[25] הגר"מ פיינשטיין אסר את השמוש בגלולות בגלל דימומים. במקרה של סכנה או חשש סכנה, הדיאפרגמה מותרת. אלמלא הדימומים, אם הזוג קיים כבר פו"ר, היו מותרים גם בגלולות אף במצב חולשה או כל צורך אחר. וראו לעיל סי' לב, שימוש בהתקן תוך-רחמי ודירוג אמצעי מניעה. לעומתו, הגרי"א הענקין אסר את השימוש בגלולות בגלל דימומים אך התיר את השימוש בדיאפרגמה. ראו שו"ת בני בנים חלק א סי' ל.

[26] מאותן סיבות נותן גם הרב דוב ליאור עדיפות לדיאפרגמה על פני אמצעים אחרים. דבריו פורסמו לאחרונה במכתב שכתב לנכדו מתאריך ג חשוון תשע"ד.

יש לציין שהנימוק של בריאות האישה קיבל משקל רב יותר בשנים האחרונות לאחר שעלתה המודעות לסכנות לבריאות האישה הקיימות בלקיחת הורמונים, כגלולות, ובחשש לסיבוכים בהכנסת עצם זר לתוך הרחם כבהתקן תוך-רחמי. ייתכן וגם פוסקים אחרים היו משנים את עמדתם לאור שיקול זה.[27]

לסיכום, זוג שקיבל היתר למנוע הירידון יכול לעשות זאת באמצעות השימוש בדיאפרגמה. הבחירה באמצעי זה על פני אמצעים אחרים נתונה לשיקול דעתם של בני הזוג.

נ.ל.

---

[27] אמנם הרב יואל קטן מתנגד לשיקול זה בכל תוקף, וגורס שהסיכונים קטנים. לע"ד יש לתת לאישה לעשות את השיקולים שלה בענין זה, הנוגע באופן ישיר בבריאותה.

סימן לו

בדין גלולת 'היום שאחרי'

שאלה

אני משתמשת בדרך כלל בדיאפרגמה, אך אתמול, לאחר הטבילה, שכחתי לעשות כן. אני מאוד חוששת להיכנס להיריון כעת היות שיש לי ב"ה תינוקת בת ארבעה חודשים ואני עדיין מתאוששת מהלידה. שמעתי שקיימת גלולת 'היום שאחרי' המיועדת למקרים כאלה. האם ניתן להשתמש בה באופן חד פעמי?

תשובה

קיימים סוגים שונים של 'גלולת היום שאחרי', כולן על בסיס הורמונלי. הן ניטלות כאשר קוימו יחסי אישות ללא אמצעי מניעה, ויש צורך למנוע היריון. הגלולה יוצרת ברחם ובצוואר הרחם מצב המעכב הפריה. במקרה שההפריה כבר התרחשה, והטיפול התחיל תוך 24 שעות מקיום היחסים, הגלולות תמנענה, באחוזים די גבוהים, את השתרשות העוברון ברחם. בגלולות אלה יש ריכוז גבוה יותר של הורמונים מאשר בגלולות רגילות, ועל כן הן גורמות לתופעות לוואי קשות יותר. יש להעיר כי תוך חמישה ימים מהיחסים הלא-מוגנים, ניתן להכניס התקן תוך-רחמי כחלופה לשימוש בגלולת 'היום שאחרי'.

השימוש בגלולות אלו אינו רצוי לכתחילה. אולם בדיעבד, אם התקיימו יחסי אישות שהתבררו כלא מוגנים, ואת נמצאת במצב שבו מותר וחשוב למנוע היריון, ניתן להשתמש בגלולה זו, ורצוי סמוך ככל האפשר לזמן קיום היחסים. לאמהות מניקות ניתנות גלולות המכילות פרוגסטרון בלבד ע"מ לא לפגוע בייצור החלב. חשוב לדעת שכאשר לא עברו שישה חודשים מהלידה, ואת מניקה באופן מלא ללא תוספות, ולא חזר המחזור - סיכוייך להיכנס להיריון הם פחות מ-2%.

הרחבה

1. השאלות בהלכה שמעלה השימוש בגלולה זו הינן:
2. באם אכן מונעת 'גלולת היום שאחרי' את השרשת העוברון - האם דינה כהפלה?
3. האם השימוש ב'גלולות היום שאחרי' מוגדר כהשחתת זרע?

בנושא החשש להפלה

הגלולה מיועדת לנטילה בסמוך ליחסי אישות. היא בשיא יעילותה תוך 24 השעות הראשונות, וביעילות סבירה עד 72 שעות. ניתן ליטלה עד חמישה ימים מקיום יחסי אישות, אך כאמור יעילותה יורדת בהדרגה עם הזמן החולף.[1] בהתאם לזמן נטילתה במחזור החודשי, היא עשויה למנוע ביוץ, הפרייה או השרשת הביצית המופרית. עיתוי זה יוצא בתוך ארבעים יום להפרייה, שאז לרוב המכריע של הפוסקים נדון העובר כ'מיא בעלמא'.[2] אמנם בשו"ת משנה הלכות[3] אסר את השימוש בהתקן תוך-רחמי מדין רציחה, מכוח דברי הגמרא[4] שיש נשמה בעובר משעת הפקידה, שהיא תחילת ההירון. אך כבר נדחו דבריו בשו"ת בני בנים שפירש שבסנהדרין לא דיברו בנשמת אדם כי אם בכוח החיים המשותף לכל בעלי החיים, והרי מותר ליטול נפשם של בעלי חיים.[5]

יש לציין שאף אם התקיימה הפריית הביצית, גלולת 'היום שאחרי' אינה פועלת להפלת העוברון כי אם למניעת השרשת הביצית המופרית, ואין בכך איסור.

בנושא החשש להשחתת זרע

למרות שהגלולה וההתקן פועלים בצורה שונה, לשניהם יכולת למנוע הפריה ואף השרשה על ידי יצירת תנאים 'עוינים' בגוף האישה. אמנם בשונה מההתקן, בגלולת 'היום שאחרי', בעת קיום היחסים היה פוטנציאל מלא לקיום הירינן, ורק לאחר היחסים עושה האישה, ביודעין ובכוונה, פעולה שמטרתה למנוע את הפריית הביצית על ידי הזרע; ובאם הופרתה - את השרשתה ברחם. על כן אפשר לשאול אם יש כאן חשש להשחתת זרע.

---

1 יעילותה פוחתת לאחר 72 שעות.

2 יבמות סט עמ' ב.

3 שו"ת משנה הלכות ח"ט סי' שכח ד"ה ומעתה י"ל. וכתב האג"מ באבה"ע ח"ג סי' כא שהוא חשש רחוק.

4 סנהדרין צא ע"ב.

5 שו"ת בני בנים ח"ג סי' לח.

אולם, יש צד להקל בפעולה הנעשית על ידי האישה לאחר קיום היחסים, מכיוון שהאישה אינה מצווה על פרייה ורבייה וכן אינה מצווה, לחלק גדול מן הדיעות, באיסור השחתת זרע.[6]

מכל מקום, נראה כי אין להתייחס לפעולת הגלולות כפעולה של השחתת זרע כיוון שאינן משפיעות ישירות על הזרע כי אם על רירית הרחם והצוואר. הבנה זו, הנכונה גם לגבי ההתקן, גרמה לשינוי הדירוג ההלכתי של ההתקן בתשובותיו של הגרא"י וולדינברג.[7]

בשל תופעות הלוואי, 'גלולת היום שאחרי' אינה מומלצת כי אם בשעת הדחק. חשוב לדעת שתוך חמישה ימים מהיחסים הלא-מוגנים, ניתן להכניס התקן תוך-רחמי כחלופה לשימוש בגלולת 'היום שאחרי'.[8]

א.ק. והצוות

[6] שאלת העדיפות של אמצעי מניעה המושם לפני תשמיש לעומת אמצעי מניעה הנכנס לפעולה אחרי תשמיש תלויה במחלוקת רש"י ור"ת בסוגיית משמשת במוך, ומופיעה לאורך כל שרשרת הפסיקה בדיון לגבי מוך, קוטלי זרע ושטיפה לאחר תשמיש. עיון נרחב בשיטות השונות ניתן למצוא בציץ אליעזר חלק ט סי' נא שער ב. וראו לעיל סי' לה, שימוש בדיאפרגמה.

[7] שו"ת צי"ץ אליעזר ח"י סי' כה פרק י. בתשובה מוקדמת, דירג הרב וולדינברג את הגלולות כעדיפות ראשונה, ולאחריהן הדיאפרגמה, ואחריה ההתקן. בעקבות מידע רפואי מעודכן על דרך פעולות ההתקן מחד גיסא, ועל חשש פגיעת הגלולות בבריאות האישה מאידך גיסא, הוא שינה את דירוג ההתקן למקום הראשון.

[8] ראו נספח רפואי ה, אמצעי מניעה.

סימן לז

שימוש בזריקת פרוגסטרון

שאלה

עלי למנוע היריון, אך לאחרונה גילו אצלי קרישיות יתר ולכן נאסר עלי ליטול אסטרוגן. הרופא המליץ על זריקת depo-provera. אני נוטה לשכוח דברים, ולכן זריקה אחת לשלושה חודשים נראית לי חלופה טובה יותר מנטילת גלולה יומית. האם הזריקה מותרת לפי ההלכה?

תשובה

הזריקה depo provera היא זריקה המכילה הורמון מסוג פרוגסטרון. זוהי דרך אלטרנטיבית ליטול פרוגסטרון כדי למנוע היריון, באופן דומה לגלולות מיקרולוט או סרזט, אך ללא צורך לעשות פעולה כלשהי מדי יום.[1] לאחר הזריקה, הפרוגסטרון מופרש איטית אל הגוף וכך מונע היריון במהלך שלושה חודשים. מבחינה הלכתית, הדיון על השימוש בזריקה זהה לדיון על השימוש בגלולות למניעת היריון, ולכן מותר לך לקבל אותה.

אמנם, בדומה לגלולות המבוססות על פרוגסטרון, הזריקה עלולה לגרום לדימומים ולריבוי כתמים. הזריקה אינה מומלצת, היות שבמקרה שגלולות הפרוגסטרון גורמות להכתמה מרובה, יש אפשרות להפסיק באמצע החפיסה ולעבור לאמצעי מניעה

[1] אמצעים הורמונליים המכילים פרוגסטרון בלבד ניתנים לנשים מניקות משום שאינם מכילים אסטרוגן אשר עלול לפגוע בכמות החלב של האם. בנוסף, רופאים ממליצים על הזריקה לנשים השוכחות מידי פעם ליטול גלולות. נטילת פרגסטרון לבד גם אפשרית בצורת שתל תת-עורי. להרחבה על השתל התת-עורי, ראו נספח רפואי ה, אמצעי מניעה.

אחר. לעומת זאת, לאחר הזריקה אין אפשרות להפסיק את השפעתה למשך כשלושה חודשים, גם אם תסבלי מכתמים מרובים.

במידה שתבחרי בכל זאת, לאור מצבך המיוחד, לקבל את הזריקה, יש ללמוד היטב את הלכות כתמים, על מנת שככל שניתן, לא תאסרי את עצמך ללא צורך.

הרחבה

לפירוט הסיכונים האפשריים בנטילת הורמונים לנשים המצויות בקבוצת סיכון, ראו נספח רפואי ה, אמצעי מניעה.

פוסקים רבים הורו שמניעת היריון באמצעות נטילת הורמונים אינה כרוכה בהוצאת זרע לבטלה או בהשחתת זרע. לכן, במצבים בהם מותר למנוע היריון, מותר לעשות זאת באמצעות נטילת הורמונים,[2] הן על ידי גלולות והן על ידי זריקה.

אמנם, במקרה שהזריקה גורמת לכתמים, אין לאישה אפשרות להפסיק את הטיפול, שכן השפעת הזריקה נמשכת למשך מספר חודשים ברציפות. לכן עלולות לצוץ שאלות רבות בהלכות כתמים, שיצריכו קולות מפליגות במספר בדיקות וכו׳.[3] לכן הזריקה אינה מומלצת.

א.ק.

---

[2] שו״ת אגרות משה אה״ע ח״ג סי׳ כד, שו״ת ציץ אליעזר ח״י סי׳ כה פרק י.

[3] בהתחלת הייצור המסחרי של הגלולות, הגר״מ פיינשטיין והגרי״א הענקין אסרו את השימוש בהן בשל השאלות הרבות שהתעוררו בעקבותן (שו״ת אגרות משה אה״ע ח״ד סי׳ עב). מאז, מינון ההורמונים בגלולות הופחת והצטמצמו הכתמים. בכל מקרה, ניתן להפסיק מיידית את השימוש בגלולה מסוימת במידה שהיא גורמת לריבוי כתמים.

סימן לח

עונת פרישה וסילוק דמים בעת נטילת גלולות

שאלה

התחלתי השבוע ליטול גלולות, לפי הוראות הרופא. לפני כן היה לי וסת שאינו קבוע. האם עלי לחשוש לימי הפרישה של הווסת הקודם גם בעת נטילת הגלולות?

תשובה

בעת נטילת גלולות המשלבות את ההורמונים פרוגסטרון ואסטרוגן, אישה לא מצפה לראות דם ומבחינה הלכתית היא נחשבת 'מסולקת דמים'. לאחר סיום חפיסת גלולות מופיע דימום נסיגה ('מחזור מדומה'). כלומר כעת הווסת שלך תלוי בנטילת הגלולות, ולכן אינך חייבת לפרוש בעונות הפרישה הרגילות (עונת החודש, הפלגה, ובינונית) כי אם בהתאם להפסקת הנטילה. מועדי הפרישה שלך ישתנו בחדשים הראשונים של נטילת גלולות עד שתקבעי וסת לגלולות. [1]

הרחבה

ניתן לחלק את האמצעים ההורמונליים למניעת הירין לשתי קבוצות: מניעה המבוססת על פרוגסטרון בלבד והמניעה המשולבת. כיום, אפשר ליטול את המניעה המשולבת בצורת גלולות, מדבקות או טבעת וגינלית. סימן זה אמנם עוסק בגלולות, אך הוא הדין לאמצעים ההורמונליים המשולבים האחרים, כגון טבעת המפרישה הורמונים או מדבקה.[2]

הגלולות המשולבות ניטלות מידי יום במשך שלושה שבועות, ולאחר מכן מופסקות

---

[1] להדרכה מפורטת עיינו להלן ס' לט, קביעת וסת לגלולות.

[2] גלולות או זריקה המכילות פרוגסטרון בלבד מצריכות דיון נפרד.

לשבוע, שבמהלכו יופיע 'מחזור מדומה'. בדומה, טבעת נרתיקית מוכנסת אחת לשלושה שבועות, ולאחר הוצאתה יתחיל הדימום. מדבקה גם היא מוחלפת מידי שבוע במשך שלושה שבועות. ישנן נשים המצרפות חפיסות של גלולות (או טבעות או מדבקות נוספות) ללא הפסקה על מנת לדחות את הדימום.

יש להעיר שהתרופות משתנות כל הזמן, ולכן יש להתעדכן רפואית והלכתית באופן שוטף.

סילוק דמים בזמן נטילת גלולות

הניסיון מורה כי מליוני נשים המשתמשות בגלולות למניעת היריון - וסתן נדחה.[3] פוסקי זמננו תלו דין הנוטלת גלולות בדין היושבת במחבוא, שדמיה מסולקים מחמת חרדה. במשנה בנדה[4] ר' מאיר אומר: "אם היתה במחבא והגיע שעת וסתה ולא בדקה הרי זו טהורה, מפני שחרדה מסלקת את הדמים", וכן נפסק בשולחן ערוך.[5]

אמנם ביושבת במחבוא סילוק הדמים אינו מוחלט. כך מעיר הרמ"א שלכתחילה אישה במחבוא צריכה לבדוק בשעת הווסת,[6] והט"ז מסביר שהחשש הוא שמא יסור הפחד מלבה לזמן-מה ותראה.[7] טעם נוסף להצריך בדיקה לכתחילה הוא על פי המאירי, שאין כל הדעות שוות להבחין בין פחד לבהלה:[8] פחד מסלק את הדמים אך בהלה דווקא גורמת לדימום, וכדכתיב ותתחלחל המלכה מאד, ודרשוהו חז"ל שאסתר פרסה נידה.

אך בשונה מחרדה שאינה מונעת את הראייה באופן מוחלט, מעוברת ומניקה ברור שדמיהן מסולקים.[9] פעולת הגלולות יוצרת מצב פיזיולוגי דמוי-היריון, כך שנכון יותר להשוות אישה הנוטלת גלולות למעוברת מאשר לאישה במחבוא. והגם שבשו"ת משנה

---

[3] יש מי שחייבו לחשוש לעונות הפרישה הקודמות למשך 3 החודשים הראשונים של השימוש בגלולות, וראו נטעי גבריאל, הלכות נידה ח"ב פרק ק סע' א, עמ' תתקיא, וכן מראה כהן פרק ח סע' א עמ' קנב. ראו להלן סי' לט קביעת וסת גלולות.

[4] פרק ד משנה ז.

[5] יו"ד סי' קפד סע' ח.

[6] יו"ד שם. וכן כתב הטור שם.

[7] יו"ד שם ס"ק יא.

[8] בית הבחירה נדה ט ע"א.

[9] בית יוסף יו"ד סי' קפד סע' ח, ש"ך שם ס"ק כא, ט"ז שם ס"ק יא.

הלכות מסתפק בדין זה,[10] יש מי שהורו כן.[11] בשו"ת קנין תורה כתב בפשטות "שהיא מסולקת דמים מגופה ואין הדבר תלוי בדעתה כלל, ולמה תגרע ממעוברת ומניקה".[12]

האם גלולות מסלקות דמים מיד או לאחר זמן?

עד כמה ניתן לסמוך על יעילותן של הגלולות במניעת וסת? לפני חמש מאות שנה, דן הרדב"ז בימי פרישתה של אישה השותה תכשיר המעכב את וסתה.[13] הוא כותב לסמוך על התכשיר, בין השאר כיוון שנשים רבות ניסוהו והועיל להן.[14] בניגוד לכך, בדור הקודם בעל מנחת יצחק כתב שאין טיפול שניתן להניח לגביו מראש כי הוא מונע וסת.[15] אמנם, מאז רבים כתבו כי ניתן לסמוך על אמצעים הורמונליים היום כמונעים וסת אפילו יותר מהתכשיר שמזכיר הרדב"ז.[16]

כך בטהרת הבית[17] מביא בשם בעל שו"ת באר משה, "שבהיות שכדורים אלה נתנסו על מיליון נשים ונתברר שכל זמן שהן לוקחות הכדורים האלה אינן רואות דם כלל, הוה ליה כדין היתה נחבית במחבוא שחרדה מסלקת הדמים". ומסיק בטהרת הבית שכיוון שדיני פרישה מדרבנן, יש לסמוך על נטילת כדורים שהוכחו להיות מעכבי וסת אצל רוב נשים.[18] בדומה לכך כתב גם בעל שבט הלוי.[19]

---

[10] שו"ת משנה הלכות ח"ז סי' קכג.

[11] שו"ת קנין תורה ח"ב סי' פז אות ג וכן בספר גופי הלכות על הל' נדה עמ' לו בשם מחבר באר משה, שניהם מובאים בטהרת הבית ח"א סי' ב, משמרת הטהרה ס"ק יח.

[12] שו"ת קנין תורה שם.

[13] שו"ת הרדב"ז ח"ח, מכתב יד, יו"ד סי' קלו, שמביא כמה טעמים לפסיקתו.

[14] לדעת הרדב"ז, על האישה לפרוש בעונה הראשונה של הווסת, עד שתוחזק בג' פעמים שהתרופה מונעת דימום אצלה, וראו להלן.

[15] שו"ת מנחת יצחק ח"א סי' קכז. יש לציין שהגלולות שהיו קיימות בזמן כתיבת דבריו עדיין לא היו מפותחות כאמצעים ההורמונליים שבימינו.

[16] טהרת הבית ח"א סי' ב במשמרת הטהרה בסוף ס"ק יח; שו"ת מנחת שלמה מהדורא תנינא (ב-ג) סי' עה, שעוסק בנטילת גלולות ע"י כלה, אך מסתבר שכן דעתו לגבי כל אישה. וראו גם בס' מראה כהן עמ' קפד.

[17] טהרת הבית ח"א סי' ב סע' יח (עמ' קטז-קיט).

[18] בנשמת אברהם (סי' קצג על סע' א) מובאים דברי טהרת הבית אך המחבר כותב שישנן נשים הרואות כתמים בתקופה בה הן מתחילות ליטול גלולות. נראה שלדעתו עקב הדימומים הנגרמים מגלולות, קשה להניח כי גלולות מסלקות את הדמים. ראו נספח רפואי ה, אמצעי מניעה, בנושא דימומים בזמן נטילת הורמונים.

[19] שיעורי שבט הלוי נדה סי' קפד סע' ח אות ב.

האם לאור זאת ניתן להקל בעונות הפרישה הרגילות בעת נטילת גלולות? על כך נחלקו אחרונים ופוסקי זמנינו: אחדים הורו, בדומה לרדב"ז בזמנו, כי על האישה לפרוש בעונותיה הרגילות עד שהגלולות תמנענה את וסתה ג' פעמים, לפי הסברא שאי אפשר לדעת בוודאות שהגלולות ישפיעו עליה לסלק את הדמים עד שתקבע חזקה.[20] לעומתם, אחרים סוברים שאין צורך בפרישה אף קודם קביעת חזקה, כי מוכח על ידי אלפי נשים שהגלולות מעכבות וסת.[21]

על כל פנים, לאחר שלוש פעמים שהגלולות הוכחו כמונעות וסת, אין לחשוש יותר לעונת החודש וההפלגה ולעונה בינונית, שאז ידוע שהדימום בא בעקבות הגלולה ולא כתוצאה מתאריך או מהפלגה מסויימת.[22] ויש על מי לסמוך להקל בפרישה בעונות ההפלגה והחודש אף קודם שהגלולות הוחזקו כמונעות וסת.

ש.כ.

---

[20] רדב"ז שם, מנחת יצחק שם, משנה הלכות שם, ציץ אליעזר חלק יג סע' קג.

[21] במנחת שלמה שם מצריך בדיקה אך לא פרישה, בשבט הלוי שם סובר שלכתחילה צריך בדיקות אך לא פרישה עד שהאישה מוחזקת לגלולות, ובטהרת הבית שם אינו מצריך פרישה אך סיים "המחמיר תבוא עליו הברכה". וכך גם פוסק הר"י ורהפטיג.

[22] וכן מובא בדרכי טהרה פ"ז (עמ' פו), שאישה אינה צריכה לחשוש לשום תאריך כל עוד היא נוטלת גלולות. בנושא הפרישה משמפסיקה ליטלן, עיינו להלן סי' מ.

סימן לט

קביעת וסת לגלולות

שאלה

התחלתי ליטול גלולות לפני שבועיים. לפי ההוראות המצורפות לחפיסה, המחזור אמור להופיע יומיים עד ארבעה ימים מהפסקת הנטילה. כיצד עלי לחשב את עונת הפרישה כאשר אסיים את החפיסה? האם ניתן לקבוע וסת לפי נטילת גלולות? כיצד עלי לנהוג במידה והמחזור אינו מגיע בזמן הצפוי?

תשובה

לאחר הפסקת הגלולות, בדרך כלל תראה האישה דימום הדומה למחזור ('דימום נסיגה') כעבור יומיים עד ארבעה ימים מנטילת הגלולה האחרונה שבסידרה. במצב זה, לא חלות עליך עונות הפרישה הרגילות (עונה בינונית, וסת החודש, ווסת ההפלגה) ובמקום זאת עליך לחשב את עונת הפרישה בהתאם למועד הפסקת הגלולות. מועדי הפרישה עשויים להשתנות בחודשים הראשונים עד שתקבעי וסת לגלולות.

בגמר החפיסה הראשונה, עליכם לפרוש על פי הנקוב בהוראות שבחפיסה אשר מפרטות את המועד הצפוי להופעת המחזור. כאשר מצויין טווח של ימים שבהם הדם אמור להופיע, עליכם לפרוש בכל ימי הטווח הנ"ל, ולשיטת הר"י ורהפטיג, רק ביום האחרון של הטווח הנ"ל.[1]

בגמר החפיסות הבאות, עליכם לפרוש לאחר מספר הימים שחלפו בפעם הקודמת בין הפסקת הגלולות לבין הופעת הדימום. אם הדם לא יופיע במועד הצפוי, עליך לפרוש גם ביום האחרון של הטווח הנקוב בהוראות.

---

[1] ראו להלן סעיף 3.

אם הדם יופיע שלוש פעמים רצופות באותו הפרש ימים ממועד הפסקת נטילת הגלולות, בקביעות ביום או בלילה – קבעת וסת קבוע לגלולות. מכאן ואילך תפרשו במועד זה בלבד כל עוד את נוטלת גלולות.

במידה ובעתיד יחלוף פרק זמן שונה בין הפסקת הגלולות לראיית הדם–עליכם לפרוש בחודש שלאחר מכן לפי הווסת הקבוע וגם לפי הראייה הנוספת. אם תראי שלוש פעמים רצופות שלא בזמן הקבוע, הווסת ייעקר.[2]

עליך לבצע בדיקה בעונת הפרישה שלך.

הרחבה

נדון בכמה שאלות בנושא קביעת עונות פרישה לאישה הנוטלת גלולות:[3]

א. גדר 'וסת הגלולות'

ב. כיצד מחשבים את ימי הפרישה?

ג. האם יש לחשוש לכל טווח הימים הרשומים בחפיסה?

גדר 'וסת הגלולות'

המשנה במסכת נדה מגדירה הרגשות גופניות יוצאות דופן המלוות את הופעת המחזור, כגון שורת פיהוקים או עיטושים, כווסת הגוף.[4] הגמרא הוסיפה לכך פעולות רצוניות, וכן פסק הרמ"א: "אכלה שום וראתה, אכלה בצל וראתה, אכלה פלפלין וראתה, יש

[2] במקרה שאישה עוברת לסוג חדש של גלולות, עליה לחזור ולנהוג כפי שנהגה בהתחלת נטילת הגלולות הקודמות.

[3] מעבר לשמושן כאמצעי מניעה, גלולות למניעת היריון משמשות רפואית גם להסדרת מחזור לסובלות ממחזור בלתי-סדיר או מבעיה הורמונלית אחרת. בזמן נטילת גלולות, ההורמונים הסינתטיים שומרים על רירית רחם. לאחר הפסקת נטילת הגלולות, ירידה ברמת ההורמונים גורמת לדימום. סימן זה עוסק בגלולות משולבות (הכוללות אסטרוגן ופרוגסטרון) אך הוא הדין לאמצעים משולבים אחרים, כגון טבעת המפרישה הורמונים או מדבקה. בנושא גלולות פרוגסטרון או התקן תוך-רחמי מסוג מירנה, ראו נספח רפואי ה, אמצעי מניעה; וראו גם מאמר מקיף בנושא אמצעי מניעה הורמונליים מאת הרב שלמה לוי בתחומין כרך ג'. בנושא זריקה הורמונלית, ראו לעיל סי' לז הערה 1.
בשנים האחרונות, התפשטה תופעה של נשים המצרפות חפיסות בזו אחר זו על מנת להאריך את משך הזמן ללא דימום וסתי. עיינו להלן סי' מא, נטילת גלולות ברצף.

[4] נדה סג ע"א .

אומרים שקבעה לה וסת לראיה ע"י כל אכילת דברים חמים".[5] למרות שווסת הגלולות הפוכה מווסת אכילת ד"ח, שכן דווקא הפסקת ה'אכילה' היא הגורמת לדם לבוא, ולא ה'אכילה'–יש לה עדיפות על פניה, שכן בווסת התלוי במעשה, הקשר בין המעשה לראייה של דם אינו מובהק, שכן תופעה כזו לא תופיע אצל רוב נשים. לעומת זאת, בווסת הגלולות קיימת הוכחה ברורה הנשענת על נסיונן של מליוני נשים, להעדר דם בזמן נטילת הגלולות ולהופעתו לאחר הפסקת הנטילה.[6]

ככל וסת קבוע, גם בווסת הקבוע לגלולות על האישה לבצע בדיקה בעונת הווסת, ואין צורך בבדיקות נוספות.[7] לאחר הפסקת נטילת הגלולות, בדימום הראשון יש לאישה עדיין דין וסת קבוע. לאחר מכן, אין לחשוש לווסתה שנקבע לגלולות והוא נעקר לאלתר.[8]

כיצד יש לחשב את עונת הפרישה?

כאמור, למשך נטילת הגלולות אין האישה צפוייה לראות דם, ואף נחשבת למסולקת דמים.[9] לאחר סיום החפיסה, על האישה לפרוש מבעלה בימים בהם היא צפוייה לראות את דם וסתה. בין פוסקי זמננו קיימים חילוקי דעות באשר לימים בהם יש לפרוש:

1. לאחר סיום החפיסה הראשונה

יש לחשב את מועד הפרישה לפי ההנחיות המלוות לגלולות, והדבר משתנה מתרופה לתרופה. בשבט הלוי[10] כתב שעל האישה לפרוש החל מיממה לפני המועד בו צפוי הדם לבוא. ואילו בטהרה כהלכה[11] כתב שתחילת הפרישה היא רק בעונה שבה הדם

---

[5] נדה יא ע"א ויו"ד סי' קפט סע' כג. ושמא דווקא דברים חמים [=חריפים] ולא שאר מאכלים גורמים לבוא הווסת, וראו מאמרן של יועצות הלכה ד"ר דינה צימרמן וד"ר טובה גנזל בתחומין כרך כ עמ' 365-6.

[6] שערי אורה עמ' 236. ולכן מסתבר שאף הרמב"ם והרשב"א הסוברים שווסת הקפיצות נקבע רק בשילוב עם זמן מסויים (הל' איסורי ביאה פ"ח הל' ה, ותורת הבית בית ז שער ג), יסכימו שווסת הגלולות ייקבע ללא תלות בזמן מסויים, בדומה לווסת אכילת דברים חריפים. ראו גם תוספות נדה דף סג ע"ב ד"ה אכלה שום וראתה. והרחבה במאמרו של הרב שלמה לוי בתחומין כרך ג. (לדבריו, בגלל ההוכחה הברורה, הפרישה בווסת הגלולות היא מדאורייתא).

[7] יו"ד סי' קפד סע' ט. ראו להלן סי נה, בדיקות בעונת פרישה באישה המרבה להכתים.

[8] ראו להלן סי' מ , עונת פרישה בתום שימוש בגלולות.

[9] שו"ת שבט הלוי ח"ד סי' צט אות ט. וראו לעיל סי' לט עונת פרישה וסילוק דמים בעת נטילת גלולות.

[10] שיעורי שבט הלוי סי' קפט סע' כג אות ה.

[11] טהרה כהלכה פרק 24 קו: ב.

צפוי להופיע. שני המחברים לא קבעו את משך הפרישה, ואילו בדרכי טהרה כתב שיש לפרוש החל מ-36 שעות אחרי הפסקת הגלולות, ועד 7 ימים.[12] אחרים פסקו שיש לחשוש לכל טווח הימים המופיע על גבי החפיסה. לדעת הר"י ורהפטיג, יש לפרוש רק ביום האחרון מבין הימים בהם צפוי הדם להופיע[13] וראו להלן.

2. בפעמים הבאות, עד שייקבע וסת קבוע

האישה תפרוש לאחר ההפלגה שבין הפסקת הגלולות להופעת הדימום שהיתה בפעם הקודמת, בדומה לכל וסת שאינו קבוע.[14]

אם האישה לא ראתה דם בהפלגה של הפעם הקודמת, לדעת הר"י ורהפטיג עליה לפרוש גם ביום האחרון של טווח הימים הרשומים בחפיסה, היות והמציאות מוכיחה כי לאחר הפסקת נטילת גלולות רוב נשים לא תעבורנה את היום האחרון שרשום בחפיסה ללא ראיה של דם.[15] אין צורך להמשיך לפרוש אם לא תראה ביום זה.

3. לאחר שנקבע וסת לגלולות

אם אישה קבעה וסת לגלולות, למשל ראתה שלוש פעמים יומיים לאחר הפסקת הגלולות, היא חוששת מעתה לזמן שנקבע בלבד.[16]

ההנחיות הללו נכונות הן לאישה המסיימת חפיסת גלולות אחת והן לאישה המצרפת מספר חפיסות (או חלקי חפיסות) ברצף. בכל המקרים חוששת לפי סיום נטילת הגלולות.

---

[12] דרכי טהרה עמ' ק"ה סע' ק"ב.

[13] יחד עם זאת מומלץ להיזהר ביחסים מחשש לרואה מחמת תשמיש כיוון שייתכן מאד שיופיע דם.

[14] דעה חולקת כותב הרב סיני אדלר (במאמרו בתחומין כרך ד עמוד 461, כתגובה למאמרו של הרב שלמה לוי "השפעת השימוש בגלולות על דיני וסתות" תחומין כרך ג), שדין הנוטלת גלולות כדין מעוברת בג' חודשים ראשונים ואף חמור ממנו, שהרי בגלולות אי אפשר לומר שפסקו דמיה כמעוברת, ועליה לחשוש בחודש השני והשלישי לגלולות גם לווסת הקבוע שהיה לה לפני נטילת הגלולות וגם להפרש הימים שלאחר הפסקת הגלולות בפעם הקודמת, ושכן שמע מהגרי"ש אלישיב.

[15] מטעם 'וכי לעולם לא תראה', בדומה לסברת הרמב"ן באישה בעלת וסת הפלגה קבוע פחות משלושים יום שלא ראתה בווסתה הקבוע. לפי הרמב"ן, היא צריכה לחשוש לעונה בינונית לכשתגיע, מכח סברת 'וכי לעולם לא תראה' (נדה טו ע"א ד"ה והוא). אמנם השו"ע פסק כרשב"א (תוה"ב בית ז שער ג, דף טו ע"א) שרק נשים שאין להן וסת קבוע צריכות לחשוש לעונה בינונית ולא כרמב"ן, אך נראה שכאן גם הרשב"א יודה לסברה זו, בגלל אופיין המוכח של הגלולות.

[16] שערי אורה שם.

כאמור, יש לבצע בדיקה בסוף עונת הפרישה.[17]

האם יש לחשוש לכל טווח הימים הרשומים בחפיסה?

לפי הנודע ביהודה,[18] אם אישה רואה דם באופן קבוע בטווח מסויים של ימים, ווסתה אינו מקדים או מאחר מימים אלו, הרי שהימים הללו נחשבים לווסת הקבוע שלה וקרויים 'ימי המבוכה'.[19] הסוברים כשיטת הנודע ביהודה שיש לחשוש למשך כל ימי המבוכה, יסברו שיש לפרוש לאחר הפסקת הגלולות למשך כל טווח הימים בהם עלולה לראות.[20] לדוגמא, אם בחפיסה רשום שהדימום צפוי החל מ-24 שעות ועד ל-72 שעות לאחר הפסקת הגלולות, על האישה לפרוש מבעלה למשך כל הימים האלו.

אולם המנהג,[21] המבוסס על שיטת הש"ך,[22] הוא שאין חוששים לימי מבוכה, ואם כן הפרישה היא בהתאם לראיית הדם האחרונה בלבד. אך בחודש הראשון לגלולות, אין לאישה הנוטלת גלולות ימי פרישה המבוססים על הראייה האחרונה, כי נטילת הגלולות עוקרת כל חישוב קודם. לכן לדעת הר"י ורהפטיג יש לחוש ליום האחרון בטווח הימים המופיע על הקופסא (ולדוגמא, אם כתוב שהדימום יופיע עד ארבעה ימים, צריכה לפרוש ביום הרביעי).[23]

---

[17] שו"ת שבט הלוי (ג קכד) שאסורה עד שתבדוק אפילו בווסת הגלולות שאינו קבוע, ובשיעורי שבט הלוי סי' קפט סע' כג ס"ק ה. ראו להלן סי' נה, בדיקות בעונת פרישה באישה המרבה להכתים.

[18] מהדורה קמא יו"ד סי' מו.

[19] ימי המבוכה נעים לפי הפוסקים בין 3 ל-7 ימים, וראו שערי אורה עמ' 223.

[20] ראו דרכי טהרה לעיל. נראה כי כך סובר גם בשערי אורה עמ' 236 וכן במאמרו בתחומין שם, שימים אלו שהאישה עלולה לראות בהם דם לאחר הפסקת נטילת גלולות הם 'ימים מסופקים'.

[21] והוא מנהג ירושלים כפי שהר"י ורהפטיג שמע מפי הרב דב בער אליעזרוב.

[22] יו"ד סי' קפט ס"ק לט.

[23] הסבר דעתו של מו"ר הר"י ורהפטיג כך הוא: את מועד הפרישה בגלולות בטרם תקבע וסת קבוע יש ללמוד ממחלוקת הראשונים לגבי עונה בינונית. נחלקו הראשונים אם בעלת וסת קבוע צריכה לחוש לעונ"ב: לדעת רש"י (להבנת הרמב"ן והרשב"א), כל אישה בין אם אין לה וסת קבוע ובין אם יש לה וסת קבוע, צריכה לחוש גם לעונ"ב שהוא יום השלושים, כיון שהוא יום שרוב הנשים רואות בו. מנגד, הרמב"ן והר"ן סוברים שאישה שיש לה וסת קבוע הארוך משלושים אינה צריכה לחוש לעונ"ב, שהרי תראה בווסתה שהוא מאוחר משלושים יום. אך אם וסתה קצר מעונ"ב ולא ראתה בו, תחוש ליום השלושים שרוב נשים רואות בו, מכח סברתם 'וכי לעולם לא תראה'. ולכן בעלת וסת קבוע לעשרים יום, ולא ראתה ביום זה, תחוש ליום השלושים. אך הרשב"א כתב שזו חומרא יתירה, וכל אישה בעלת וסת קבוע, אפילו לא תראה בו, אינה צריכה לחוש לעונ"ב. מהשו"ע יו"ד סי' קפט סק"א, וט"ז סק"א, נראה שפסקו כרשב"א וכן נראה בלחם ושמלה סי' קפט סק"ב שהבין כן. אומנם בפרי דעה טורי כסף סק"א וסקל"א הקשה על הט"ז מדברי הרמב"ן והר"ן 'וכי לעולם לא תראה', יעויין בדבריו. אמנם יש להקשות

הרי"ה הנקין פוסק שאפילו אם המנהג כש"ך שאין לחשוש לימי המבוכה, זהו באישה בעלמא. אבל בנידון שלנו כשקיימת חזקה המבוססת על מליוני נשים שתראה דם מב' עד ד' ימים, יש להורות לחומרא, ותפרוש לכל הטווח בחודש הראשון, ובחודש השני ועד שתקבע וסת–תפרוש לפי החודש הקודם, ככל בעלת וסת שאינו קבוע.

ש.כ.

על דעת הרמב"ן והר"ן: אם יש לשאול 'וכי לעולם לא תראה', אם כן מדוע אין לחוש מיד כשעבר זמן הווסת הקבוע הקצר (כדוגמת השו"ע ביו"ד סי' קפט סעי' א' "מכ' לכ' או מ-כה לכה") עוד לפני היום השלושים. וכן בעברה את העונ"ב ולא ראתה ובדקה ומצאה טהור מותרת - ושוב מדוע לא נחשוש לפי 'וכי לעולם לא תראה'? וצריכים לומר שאין חוששים אלא לתאריך יעד מסויים, כמו לווסת קבוע, לווסת שאינו קבוע (שמא תקבע), ולעונה בינונית (שרוב נשים רואות אז); אך אין לחשוש בהעדר יעד ברור. על פי זה, נראה שבמקרה הגלולות, שנסיונן של מליוני נשים ברור יותר מעונ"ב (וראו הר"י ורהפטיג "עונה בינונית בזמננו", תחומין כרך כד עמ' 242-235), ודאי שעד ארבעה ימים האישה נוטלת הגלולות תראה. לכן במקרה זה יש לחוש ליום האחרון שכתוב על החפיסה גם לדעת הרשב"א.

סימן מ

עונת פרישה בתום השימוש בגלולות

שאלה

מזה שנתיים, הנני נוטלת גלולות למניעת היריון. בקרוב אפסיק את נטילתן על מנת להיכנס להיריון בע״ה. כיצד עלי לחשב את ימי הפרישה לאחר תום השימוש?

תשובה

בזמן נטילת גלולות, עונות הפרישה נקבעות ביחס לגלולות בלבד ולא לפי הווסת שנקבע לפני הנטילה. עם הפסקת הגלולות יופיע ׳דימום הנסיגה׳. דימום זה עדיין תלוי בגלולות, ולכן אינו נחשב לצורך קביעת וסת וחישוב ימי פרישה. רק לאחר המחזור הספונטני הראשון, עליך לחזור לחשוש לווסת החודש ולעונה בינונית, ולאחר שני מחזורים ספונטניים, גם לווסת ההפלגה.

במקרה שהיה לך וסת קבוע קודם נטילת הגלולות, עליך לחשוש לו לאחר המחזור הספונטני הראשון בתום השימוש בגלולות.

הרחבה

בעת נטילת גלולות, אישה אינה מצפה לראות דם והיא נחשבת למסולקת דמים בדומה למעוברת ומינקת.[1] כשם שיולדת חוששת לווסתה הקודם כשחוזרת לראות דם מחזור לאחר הלידה,[2] כך האישה חוזרת לחשוש לעונות פרישה.

---

[1] וראו לעיל סי׳ לט, עונת פרישה וסילוק דמים בעת נטילת גלולות.

[2] אישה מינקת מוחזקת כמסולקת דמים במשך כ״ד חודש מהלידה, אך כיום רוב נשים חוזרות לראות דם קודם לכן, ולכן עם חזרת המחזור, חוזרות לחשוש לעונות הפרישה גם תוך כ״ד חודש. ראו לעיל סי׳ יט, עונות פרישה וקביעת וסת בכ״ד חודש לאחר לידה.

אם היה לה וסת קבוע קודם לנטילת גלולות, דינה כדין מינקת ששבה לראות, כאשר דין זה שנוי במחלוקת בין השלחן ערוך לש"ך. בשלחן ערוך נפסק כרשב"א שכאשר עבר זמן סילוק דמים, אישה חוזרת לחשוש לווסתה הקבוע.[3] לדוגמא אם היה לה וסת קבוע ליום מסויים בחודש, כשיגיע אותו תאריך בחודש תחשוש לווסתה מיד. לעומתו פסק הש"ך[4] שאישה חוזרת לחשוש לווסתה הקבוע רק לאחר שחזרה לראות דם פעם אחת, כדעת הרמב"ן והראב"ד. בעל טהרה כהלכה[5] פסק כשלחן ערוך, אולם יש שפסקו כש"ך להקל.[6]

מינקת לאחר כ"ד חודש, גם אם לא תראה בווסתה הקבוע הקודם, הוא ייעקר רק בג' פעמים.[7] כך גם דינה של המסיימת ליטול גלולות לדעת פוסקי זמננו.

אישה שהיתה בעלת וסת שאינו קבוע לפני נטילת הגלולות, אין לה לחשוש לו לאחר סיום נטילתן,[8] שכן הגלולות עוקרות וסת שאינו קבוע.[9] מבחינה רפואית, אין כל ודאות שתקבל מחזור דווקא חודש לאחר דימום הנסיגה. על כן אישה שהיה לה וסת שאינו קבוע קודם נטילת גלולות, תחשוש לעונה בינונית ולעונת החודש רק לאחר שמחזורה יופיע באופן ספונטני, ללא השפעת גלולות, שאז מוכח שיותר אינה מסולקת דמים. לווסת ההפלגה תחשוש רק לאחר ראייה אחת נוספת.[10]

ש.כ.

---

[3] יו"ד סי' קפט סע' לד כדעת הרשב"א במינקת, שפסק שכאשר עברו ימי העיבור וההנקה חוזרת לחוש לווסת הראשון, גם ללא כל ראייה.

[4] ש"ך יו"ד סי' קפט ס"ק עה; וראו שערי אורה, עמ' 236 וכן לעיל סי' יט.

[5] טהרה כהלכה פרק עשרים וארבעה סע' קו ב.

[6] בחכמת אדם כלל קיב ס"ק לח כותב שלדעת רוב הפוסקים, אין לחוש עד שתראה. ובשיעורי שבט הלוי סי' קפט סע' לד ס"ק ג, דאין בזה נפ"מ כל כך, כי לרוב הנשים אין וסת קבוע. וכן משמע בערוה"ש סי' קפט סע' פה, וכן בשערי אורה עמ' 231 כותב שאשכנזים יכולים להקל כש"ך.

[7] ב"י, ב"ח, ש"ך ועוד, סוף סי' קפט. אמנם בדרכי טהרה פרק ז עמ' קב, סע' צב כתב "ואם לא תראה דינה כבעלת וסת שאינו קבוע" וצ"ע בכוונתו.

[8] בדומה לדין מינקת שהיה לה וסת שאינו קבוע קודם עיבורה, פתחי תשובה קצט ס"ק לב בשם הנודע ביהודה. וראו טהרה כהלכה פרק 24 סע' קו ס"ק ב (עמוד תרס) וכן שערי אורה עמ' 236.

[9] קנה בושם הלכות נדה, סי' קפט סע' כג, ביאורי שו"ע ס"ק לא. כך הדין באישה מינקת, נודע ביהודה מובא בפ"ת סי' קפט ס"ק לב, וכ"פ דרכ"ט פרק ז עמ' פה.

[10] יו"ד סי' קפט סעיף לד.

סימן מא

נטילת גלולות ברצף

שאלה

הנני נוטלת גלולות למניעת הירַיון. הוצע לי לחבר חפיסות ללא הפסקה, כך שבמשך שלושה חודשים לא אקבל מחזור. רציתי לברר אם מותר לנהוג כך לפי ההלכה. ומה דינם של כתמים המופיעים במהלך שלושת החודשים?

תשובה

במידה ויש לכם היתר למנוע הירַיון, מותר ליטול גלולות ברצף[1] כפי שמותר להשתמש באמצעים הורמונליים אחרים.

דינם של כתמים המופיעים במהלך שלושת החודשים או כל תקופה אחרת של צירוף גלולות הינו זהה לדין כתמים רגילים. אם הכתם מלווה בהרגשה אוסרת,[2] והוא בצבע אוסר, את עלולה להיאסר.

אם הכתם אינו מלווה בהרגשה אוסרת, יש לבחון אותו לפי דיני כתמים. כדי שהכתם

---

[1] היום קיימות אפשרויות להארכת משך הזמן ללא דימום וסתי בעזרת אמצעי מניעה הורמונליים. ישנן מספר דרכים לכך, כולל צירוף חפיסות ללא הפסקה ביניהן. יצרני התרופות אף מייצרים גלולות לנטילה רציפה למשך שלושה חודשים דוגמת seasonale ו- seasonique, ושימושן נפוץ בעולם לצורך מניעת טורח המחזור. שיטות אלו יוצרות אופציה גם למניעת נידות למשך חודשים, אבל יש לקחת בחשבון שבחודשי השימוש הראשונים, עד שהגוף מסתגל לרמת ההורמונים, תיתכן הכתמה בין-וסתית. הכתמה זו ניתנת בדרך כלל לצמצום או מניעה ע"י הארכה הדרגתית של משך הזמן בו ניטלות הגלולות ברצף. עיינו בנספח רפואי ה, אמצעי מניעה.

[2] עיינו לעיל סי' כה, בדין הרגשה.

יאסור אותך, צריכים כל התנאים המפורטים להלן להתקיים. אם אחד מהם אינו מתקיים, הנך טהורה.

א. צבע הכתם - הכתם בצבע אדום, חום נוטה לאדום, או שחור.

ב. גודל הכתם - הכתם גדול מ׳כגריס׳, שהוא עיגול בקוטר של 19 מ״מ, או כל צורה אחרת בגודל הזה.

ג. מצע הכתם - הכתם נראה על דבר שמקבל טומאה, כגון על תחתון לבן או על גופך. נייר טואלט[3] ותחתונית אינם מקבלים טומאה, וכן כתם על בגד צבעוני אינו מטמא.

ד. תליית הכתם - אין כל גורם אחר שניתן לתלות בו את הכתם (כגון: פצע, טחורים, פטריה וכדומה).

מומלץ ללבוש במהלך נטילת גלולות בגד תחתון צבעוני או תחתונית כדי לא להיאסר. כמו כן כדאי לשים לב למספר דברים נוספים:

א. אם הכתמים נמשכים אך אינם מתגברים, עדיף לא לקיים יחסים, כדי לא להיאסר בשעת תשמיש. לראיה תוך כדי תשמיש עלולות להיות משמעויות הלכתיות מרחיקות לכת ולכן כדאי להיזהר. תוכלי לברר את מצב ההכתמה ע״י קינוח חיצוני בנייר טואלט, וקינוח זה אינו אוסר אותך גם אם יימצא דם על הנייר (כאשר אשכנזייה צריכה להמתין לפחות 15 שניות לאחר סיום מתן השתן ולפני הקינוח).

ב. אם הכתמים מופיעים אחרי השלמת החפיסה הראשונה, במהלך החפיסה השנייה או השלישית, ואינם מפסיקים, כדאי לשקול להפסיק ליטול את הגלולות, לקבל מחזור רגיל ולהתחיל שוב. פעמים רבות לוקח לגוף זמן להסתגל לנטילת הגלולות, ובשלב כלשהו רירית הרחם אינה מחזיקה יותר ורק הפסקת הגלולות יכולה לעזור להפסיק את הכתמים.

ג. במהלך נטילת הגלולות, את נחשבת כמסולקת דמים, ולכן אינך צריכה לחשוש לעונות פרישה, גם אם מופיעים כתמים בתאריכים אלו. לגבי שאלה זו ודרך הפרישה לאחר הפסקת הגלולות עייני לעיל סי׳ מ, עונת פרישה וסילוק דמים בתום השימוש גלולות.

---

[3] לגבי קינוח מיד אחרי שירותים עיינו לעיל סי׳ כז, דם על נייר קינוח.

ד. אם הכתמים מתגברים והופכים לראייה של ממש (כמו מחזור), את נאסרת ככל נידה. במצב כזה רצוי להפסיק את נטילת הגלולות לשבוע, ולהתחיל אותן אחר כך מחדש.

הרחבה

נטילת גלולות ברצף

רעיונות רבים נקשרו לחשיבות של שמירת דיני טהרת המשפחה על מנת לרענן את חיי הנישואין ולשמר אותם לאורך זמן.[4] המחזוריות של זמני ההיתר והאיסור יוצרת געגוע של בני הזוג זה לזה ויום הטבילה הופך להיות כעין חתונה בכל חודש מחדש. כך נמנעת השחיקה בחיי הנישואין הנובעת מהפיכתם לשגרה.[5]

עם זאת, לפי ההלכה עצמה ישנן תקופות בחיי הזוג בהן ישנו זמן ארוך וממושך של היתר, ואין בכך בעיה. למשל בזמן ההיריון, בתקופת ההנקה ולאחר גיל המעבר של האישה. מכאן שאין מניעה הלכתית ליצירת תקופה ארוכה של היתר, גם אם היא נעשית באופן מלאכותי.

דיני כתמים

פרטים רבים בדיני כתמים נידונו בסימנים קודמים[6] ולכן לא נרחיב בהם כאן.

המלצה שלא לקיים יחסים אם נמצא כתם

ההמלצה שלא לקיים יחסים הינה בגדר המלצה בלבד, וכל זוג יכול לשקול אותה

---

[4] למשל בנדה לא ב: תניא, היה ר"מ אומר: מפני מה אמרה תורה נדה לשבעה, מפני שרגיל בה וקץ בה. אמרה תורה: תהא טמאה שבעה ימים, כדי שתהא חביבה על בעלה כשעת כניסתה לחופה.

[5] יש להעיר שאין כאן 'תעודת ביטוח' לחיי נישואין מאושרים. ההלכות האלו מאפשרות זאת אם הזוג משתמש בהן ככלים לחיזוק הזוגיות. ללא עבודה עצמית של שני בני הזוג על הקשר ביניהם, לא תהיה בהלכות אלו כל תועלת בחיזוק הזוגיות. יותר מכך, לעיתים יחס שלילי אל ההלכות של תקופת האיסור עלול להכניס דווקא מתח וכעס לחיי בני הזוג. ברור שאין לשמור על ההלכות האלו רק מטעם זה, אלא הן עומדות בפני עצמן.

[6] עיינו לעיל סי' ד להקדמה כללית ופירוט בעניין גודל הכתם האוסר והמצע עליו נראה; להלן סי' מב, מתי הופכים כתמים למחזור; ולהלן סי' נד, צבעים בעדי בדיקה. הסימן הנ"ל עוסק בצבעים בעדי בדיקה אך אותם עקרונות תקפים גם לגבי צבעם של כתמים חיצוניים. בנושא המצע עליו נראה הכתם עיינו גם סי' א, תחתונית בז"נ באישה המנסה להרות; סי' ג, דם בשתן בזמן ההיריון; סי' יז, תלייה בטחורים בז"נ לאחר לידה; סי' כז, דם על נייר קינוח ; סי' מד, כתמים על תחתונית ובגד סינתטי; סי' נב, דימום מפצע הנגרם ע"י התקן תוך-רחמי; וסי' נו, כתמים מזעריים פעם בחודש.

לפי החשש מראייה ולפי אופי הכתמים. במקרה שמקיימים יחסים, כדאי להקפיד על סדינים צבעוניים ולנקות את עצמם אחר כך רק במגבות צבעוניות ולא להסתכל במגבת לאחר השימוש.

נ.ל.

סימן מב

מתי הופכים כתמים למחזור?

שאלה

אני מניקה ונוטלת גלולות סרזט. לאחרונה אני מוצאת כתמים מרובים, וכבר אינני יודעת להבדיל בין כתמים לבין המחזור עצמו. אין לי הרגשה פנימית בזמן יציאת ההפרשות אך מדובר בהפרשות אדומות בכמות כזו שלפעמים מחייבת אותי להחליף תחתונית כמה פעמים ביום. האם במצב המתואר אני נאסרת?

תשובה

כל עוד אין לך הרגשה הלכתית המלווה את יציאת ההפרשות הדמיות מהגוף, ההלכה מתייחסת אליהן על פי דיני כתמים. באם את מוצאת כתמים אלו על תחתונית, או על גבי בגד תחתון צבעוני, אינך נאסרת, וזאת אף אם התופעה מתמשכת.

עם זאת, כדאי לכם להימנע מיחסי אישות בימים אלו מחשש שמא יימצא דם מיד לאחר היחסים באופן מטמא, שמא תתעורר שאלה חמורה של רואה מחמת תשמיש. הימנעות זו תאפשר לכם גם לבחון אם יתפתחו הכתמים לדימום וסתי של ממש.

במידה שהכתמים ממשיכים להופיע לאורך זמן, כדאי לך לבצע קינוח חיצוני בנייר טואלט לפני קיום יחסים על מנת לוודא שאת נקייה.[1] מומלץ שתנקו את עצמכם לאחר היחסים במגבות צבעוניות ולא תסתכלו בהן, שכן כאשר האישה טהורה ושלא בעונה הסמוכה לווסת, אינה חייבת להתחקות אחר כתמים אפשריים.

[1] גם אם יימצא דם על הנייר, לא בהכרח תיאסר האישה. הדרכה מפורטת נמצאת לעיל בסי' כז, דם על נייר קינוח.

ואולם, במקרה שבו ההפרשות מגיעות לכדי כמות דם הדומה למחזור החודשי, את נאסרת.

אם הכתמים ממשיכים לאחר שעבר פרק זמן ממושך, יש להתייעץ ברופא נשים על האפשרות לעבור לאמצעי מניעה אחר (סוג אחר של גלולות פרוגסטרון, גלולות משולבות, או שיטת מניעה אחרת).

הרחבה

גלולות סרזט ידועות כ'גלולת הנקה' כי אינן מכילות אסטרוגן העלול להשפיע על ייצור החלב. אחת מתופעות הלוואי השכיחות היא כתמים בין-ווסתיים.[2]

השלחן ערוך פסק כדברי שמואל,[3] שאישה נטמאת מדאורייתא רק אם הרגישה את יציאת הדם מגופה.[4] בעל סדרי טהרה חלק על דברי השלחן ערוך וכתב שרש"י ותוספות לא פסקו כשמואל, וכאשר הדם ודאי בא מגופה, האישה טמאה מדאורייתא גם ללא הרגשה.[5] אך רוב האחרונים לא פסקו כמותו, והם סוברים שרק דם הבא בהרגשה מטמא מדאורייתא, מכח גזירת הכתוב.[6]

בעל פתחי תשובה מנה שלוש הרגשות המטמאות המובאות ע"י קודמיו (פתיחת המקור, זעזוע הגוף וזיבת דבר לח).[7] רבים העירו שהיום נשים, רובן או כולן, אינן מרגישות את יציאת הדם באופן המטמא,[8] ולדבריהם יש מקום להסתפק אם רוב הנשים בכלל נטמאות היום מדאורייתא.[9] ואם נשאל, כיצד נעקור לגמרי טומאת נידה מדאורייתא?

---

[2] ראו נספח רפואי ה, אמצעי מניעה.

[3] נדה נז ע"ב.

[4] יו"ד סי' קצ סע' א.

[5] סדרי טהרה שם סע' צג ד"ה נחזור על הראשונות. וראו לעיל סי' כה, בדין הרגשה.

[6] ראו שו"ת מהר"ם מלובלין סי' ב, וכן טהרת הבית סי' א ס"ק ג עמ' ח שמביא רשימה של פוסקים שחולקים על הסדרי טהרה.

[7] יו"ד סי' קפג סע' א.

[8] חוט השני עמ' קס סקי"ד אות ה', שו"ת שבט הלוי ח"י סי' קמב, מנחת אשר הל' נדה סי' א ד. אך בציץ אליעזר חלק ו סי' כא חלק על קביעה זו, ופירש שההרגשות המדווחות על ידי נשים היום כגון כאבי בטן וגב ועוד מיחושים הן אותן ההרגשות של פתיחת המקור וזעזוע הגוף שתוארו במקורות, ורק המינוח שונה. וראו לעיל סי' כה, בדין הרגשה.

[9] שו"ת דברי חיים יו"ד ח"א סי' לז, וכך סובר הר"י ורהפטיג להלכה. ובשו"ת דברי יציב רומז לאפשרות כזאת: "וחקרתי מפי נשים והגידו לי שכהיום אינן מרגישות במקור ואינן יודעות כלל מקום המקור, וכן בזעזוע הגוף ועקיצה במקור אין להם שום ידיעה, וכנראה שנחלשו החושים לגמרי וכמו באדם שלקה

כבר השיב ר' עקיבא לטענת חכמים נגדו שלדבריו לעולם לא ייעשה איש זב: "אין אחריות זבים עליכם".[10] כלומר, גם אם טומאת זב כתובה בתורה, אין אנו מחויבים שתימצא בפועל, והוא הדין לטומאת נידה.

אמנם, יש מבין פוסקי זמננו שכתבו שבכל מקרה אישה טמאה מדאורייתא עם קבלת המחזור החודשי, אם כי נחלקו בהסבר הדבר:

1. בציץ אליעזר סבר שתחושות קדם-ווסתיות ומיחושים המלווים את המחזור נחשבים הרגשות מדאורייתא.[11] באגרות משה כתב שהעובדה "דיודעות בדיוק מתי נעשו נדות" מוכיחה שיש להם הרגשה וטמאות מדאורייתא.[12] כלומר, התחושות של מחזור הן שמטמאות את האישה.[13]

2. אחרים כתבו על פי הרשב"א שאף אם נאמר שכיום אין לנשים הרגשה כלל ועיקר, עדיין בבא המחזור החודשי האישה נטמאת מדאורייתא שכן זו הדרך של הנשים לראות דם, בראייה מחזורית.[14] כלומר, התזמון הוא הקובע למעשה שנטמאת מדאורייתא.

3. סברה אחרת היא שאישה טמאה מדאורייתא אף אם אינה יודעת לומר שהרגישה, שכן כאשר ראתה כמות דם מרובה, אנו מניחים שראתה דם זה בהרגשה.[15] כלומר, כמות הדם היא הקובעת שנטמאת מדאורייתא.

בחולי ידוע ל"ע שאינו מרגיש הרגשת מ"ר, ולפ"ז לכאורה אין לנשים שלנו דין נדה דאורייתא" (חלק יו"ד סי' פא ד"ה ובהרגשת זיבת דבר לח), אם כי מתשובות אחרות שלו נראה שלמעשה הוא פוסק להחמיר. וכן כותב להקל בשירת הים סי' כה ס"ק יד עמ' שכז.

[10] זבים פ"ב משנה ב.

[11] ציץ אליעזר ח"ו סי' כא.

[12] אגרות משה יו"ד ח"ד סי' יז סע' יב, ובחוט השני שם. ובמנחת אשר סי' א ס"ק ד עמ' טז כתב שכיוון שעיקר דם נדות הוא דם הווסת, לכן חזקתו שבא בהרגשה ורק האישה לא שמה לב לכך, ולכן היא טמאה מדאורייתא.

[13] הגרי"ש אלישיב בקובץ תשובות ח"א סי' פד חידש שאם היום אין דרכן של נשים לראות בהרגשה, הרי הן נאסרות מדאורייתא ללא הרגשה. והרי"ה הנקין הקשה על דבריו, ראו לעיל סי' כה הערה 75.

[14] כך כתב הרב מרדכי וילינג בקובץ בית יצחק כרך לט תשס"ז לפי הבנתו בדברי הרשב"א (חידושי הרשב"א נדה נז ע"ב ד"ה תרתי שמעת מינה).

[15] שו"ת דברי יציב חלק יו"ד סי' פה. וכתב בשו"ת בית שערים חלק יו"ד סי' רנב ד"ה אמנם בלאה"נ, שדם מועט יכול לצאת מהמקור ללא פתיחתו, אך דמים מרובים תמיד ילוו בפתיחת המקור. ראו גם בשבילי טהרה פ"ב סע' ט עמ' כא ושו"ת נזר כהן חלק יו"ד סי' ב ס"ק ז עמ' רח.

במקרה שלנו, שבו האישה רואה כתמים רבים ללא מחזוריות ובהעדר ההרגשות הנלוות למחזור, היא אינה טמאה מדאורייתא, אך ראוי לחשוש לדיעה השלישית לעיל, שכל שרואה דם בשפע כדרך שרגילה לראות במהלך המחזור החודשי, יש להניח שדם זה בא בהרגשה.

לכן כל עוד האישה מסופקת אם הגיע המחזור, יש להעמידה על חזקתה ולדון את הדימום לפי דיני כתמים אף לדעת מי שטימאו את האישה במחזור החודשי מדאורייתא גם ללא הרגשה. במקרה שהדימום מתגבר, יש לחשוש לדיעות הפוסקות שבכמות הדומה לווסתה היא נאסרת.

מ.ר.

סימן מג

דם לאחר תשמיש בנוטלת גלולות

שאלה

אני נוטלת גלולות למניעת היריון בגללן אני סובלת מכתמים מידי פעם, אלא שבאופן קבוע אני לובשת תחתונית שחורה, ולכן בפועל איני מודעת לכתמים. אתמול, כשקינחתי את עצמי עם המגבת לאחר קיום יחסי אישות, ראיתי דם על המגבת. האם נאסרתי?

תשובה

מבחינה רפואית והלכתית כאחת, מומלץ מאד לפנות לרופאה על מנת לבדוק אם הדם שנמצא על המגבת אכן קשור לנטילת הגלולות או שמא קיים פצע בצוואר הרחם או בנרתיק הגורם לדימום בעקבות יחסים. אם קיים פצע, ניתן לתלות בו את הדם, ולא נאסרתם.

במקרה שהבדיקה לא גילתה פצע, ואם כן, מקור הדימום הוא מהרחם, מצבך מבחינה הלכתית תלוי בצבע המגבת, כמו גם בזמן המדויק בו הוא התגלה.

1. אם קנחת לאחר שעברו מעל ל-15 שניות לאחר סיום יחסים (שהוא פרישת הגבר מהאישה), דין הדם שנמצא כדין כתם רגיל. כלומר, אם הוא נמצא על בגד לבן וגודל הכתם יותר מכגריס, את נאסרת, ועליך להמתין ארבעה או חמישה ימים לפי מנהגך, להפסיק בטהרה ולספור שבעה נקיים. מנגד, אם המגבת צבעונית, לא נאסרת. מומלץ אפוא להקפיד בדרך קבע על מגבות וסדינים צבעוניים. יש לזכור שאין חובה לחפש אחר כתמי דם לאחר היחסים, ולכן עדיף לבני הזוג לא להסתכל כשהם מתנקים.

2. אם מצאת את הדם מיד, תוך 15 שניות מתום קיום יחסים, או לחילופין, אם בעלך

הוא זה שמצא את הדם על גופו או בשעה שקינח את עצמו, אזי את נאסרת אפילו אם הדם נמצא על בגד צבעוני או על נייר.

בנוסף לעצם ההיאסרות, במקרים כאלו ההלכה חוששת שמא יצא הדם מהרחם כתוצאה מקיום יחסי האישות, מצב המוגדר כ'רואה מחמת תשמיש'. במקרה שאישה מוחזקת לראות דם כתוצאה מתשמיש, ייאסר על בני הזוג לקיים יחסים . בפועל, מצב זה נדיר ביותר בימינו, שכן ישנם מספר פיתרונות רפואיים והלכתיים למניעת ראיית דם בעקבות יחסים.

מכל מקום, כדי להפריך חשש זה, עליכם לבצע בדיקה בפעם הבאה שתקיימו יחסי אישות: עליך לבדוק את עצמך הן לפני קיום היחסים והן לאחר מכן, וכן על בעלך לבדוק את עצמו לאחר קיום יחסים. אם גם בפעם הבאה יימצא דם, עליכם לפנות בהקדם לרופא לבדיקת מקור הדם ובמקביל לפוסק הלכה מנוסה שיוכל להדריך אתכם הלאה.

הרחבה

המשנה מזכירה מקרים שונים שבהם נמצא דם לאחר תשמיש.[1] כאשר האישה מוצאת דם על העד שלה בתוך פרק זמן הקרוי 'אותיום',[2] ולחילופין כאשר הבעל מוצא דם על העד שלו[3] אפילו לאחר זמן,[4] בני הזוג נטמאים, ובזמן הבית היו חייבים בקרבן חטאת על שימוש במצב נידות. לעומת זאת, אם האישה מוצאת דם על העד שלה רק

---

[1] נדה יד ע"א. הרמב"ם סובר שרמ"ת היא מחלה שצריך להתרפא ממנה (הל' איסו"ב פ"ד הל' כא), ואילו הרשב"א (תורת הבית שער הפרישה ב"ז ש"ב, דף ו ע"א) סובר שהיא וסת הבא על ידי מעשה, בדומה לקפיצה או אכילת שום ופלפלין. באחרונים, החוות דעת כותב כרמב"ם (חו"ד סי' קפז ביאורים ס"ק ג), ולכן לפיו דיני רמ"ת שייכים גם במסולקת דמים (שאינה חוששת לווסתות), ורק מתבטלים אם האישה מתרפאית מהמחלה. וראו גם שיעורי שבט הלוי שם סע' א ס"ק ד. ואילו הנודע ביהודה כותב כרשב"א שזוהי וסת בדומה לווסת מחמת קפיצה, שלאחר ראייה אחת יש לחשוש לווסת שאינו קבוע, ולאחר שלוש ראיות רצופות היא תוגדר כווסת קבוע (שו"ת נודע ביהודה מ"ק יו"ד סי' סא). לפיו, כאשר אישה רואה פעם אחת, עליה לחשוש לפעם הבאה כדין וסת שאינו קבוע, כלומר לבדוק לפני התשמיש. באם היא לא רואה בתשמיש הבא, היא עוקרת את הווסת שאינו קבוע ואינה צריכה לחשוש לו יותר.

[2] לדברי רש"י נידה יד עמ' א ד"ה אותיום, זהו מיד לאחר הביאה, וראו להלן.

[3] כאשר מדובר בעד בדוק ונקי כך שאין ספק לגבי מקור הדם שנמצא על גביו.

[4] ראו רש"י נדה שם ד"ה נמצא דם על שלו, שבקינוח של הבעל אפילו לאחר זמן רב ידוע שהדם בא מהאישה ולא מגורם אחר.

'לאחר זמן', הם נטמאים מספק בלבד ופטורים מן הקרבן.[5] כאשר הבעל רגיל לראות דם בשתן, האישה לא נטמאת ויכולה לתלות את הדם בבעלה,[6] וכמו כן כאשר הוא רואה דם בזרע.[7]

המשנה מסבירה ש'לאחר זמן' פירושו שיעור הזמן שלוקח לאישה לרדת מעל גבי המיטה ולקנח את עצמה. הגמרא מביאה בהמשך[8] מחלוקת בנוגע לשיעור הזמן שבו יש לחשוש עדיין שמא ראתה מחמת תשמיש: לדעת רב חסדא, דם שנמצא בתוך שיעור של "כדי שתושיט ידה לתחת הכר... ותיטול עֵד ותבדוק בו" אוסר את האישה מספק, ואילו דם שנמצא לאחר מכן - ואפילו בשיעור הזמן הנזכר של כדי שתרד מהמיטה ותקנח את עצמה - אינו אוסר אפילו מספק. רב אשי חולק על כך וסובר ששני השיעורים (כדי שתושיט ידה תחת הכר, וכדי שתרד מהמיטה) מתייחסים למשך זמן זהה, כאשר השיעור של 'כדי שתרד מהמטה' וכו' מתייחס למצב בו האישה כבר מחזיקה בידה את העֵד ורק אינה רוצה לקנח את עצמה במיטה. ונמצא שלדעת רב אשי משך הזמן המטמא הוא מעט יותר ארוך משיעורו של רב חסדא.

בראשונים, הרשב"א פסק כרב אשי שהאישה צריכה לחשוש לראייה מחמת תשמיש גם במקרה של דם הנמצא בתוך שיעור של 'כדי שתרד מהמיטה' וגם במקרה שהדם נמצא בתוך שיעור של 'כדי שתושיט ידה תחת הכר'.[9] הסמ"ג וספר התרומה פוסקים שדם שנמצא בתוך שיעור של 'כדי שתרד מהמטה ותדיח עצמה' נחשב כרמ"ת מחמת הספק,[10] וכן מובא בטור.[11] להלכה, השלחן ערוך כתב כדי שתושיט ידה מתחת לכר,[12]

---

[5] בגמרא כריתות יז ע"ב נזכר שבראתה לאחר זמן חייבים באשם תלוי מספק, ולא בקרבן חטאת.

[6] יו"ד סי' קצ סע' כ.

[7] במקרים נדירים, מקור הדם יכול להיות בזרע הבעל, מצב אשר לא יאסור אתכם, ונצרך פוסק הלכה מנוסה על מנת להורות בנידון. כאשר קיימת אפשרות שמקור הדם הוא בזרע הגבר, עשוי הפוסק להורות על הוצאת זרע כדי לברר את מקור הדם. ראו בית שמואל אבן העזר סי' כה סע' ב ד"ה אפילו אם מוציא זרע.

[8] נדה יד ע"ב.

[9] תורת הבית הארוך בית ז שער ב בדף ו.

[10] סמ"ג לאוין קיא, ספר התרומה סי' קז.

[11] יו"ד סי' קפז. לא ברור אם השו"ע חולק על הטור וסובר שיש הבדל בין שני שיעורי הזמן, או ששניהם פוסקים לפי רב אשי, ורק משתמשים במינוח שונה לתאר את אותו פרק הזמן.

[12] יו"ד שם סע' א.

והרמ"א פוסק כדעת הראב"ד[13] שאין אנו בקיאים בשיעורים, ולכן כל שהקינוח נעשה בסמוך ליחסים יש לחשוש לרמ"ת.[14]

באחרונים, ישנן שיטות שונות כיצד לתרגם את השיעורים המוזכרים בראשונים ובשלחן ערוך למידות זמן מדויקות: המקור חיים כותב שאם האישה מוצאת את הדם בתוך חצי שעה מקיום יחסים, הינה נחשבת לרמ"ת.[15] לעומתו, ערוך השלחן נוקט שדין רמ"ת הוא רק אם הדם נמצא "איזה רגעים ספורות" לאחר התשמיש.[16] מה פירוש "רגעים ספורות"? המהרש"ם נוקט בשיעור של 5 דקות,[17] ובשיעורי שבט הלוי כתב שהשיעור הוא עד 10 דקות לאחר תשמיש.[18] ואילו הפרי דעה בשפתי לוי[19] והר"ש קלוגר[20] נוקטים בשיעור מצומצם בהרבה, של הילוך כ"ב אמה, שאינו עולה על כ-15 שניות.[21]

הגר"ע יוסף מביא את הדעות הנ"ל, ומסיק שיש לחשוש לכל היותר במוצאת את הדם 3 דקות לאחר תשמיש.[22]

לפי הפרי דעה, רמ"ת הוא חשש דרבנן, ובכדי להתיר אישה לבעלה אפשר לנקוט כדעה היותר מקלה.[23] כיון שגם רב חסדא וגם רב אשי חוששים לרמ"ת רק בסמיכות ממש לתשמיש, לכן לדעת הר"י ורהפטיג יש לפסוק לפי הפרי דעה והר"ש קלוגר,

---

13 בעלי הנפש שער הספירה והבדיקה עמ' ע.

14 הש"ך (יו"ד סי' קפז ס"ק א) מתייחס למקרה השכיח ביותר, שהאישה מוצאת דם למחרת בבוקר. במקרה כזה גם לדעת הרמ"א אין לחשוש לרואה מחמת תשמיש, והדם נידון על פי דיני כתמים.

15 יו"ד סי' קפז ס"ק יב. דבריו מבוססים על שיעור הזמן הנחשב 'סמוך למנחה' בהלכות תפילה, שהוא כחצי שעה. בעל שו"ת דברי חיים (ליקוטים סי' יח) כותב ששיעור זה מופלג ואין לחשוש בו לרמ"ת, אך אם מצאה דם בתוך רבע שעה יש צורך בעיון.

16 יו"ד שם סע' יד.

17 שו"ת מהרש"ם ח"ב סי' ריט.

18 שיעורי שבט הלוי נדה סי' קפז סע' א ס"ק יא.

19 שפתי לוי סי' קפז ס"ק ז.

20 שיירי טהרה סי' קפז תשובה י.

21 להסבר החישוב הזה ראו לעיל סי' כז, דם על נייר קינוח.

22 טהרת הבית ח"א סי' ה (עמ' רג).

23 כך לשון הפרי דעה (שפתי לוי שם): "כיון דרואה מחמת תשמיש הוא מטעם וסתות דרבנן, וגם שיעור אחר תשמיש ודאי זוטר טובא, יש לנו לתפוס סמיכה היותר קטנה בש"ס". בדי השולחן (סי' קפז ס"ק כו) גם מקל ב-15 שניות כדי להתיר אישה לבעלה.

שיש לאסור את האישה מחשש רמ"ת רק אם הדם נמצא בתוך חמש עשרה שניות מפרישת הבעל, מחשש לעיגון, וכן הסכים הרי"ה הנקין.[24]

לסיכום: במקרה שאין פצע חיצוני הגורם לדימום, בני הזוג נאסרים. אם הדם נראה תוך 15 שניות מפרישת הבעל, האישה חייבת בבדיקה בפעם הבאה לפני ואחרי קיום יחסים,[25] והבעל צריך לבדוק עצמו לאחר קיום יחסים, בכדי לוודא שלא מדובר בראייה מחמת תשמיש. דם שנמצא לאחר 15 שניות אינו נחשב כרמ"ת ונידון ע"פ דיני כתמים.

מ.ר.

---

[24] ראו בדי השולחן סי' קפז ס"ק כו.

[25] לפי החוות דעת סי' קפו ס"ק ב, אם לאישה יש וסת קבוע היא צריכה לבדוק רק פעם אחת, בתשמיש הבא; אך אם אין לה וסת קבוע עליה לבדוק בשלושת התשמישים הבאים, כדי שתוחזק כאינה רואה מחמת תשמיש. בנידון דידן, השואלת נוטלת גלולות ולכן נחשבת כבעלת וסת קבוע (ראו לעיל סי' לט, עונת פרישה וסילוק דמים בעת נטילת גלולות, ולכן מספיק שתבדוק פעם אחת, בתשמיש הבא.

סימן מד

כתמים על תחתונית ובגד סינתטי

שאלה

אני נוטלת גלולות למניעת היריון, ונוהגת לחבר חפיסות עד שמתחיל דימום, בדרך כלל לאחר כשלושה חודשים. היום נטלתי את הכדור השני של החפיסה השנייה, ומאוחר יותר ראיתי כמה כתמים על תחתון העשוי מבד סינתטי. בעקבות הכתמים שמתי תחתונית, ואחר כך ראיתי כמה כתמים גם עליה. האם נאסרתי?

תשובה

כל עוד הדימום הקל שראית לא לווה בהרגשה אוסרת,[1] הוא נידון על פי דיני כתמים. כיוון שגם התחתון הסינתטי[2] וגם התחתונית מוגדרים כ׳דברים שאינם מקבלים טומאה׳, הכתמים שראית עליהם אינם אוסרים אותך.

התופעה שאת מתארת היא תופעה ידועה. הסיכון להופעת כתמים בשלב כלשהו עולה כאשר מחברים חפיסות של גלולות. כאשר הכתמים נמשכים, ובכדי לקצר את תקופת הנידות, אם את כבר בחפיסה השניה - מומלץ להפסיק את נטילת הגלולות ולקבל את המחזור. מאוד ייתכן שבפעם הבאה תתארך התקופה שבה תוכלי ליטול את הגלולות ברציפות ללא הכתמה.

---

[1] להגדרת ההרגשה אוסרת עיינו לעיל סי׳ כה, בדין הרגשה.

[2] בשאלתך לא ציינת את צבע התחתון. אם הוא צבעוני ודאי שלא נאסרת, ע״פ דיני כתמים (רמ״א יו״ד סי׳ קצ סע׳ י, ע״פ נדה סא ע״ב ורמב״ם הלכות אסו״ב פרק ט הל׳ ז). ראו לעיל סי׳ ד, כתמים ודימומים בזמן היריון.

הרחבה

המשנה[3] קובעת שכתם על דבר שאינו מקבל טומאה אינו אוסר את האישה: "ישבו על ספסל של אבן או על האיצטבא של מרחץ - ר' נחמיה מטהר. שהיה ר' נחמיה אומר כל דבר שאינו מקבל טומאה אינו מקבל כתמים". כך מסקנת הגמרא,[4] וכך נפסק בכל הראשונים, בטור ובשלחן ערוך.[5]

האם בגד סינתטי ותחתונית הינם דברים המקבלים טומאה?

א. דין בגד ניילון או בגד סינתטי

במשנה[6] נאמר: "כל שֶׁבַּיָּם טהור חוץ מכלב המים שבורח ליבשה, דברי רבי עקיבא". ופירש רבי עובדיה מברטנורא: "שכל בריות המים שנעשה מעורן כלים אינם מקבלים טומאה וכן כל מה שגדל במים בבורות או בנהרות אינו מקבל טומאה, וכן כל דבר שאין גידולו מן הארץ". וכן פסק הרמב"ם[7] שכל שמוצאו מן הים אינו מקבל טומאה. בעל תפארת ישראל[8] כתב שהוא הדין לגדל בתוך נהר או ים. נראה מכאן שדינו של ניילון המיוצר מנפט הינו כדבר שאין גידולו מן הארץ ולכן אינו מקבל טומאה.

אחרונים נחלקו אם גם בגד שנעשה מניילון נחשב כדבר שאינו מקבל טומאה, או שהפיכתו של הניילון לבגד גורמת לכך שיקבל טומאה, כשאר מיני בגדים 'שנתרבו לטומאה'. כך כתב בשו"ת מהרש"ם[9] לעניין גומי, שכיוון שעושים ממנו בגדים ונעליים הגומי הינו ראוי למדרס, ואינו צריך להיות טווי וארוג על מנת לקבל טומאה. גם בעל מנחת יצחק[10] כותב שאין מציאות שיהיה בגד, מכל חומר שהוא, שאינו מקבל טומאה. וכן נכתב בבדי השולחן[11] ובטהרה כהלכה.[12]

---

[3] נדה נט.

[4] נדה ס ע"ב.

[5] טור יו"ד קצ, שו"ע יו"ד קצ י.

[6] כלים פרק יז משנה יג.

[7] הל' כלים פ"א הל' ג.

[8] כלים פרק יז אות קג.

[9] שו"ת מהרש"ם חלק א סי' ב, בתשובה המתייחסת לסתימת צינור המים במקווה, אם אפשר לעשות זאת בירידעת גומי.

[10] שו"ת מנחת יצחק ח"ד סי' קיח.

[11] בדי השולחן סי' קצ ס"ק קז.

[12] טהרה כהלכה פרק רביעי סע' ח ס"ק ה ובהערה שם.

מנגד, אחרים סברו שאין בגדי ניילון מקבלים טומאה. כך כתב החזון איש[13] שנראה שאין הגומי מקבל טומאה. וכן כתב בשיעורי שבט הלוי[14] שניילון אינו מקבל טומאה מדאורייתא ובכתמים ניתן להקל, וכן כתב לגבי בגד סינתטי שטהור אם רובו עשוי מחומר שאינו מקבל טומאה, אך יש להיזהר ולבדוק את אופן עשייתם שמשתנה לעתים.

כן כתב באגרות משה[15] שהניילון, אם נעשה רק מנפט, אינו מקבל טומאה מכיוון שנחשב כגידול מן הים, ולא מהטעם שאינו טווי וארוג, שתקף רק לגבי ציצית. וכך נראה מדברי הגרי"ש אלישיב.[16] וכן מסיק בספר טהרת הבית שאפשר להקל בבגד ניילון בכתמים דרבנן.[17]

נראה אם כן שיש להקל בכתמים על בגד סינתטי, אם כי רצוי במידת האפשר ללבוש בגד צבעוני שנתון פחות במחלוקת בין הפוסקים. ואם הבגד הסינתטי הוא גם צבעוני, ודאי שיש להקל.

ב. דין תחתונית

רוב התחתוניות המשווקות בישראל כיום (תשע"ז) עשויות משילוב של נייר עם ניילון.[18] לעיל התייחסנו לדין הניילון וכאן נתייחס לדין הנייר.

מהמשנה במסכת כלים[19] עולה שנייר אינו מקבל טומאה, וכך פסק הרמב"ם.[20] במהלך הדורות השתנתה דרך ייצור הנייר וחומרי הגלם שממנו נעשה,[21] ולכן אנו מוצאים

---

13 חזו"א הל' מקוואות סי' קכו אות ז.

14 שיעורי שבט הלוי סי' קצ ס"ק ג.

15 שו"ת אגרות משה יו"ד ח"ג סי' נג.

16 מובא על ידי הגר"ע יוסף, ששמע ממנו בשיחה בעל פה, בטהרת הבית עמ' תח.

17 אלא אם בגד הניילון תפור בחוט פשתן או כותנה, שאז נחשב כמקבל טומאה ויש להחמיר בו. אך יש לציין שזו מציאות שאינה מצויה כל כך.

18 בתחתוניות Johnson and Johnson יש שכבת בד כותנה. יש להתעדכן מידי פעם בנושא מרכיבי התחתוניות.

19 פרק י משנה ד.

20 הלכות כלים פ"ב הל' א.

21 בתקופה הקדומה יוצר הנייר מעשבים, לאחר מכן הוא יוצר מבלואי סחבות של בגדים שפוררו אותם, ובימינו מיוצר הנייר מקליפות עצים. גם לפי הדיעה שהנייר עשוי מבגדים ישנים, ייתכן שאין לדון אותו כבגד בגלל שבתהליך הייצור נשתנתה צורתו ו"פנים חדשות באו לכאן" (כלשון הסדרי טהרה סי' קצ ס"ק יט). עיינו בטהרת הבית חלק א עמ' תו.

באחרונים דיון חוזר אם נייר מקבל טומאה. בנודע ביהודה[22] פסק שנייר מקבל טומאה, בין אם הוא עשוי מעשבים ובין אם הוא עשוי מבלויי סחבות של בגדים. אולם פוסקים רבים[23] פסקו כרמב"ם שנייר אינו מקבל טומאה, כיוון שנועד לכתיבה ולצרכים דומים ולא לשמש ככלי קיבול.

לאור זאת ניתן להקל בכתם שנמצא על תחתונית כיוון שהיא עשויה כולה מחומרים שאינם מקבלים טומאה.[24]

ניתן היה להסתפק בכך כדי להתיר כתמים על תחתונית, אולם קיימות בשוק גם תחתוניות העשויות מחומרים משולבים או עם מרכיבים של בד או גזה. בתחתוניות אלו, אי אפשר לומר שהתחתונית אינה מקבלת טומאה עקב החומר ממנו היא עשוייה, אך עדיין יש לדון בכך מטעם נימוקים אחרים כפי שיובאו להלן:[25]

מפני שנועדה לשימוש ארעי

הרמב"ם[26] פוסק שכלי קיבול מקבל טומאה אפילו אם נעשה מחומר גלם שאינו מקבל טומאה כמו נייר, אם הוא דבר של קיימא. הרמב"ם[27] מגדיר כלים שצריך לקורעם ע"מ להוציא את תכולתם ככלים לתשמיש ארעי אשר אינם מקבלים טומאה. בדומה לכך, גם באגרות משה[28] כתב בנושא הנייר, שכיוון שאי אפשר לכבסו ולהשתמש בו שוב, הוא אינו מקבל טומאה. קביעה זו נכונה, כמובן, אף לגבי תחתוניות ותחבושות חד פעמיות.[29]

---

[22] מהדורה תניינא יו"ד סי' ק"ה.

[23] חת"ם סופר ח"ו (ליקוטים) סי' פא, חזון אי"ש סי' פט אות ב, ערוך השלחן יו"ד סי' קצ סע' מב, טהרת הבית שם ועוד.

[24] כך פסק הגר"ע יוסף, שם עמ' תה-תו: "וכן נראה להקל במה שנוהגות נשים רבות לתת על התחתונים נייר עב ספוגי נגד אותו מקום, לספוג ההפרשות שלהן, שאם נמצא עליו כתם יותר מכגריס בלא הרגשה, האישה טהורה. וכמו שיבואר להלן בסעיף י' שאין הנייר מקבל טומאה". הגר"ע יוסף אינו מבחין כאן בין תחבושת עבה לתחתונית, ונראה מדבריו שהדבר הקובע להלכה הוא רק החומר שממנה עשויה התחבושת.

[25] בנוסף, ישנן נשים המשתמשות בתחתוניות ותחבושות רב פעמיות העשויות מבד וניתנות לכיבוס ולשימוש חוזר. תחבושות אלו חוזרות לשימוש בעקבות גל החזרה אל הטבע ומהפכת המיחזור. מכיוון שמדובר בבד, יש לדון אותן כדין בגד, וגם הטעם של כלי שאינו דבר של קיימא (שיובא להלן) אינו שייך.

[26] הל' כלים פ"ב הל' א.

[27] הל' כלים פ"ה הל' ז, וכסף משנה שם ס"ק ז ד"ה חותל של הוצין.

[28] אג"מ יו"ד ח"ג סי' נג.

[29] וראו טהרה כהלכה עמ' פג הערה 25 ובעמ' פה הערה 37 המביא את הנימוקים להקל אך נשאר בצ"ע.

מפני ששיעורה קטן מן הנדרש

הרמב"ם[30] כותב שפיסת בגד הקטנה משלושה על שלושה טפחים (24 על 24 ס"מ) אינה מקבלת טומאה, ואילו בגד שלם שנארג מתחילתו בשיעור כלשהו מקבל טומאה. אולם בהמשך הלכות כלים[31] מגדיר הרמב"ם כי אף גודל 'כל שהוא' אינו פחות משלוש על שלוש אצבעות (6 ס"מ על 6 ס"מ).

פוסקי זמננו נחלקו לגבי הגודל המינימלי לקבלת טומאה:

בשערי אורה מובא בשם אחרונים כי תחתונית מקבלת טומאה בכל גודל שהוא מכיוון שנוצרה לשימוש מסוים זה.[32]

מנגד, הגר"ע יוסף[33] דן בכתם על בגד שאין בו שלוש על שלוש אצבעות, אף אם הוכן במיוחד, ומסיק שכל שאין בו שיעור זה אינו מקבל טומאה, וכן אין מצרפים את מידות האורך עם הרוחב. כלומר, בגד של חמש אצבעות על שתיים אינו מקבל טומאה, למרות ששטחו גדול משטח שלוש על שלוש אצבעות (6 ס"מ על 6 ס"מ).[34]

מפני שהתחתונית אינה נחשבת ככלי קיבול

כל דבר, אפילו קטן מאוד, שיש לו בית קיבול, מוגדר ככלי, והינו מקבל טומאה. יש שכתבו שכיוון שהתחתוניות והתחבושות נוצרו על מנת לספוג את הפרשות הגוף, הן מוגדרות ככלי קיבול, למרות שאין להן צורת כלי.[35] פוסקים אחרים פסלו טענה זו בקביעה שמטרת התחתונית אינה לשמש ככלי אלא להגן על הבגדים האחרים שלא יתלכלכו.[36]

---

[30] הל' כלים פרק כב הל' א.

[31] שם הל' כא ופרק כג סוף הל' ג.

[32] שערי אורה עמ' 89. יש לציין שעל פי דעת המחבר, טעם זה - בכוחו להפוך לכלי המקבל טומאה אפילו כלי המשמש לשימוש חד פעמי באופן מובהק.

[33] טהרת הבית עמ' ת-תב.

[34] בתחתוניות בד רב פעמיות נראה שקשה לסמוך על הגודל כדי להגדירן כדבר שאינו מקבל טומאה. אורכן של תחתוניות הבד בוודאי ארוך משישה ס"מ והרוחב גבולי מאוד.

[35] סברה זו הובאה בשערי אורה עמ' 89, בשם "חלק מהאחרונים".

[36] עיינו למשל באורות הטהרה עמ' 135.

לסיום נזכיר עוד שני פרטים חשובים:

צבע

בבגד צבעוני לא נגזרה גזירת כתמים, ועל כן תחתוניות צבעוניות, בין חד-פעמיות בין רב-פעמיות, לא יטמאו את האישה לכל הדיעות.[37]

דבר שאינו מקבל טומאה המונח על מצע המקבל טומאה

בעל סדרי טהרה[38] כתב שאם נמצא כתם על דבר שאינו מקבל טומאה המונח על דבר המקבל טומאה, כגון יד האישה, האישה אסורה.[39] בשעורי שבט הלוי ובטהרה כהלכה[40] כתבו שאין לחשוש לכך על פי רוב האחרונים, שאם כן אין טעם לדיון אודות קינוח בנייר, שהרי הוא נעשה ביד האוחזת בנייר. לכן אין גם מקום לטעון שהתחתונית מקבלת טומאה כיוון שהיא מונחת על גבי בגד תחתון עשוי בד, שמקבל טומאה.

סיכום

ניתן להקל בכתמים הנראים על רוב סוגי התחתוניות, כיוון שהן מיוצרות מחומרים שאינם מקבלים טומאה.[41] גם בתחתוניות שמעורבים בהם חומרים המקבלים טומאה, הן מיועדות לשימוש ארעי, וכן שיעורן קטן מן הנדרש לקבלת טומאה.

יוצאות מכלל זה תחתוניות רב-פעמיות העשויות מבד, כפי שהובא לעיל.

נ.ל., א.ק

---

[37] וראו נדה סא ע"ב, וכך פסקו השו"ע והרמ"א. עליהם סומכים רוב האחרונים ופוסקי זמננו. מנגד כתב החת"ס (יו"ד סי' קסא) שלא הקלו בצבעוני הצמוד לגוף. להרחבה בנושא עיינו לעיל סי' ד, כתמים ודימומים בזמן היריון. כתמים שימצאו על תחתונית שחורה או צבעונית יהיו מותרים אף למחמירים, וייתכן שתחתונית שחורה אף תקל נפשית על נשים הסובלות מכתמים. יחד עם זאת לעתים קשה להשיגן ולרוב מחירן גבוה יותר, ונראה שניתן להשתמש גם בתחתונית לבנה. בנוגע לתחתונית רב-פעמית העשויות מבד, כפי שנאמר לעיל, הצבע הינו אמת המידה היחידה היכולה להגדירה כדבר שאינו כלול בגזירת הכתמים.

[38] סדרי טהרה יו"ד סי' קצ ס"ק צג.

[39] וכן כתב בשערי אורה עמ' 90-89, לחשוש לכתם הנמצא על תחתונית, והביא עוד בשם הגרי"ש אלישיב שהתחבושות מונחות על מנת לקלוט הפרשות מן המקור ועל כן אין בכתמים הנמצאים עליהם יסוד של ספק. נימוק זה נדחה ע"י אחרונים רבים הסוברים שחז"ל לא אסרו כתם גם אם בא בוודאות מן המקור. עיינו טהרת הבית סי' ח סע' יב-יג, טהרה כהלכה עמ' פא, שש"ה סי' קצ סע' י אות ג.

[40] שש"ה סי' קצ סע' י ס"ק ב, טהרה כהלכה עמ' פו.

[41] כך מורים הר"י ורהפטיג והרי"ה הנקין בזמן שאישה טהורה. כאשר היא תוך שבעה נקיים - עיינו לעיל סי' ח, תחתונית בשבעה נקיים.

סימן מה

חשש לפצע ומיקום הדם על העד

שאלה

אני נוטלת גלולות משולבות למניעת הירין. בצעתי הפסק טהרה והתחלתי לספור שבעה נקיים, אך בכל בדיקה אני רואה על העד נקודה אדומה קטנה, בצד, באותו מיקום. להערכתי מדובר בפצע. מה עלי לעשות?[1]

תשובה

אפשר לתלות מראה דמי על עד בפצע כאשר יש יסוד להניח שלאישה יש מכה מדממת והדם שמופיע על העד מקורו במכה ולא ברחם. ישנם מצבים שבהם על פי מיקום הדם על העד אפשר להסיק שאכן קיימת מכה המוציאה דם ולטהר את הבדיקה, אולם עצם מציאת הדם בצדי העד עדיין אינה הוכחה מספקת למכה בנרתיק.

מתוך תיאורך לא מספיק ברור מאין נובעת ההערכה שמדובר בפצע, וייתכן שהשלמת הפרטים תעזור להכרעה ההלכתית. אם הערכתך נובעת רק ממיקום הדם על העד, ניתן להביא את העד לבקי במראות או לחילופין להסתייע בבדיקה רפואית. אם בבדיקה יתברר כי אכן יש מכה העשויה לדמם, ניתן יהיה להתיר את העד.

הרחבה

המקור להיתר מראה דמי על עד על סמך מיקומו של הדם על העד הוא בדברי תרומת

---

[1] בשאלה לא צוין באיזה יום לספירת ז׳ נקיים מצאה השואלת את הדם. לעניין תלייה במכה בג׳ ימים ראשונים של ז״נ עיינו לעיל סי׳ כא, תלייה במכה.

הדשן[2] הדן באישה הרואה דם שנראה שהוא מן הצדדים.[3] השאלה אם לתלות בַּמכה תלויה במחלוקתם של הרשב"א וס' התרומה. לדעת ס' התרומה,[4] וכן הוא במרדכי,[5] ניתן לתלות רק במכה שידוע שמוציאה דם. ואילו לדברי הרשב"א[6] ניתן להקל ולתלות בכל מכה, גם אם אין ידוע בוודאות שהמכה מוציאה דם.

בעל תרומת הדשן מתיר לתלות במכה במקרה שבו האישה נוכחת לדעת שהדם נמצא באופן עקבי במיקום לפיו ניתן לשער שזהו דם נרתיקי ולא דם מהרחם. מצוין בדברי תרומת הדשן כי היתר זה הוא דווקא לאישה בעלת וסת, ושלא בשעת וסתה. השו"ע פסק[7] שאם בכל זמן שהאישה בודקת הדם נראה מן הצדדים, ניתן לתלות במכה. וכש"כ אם מרגישה כאב בצדדים בשעת הבדיקה.[8]

שלא כדעת תרומת הדשן, השלחן ערוך לא התנה את התלייה במכה בווסת קבוע;[9] וכן לא ציין אם נדרשת ידיעה מוקדמת על קיום מכה בכדי לסמוך על מיקום הדם על העד.

בהבנת דברי השו"ע נחלקו האחרונים. הנודע ביהודה[10] כתב שדברי השלחן ערוך מוסבים על מה שכתב כבר בסעיפים הקודמים, והדברים עוסקים רק באישה שמכתה ידועה. אחרונים אחרים[11] כתבו שיש להבין את השו"ע כפשוטו, וגם כאשר אין סימן אחר המעיד על הימצאות מכה אבל האישה מוצאת באופן עקבי דם על העד בצדדים, ובשאר מקומות העד נקי, ניתן להתיר את העד על סמך התלייה במכה.

הגר"ע יוסף[12] מביא את דעות האחרונים הנ"ל ופוסק על פי הדעות המקלות, שניתן להסתמך על מציאת הדם מן הצדדים ולתלות במכה גם כאשר אין מכה ידועה וגם

---

[2] תרומת הדשן, פסקים וכתבים סי' מז.

[3] הבית יוסף (יו"ד קפז) מביא בשם תרה"ד שהאישה יודעת שיש לה מכה. אמנם בתרומת הדשן אינו מזכיר כן במפורש, אם כי ניתן להבין זאת מכך שהשואל מניח שאין מדובר בדם מן המקור.

[4] ס' התרומה סי' צ"ב.

[5] מרדכי רמז תשלה ' ג.

[6] רשב"א תוה"ב הארוך בית ז' שער ד' כג ע"א.

[7] יו"ד סי' קפז סע' ז.

[8] לפי ביאור הגר"א ס"ק יט, התוספת "כל שכן אם מרגישה שם כאב" מביאה אותנו לרמת הוודאות שאותה דורשים המרדכי וס' התרומה שהצריכו שהאישה תדע שמכתה מוציאה דם.

[9] עיינו בדברי הט"ז בס"ק י על כך.

[10] נוב"י קמא יו"ד סי' מו ודבריו הובאו בקיצור בפת"ש סי' קפז סע' לז.

[11] תפארת למשה לב ע"ב, אבני מילואים סי' כג, שו"ת חכם צבי סי' עג, ועוד.

[12] טהרת הבית ח"א סי' ה סע' ט.

כאשר האישה אינה בעלת וסת קבוע. לעומת זאת, הגר״ש וואזנר[13] נוטה לסמוך על דעות המקלים רק באישה מסולקת דמים ובזקנה.

בשאלה שלפנינו, יש לקחת בחשבון את היותה של האישה תחת ההשפעה ההורמונלית של גלולות.[14] אישה הנוטלת גלולות מוגדרת כמסולקת דמים בזמן נטילתן.[15] אך אם אישה נוטה לסבול מהכתמות שמקורן בדימום רחמי בזמן נטילת הגלולות, יש מקום לחשש שגם המראה הדמי שאותו היא רואה כעת על העד אינו דם מכה, למרות שהוא נראה רק על צדי העד, מכיוון שדם מהרחם עשוי להגיע לדפנות הנרתיק, או כאשר סיבוב העד בנרתיק גורם לכך.

במקרה שלפנינו הערכת האישה היא כי מדובר בפצע. כאמור לעיל, השלחן ערוך מציין שני מדדים שלפיהם ניתן לשער שמקור הדם הוא בפצע והם מיקום הדם על צידי העד דווקא, וכן כאב בשעת הבדיקה. יש לתת משקל רב לתחושתה של האישה ולסיבות שבשלן היא מעריכה כי מדובר בפציעה. לפי השו״ע, כאשר ברור לאישה שהדם אינו מן המקור, יש להתייחס אליו כאל דם מכה, שאינו אוסר.[16]

נראה כי גם כאשר אין סימן אחר להימצאות פצע, אבל האישה משוכנעת שזהו דם מכה על פי מראה העד ומיקום הדם עליו, יש להקל כדברי הגר״ע יוסף ולתלות בפצע. כאשר האישה מסופקת בקביעתה, יש להפנותה לרופאת נשים או אחות-בודקת טהרה.[17] בדיקה רפואית המאבחנת כי המקור אינו מדמם תעלה לה כבדיקה.

ז.ב.

---

[13] שיעורי שבט הלוי סי׳ קפז סע׳ ז א-ג עמוד עז.

[14] גלולה משולבת מורכבת משילוב של הורמוני המין הנשיים אסטרוגן ופרוגסטרון. ישנן נשים שההשפעה ההורמונלית של הגלולה גורמת להן ליובש וגינלי, ועקב כך, לפציעות ולאי-נוחות בנרתיק. מציאות זו מצריכה התייעצות רפואית וטיפול בבעיית היובש.

[15] בזמן נטילת הגלולה, האישה אינה אמורה לקבל מחזור. להרחבה עיינו לעיל סי׳ לח, קביעת וסת לגלולות.

[16] יו״ד סי׳ קפז סע׳ ו.

[17] בודקות טהרה הן אחיות שעברו הכשרה הלכתית המאפשרת להן לזהות פצעים בנרתיק ובצוואר הרחם ולאבחן אם הדימום הוא רחמי או לא. אין ביכולתן לענות על שאלות הלכתיות או לטפל רפואית בבעיה שאובחנה, אולם הדבר יכול לסייע לשאלות של תלייה במכה. באפשרותן גם לערוך לאישה בדיקת הפסק טהרה שתצא נקייה ע״י בידוד מקום הפצע. הפנייה לבודקת טהרה ניתנת לשיקולה של האישה. לעיתים הבדיקה כרוכה באי נעימות קלה, כמו בבדיקה גניקולוגית, אך לעתים היא יכולה לעזור לאישה הסובלת מפצעים, בעיקר בשל זמינותה.

סימן מו

המלצה בעקבות אי ספיגת גלולה

שאלה

אני נוטלת גלולות למניעת היריון. לאחרונה חליתי בווירוס שגרם להקאות ושלשולים למשך מספר ימים. מאתמול יש לי כתמים. האם נאסרתי? ואולי בעקבות ההקאות איני מוגנת כרגע נגד היריון?

תשובה

אם ראית את הכתמים בליווי הרגשה הלכתית אוסרת[1] או כתם בגודל יותר מכגריס (בערך שקל) על בגד לבן או על גופך, נאסרת ועליך להמתין ארבעה או חמישה ימים לפי מנהגך, לבצע הפסק טהרה, לספור שבעה נקיים ולטבול. במקרה שנאסרת ואת לקראת סיום חפיסת הגלולות, כדאי לך גם להפסיק ליטול את הגלולות לחודש זה. אם אינך לקראת סיום החפיסה, כדאי להתייעץ ברופא אם להפסיק את הגלולות בחפיסה זו. אם הכתמים שראית היו ללא הרגשה האוסרת, והם נמצאו על תחתונית או על תחתונים צבעוניים, לא נאסרת, אבל מומלץ שתמנעי מיחסי אישות למשך 24 שעות כדי לוודא שהכתמים לא יתפתחו למחזור.

במקרה ולא נאסרת, התשובה לשאלתך השנייה תלויה בשלב של החפיסה בו את נמצאת.

אם נטלת את הגלולות למשך שבועיים לפחות ואת לקראת סוף החפיסה, ייתכן שיתקצרו ימי הנידות אם תפסיקי ליטול את הגלולות ותקבלי את המחזור. אחרי הפסקה של שבעה ימים, תוכלי להתחיל בחפיסה חדשה בתקווה שלא יתחדשו הכתמים.

---

[1] ראו לעיל סי' כה, בדין הרגשה.

אם רק התחלת את החפיסה, מומלץ להמשיך ליטול את הגלולות בתקווה שהכתמים יפסקו. כיוון שיש חשש עקב ההקאות ושלשולים לפגיעה בספיגת הגלולות, ייתכן ואינך לגמרי מוגנת. לכן כדאי שבצד הגלולות תשתמשי גם בקוטל זרע, לדוגמא בנרות או בפילם[2] אשר אפשר לקנות בבית מרקחת ללא מרשם. לקוטל זרע אמנם יש יעילות נמוכה כאמצעי מניעה בלעדי, אבל במקרה זה הוא לגיבוי בלבד. אם את מאוד חוששת מכניסה להיריון, כמובן שיש גם אפשרות להימנע מיחסי אישות לחודש זה. רמת הסיכוי להיכנס להיריון תלויה בתזמון ובכמות ההקאות ושלשולים, ולכן כדאי להתייעץ עם הרופא.

הרחבה

מן התורה, דם רחמי מטמא את האישה רק אם הוא מלווה בהרגשה.[3] כל ראיית דם ללא הרגשה נידונה לפי דיני כתמים באם אינו בא בשטף. מדרבנן, כתמים מטמאים רק כאשר הם עונים על הדרישות הבאות: הכתם גדול מכגריס,[4] הוא נמצא על דבר שמקבל טומאה,[5] הוא נמצא על בד לבן או על הגוף,[6] הוא נמצא במקום שאפשר שמקורו מהרחם,[7] אין לה במה לתלותו,[8] והכתם בצבע מטמא.[9] למקורותיהם של דינים אלו, ראו לעיל סי׳ יז, תלייה בטחורים בז׳ נקיים לאחר לידה; סי׳ מא, נטילת גלולות ברצף; סי׳ מד, כתמים על תחתונית ובגד סינתטי; וסי׳ נד, צבעים בעדי בדיקה.

בדומה לשאלתנו, גם אם אישה ששכחה ליטול גלולה – ייתכנו כתמים. גם במצב זה, השלב של החפיסה בו נמצאת האישה יקבע אם כדאי לה להפסיק את נטילת הגלולות ולקבל מחזור או להמשיך בתקווה שייפסקו הכתמים. חשוב לזכור שבמקרה שאישה שכחה גלולה, יעילות הגלולות נפגעת.

ג.כ.ס.

---

[2] בנושא השימוש בקוטל זרע ראו לעיל סי׳ לד, שימוש בקולט זרע.

[3] יו״ד סי׳ קצ סע׳ א.

[4] שם סע׳ ה.

[5] שם סע׳ י.

[6] שם סע׳ י, ח.

[7] שם סע׳ יא.

[8] שם.

[9] יו״ד סי׳ קפח סע׳ א. להרחבה בגדרי כתמים וכן על הימנעות מקיום יחסי אישות בזמן כתמים, ראו לעיל סי׳ מא, נטילת גלולות ברצף.

סימן מז

טבילה עם מדבקה הורמונלית

שאלה

אני משתמשת במדבקה הורמונלית למניעת היריון.[1] אמש טבלתי ושכחתי להורידה. האם המדבקה נחשבת חציצה ועלי לחזור ולטבול בשנית?

תשובה

בדומה לפלסטר, מדבקה המוחלפת מדי שבוע מהווה חציצה, ועליך להסירה לפני הטבילה. עליך להקפיד להסיר גם את שאריות הדבק הדבוקות לעור, שגם הן חוצצות.

קיימים חילוקי דעות בקרב הרופאים לגבי שימוש חוזר במדבקה שהוסרה מהגוף, אם היא עדיין יעילה כל עוד החומר הדביק נשאר עליה, או שמא עדיף להשתמש במדבקה חדשה. כך או כך, לאחר הטבילה יש להחזיר את המדבקה או להצמיד לגוף מדבקה חדשה על מנת לשמור על האפקטיביות שלה כאמצעי מניעה.

אם שכחת להוריד את המדבקה לפני הטבילה ואת עדיין בבניין המקווה, וכן אם חזרת הביתה ונזכרת בטרם קיום יחסי אישות–עליך לחזור ולטבול שוב, בברכה. אם גילית את המדבקה רק למחרת, אין צורך לחזור ולטבול.

---

[1] המדבקה מפרישה אסטרוגן ופרוגסטרון בדומה לגלולות משולבות, ואלה נספגים בגוף דרך העור. במהלך שלושה שבועות, המדבקה מוצמדת לגוף למשך שבוע ומוחלפת כעבור שבוע. בשבוע הרביעי האישה נשארת ללא מדבקה ואמורה לקבל אז את המחזור. לפי הוראות היוצר, על האישה לבדוק מידי יום אם המדבקה עדיין דבוקה יפה, ובמידה שלא–להסירה ולהדביק במקומה מדבקה חדשה. להרחבה ראו נספח רפואי ה, אמצעי מניעה.

הרחבה

מהפסוק "ורחץ את בשרו במים"[2] נלמד כי אסור שיהיה דבר החוצץ בין הגוף לבין המים בשעת הטבילה. בגמרא מבואר שדבר הנמצא על רוב הגוף ואדם מקפיד להסירו, חוצץ מן התורה מכח הלכה למשה מסיני.[3] בנוסף, גזרו חכמים שכל דבר שאדם מקפיד עליו, אף אם נמצא על מיעוט הגוף, הוא חוצץ; וכן חוצץ דבר הנמצא על רוב הגוף אף אם אינו מקפיד עליו,[4] וכן נפסק בשולחן ערוך.[5] בנוסף כתב הרמ"א שלכתחילה על האישה להיזהר שלא תהיה על גופה חציצה כלל, גם כזו הנמצאת על מקצת הגוף מבלי שמקפידה עליה.[6]

הקפדה בעניין חציצה תלוייה לכאורה ברצונה של האישה. אם אינה רוצה בדבר המונח על הגוף ומעוניינת להסירו, הוא חוצץ.[7] אך גם אם אינה מקפדת עליו, אם רוב נשים מקפידות על כגון זה, גם אז נחשב חוצץ.[8] לגבי רטייה, נאמר בפירוש במשנה: "אלו חוצצין באדם... וגלד שחוץ למכה, והרטיה שעליה",[9] וכן נפסק בשלחן ערוך.[10] הדין הוא כן למרות שהרטייה מונחת על מיעוט הגוף, כיוון שמן הסתם האישה מקפדת עליה ורוצה בהסרתה. ואף אם אין דעתה להסיר כעת את הרטייה, מכל מקום היא רוצה בהסרתה לאחר שתתרפא המכה, ולכן גם עתה נחשבת מקפידה עליה.[11]

פלסטר המונח על הפצע חוצץ מדין רטייה. בסדרי טהרה נכתב להחמיר ברטייה לעניין טבילה משום שהאישה מקפידה, ואילו בנטילת ידיים אין קפידא.[12] אמנם שורה ארוכה של פוסקים חילקו בין רטייה לבין 'חציצות רפואיות' כגון גבס או סתימה זמנית אשר

---

[2] ויקרא יד ט.

[3] סוכה ו ע"א, ע"ב, עירובין ד ע"ב.

[4] שם.

[5] יו"ד סי' קצח סע' א.

[6] שם, בשם הגהות שערי דורא.

[7] רמב"ם הל' מקוואות פ"א הל' יב.

[8] יו"ד קצח סע' א, וב"י ד"ה ומ"ש ואפילו כל שהוא אם דרך בני אדם לפעמים להקפיד עליו חוצץ וכו' וב"ח, לפי הרשב"א.

[9] מקוואות פ"ט משניות א-ב.

[10] טור ויו"ד שם סע' י.

[11] שו"ת צמח צדק לובאוויטש יו"ד קנח אות ה. וראו עוד בסדרי טהרה אות כד שהביא מהטור שהחמיר ברטייה בטבילה על אף שהקל בנט"י .

[12] שיורי טהרה יו"ד סי' קצח ס"ק כד.

אמורות להישאר על הגוף למספר שבועות ואשר הסרתן לפני גמר הריפוי כרוכה בכאב או בסיכון האיבר.[13] כך בשו"ת דברי חיים מצאנז[14] דחה את דברי הסדרי טהרה, והתיר לאישה לטבול עם רטייה המונחת תמיד ע"ג מכתה ואשר הסרתה כרוכה בכאב גדול של תלישת עור ושערות ואולי אף בסכנה. גם בכתב סופר[15] דחה דברי הסדרי טהרה[16] והעלה להקל באישה המתקשה להסיר, מבלי לתלוש עור, תחבושת המונחת על מצחה ופדחתה (לשם טיפול, כנראה, במיגְרֵנה), שדבר שמצטערת להורידו לא נקרא מקפיד משום שנח לה לאישה להשאיר את הרטייה ולא לתלוש את בשרה; וכן אינה מקפדת בכל הדרוש לרפואתה; ורטייה חוצצת רק משום שפותחים אותה מידי פעם לבדוק את מצב הפצע, מה שלא שייך בתחבושת האמורה להישאר על המצח לכמה חודשים; ולהפך, האישה מקפידה דווקא שהרטייה תישאר על גופה. אך משך ידו מלהורות כן ואף מצא כתוב בשו"ת תשובה מאהבה שדין רטייה לא זז ממקומו, ואף ברטייה המונחת לכמה חודשים ואין אפשרות להסירה בלי לתלוש מהעור, הדין הוא שחוצץ.[17] ובציץ אליעזר התיר לאישה לטבול עם גבס, והביא מהדברי חיים מצאנז הנ"ל.[18] והביא עוד משו"ת שואל ומשיב[19] שהתיר לטבול עם סתימה זמנית משום שהאישה חפצה באותה סתימה ואינה מקפדת. והגר"ע יוסף כתב שאדרבה, בנדון זה קיימת מעין 'קפידא הפוכה' ומותרת לטבול ברטייה האמורה להישאר לשלושה וארבעה חודשים וכן בגבס.[20]

המדבקה ההורמנלית לכאורה דומה בצורתה ובאופן השימוש לפלסטר. היא מיועדת להישאר על הגוף לשבוע ימים, וזהו רצונה של האישה. אך לאחר פרק זמן זה, האישה דווקא מקפידה להסירה ולהחליפה במדבקה חדשה. יש מי שסברו כי רק דבר הנמצא על הגוף רק מעל לחודש ואף יותר מכן נחשב כדבר שאינה מקפדת להסירו,[21] ואילו

---

[13] חכמת אדם שער בית הנשים כלל קיט סע' ז; שו"ת ציץ אליעזר ח"ד סי' ט; שו"ת הר צבי יו"ד סי' קסט; שו"ת יביע אומר ח"ג יו"ד סי' יב וטהרת הבית ח"ג פ"י משמרת הטהרה ס"ק יד באריכות.

[14] יו"ד ח"ב סי' סה.

[15] יו"ד צא.

[16] שיורי טהרה סי' קצח ס"ק כד.

[17] יו"ד סי' צא.

[18] ציץ אליעזר ח"ד סי' ט, דברי חיים מצאנז חיו"ד ח"ב סי' סה.

[19] מהדו"ת ח"ג סי' קח.

[20] שם.

[21] שערי טבילה סי' לד, על פי הב"י או"ח סי' שיז לגבי קשר של קיימא מן התורה. וכן נפסק בבדי השולחן סי' קצח ס"ק קעט. בשו"ת אבני נזר יו"ד סי' רנג וסי' רסב סובר שדבר הקבוע לחצי שנה נחשב

בחלקת יואב כתב שגם בשבוע ימים נחשב בעל קיימא שאינה מקפדת להסירו, בדומה לדין קשר של קיימא בשבת.[22]

אמנם קשה לכלול מדבקה הורמונלית בקולא זו, כיוון שבהסרתה אין סכנה או כאב, ונמצאת על הגוף רק לשבוע ימים, להבדיל מהמקרים בהם דנו המקלים, ואף אין פגיעה באפקטיביות בהורדתה לזמן קצר. אך נראה לחלק בין מדבקה הורמונלית לבין רטייה על פצע, שהפצע בא לו שלא ברצונו, והסרת הרטייה תלויה ברפואת הפצע ולא ברצונו של האדם, ואפשר שאף נחשב אנוס כלפי הפצע. לעומת זאת, המדבקה באה לאישה ברצונה, וברצונה להשאירה במקום, ואף לכשמסירה את המדבקה שמה אחרת במקומה. לכן נראה שכל עיקר דין קפידא קלוש לגבי מדבקה.

לכן, אם האישה לנה עם בעלה, אין להחמיר עליה לחזור ולטבול, שלא להוציא לעז על הבעילה.[23]

במקרה והאישה גילתה את המדבקה לפני הטבילה בשבת או בחג, אין זה פשוט להתיר להסיר המדבקה באופן שיביא לתלישת שערות. אך אם האישה מצטערת על שאינה יכולה להיטהר לבעלה - יש מקום להקל ולהתיר זאת.[24]

הצוות

כמבוטל.

[22] חלקת יואב ח"א יו"ד סי' ל.

[23] וראו ש"ך יו"ד סי' קפח ס"ק כה.

[24] וראו בנשמת אברהם יו"ד סי' קצח ד 1 שהביא חבל אחרונים שהתירו למי שמצטער מאספלנית להסירה בשבת גם אם דבוקה מעל שערות ובעל כרחו ייתלשו השערות בשעת הסרתה; ובהערה בשש"כ (פרק לה סע' כט) הביא הרי"י נויבירט בשם הגרש"ז אויערבאך שהמצטער מאיספלנית–מותר להסירה, כיוון שתלישת השערות היא כלאחר יד, ומקלקל ופסיק רישא דלא ניחא ליה ועיי"ש.

סימן מח

בדיקות ז' נקיים עם נובה רינג

שאלה

אני משתמשת בטבעת נובה רינג. האם אני צריכה להוציא אותה כדי לעשות הפסק טהרה ובדיקות?

תשובה

עליך להוציא את טבעת הנובה רינג לבדיקת הפסק הטהרה, על מנת לבצע בדיקה טובה ויסודית. במהלך שבעה נקיים, כיוון שהטבעת אינה מקובעת בנרתיק וניתן לדחוף אותה הצידה על מנת לבדוק היטב בכל מקום, ניתן לבדוק בלי להוציאה. עם זאת, חלק מהפוסקים סוברים שלכתחילה יש להוציא את הטבעת גם לבדיקה אחת ביום הראשון ולבדיקה אחת ביום השביעי.

בדיעבד, אם שכחת להוציא את הטבעת, או אם קשה לך ואת חוששת שתפצעי את עצמך - את יכולה להוציאה לבדיקה אחת בלבד בשבעה נקיים, או אפילו לבדוק היטב בלי להוציאה כלל, בהסתמך על הדעות המקלות.

הרחבה

נובה רינג הוא אמצעי מניעה הורמונלי המונח בנרתיק.[1] כתוצאה מכך, ייתכנו שאלות הלכתיות על דרך הבדיקות בהפסק טהרה ובשבעה נקיים.

---

[1] הטבעת מכילה את שני ההורמונים אסטרוגן ופרוגסטרון, בדומה לגלולות. יתרונה על פני גלולות הוא בכך שהיא נשארת בנרתיק לשלושה שבועות רצופים, ולכן אין חשש לשכחת גלולה. לאחר שלושה שבועות, האישה מוציאה את הטבעת, והמחזור מופיע תוך מספר ימים. כעבור שבוע מהוצאת הטבעת, מכניסה האישה טבעת חדשה, ולכן בדרך כלל הפסק הטהרה ושבעה נקיים חלים בזמן שהטבעת נמצאת

הבית יוסף[2] הציב שני תנאים לבדיקות ז"נ. האחד הוא 'בדיקת חורים וסדקים' שמשמעותה בדיקה טובה ויסודית בכל רוחב הנרתיק, והשני הוא 'בדיקה עד מקום שהשמש דש', שמשמעותה בדיקה עמוקה ככל הניתן, רצוי עד לצוואר הרחם או קרוב אליו.

שני התנאים מבוססים על הגמרא בנידה יב ע"א, המבחינה בין בדיקה לקינוח. בעקבותיה פסקו ראשונים רבים שבדיקת ההפסק ובדיקות שבעה נקיים צריכות להיות בדיקות 'חורים וסדקים',[3] ובדיקה יסודית פחות נחשבת כקינוח חיצוני בלבד ואינה מספיקה, וכך נפסק בשלחן ערוך.[4]

התנאי השני - עד מקום שהשמש דש - הובא ע"י חלק מהראשונים.[5] הבית יוסף מעלה את הקושי הפיזי לבצע את הבדיקה כל כך בעומק, וכן את החשש להיפצע, ולכן פוסק בשלחן ערוך[6] שמספיק לעשות בדיקת חורים וסדקים בהפסק טהרה ובבדיקת יום ראשון בלבד. הרמ"א[7] מוסיף שגם אם עשתה את בדיקת העומק ביום אחר ולא ביום הראשון, הבדיקות עולות לה, ובדיעבד "אם לא עשתה כן כלל רק שבדקה עצמה יפה בחורין ובסדקין בעומק היטב כפי כחה, אע"פ שלא הגיע למקום שהשמש דש, סגי לה".

את בדיקת העומק ניתן לעשות גם עם הטבעת, משום שהיא אינה מקובעת במקום אחד,[8] אך יש לברר אם היא פוגעת בבדיקת חורים וסדקים, שמא היא מעכבת הגעה לכל מקום בנרתיק.

בגוף האישה. שאלות נוספות עולות לגבי חציצה בטבילה, ראו בהערה 16 ולהלן סי' מט, טבילה עם נובה רינג.

[2] ב"י יו"ד סי' קצו סע' ו .

[3] רשב"א (בית ז שער ה כד:), רא"ש (נידה פ"י סוף סי' ה) ועוד. אמנם לדעת הראב"ד (עמוד סט בשער הספירה והבדיקה) מספיקה בדיקה קלה בבית החיצון, גם ללא חו"ס. מקורו של הביטוי 'חורים וסדקים' הוא בנידה ה ע"א: "מתוך שמהומה לביתה, אינה מכנסת לחורין ולסדקין".

[4] יו"ד סי' קצו סע' ו.

[5] הגהות מיימוניות (הל' איסו"ב פ"ו הל' ד), רא"ש (נידה פ"י סוף סי' ה), רבינו ירוחם (תואו"ח נכ"ו ח"ב עמ' רכא ע"ד).

[6] יו"ד שם.

[7] שם.

[8] חשש נוסף הועלה ע"י הרב אודי רט, באתר מכון פועה., לפיו אולי טיפת דם תישאר על הטבעת ותצא מגוף האישה מאוחר יותר, וכך תפסול את ספירת הנקיים. וראו: http://www.puah.org.il/ViewShut.aspx?ArticleId=431
אולם מדברי הרנ"א רבינוביץ, נראה שאין לחשש זה מקום.

בספרי האחרונים ישנה התייחסות לאישה שיש לה 'טבעת ברחם' ('פסרי'),[9] שנועדה לתמיכה במקרה של צניחת רחם. חלק מהפוסקים מחייבים את הוצאתה לבדיקות, אך פוסקים רבים מקלים, וכותבים שלכתחילה על האישה להוציא את הטבעת, אך אם ההוצאה קשה או בלתי אפשרית ללא עזרת רופא, מספיק שתעשה בדיקה כולל הנחת מוך דחוק בהפסק טהרה,[10] וכן נפסק בערוך השלחן;[11] ומוסיף שלמרות שאינה יכולה לבדוק במקום הטבעת, אין חשש שהטבעת מעכבת את הדם, כי לו היה שם דם, אותו הדם היה זב משם, משום שהטבעת חלקה ויש מקום לדם לצאת.

אחרונים נוספים הקלו אף יותר, שאין הטבעת מעכבת את הפסק הטהרה והבדיקות כלל, כיוון שהיא נמצאת בגוף האישה יותר משבוע, ולכן נחשבת כחלק מן הגוף.[12]

אמנם קיימים שני הבדלים בין הנובה רינג לבין הטבעת לצניחת רחם בה עסקו האחרונים: ראשית, היא ניתנת להוצאה בקלות ע"י האישה עצמה, ללא עזרת רופא. שנית, בשונה מהטבעת לצניחת רחם שהיא קשיחה וקבועה במקומה, הנובה רינג היא גמישה ודקה ואינה מקובעת במקום אחד בנרתיק.

לאור ההבדל הראשון, ועל מנת לאפשר בדיקות טובות ויסודיות, כתבו חלק מפוסקי זמננו[13] שלכתחילה יש להוציא את הנובה רינג לבדיקת הפסק טהרה ולבדיקה אחת ביום הראשון ואחת ביום השביעי לז"נ.[14]

לעומת זאת, לאור היותה של טבעת הנובה רינג גמישה ודקה, ובהסתמך על ערוך

---

[9] הכוונה כאן אינה לטבעת הנמצאת בתוך הרחם, אלא לטבעת התומכת את הרחם מבחוץ, והיא ממוקמת בנרתיק, או על צוואר הרחם מהצד החיצוני שלו. ראו לעיל סי' כ, בדיקת ז' נקיים במצב צניחת רחם.

[10] בנשמת אברהם ליו"ד קצו ד סיכם את שיטות האחרונים בנידון. אמנם, הוא מביא משו"ת זכרון יוסף שיש להניח מוך דחוק לא רק בהפסק טהרה אלא גם ביום נוסף, ונראה שהלשון הוא לאו דווקא, וצ"ע.

[11] ערוך השלחן יו"ד סי' קצו סע' כט.

[12] חשב האפוד, וכן פסקו הרי"י נויבירט והגרש"ז אויערבאך, לפי דבריו של בעל נשמת אברהם, שם.

[13] הרי"ה הנקין באתר נשמת, http://www.yoatzot.org/questions-and-answers/answer.asp?id=1072 וכן נפסק באתר מכון פועה, http://www.puah.org.il/ViewShut.aspx?ArticleId=431.

[14] בבדיקת ההפסק, יש להוציאה לא רק כדי לאפשר בדיקה יסודית אלא גם כדי לנקותה מדם, ולכן יש לשוטפה לפני החזרתה לנרתיק. לפי הוראות התכשיר, מותר להוציא את הטבעת במשך עד שלוש שעות במהלך תקופת ה-21 יום שהיא נמצאת בנרתיק וכן לשטוף אותה בלי להשפיע על יעילותה. כך, הוצאתה לשתיים עד ארבע פעמים במהלך ז"נ לזמן קצר לא תפגע ביעילותה. כיוון שהנרתיק אינו מקום סטרילי, אין חשש לזיהום בהוצאתה , אך רצוי כמובן לשמור על ידיים נקיות והנחת הטבעת במקום נקי.

השלחן, כתב הרנ"א רבינוביץ[15] שבנובה רינג ניתן להקל יותר מבטבעת לצניחת רחם, ואין צורך להוציאה כלל, לא בהפסק טהרה ולא בבדיקות שבעה נקיים, משום שאין חשש שהדם נעצר בה. ואדרבא אם תשלוף ותחזיר את הטבעת הרבה פעמים, יכולה האישה לפצוע את עצמה ולגרום לדימום שיקשה עליה להיטהר.[16]

לסיכום, כיוון שהפסק הטהרה דורש בדיקה יסודית יותר, נראה שאין להקל בו, ויש להוציא את הנובה רינג לפני הבדיקה. בבדיקות שבעה נקיים, לכתחילה יש להוציא את הטבעת לבדיקה אחת ביום הראשון ואחת ביום השביעי. בדיעבד, או במצבים של כאב וקושי לאישה, ניתן להסתפק בהוצאה בבדיקה אחת בלבד במהלך השבעה נקיים, או לא להוציאה בכלל, כדעות המקלות.

ש.כ.

---

[15] שו"ת שיח נחום עמ' 205 – 207.

[16] כך הוא כותב גם לעניין טבילה, שאין בנובה רינג משום חציצה. רבנים אחרים כולל הרי"ה הנקין הורו שלכתחילה יש להוציאה לטבילה, ובדיעבד ניתן להקל. לדברי הר"י ורהפטיג, הטבעת בגדר בלוע ולא חוצצת כלל.

סימן מט

טבילה עם נובה רינג

שאלה

אני משתמשת בנובה רינג למניעת היריון. שכחתי להוציאה אמש כאשר טבלתי. האם עלי לחזור ולטבול בשנית?

תשובה

טבעת נובה רינג מונחת בתוך הנרתיק, הנחשב כבית הסתרים. לכתחילה, לפני הטבילה יש להסיר כל חציצה, גם אם היא נמצאת בבית הסתרים; וכן ישנן חציצות בבית הסתרים המצריכות טבילה חוזרת אף בדיעבד. לעומת זאת, אם לא הוצאת את הנובה רינג לפני הטבילה, אינך צריכה לחזור ולטבול בשנית, כיוון שהיא אינה הדוקה במקומה וגם נמצאת עמוק מאד בנרתיק, ויש פוסקים אשר דנים מקום זה לא כבית הסתרים אלא כבלוע בגוף.

הרחבה

הנובה רינג הינה טבעת עגולה המונחת על ידי האישה בעומק הנרתיק, והיא מפרישה הורמונים במשך כשלושה שבועות ברציפות. ניתן להוציאה לפרק זמן של עד שלוש שעות מבלי לפגוע ביעילות המניעה.[1] היות שיש להוציאה לקראת הטבילה, מומלץ להוציאה סמוך לטבילה ולהחזירה בסיום הטבילה ע"מ להבטיח את האפקטיביות שלה.[2]

---

[1] ראו לעיל סי' מט.

[2] בעת הוצאת הטבעת אין צורך לבודקה, וניתן לשטוף אותה תחת זרם מים פושרים בלי להסתכל בה. אמנם במקרה שהאישה הסתכלה ומצאה הפרשה דמית על הנובה רינג, דינה כמו בבדיקה פנימית

יש לדון בנובה רינג מכמה צדדים: א) מצד מיקומה בגוף. ב) מצד היותה רפויה בגוף. ג) מצד ההקפדה.

מיקומה בגוף

במשנה נאמר: "בית הסתרים ובית הקמטים אינן צריכין שיבואו בהן מים",[3] ובגמרא: "ורחץ במים את כל בשרו - מה בשרו באבראי אף כל מאבראי".[4] מכאן למדו חכמים שרק מקום חיצוני בגוף צריך טבילה, אבל מקומות פנימיים כגון פְּנים הפה, פנים האף והנרתיק הם בית הסתרים ואינם צריכים טבילה. הגמרא מקשה על קביעה זו ממעשה בשפחתו של רבי שטבלה לטהרות ועלתה ונמצא עצם חוצץ בין שיניה, והצריכה רבי לטבול בשנית; ומתרצת הגמרא שאמנם אין צורך בביאת מים בפועל אל בית הסתרים אך הוא צריך להיות ראוי לביאת מים.[5] כפי שנלמד מרבי זירא: "כל הראוי לבילה, אין בילה מעכבת בו. ושאין ראוי לבילה - בילה מעכבת".[6] ולכן אומר רבא: "לעולם ילמד אדם בתוך ביתו שתהא אישה מדיחה בית קמטיה במים... נהי דביאת מים לא בעינן, מקום הראוי לביאת מים בעינן".[7]

התוספות סוברים שמדאורייתא, בית הסתרים צריך להיות ראוי לביאת מים[8] ואילו הרמב"ן, הרשב"א והריטב"א סוברים שהחיוב הוא מדרבנן.[9] בעל שערי אורה[10] מציין שהפוסקים סמכו על דעת הריטב"א להקל במקרה של ספק נוסף. כך לדוגמא, המהרש"ם נשאל אודות אישה שהניחה בנרתיק מוך מפשתן ושכחה להוציאו לפני

המטמאת. ראו להלן סי' נט, נקודה על טמפון וסי' ס, מציאת דם בדיאפרגמה.

[3] מקוואות פרק ח משנה ה.

[4] קידושין כה ע"א.

[5] קידושין שם, ונדה סו ע"ב.

[6] בקרבן מנחה נדרשת תערובת של שמן וסולת. הגמרא במנחות (יח ע"ב) שואלת, מה לגבי מנחה שיש בה את הכמות המתאימה לערבוב (בילה) אך לא ערבבו בפועל את השמן? רבי זירא משיב שכל קרבן מנחה שאפשר לבלול אותו כראוי, בדיעבד אף שלא נבלל כשר. רבא מלמד שהוא הדין גם בענייננו, אף שאין צורך בביאת מים בבית הקמטים ובבית הסתרים, מכל מקום על מקומות אלו להיות ראויים לביאת מים, כלומר שלא יהיה בהם דבר חוצץ.

[7] נדה שם.

[8] קידושין שם ד"ה כל.

[9] הרמב"ן בחידושיו, קידושין כה ע"א, הרשב"א בחידושיו קידושין כה ע"א, הריטב"א בחידושיו, קידושין כה ע"א.

[10] שערי אורה עמ' 165.

הטבילה.[11] המהרש"ם לא חייב אותה בטבילה חוזרת משני טעמים: ראשית, המים יכולים לעבור דרך פשתן ולכן הוא אינו חוצץ. ואפילו תאמר שהמים ספק עוברים, יש לצרף את שיטת הריטב"א שחציצה בבית הסתרים אסורה מדרבנן בלבד.[12]

אמנם, יש לדון אם המקום בו מונחת הנובה רינג נחשב כבית הסתרים[13] או שמא יש לו דין של מקום בלוע, בו חציצה אינה פוסלת. לכאורה, ניתן להשוות את הנובה רינג לטבעת למניעת צניחת רחם ('פסרי')[14] שאליה התייחסו האחרונים: הנודע ביהודה, עקב דיון בפסרי, כותב כי אזורים בלועים בגוף, אין להם דין חציצה ואינם צריכים להיות אפילו ראויים לביאת מים.[15] איזור בלוע הוא כה עמוק בגוף שהשמש אינו מגיע לשם אפילו בגמר ביאה.[16] מנגד, בעל אלף המגן מביא בשם הרמ"ע מפאנו כי איזור המתגלה לפעמים, כגון בעת בדיקת חורים וסדקים, נדון כבית הסתרים ולא כבלוע,[17] ועליו להיות ראוי לביאת מים. בערוך השלחן כתב להורות כנודע ביהודה

---

[11] שו"ת מהרש"ם ח"א סי' קצט, מובא בשערי אורה שם.

[12] ולכן אף שאתחזק איסורא שהאישה נידה, "הוי תרי דרבנן במיעוט המקפיד".

[13] אם מקום הנובה רינג נדון כבית הסתרים, לכאורה אף בדיעבד היא מהווה חציצה. ראו יו"ד סי' קצח סע' כד "צריכה לחצוץ שיניה שלא יהא בהם דבר חוצץ, שאם טבלה ונמצא שום דבר דבק בהם לא עלתה לה טבילה".

[14] מצד אחד, טבעת הנובה רינג אינה הדוקה כמו הפסרי, אך היא מונחת עמוק בנרתיק כפי שמתאר הנודע ביהודה את מיקום הפסרי. בנוסף, אין לאישה אפשרות להוציא את הפסרי לבד אלא על ידי הרופא.

[15] שו"ת נודע ביהודה מהדו"ק יו"ד סי' סד, מהדורה תנינא סי' קלה. דבריו הובאו בפתחי תשובה, יו"ד סי' קצח ס"ק טז. בדומה פוסק בשו"ת הר צבי יו"ד סי' קנג. בשו"ת לב דוד סי' מא הקשה על טענת הנודע ביהודה שהטבעת נמצאת במקום בלוע, וטוען כי בזמן שהאישה עומדת בטבילה הטבעת יורדת ולכן אינה בלועה, וחוצצת; אך ממשיך שהפסרי הוא בגדר שלא מקפדת עליה, כיוון שהאישה אינה קובעת בעצמה מתי אפשר להוציאה על מנת לנקותה אלא ע"י רופא. אמנם, במקרה של טבעת הנובה רינג, אין האישה כפופה להוראת הרופא - ולכן לשיטתו תיחשב כמקפדת, ועל כן חוצצת.

[16] וממילא כך יש לפסוק לגבי התקן תוך-רחמי, שהחוט הנמשך ממנו החוצה יושב מעט מחוץ לצוואר הרחם, שנחשב כבלוע ואינו צריך לביאת מים בטבילה. אמנם, במקרה של הנובה רינג, מדובר באזור חיצוני יותר, ויש זוגות שמדווחים שאף חשים בנובה רינג בעת יחסים, בדומה לטענת הלב דוד הנ"ל על טבעת הפסרי.

[17] שו"ת אלף המגן חלק ב סי' כו. בית הקמטים הוא מקום הנראה מבחוץ ולכן גם הוא צריך להיות ראוי לביאת מים. בעל אלף מגן סובר שם שרק עד בין השיניים נחשב כבית הסתרים, כנודע ביהודה.

בטבעת שקשה להוציאה בעת הטבילה ואף יש סכנה בכך, והיא מונחת בעומק הנרתיק במקום שאין האיבר מגיע אליו בשעת תשמיש, וסיים "וכן מורין הלכה למעשה".[18]

לאור הנ"ל, לכתחילה יש להסיר את הנובה רינג לפני הטבילה.[19] אך בדיעבד, כיוון שהשואלת כבר לנה עם בעלה, אינה צריכה לטבול בשנית.

רפויה בגוף

סיבה נוספת להקל בנובה רינג הינה היותה רפויה בגוף.[20] כך גם נראה מדברי הזכרון יוסף בנושא חציצה בבית הסתרים[21] וכן בשו"ת שיח נחום, שהטבעת אינה חוצצת מפני שאינה הדוקה לשום מקום בנרתיק ונרטבת ע"י ההפרשות הטבעיות באיזור, לכן אינה חוצצת.[22]

כך הביא הדרכי תשובה בשם הרב יואל דייטש[23] שלא לחייב טבילה חוזרת לאישה אשר שמשה עם בעלה אחרי ששכחה בעת הטבילה מוך הספוג בשמן זית, שהניחה בנרתיק בהוראת רופא.[24] וזאת משתי סיבות: א. שמא היה המוך בעומק 'הרחם' [דהיינו הנרתיק] שהוא איזור בלוע, כנודע ביהודה.[25] ב. שמא יכלו המים לעבור דרך המוך אשר מונח רפוי במקום.[26]

הקפדה[27]

סיבה שלישית להקל היא שהנובה רינג מוצאת, לפי ההוראות הרפואיות, רק לאחר

---

[18] ערוה"ש יו"ד סי' קצח ס"ק נה. וכן מורה הר"י ורהפטיג אף לכתחילה. בשיחה עם הכותבת, הוסיף שכיוון שהנובה רינג נסתר מן העין, לכן דינו כמקום בלוע ואינו חוצץ.

[19] כיוון שלרוב הדעות בימינו, איזור הנרתיק נדון כבית הסתרים. וראה דרכי טהרה עמ' קסה, שערי אורה, עמ' 165,טהרת הבית הוצאה שנייה חלק ג, עמ' י, קמד, קנו. וכך סובר הרי"ה הנקין שיש לדון את מיקומו לכתחילה כבית הסתרים כיוון שבלוע הוא מקום אליו ידו של אדם אינה מגעת.

[20] דבר רפוי אין חוצץ, יו"ד סי' קצח סע' כח.

[21] שו"ת זכרון יוסף יו"ד סי' י.

[22] שו"ת שיח נחום סי' סא עמ' 207. והוסיף שאף למי שיחמיר לכתחילה להוציא את הטבעת לטבילה, במקרה והטובלת שכחה להוציאה, עלתה לה טבילה.

[23] דרכי תשובה סי' קצח ס"ק פז.

[24] שו"ת יד יוסף סי' פט.

[25] נודע ביהודה שם.

[26] כך גם משתמע מחזון איש הל' נדה סי' צד, בנוגע לצמר גפן בתוך האוזן בזמן הטבילה, שאף שכרגע המים לא חודרים, נקרא 'ראוי' כיון שאחר כך יחדרו.

[27] להרחבה בנושא ראו להלן סי' מז, טבילה עם מדבקה הורמונלית.

שלושה שבועות, ובכך באנו למחלוקת הפוסקים במיעוט שאינו מפקיד. יש מי שפסקו שרק דבר העתיד להיות על הגוף במשך לפחות שלושים יום, אינו נחשב בגדר מקפדת עליו ואינו חוצץ[28]; ולדעתם הנובה רינג תיחשב חציצה. אך יש מי שפסקו שכל שנשאר על הגוף למשך שבוע ימים אינו חוצץ, ולפיהם הנובה רינג לא תיחשב חציצה.[29]

לסיכום

א. לדעת הריטב"א ועוד ראשונים, בית הסתרים צריך להיות ראוי לביאת מים מדרבנן בלבד.

ב. טבעת הנובה רינג נמצאת עמוק עד שאפשר לדונה כבלוע.

ג. היא אינה הדוקה במקומה ומעבר המים אינו חסום.

ד. ניתן לדון את הנובה רינג כחלק מן הגוף לאור משך הזמן בו היא מונחת בגוף. לכן, במקרה ששכחה להוציאה, הטבילה כשרה.

ש.כ.

---

[28] בספר שערי טבילה סי' לד (על פי הב"י או"ח סי' שיז שדן בהגדרת קשר של קיימא מן התורה). כן פסק גם בבדי השלחן סי' קצח ס"ק קעט. אך בבדי השלחן סי' קצח ס"ק שפה כותב שאין להקל בחציצה בבית הסתרים כגון סתימה זמנית אם נמצא פחות מל' יום .

[29] חלקת יואב ח"א יו"ד סי' ל, מקיש בין הלכות מלאכת הקשירה בשבת לבין חציצה העתידה להישאר לפרק זמן על הגוף: רק הקושר קשר של קיימא חייב, ומדרבנן קשר של שבוע ימים נחשב לקשר של קיימא. לאור זאת, החלקת יואב קובע כי אדם המתכוון להשאיר על גופו במשך שבוע דבר החוצץ רק מדרבנן אינו נחשב כמקפיד על דבר זה ולכן אינו חוצץ בטבילה.

סימן נ

הכנסת התקן תוך-רחמי בז' נקיים

שאלה

אני בת 43, נוטלת גלולות למניעת היריון. לאחרונה החלטתי לעבור להתקן תוך-רחמי. האם הכנסת ההתקן תטמא אותי? מתי רצוי להכניסו, וכיצד עלי לפעול אם בכל זאת הרופא דורש להכניסו בתוך שבעת הנקיים?

תשובה

עצם הכנסת התקן תוך-רחמי ע"י רופא לא תטמא אותך, אך ייתכנו דימומים לאחר ההכנסה אשר עלולים להקשות עליך להיטהר. גם בהתקן הנחושת ובמיוחד בהתקן ההורמונלי, כתמים אלה שכיחים בחודשי השימוש הראשונים. לפעמים מופיעה ההכתמה רק כעבור מספר ימים מההכנסת ההתקן ההורמונלי, כאשר הגוף מתחיל להגיב להורמון. לכן, מבחינה הלכתית העיתוי הרצוי להכנסת ההתקן הוא כאשר את טהורה. עם זאת, לרוב, הרופאים מעדיפים לבצע את הפרוצדורה בימים שלאחר המחזור, במהלך שבעה הנקיים, כיוון שאז ברור שהאישה אינה בהיריון וגם צוואר הרחם פתוח ורך יותר באופן שמקל על הכנסת ההתקן. מומלץ להציע לרופא להכניס את ההתקן מיד לאחר הטבילה, או ביום האחרון של שבעה הנקיים לאחר בדיקת היום השביעי. במקרה שהפרוצדורה מתבצעת בכל זאת במהלך שבעה הנקיים, יש לבצעה לאחר שכבר עשית הפסק טהרה ובדיקת היום הראשון.

לאחר הכנסת ההתקן, את עלולה לראות דם במשך יום או יומיים בעקבות פציעת צוואר הרחם עקב תפיסתו בצבת בשעת הפרוצדורה. אם תמצאי דם במהלך עשרים וארבע השעות הראשונות, ואף אם אותו דימום יימשך יומיים, תוכלי לתלותו בפציעה, ולא תיאסרי גם אם הדם יימצא על עד בדיקה. לאחר יממה, הפצע החיצוני אמור להתרפא, ולכן אם תתחיל הכתמה בהפרש יממה מהכנסת ההתקן, או אם יופיע דימום

לאחר ההכנסה אך יימשך מעבר ליומיים, כבר אין אפשרות לתלותו בצוואר הרחם הפצוע.

אם הוכנס ההתקן במהלך שבעה הנקיים, בהנחה שביצעת את הפסק הטהרה ואת בדיקת היום הראשון, תוכלי להפחית בבדיקות בהמשך השבוע וכן ללבוש תחתונים צבעוניים או להניח תחתונית. אך בכל מקרה, עליך לבצע בדיקה פנימית לכל הפחות ביום השביעי כדי שתוכלי לטבול.

במקרה שההתקן בכל זאת יוחדר במהלך שבעה הנקיים, כל דימום שיימצא בבדיקה פנימית לאחר טווח ההחלמה הנ"ל ללא הוכחה שהוא נובע מהמכה יחייב אותך לבצע הפסק טהרה ולהתחיל מחדש את ספירת שבעת הנקיים.

הרחבה

שלושה חלקים לשאלה:

1. האם הכנסת ההתקן מטמאת את האישה?
2. מה דין הדימום לאחר פרוצדורה זו?
3. איך לנהוג כאשר הכנסת ההתקן נעשית בתוך שבעה נקיים?

פרוצדורת הכנסת ההתקן

ההתקן הינו גוף קטן מנחושת או מפלסטיק המוחדר אל הרחם ומונע הריון. יש לדון האם הפעולה נחשבת כ׳פתיחת הקבר׳, ואם כך, האם האישה נטמאת אפילו אם אינה רואה דם.

בגמרא נחלקו אם ׳אפשר לפתיחת הקבר בלא דם׳, כלומר האם עצם פתיחת צוואר הרחם מטמאת אף כשלא נמצא דם.[1] לדעת הרמב"ם[2] אפשר לפתיחת הקבר בלא דם ואילו הראב"ד,[3] הרמב"ן,[4] הרא"ש[5] והרשב"א[6] פסקו שאי אפשר לפתיחת הקבר ללא

[1] נדה כא עמ׳ א׳ וב׳.

[2] הל׳ איסורי ביאה פ"ה הל׳ יג.

[3] השגות הראב"ד על הרמב"ם שם, ובעלי הנפש שער הפרישה סי׳ א.

[4] הלכות נדה לרמב"ן פ"ג הל׳ ו.

[5] נדה פ"ג סי׳ א.

[6] תוה"ב הארוך בית ז שער ו (דף כו ע"ב).

דם, וכך נפסק בשולחן ערוך.[7] בהמשך למחלוקת זו של הראשונים, אחרונים נחלקו אם החדרת דבר מבחוץ אל תוך הרחם יכולה לגרום לפתיחת הקבר או שרק דבר היוצא מן הרחם יכול לגרום לפתיחת הקבר. הנודע ביהודה[8] פוסק שהאישה נטמאת הן בפתיחה ע"י דבר היוצא מהרחם והן על ידי דבר הנכנס לרחם. וכך פסק האגרות משה,[9] שפעולה חיצונית יכולה לגרום לפתיחת הקבר ולטמא את האישה גם כאשר לא נמצא דם.

בעקבות הדיון בגמרא ומדברי השולחן ערוך לומדים הפוסקים שדין פתיחת הקבר שמטמא הוא רק אם הפתח גדול יותר משיעור 'שפופרת'. הש"ך[10] הגדיר גודל זה כ"דק שבדקין". באגרות משה[11] כתב שמדובר בגודל של 19 מ"מ (שלושת רבעי אינץ').[12] לשם החדרת ההתקן נעשה שימוש במכשיר בקוטר של כ-4 מ"מ לכל היותר, וההתקן עצמו הוא קטן מאוד ומקופל בתוך המכשיר, ולכן לפי השיטה שפתיחת הקבר היא רק משיעור 19 מ"מ , אין חשש לפתיחת הקבר בפרוצדורה זו. יצוין כי יש שחלקו ופסקו שיש דין פתיחת הקבר בהכנסת ההתקן ולכן האישה טמאה לאחר הפרוצדורה.[13]

---

[7] יו"ד סי' קפח סע' ג ורמ"א סי' קצד סע' ב.

[8] שו"ת נודע ביהודה תנינא יו"ד סוף סי' קכ.

[9] שו"ת אגרות משה יו"ד ח"א סי' פג; וכן שו"ת הר צבי יו"ד סי' קנב. לדעות המקלים בפתיחת הקבר מבחוץ, דוגמת בדיקת רופא, ראו בשו"ת ציץ אליעזר ח"י סי' כה פרק יא, וחזון איש יו"ד סי' פג ס"ק ב. ראו גם בטהרת הבית ח"ב (עמ' ס) שלומד ספק ספיקא בעניין זה.

[10] יו"ד סי' קפח, ס"ק יב.

[11] שו"ת אגרות משה יו"ד ח"א סי' פט. הגר"מ פיינשטיין למד מדיני טומאה כי גודל הפתיחה המטמא הוא כגודל של 'פיקה', כלומר ראש הכלי שנשים טוות בו. לדבריו מדובר בכלי שאינו עבה יותר מאצבע קטנה הסמוך לאגודל, ובשו"ת אגרות משה או"ח ח"ג סי' ק הוא מגדיר את גודל האצבע הקטנה כשלושה רבעי אינטש (19 מ"מ). לעומת דבריו לגבי שיעור פתיחת הקבר, במקום אחר (אה"ע ח"ג סי' כא) הוא כותב שאישה נטמאת לאחר הכנסת התקן. כנראה שהגרמ"פ הכיר מציאות בה הפתיחה שנגרמת על ידי הכנסת התקן גדולה מ-19 מ"מ.

[12] יש אמנם דעות נוספות בענין שיעור פתיחת הקבר. ראו בשו"ת תשובה מאהבה (ח"א סי' קטז) שכתב שגודל השפופרת הוא עב מעט יותר מקש. הוא פסק שרק אם יצא דבר דק מאוד או אפילו משקה, לא נחשב לפתיחת הקבר. ובספר בדי השולחן (סי' קצד ס"ק לא) הגדיר את הגודל כ-15 מ"מ. לעומת זאת בספר מקור חיים ותפארת צבי (סי' קפח אות ט) הגדיר זאת כגודל האגודל (כ-25 מ"מ). הרי"ה הנקין והר"י ורהפטיג מורים כאג"מ שרק בשיעור 19 מ"מ יש לחשוש לפתיחת הקבר.

[13] כך כתב בספר חוט השני נדה סי' קפג סע' ג ס"ק ב (עמ' כח) וכן סי' קפח סע' י ס"ק ד (עמ' קד). בשיעורי שבט הלוי (סי' קפח סע' ג ס"ק ד, עמ' ק) מחמיר בכל בדיקת רופא שמגיעה לתוך הרחם עצמו,

הדימום שלאחר הפרוצדורה

לרוב יש דימום לאחר הכנסת התקן, ויש לברר אם נחשב דם נידה או דם מכה. האפשרות לתלייה במכה נלמדת בגמרא בנידה טז. הרמב"ן[14] סובר שאין לתלות דם במכה אלא אם אנו בקיאים להבחין בין דם נידה לדם מכה. לעומת זאת, הרמב"ם,[15] הרא"ש[16] והרשב"א[17] כתבו שניתן לתלות במכה ידועה.

בשולחן ערוך[18] נפסק שאם קיימת מכה באותו מקום,[19] תולים במכה. הרמ"א[20] כותב שאישה שאין לה וסת קבוע ומוצאת דם שלא בשעת וסתה, צריכה לדעת שמכתה מוציאה דם על מנת לתלות בה את הדימום. הש"ך[21] סובר בדעת הרמ"א שאפשר לתלות במכה רק כאשר ידוע שהיא מוציאה דם בפועל, ואילו הט"ז[22] סובר שדי אם יודעת שמכה זו יכולה לעתים להוציא דם.[23]

הנודע ביהודה[24] הבין בדעת הרמ"א שניתן לסמוך על ספק ספיקא (שאולי הדם לא בא מן המקור, ואף אם בא מן המקור, שמא בא מחמת מכה שנמצאת שם) ולהקל לתלות במכה בימי ליבונה אף בראייה המלווה בהרגשה.[25]

פוסקי זמננו חלוקים באשר לתלייה במכה בדימום שבעקבות התקן. בשיעורי שבט

שמטמאת את האישה.

[14] הל' נדה פ"ג הל' ז, מובא ברשב"א תוה"ב הארוך בית ז שער ד (דף כג).

[15] הל' איסו"ב פ"ח הל' יד ופרק ט הל' כב.

[16] נדה פרק עשירי סי' ג ד"ה גם הרמב"ן.

[17] תוה"ב שם.

[18] יו"ד סי' קפז סע' ה.

[19] ראו ש"ך סי' קפז סע' יז שמביא שיטת הב"ח שמדובר במקור ממש. וכן סדרי טהרה סי' קפז ס"ק יא.

[20] רמ"א שם .

[21] ש"ך יו"ד סי' קפז ס"ק כד.

[22] ט"ז שם ס"ק י .

[23] וראו גם בבדי השולחן (סי' קפז ס"ק צז) שמספיקה גם ידיעה שבמכה מעין זו אצל נשים אחרות רגיל לצאת דם. ראו גם בשו"ת נודע ביהודה (מה"ק יו"ד סי' מז) שכותב שלפי הט"ז, דעת הרמ"א מתייחסת רק למקרה של רמ"ת, ולא לכל מכה.

[24] שו"ת נודע ביהודה מה"ק יו"ד סי' מא ס"ק ה.

[25] לעומתו, לפי הבנת החוות דעת (סי' קפז ס"ק ח) בדעת הרמ"א, יש לסמוך על הספק ספיקא רק בראייה שאסורה מדרבנן - כלומר ראייה שאינה מלווה בהרגשה - אבל ראייה שאסורה מן התורה, או אישה הרואה בימי ליבונה, כשהיא אינה בחזקת טהרה, אי אפשר לתלות במכה אלא אם כן יודעת בוודאות שהמכה הוציאה דם.

הלוי[26] נפסק ש"יש להחמיר אף כשאפשר שהטבעת גרמה גירוי בפנים, ורק כשברור שיש לה באמת פצע המוציא דם מבפנים מקילים שלא בשעת וסתה בשאלת חכם". ואילו בטהרת הבית[27] כתב: "אשה שיש לה טבעת ברחם למניעת היריון וראתה ע"י בדיקת עֵד שלא בשעת וסתה, והרופא אומר שהטבעת גרמה לה דימום, נראה שיש מקום להקל בזה, כיון שבשלא בשעת וסתה הרי היא כמסולקת דמים... לכן יש לתלות הדבר במכה..."

לדעת הר"י ורהפטיג, יש להקל למשך יממה מהחדרת ההתקן, וכן הדין אם המשיך הדימום ליממה נוספת, שכן דעת הרופאים שהפרוצדורה עלולה לשרוט את צוואר הרחם ולגרום לדימום. אמנם בדם שנמשך מעבר ליממה,[28] או שמתחיל להופיע לאחר הפסקה של כ"ד שעות מפעולת ההכנסה, אין לתלות בשריטת צוואר הרחם, שהשריטה כבר אמורה להתרפא, וההתקן עצמו ייתכן שיגרום לדימום הורמונלי אצל חלק מהנשים. כאשר הדימום הוא מהרחם עצמו, ואיננו יודעים אם הדימום נובע מפעילות הורמונלית בתוך הרחם או ממכה ברחם, אי אפשר לתלותו במכה המצויה בדופן הרחם פנימה.[29]

---

[26] נדה סי' קפז סוף סע' ה, עמ' עו.

[27] הגר"ע יוסף אינו עוסק דווקא בדימום שלאחר החדרת ההתקן; וכל שכן לפי דבריו ניתן להקל בדימום שלאחר פעולת ההחדרה, וראו ח"א סי' ה (עמ' רנג). ראו גם חוט השני נדה סי' קפג ג הערה ב.

[28] בהתייעצות עם רופאי נשים, ציינו שבד"כ מתרפא הפצע תוך 24 שעות, אך לא מדובר בממצא בדוק, ויש המקלים יותר, לתלות את הדימום בפציעה שנגרמה מהכנסת התקן למשך שבוע שלם; ראו הרב יהודה פריס, "התקן תוך-רחמי וצילום הרחם", תחומין כרך טו עמ' 343.

[29] הפוסקים נחלקו בשאלה מתי ניתן להגדיר דימום תוך-רחמי כפצע. ראו "גדרה של מכה לענין תלית ראית הדם בה" מאת הרב אליעזר בן-פורת ופרופ' פסח קליימן, אסיא פג-פד (תשס"ח), עמ' 149–141. הגרש"ז אויערבאך (מצוטט בנשמת אברהם סי' קפז עמ' קנ) כותב "ואע"ג שהמכה מוציאה דם גם מאותם הגידים שמתפקעים בשעת הוסת, מ"מ דם נדה הוא רק הדם שיוצא מאליו כדרכו באופן טבעי". הר"מ הלפרין ("דימום מחמת התקן-תוך-רחמי", אסיא סג-סד, תשנ"ט, עמ' 143–138) הסיק מכך שדם שבא סמוך לווסת צריך לטמא את האישה ואילו דם שבא שלא בזמן הווסת אינו בא "כדרכו באופן טבעי", ולכן ייתכן שאפשר לתלותו במכה הנגרמת מההתקן. החזון איש (במכתב בכתב העת פרדס, מובא במאמר "גדרה של מכה" באסיא לעיל) מסביר שיש שלושה סוגי דימום: א) מותר הדם הניגר מן הגוף לחוץ, כעין דם הפסולת המוכרח להסירו מן הגוף שלא ירעיל את דם החיים, וזהו עיקר הווסת. ב) דם הבא שלא בזמן הווסת, ע"י אונס, כמו דחיקה או הכאה ברחם, הגורמת נזילות הדם [וכעין דם הנוזל מחמת לידה, או הפלה]. ג) דם הבא מחמת שרט בעור הרחם, שבצבוץ הדם בא באותו האופן שבא בפצע בשאר הגוף. השנים הראשונים אוסרים את האשה והדם השלישי טהור. מדברי החזו"א הסיקו המחברים הנ"ל שדימום שהוא סמוך להכנסת או להוצאת התקן נחשב כדימום חבלה ולא כדימום טבעי של רירית

לכן, מומלץ לאישה ללבוש למשך כמה ימים תחתונים צבעוניים או להניח תחתונית.[30] יש לציין שההכתמה בעקבות התקנת המירנה לעתים תתחיל בהפרש מספר ימים מהתקנתה, כאשר הגוף מתחיל להגיב להורמון הפרוגסטרון שהיא מפרישה.

הכנסת התקן בשבעה הנקיים

כאשר הכנסת ההתקן מתבצעת תוך כדי שבעה נקיים, ניתן כאמור לתלות במכה בעשרים וארבע השעות שלאחר פעולת ההכנסה.[31] עדיף לבצע את ההכנסה לאחר שלושת הימים הראשונים,[32] ולכל הפחות לאחר בדיקה נקייה של היום הראשון.[33] הרי״ה הנקין ממליץ לכתחילה להכניס התקן מירנה רק לאחר הטבילה ולא בז״נ.

במהלך ז׳ נקיים, ניתן להפחית בבדיקות, אך לכל הפחות יש לבצע את הבדיקות של היום הראשון והשביעי. אם נמשכים הכתמים במשך ז״נ, שאז קיים חשש כבד שמא תסתור הבדיקה של היום השביעי את הספירה ותיאסר האישה למשך תקופה ארוכה,[34] יש למורה הוראה מובהק לשקול בשעת דחק גדול שלא לבצע את הבדיקה של היום השביעי.[35] אם ההתקן הוכנס ביום השישי לז״נ, ויש דימום למחרת ביום

הרחם. מנגד, רוב הפוסקים אינם תולים בדם מכה כאשר אין ודאות שקיימת מכה בתוך הרחם. לדיון מקיף ראו נשמת אברהם סי׳ קפח סע׳ ב.

[30] ראו לעיל סי׳ ד, כתמים ודימומים בזמן ההיריון.

[31] כפי שפוסק הגר״ע יוסף (טהרת הבית ח״א עמ׳ רמא) בענין מכה בשבעה נקיים, וראו גם במאמר ״דימום מחמת התקן״, הערה 28 לעיל.

[32] לפי הרמ״א (יו״ד סי׳ קצו סע׳ י), על שלושת הימים הראשונים של ז״נ להיות נקיים לגמרי, ולכן ״..אין מקילין בשלשה ימים הראשונים לתלות במכה שאין ידוע שמוציאה דם״, וראו גם פתחי תשובה שם ס״ק יד. ראו עוד בשו״ת אגרות משה יו״ד ח״א סי׳ פג.

[33] וכן אם הפרוצדורה מתקיימת בימים בהם היא טהורה, אין לבצעה ביום השלושים או באחד מימי הפרישה הנוספים, בהתאם לדברי הרמ״א (יו״ד סי׳ קפז סע׳ ה): ״בשעת וסתה, או משלשים יום לשלשים יום, אינה תולה במכתה, דאם לא כן לא תטמא לעולם״. ראו גם שיעורי שבט הלוי סי׳ קפז סע׳ ה ס״ק ב. במקרה שיש לה צורך לעשות בדיקה ביום פרישה כאשר היא יודעת שיש לה כתמים, ראו לעיל סי׳ נה, בדיקות בעונת פרישה באישה המרבה להכתים.

[34] החשש הזה קיים בעיקר בהתקן מירנה. התגובה למירנה אינה אחידה. יש נשים שאינן חוות כתמים כלל ואילו אצל אחרות יופיעו כתמים כתוצאה מהתקנת המירנה, והם עלולים להימשך למשך מספר חודשים.

[35] בהסתמך על דעת ערוך השולחן סי׳ קצו סעי׳ כו, למרות ששם מדובר באישה שבדרך הטבע אינה יכולה להיטהר, מה שאין כן כאן, שיכולה להוציא את ההתקן. בשו״ת נודע ביהודה תנינא (יו״ד סי׳ קכט) כתב שרצוי יותר לצמצם מספר בדיקות מאשר להסתכן בצורך לתלות דם בבדיקה במכה (אע״פ ששם

השביעי, ניתן לתלות דם זה בפציעת צוואר הרחם, אך יש לחזור ולבדוק ע"מ שתתקבל בדיקת יום ז' נקייה.[36] כאמור ניתן גם ללבוש תחתונים צבעוניים או להניח תחתונית.

מ.ר.

עוסק בבדיקה בראשון ושביעי בלבד, וכאן מדובר בהסתפקות בבדיקת יום א' בלבד). ראו גם בטהרת הבית ח"א סי' ח ס"ק ח (עמ' שצו) ושו"ת אגרות משה יו"ד ח"ב סי' עח. ראו גם לעיל סי' ד, כתמים ודימומים בזמן ההירין, וסי' יד, מוך דחוק ובדיקות ז"נ לאחר לידה.

[36] חוות דעת סי' קצו סק"ג.

סימן נא

האם הוצאת התקן תוך-רחמי מטמאת?

שאלה

לאחר הוצאת התקן תוך-רחמי אתמול, היה לי דימום, והוא המשיך קצת גם היום. האם נאסרתי?

תשובה

בדומה להכנסת התקן, הפרוצדורה הרפואית של הוצאת התקן אינה מטמאת את האישה. לאחר ההוצאה, בדרך כלל יהיה דימום קל למשך יום או יומיים כתוצאה מפציעת צוואר הרחם בשעת ההוצאה. דם זה הוא 'דם מכה' ואינו אוסר אותך. דימום כבד וממושך המזכיר דמם וסתי אינו צפוי לאחר הוצאת התקן נחושת.

במקרה של הוצאת התקן הורמונלי ('מירנה'), לעתים קרובות יש 'דימום נסיגה' בעקבות הפסקת הפרוגסטרון המופרש מההתקן. דימום זה הוא הורמונלי, ולכן אם הוא מתגבר לדימום הדומה למחזור, הוא מטמא. לעתים קרובות, הדימום יתחיל כיומיים ויותר לאחר הוצאת ההתקן. לכן, אפשר לתלות בפצע רק את הדמם הראשוני הקל שלאחר הפרוצדורה, למשך יום או יומיים.

מומלץ להוציא את ההתקן בימי הטהרה (רצוי לקראת סופם), במיוחד כשמדובר בהתקן מירנה; ולאחר הפרוצדורה ללבוש תחתונים צבעוניים או תחתונית, ולא לבצע בדיקות פנימיות ללא הכרח.

הרחבה

הוצאת התקן נעשית דרך משיכת החוט המשתלשל מהרחם. פעולת רופא שאינה גורמת לפתיחת צוואר הרחם מעבר לרוחב של 19 מ"מ אינה נחשבת ל'פתיחת הקבר'

ולכן האישה לא נטמאת מהוצאת התקן.[1] למרות שההתקן גדול יותר בהוצאתו מאשר בהכנסתו,[2] הוא עדיין אינו גדול מספיק כדי שהפעולה תיחשב לפתיחת הקבר.[3]

אם האישה רואה דם מייד לאחר הפרוצדורה - יש לתלותו במכה, והוא אינו מטמא. דימום זה עלול להימשך כיומיים.[4] לאחר יומיים הדימום יכול לנבוע גם מגורם הורמונלי, ולכן כבר אין לתלותו במכה. מומלץ ללבוש תחתונים צבעוניים או תחתונית כדי להינצל מכתמים אלה.

במקרה של הוצאת התקן הורמונלי ('מירנה'), לעתים קרובות יש 'דימום נסיגה' בעקבות הפסקת הפרוגסטרון המופרש מההתקן. דימום זה הוא הורמונלי, ולכן אם הוא מתגבר לדימום הדומה למחזור הוא מטמא. הדימום יכול להתחיל כיומיים או יותר לאחר הוצאת ההתקן. לכן, אפשר לתלות בפצע רק את הדמם הראשוני הקל שלאחר הפרוצדורה, למשך יום או יומיים.

במקרה של הוצאת ההתקן במהלך שבעה נקיים, ראוי לבצע את הפרוצדורה לאחר הפסק הטהרה ובדיקת היום הראשון. בהמשך, אפשר להפחית בבדיקות וללבוש תחתונים צבעוניים או להניח תחתונית, אבל יש לבצע לכל הפחות את בדיקת היום השביעי. בהתקן מירנה, היות שצפוי דמם הורמונלי לאחר הוצאתו, מומלץ מאד להוציאו בימי הטהרה.

מ.ר

---

[1] להרחבה בנושא ראו לעיל סי' נ, הכנסת התקן תוך-רחמי בז"נ.

[2] 'ידיות' ההתקן סגורות בשעת ההכנסה (בצורת I) והן נפתחות ברחם לאחר ההחדרה. ה'ידיות' פתוחות (בצורת T) בזמן ההוצאה; אמנם, גם כשהוא פתוח, ההתקן אינו רחב יותר מ-19 מ"מ.

[3] יש שחולקים ומטמאים את האישה בהוצאת התקן; ראו נשמת אברהם יו"ד סי' קצד סע' ה שמביא בשם הגרש"ז אויערבאך שיש לחשוש לפתיחת הקבר בהוצאת התקן. להרחבה ראו לעיל סי' נ.

[4] הרי"ה הנקין והר"י ורהפטיג פוסקים שיש לתלות בדם מכה עד יומיים לאחר הוצאת התקן, לעומת יממה אחת לאחר הכנסת התקן, בגלל שפעולת ההוצאה בדרך כלל שורטת את רירית הרחם.

סימן נב

דימום מפצע הנגרם ע"י התקן תוך-רחמי

שאלה

יש לי התקן תוך-רחמי מזה שנה וחצי. לאחרונה, בבדיקות שבעה הנקיים, התחילה להופיע נקודה אחת אדומה על העד. בדיקת רופאה העלתה שהנקודה האדומה מופיעה בשל דימום קל הנגרם משפשוף של חוט ההתקן בצוואר הרחם. האם אוכל, מעכשיו והלאה, כל עוד אשאר עם ההתקן, לתלות את נקודת הדם המופיעה על העד בפצע?

תשובה

שפשוף של חוט ההתקן עשוי לגרום לדימום קל מצוואר הרחם. במצב זה, עדיף שתימנעי מלהעמיק בבדיקותיך עד לכדי מגע בצוואר הרחם. בבדיקה מעט שטחית יותר תוכלי לצאת ידי חובת הבדיקה ולמנוע שפשוף בחוט ההתקן.

מכיוון שהרופאה הבחינה בפצע בצוואר הרחם, תוכלי לתלות בו מראות דמיים בתקופה הקרובה. יש לשאול את הרופאה מהו משך הזמן הסביר לדימום זה. במקביל עליך לברר כיצד ניתן לטפל בבעיה. להדרכה לגבי ביצוע המשך הבדיקות במצב זה, ראי לעיל סי' כא.

הרחבה

כאשר ידוע לנו בבירור כי חוט ההתקן[1] נמצא במקום שבו הוא בא במגע עם צוואר

---

[1] חוט משתלשל מההתקן שברחם אל תוך הנרתיק לצורך הוצאתו בסוף תקופת השימוש. ראו נפסח רפואי ה, אמצעי מניעה.

הרחם ופוצע אותו, הפצע נידון כמכה שידוע שמוציאה דם,[2] ותולים בה מראה דמי אף בבדיקה פנימית.[3] משך הזמן שבו ניתן יהיה לסמוך על אבחנת הרופאה ולתלות מראות דמיים במכה תלוי בטיב האבחנה ומשתנה ממקרה למקרה.

יש להדריך את האישה לבקש מהרופאה לוודא הימצאות פצע, וגם לחוות דעתה לגבי משך הזמן שבו סביר שהפצע ימשיך לגרום לדימום, והתנאים שבהם הוא עשוי לדמם.[4] הערכה זו תוכל לסייע בקביעת משך הזמן שבו ניתן יהיה לתלות מראה דמי במכה.[5] עם זאת, גם במצב שבו ידוע שהמכה קיימת ומדממת, עדיין קיימת אפשרות שהדם שלפנינו אינו דם המכה כי אם דם מהרחם. אפשרות זו קיימת תמיד בעת תלייה במכה, ובפרט בעת נוכחות התקן ברחם. לכן אין להמשיך מצב זה לאורך זמן[6] אם יש אפשרות להימנע מכך.

ייתכן שהרופאה תוכל לקצר את החוט כדי להפחית את הגירוי.[7]

גם במקרה של תלייה במכה הנגרמת מפצע או ממחלה, ראוי לנסות לטפל בבעיה, ולא לסמוך על היתר דם מכה לאורך זמן.[8]

---

[2] עיינו לעיל סי' כא, תלייה בפצע בז"נ. וכן ס' התרומה סי' צב ד"ה ודין, הגהות מיימוניות פי"א מהל' איסו"ב, מובא בבית יוסף יו"ד סי' קפז ס"ק ה, ושבה"ל סי' קפז סע' א עמ' עה ד"ה ולכן באישה.

[3] עיינו לעיל סי' כא להדרכה בביצוע הבדיקות.

[4] פצע שנגרם ע"י שפשוף על פי רוב מתרפא במהירות בשל אופי הרירית בנרתיק. מנגד ריפויה של אטרופיה עשוי להיות ממושך, אם בכלל.

[5] לעתים ניתן לבצע את כל הבדיקות תוך זהירות ממגע עם האיזור הפגיע. עיינו לעיל סי' כא בנושא מכה בנרתיק המונעת ביצוע הבדיקות.

[6] דין תלייה במכה נלמד בנדה סו ע"ב, באישה הרואה דם מחמת תשמיש. ראייתה של אישה זו עלולה להביא לכך שתיאסור עולמית, והתלייה נועדה להצילה מעיגון. במצב חמור פחות, כאשר מדובר בתקופת איסור קצובה בזמן, יהיה צורך ברמת ודאות גבוהה יותר אודות הפצע על מנת להתיר את האישה. עיינו ש"ך יו"ד סי' קפז ס"ק כד. לדבריו, ניתן לסמוך על המרדכי, שלשיטתו מספיקה ידיעה כללית של האישה שדרך מכה זו לדמם, אף על פי שלא הרגישה ביציאת הדם בפועל כעת.

[7] פתרון זה רלוונטי כאשר השפשוף הינו בנרתיק או בחלק מצוואר הרחם. קיצור החוט כך שלא ישתלשל אל צוואר הרחם כלל יקשה על הוצאת ההתקן בבוא העת.

[8] הדברים אמורים ביחס לפצעים שאינם בעייתיים מבחינה רפואית. אם יש חשש למחלה או לבעיה רפואית אחרת, יש לטפל בבעיה לפי הוראות הרופא. דימום מצוואר הרחם עלול להעיד על בעיה המחייבת טיפול ואף טיפול דחוף.

כאשר המראה הדמי נמצא בעונת הווסת, אין האישה תולה בדם המכה[9] אלא אם כן היא חשה ביציאת הדם מן המכה.[10]

ז.ב.

[9] רמ"א יו"ד סי' קפז סע' ה.

[10] ש"ך שם.

סימן נג

בדין כתמים המקדימים את המחזור

שאלה

יש לי התקן נחושת. באופן קבוע, אני רואה כתמים כשלושה וארבעה ימים לפני תחילת המחזור. כתמים אלה חלקם אדומים וחלקם חומים, והם הולכים ומתחזקים. בערך ביום הרביעי לתחילת הכתמים מתחילה זרימת דם ממש, והיא נמשכת לפחות חמישה ימים. התוצאה היא שאינני יכולה להפסיק בטהרה לפני היום השמיני או התשיעי, ואינני יכולה לטבול עד ליום השש עשרה במקרה הטוב. מה עלי לעשות?

תשובה

נשים רבות המשתמשות בהתקן חוות הכתמה למשך מספר ימים לפני הגעת המחזור החודשי. לעיתים מדובר בכתמים בודדים ולעיתים בהכתמה יותר חזקה, אך בדרך כלל קיים הבדל משמעותי בין ימים אלו לבין הימים בהם ישנה זרימת מחזור סדירה.

בימים שלפני תחילת המחזור, תוכלי להימנע מלהיאסר על ידי שמירה קפדנית על דיני כתמים. לבשי בגד תחתון צבעוני או השתמשי בתחתונית. הקפידי לא להביט ולא לבדוק את נייר הטואלט, ולא לבצע שום בדיקה פנימית שאינה נדרשת. אם את אשכנזייה וברצונך להסתכל בנייר טואלט כדי לדעת אם יש לך כתמים, עליך להמתין 15 שניות לפני שאת מקנחת.[1]

כל עוד לא התחילה זרימת הדם, הכתמים אינם נחשבים למחזור, ואינם קובעים וסת וימי פרישה, בין אם הם אוסרים ובין אם לא. זאת בהנחה שהכתם אינו מלווה בהרגשה

---

[1] בנושא הבדלי הפסיקה בנידון בין אשכנזים וספרדים ראו לעיל סי' כז, דם על נייר קינוח.

הלכתית. באם נאסרת, תוכלי לספור את ימי ההמתנה (ארבעה או חמישה ימים, לפי מנהגך) מתחילת הכתמים.

גם כאשר הכתמים אינם אוסרים, מומלץ לא לקיים יחסי אישות בימים אלה שמא תתעורר שאלה חמורה של ראיית דם בשעת יחסים.

הרחבה[2]

מדאורייתא אישה נאסרת כאשר היא רואה דם שבא בהרגשה.[3] כאשר האישה אינה מזהה הרגשה, אולם קיימת זרימת דם מחזור בשטף (זרימה כזו המחייבת שימוש בפדים להגנה), יש ראשונים הפוסקים שנאסרת מדרבנן[4] ויש ראשונים הפוסקים שנאסרת מדאורייתא משום חזקה שדמים באים בהרגשה,[5] או שכך דרכה לראות.[6] יש להדגיש שאין חילוק בפועל בין אישה שנאסרה מדאורייתא כתוצאה מדם הבא בהרגשה, לבין אישה שנאסרה מדרבנן לפוסקים כן בעקבות שטף דם ללא הרגשה.

דם שנמצא ללא הרגשה האוסרת נידון ככתם, והוא אוסר מדרבנן, פרט למצבים המיוחדים שהוגדרו על ידי חכמים כאינם אוסרים (אם נמצא על דבר שאינו מקבל טומאה או על בגד צבעוני, אם הוא קטן מגריס, וכו').[7]

מספר שאלות מתעוררות בעקבות המצב המתואר בשאלה:

א. האם יש להגדיר את הכתמים המופיעים לפני המחזור כווסת מכיוון שמתברר שכך דרכה לראות?

ב. כיצד מגדירים את יום התחלת הווסת לצורך חישוב וסתות לחודש הבא?

ג. האם מותרים יחסי אישות בימי ההכתמה, קודם הווסת?

---

[2] להרחבה בדין כתמים על תחתונית, ראו לעיל סי' א, תחתונית בז"נ באישה המנסה להרות, וסי' מד, כתמים על תחתונית ובגד סינתטי.

[3] ראו לעיל סי' כה, בדין הרגשה.

[4] ראו תוס' נידה נח ע"א ד"ה מודה.

[5] רמב"ם הל' איסו"ב פ"ט הל' א.

[6] חידושי הרשב"א נדה דף נז ע"ב ד"ה תרתי שמעת מינה. בין פוסקי זמנינו ראו שיעורי שבט הלוי סי' קפג סע' ז ד"ה ש"ך ס"ק ב; וכן ערוך השלחן סי' קפג סע' מז- מח. וראו לעיל סי' מב, מתי הופכים כתמים למחזור, וכן סי' כה בדין הרגשה.

[7] עיינו לעיל סי' מא, נטילת גלולות ברצף, בנושא כתמים.

להלן התייחסות לכל אחת משאלות אלו:

האם יש להגדיר ימים אלו כווסת?

ביו"ד סי' קצ סע' נד נפסק: "אין בכתמים משום וסת. כיצד? מצאה כתם בר"ח אפילו שלוש פעמים, לא קבעתו ולא עוקרתו, חוץ מכתמי עד הבדוק לה שהם מטמאים בכל שהוא והרי הן כראויות לכל דבר".

בכמה תשובות נדרש הגר"מ פיינשטיין לשאלות בעניין כתמים המקדימים את הווסת.[8] בעקבות הט"ז,[9] הוא חוקר מהו הטעם שאין בכתמים משום וסת. וזה עיקר דבריו: נראה מהט"ז שהטעם אינו משום העדר הרגשה אלא משום ספק שמא הדם אינו מגופה. כך, לפי הט"ז, עד שאינו בדוק, שבוודאי יש בו ספק הרגשה, אינו קובע וסת משום שאין ידיעה מוחלטת שהדם בא מגופה. ואם כן, מסתבר לטעמו שבראיית דם שבא בוודאות מגופה, אפילו ללא הרגשה, היתה קובעת וסת למרות שתהיה עדיין טהורה מהתורה. לפיכך, בנידון כשלנו כאשר הכתמים מקדימים באופן קבוע את מחזורה, לא שייך לומר שהדם הוא ממקום אחר, שהרי דם ממקום אחר או ממאכולת, לא סביר שיופיע תמיד לפני המחזור, ולכן שייכת בו קביעת וסת למרות שהכתמים עצמם אינם אוסרים.[10]

בתשובה אחרת[11] דן הגר"מ פיינשטיין בהבדל שבין מצב שבו לאחר כמה ימי הכתמה מתחילה זרימת הדם בהרגשה, לבין מצב בו אף כשמתחילה זרימת הדם, חסרה הרגשה.[12] כאשר מתחילה הזרימה עצמה ללא הרגשה, מועד הווסת הוא כשתראה את הכתמים. לנשים שמרגישות בתחילת הזרימה, מועד הווסת הוא משתראה בהרגשה. אולם, גם לנשים אלו, אם שלוש פעמים הקדימו הכתמים את בוא הווסת בהרגשה, מועד הווסת הוא משתראה את הכתמים, כיוון שמתברר כי כך הוא וסתה, טיפין טיפין

---

[8] שו"ת אגרות משה יו"ד ח"ג סי' מו וסי' נא.

[9] ט"ז יו"ד סי' קצ ס"ק מא.

[10] חידושו של הגרמ"פ הוא בכך שהאשה יכולה לקבוע וסת על סמך כתמים שלא אסרו אותה אפילו מדרבנן. וראו אג"מ יו"ד ח"ג סי' מו.

[11] יו"ד ח"ג סי' נא.

[12] יש לציין כי הגר"מ פיינשטיין דן כל הרגשה של זיבת דבר לח מגופה כהרגשה האוסרת, וראו לעיל סי' כה, בדין הרגשה. אמנם האישה תוכל ליצור חזקה שהרגשת זיבה לחה אינה אוסרת אותה באם תבדוק עצמה שלוש פעמים רצופות בזמנים שונים לכשתרגיש הרגשה זו, ותמצא הפרשה נקייה. חזקה זו תעמוד לה רק בימי טהרתה. וראו שו"ת אגרות משה יו"ד ח"ד סי' יז אות ז-י'.

תחילה ואח"כ שפע. ממילא חוששים לחודש הבא כווסת מזמן מציאת הכתמים. ולמרות שבאו הכתמים ללא הרגשה, חייבים לפרוש.

במקרה בו היתה הפסקה של לפחות מעת לעת בין מציאת הכתמים לזרימה בהרגשה, או כאשר בדקה לאחר מציאת הכתם ומצאה טהורה, חוששים רק לזמן בו בא שפע הדם בהרגשה, ודין הכתמים כווסת הגוף, והוא ייקבע אם יארע כך שלוש פעמים.[13]

מנגד בשו"ת שבט הלוי[14] כתב שאינה קובעת וסת לכתמים גם אם מוכח שהם מגופה, ואף אם אלה כתמים המקדימים את המחזור. והוכיח כן מלשון הראב"ד, שדבריו הם המקור לדברי הטור והשולחן ערוך שאין בכתמים משום וסת, שהרי לאחר שכתב הראב"ד[15] שאין חשש וסת בכתמים הוסיף "ועוד אני אומר שאין הכתמים קובעים וסת", וכוונתו בכך לרבות גם כתמים שכבר שלוש פעמים הקדימו את הווסת, שאז כמעט שאין ספק שבאו מגופה. היוצא מן הכלל היחיד הוא בכתמי עד הבדוק, שאם ראתה דם שלוש פעמים ברציפות על העד, קובעת וסת לראיות אלה.

בדומה לכך נפסק גם בשלחן ערוך הרב שאין קביעת וסת לכתמים[16] ובעקבותיו נכתב בספר טהרה כהלכה[17] שאין חוששים לכתמים המופיעים לפני המחזור מדין וסתות, ודנים אותם על פי דיני כתמים. וכן בשו"ת ציץ אליעזר.[18]

---

[13] בשו"ת דברי יציב חלק יו"ד סי' עו מביא דברי הלבוש, שבכתמים ובראיות שהן בוודאי מגופה יש קביעת וסת (בדומה לאג"מ לעיל), ומנגד דברי שלחן ערוך הרב ופוסקים נוספים שגם בכתמים שוודאי מגופה אין קביעת וסת כפי שנפסק בשו"ע. הדברי יציב מחדש שיש להתייחס לטיפות המופיעות לפני וסתה כווסת הגוף, המסמן את בוא הווסת, וקביעת הווסת עצמו היא לפי היום שבו רואה האישה בשטף ובהרגשה. אם מופיע וסת הגוף כווסת המורכב מסימן הגוף ומזמן ידוע, יש לחוש רק כשיופיעו שניהם יחדיו. אם לא הופיע סימן הגוף (דהיינו הכתמה במקרה שלנו) אין צורך לחשוש ליום הראייה.

[14] שו"ת שבט הלוי חלק ג' סי' קיח. בסעיפים ב' וג' בתשובתו דן בדברי הגמרא בנדה נג ע"ב: ת"ר ראתה כתם ואח"כ ראתה דם תולה כתמה בראיתה מע"ל דברי רבי... רש"י הבין שהאישה מונה שבעה ימי נידה מיום מציאת הכתם וטובלת בליל ח'. הבנה זו מחזקת לכאורה את שיטת האג"מ שכתם המופיע לפני ראיית דם אינו יכול להיות נידון ככתם מכיוון שהוא בוודאות מגופה. ע"מ לתרץ את שיטת רש"י, מביא שבט הלוי את תוספות הרא"ש המפרש שמדובר במקרה בו ראתה את הכתם בזמן וסתה, ביום בו יש לה חזקה לראות. במציאות זו בלבד ניתן להניח שגם ראיית הכתם מן הסתם היתה בהרגשה.

[15] בעלי הנפש שער הכתמים עמ' סה.

[16] שו"ע הרב יו"ד קצ סע' קכב.

[17] טהרה כהלכה דיני הוסתות עמ' תקצד.

[18] שו"ת ציץ אליעזר ח"ו כא.

לכן נראה להקל כדבריהם, ועוד שווסתות הם מדרבנן, וכן פסקו רוב פוסקי זמננו, שאין קביעת וסת בימי הכתמים אלא רק עם בוא השטף.

הגדרת יום הווסת לעניין חישוב וסתות

אישה המוצאת כתם בליווי הרגשה האוסרת, תקבע את יום הווסת ביום בו היא חשה את ההרגשה. נשים אחרות תגדרנה את תחילת הווסת ביום שבו ישנו שטף של דימום ולא הכתמה.[19] זהו גם הזמן בו בני הזוג נאסרים זה על זה אף אם נזהרו לא להיאסר בכתמים.

קיום יחסי אישות בימים בהם מופיעים כתמים

כאשר האישה מוצאת כתמים מרובים, מומלץ להימנע מיחסי אישות, ועיינו לעיל בסי׳ מב להדרכה בנדון.

א.ק. והצוות

[19] בשו״ע הרב (יו״ד קצ סע׳ קכב) פוסק שאף בראייה ממש ללא הרגשה אינה קובעת וסת ואסורה רק מדרבנן. וכן נראה גם בשו״ת שבט הלוי חלק ב סי׳ פו ד״ה וכ״ת הביא דברי הרב. אולם בשש״ה סי׳ קצ סע׳ נד ס״ק ד כתב שאף לדעת שו״ע הרב יש למעשה לחשוש ב״ראיה גמורה״ [דהיינו זרימת המחזור] ולדון אותה כווסת גם ללא הרגשה ברורה, כי חזקת רוב דמים שבאים בהרגשה, אלא אם כן יודעת בוודאות שלא הרגישה.

סימן נד

צבעים בעדי בדיקה

שאלה

אני משתמשת בהתקן תוך-רחמי (לא הורמונלי), וכתוצאה מכך, רואה מדי פעם כתמים. בעייתי העיקרית היא בזמן שבעה נקיים, כשהבדיקות יוצאות עם מראות חומים כֵּהים. האם במקרים כאלו עלי להתחיל לספור שבעה נקיים מחדש?

תשובה

מעיקר הדין רק מראה בצבע אדום או שחור פוסל את הספירה, אולם הגוונים החומים עלולים להיות גם הם אסורים במידה ויש בהם גוון אדום או שחור. מראה חום כהה הוא מראה מסופק שיש להראותו לסמכות הלכתית על מנת להכריע מה דינו.

הרחבה

המשנה בנדה יט ע"א מפרטת חמישה מיני דמים הטמאים באישה וגווניהם. בהמשך מוכיחה הגמרא ע"י דרישת הפסוקים שרק חמישה סוגים של דם מטמאים. למעשה, מדובר בארבעה 'דמים' ואיתם גם שחור, שהוא אדום שלקה (דם אדום שנהיה שחור בְּשל מחלה או משום שעבר זמן).

במהלך הדורות, בגלל הקושי להבחין בין הגוונים האדומים המותרים והאסורים, חששו חכמים לפסוק במראות הדמים. כבר בתקופת הגמרא מוזכרים חכמים "דלא חזי דמא".[1]

[1] נדה כ ע"ב, רבי יוחנן, ר' אלעזר ור' זירא.

על סמך זאת, פסק הרא״ש[2] ש״אין לטהר שום דם הנוטה למראה אדמומית״. כלומר, כל גווני האדום טמאים מספק, ורק מראה שאין בו שום גוון אדום הוא טהור. כך פסק גם השלחן ערוך,[3] והוסיף גם מראה שחור על פי הגמרא שהוזכרה לעיל.

הראשונים ציינו את הצבעים ״לבן וירוק כמראה הזהב״ כצבעים מותרים.[4] אך השל״ה[5] כתב ש״אין להקל במהירות״ בירוק שהוא כעין הזהב והשעווה. רוב הפוסקים דחו חומרה זו,[6] אולם החכמת אדם[7] כתב להחמיר בהפסק טהרה במראה זהב בעקבות דברי השל״ה. כך פוסק הגר״ש וואזנר,[8] אמנם בהסתייגויות רבות.[9] הגר״ע יוסף[10] חלק וכתב להקל כדברי השלחן ערוך.

באחרונים ישנם דיונים ארוכים על צבעים נוספים,[11] ובמיוחד על גוונים מסוימים של חום. בעל סדרי טהרה[12] מציין כצבע טהור את צבע ה׳ברוין׳, ״שהוא כעין קליפת ערמונים וכמשקה הקפה״.[13] סביב פסיקתו זו התעוררה מחלוקת בפוסקים. מצד אחד יש פוסקים שראו בו צבע טמא (אדום שלקה או שחור שדהה[14]) ואסרו אותו.[15] מצד

---

[2] רא״ש נדה פרק שני סי׳ ד.

[3] יו״ד סי׳ קפח סע׳ א.

[4] רא״ש שם, ובעקבותיו השו״ע. הירוק עליו מדובר כאן הוא הזהוב של ימינו.

[5] של״ה דף ק ע״ב (שער האותיות אות הקו״ף, קדושת הזווג שסז). והובא גם בפת״ש סי׳ קפח סק״ב.

[6] עיינו למשל סדרי טהרה סי׳ קפח סעי׳ א, סק״ב, שהביא דברי השל״ה וסיים שהאחרונים השמיטו דין זה ונראה שלא סברו כך, ו״בעל נפש יחמיר לעצמו לפי ראות הענין״.

[7] חכמת אדם כלל קיז סי׳ ט.

[8] שעורי שבט הלוי סי׳ קפח סע׳ א סק״ט.

[9] רק באישה שאין זה מראה רגיל אצלה, ורק בהפסק ולא במוך דחוק ובבדיקות, ויש מקום להקל אם עדיין לא קיימו פו״ר.

[10] טהרת הבית ח״א סי׳ ו עמ׳ רצב.

[11] בשעורי שבט הלוי בסיכום ההלכות (שם עמ׳ שצ - שצא, סי׳ קפח סע׳ א הל׳ א- יד) מביא פסיקות לגבי גוונים שונים של חום, אפור, ורוד וצהוב. וכן בדרכי טהרה פ״ג, דיני צבעים, עמ׳ כט - ל.

[12] סדרי טהרה סי׳ קפח סע׳ א סק״א.

[13] הגדרה זו עדיין כוללת גוונים רבים של חום, שכן ישנם גוונים רבים של קפה. מכל מקום ברור שהכוונה לגוון קפה חום, שאין בו שום נטייה לאדום.

[14] לחם ושמלה סי׳ קפח סע׳ א סק״ב כותב: ״מסתבר לומר דאדום הוא אלא שלקה קצת״ הגר״ש וואזנר (שש״ה סי׳ קפ״ח סע׳ א, עמ׳ צד - צה) רואה בצבע זה שחור שדהה.

[15] הגר״ש וואזנר בשש״ה שם נטה להחמיר אך מבחין בין מקרים ומצבים שונים. בסיום הוא כותב שיש להקל אצל ״נשים שרואות תמיד מראה חום״ (כמו במקרה שלנו).

שני ישנם פוסקים שהקלו בו, כיוון שמדובר בחום שאין בו גוון אדום או שהחשש לשחור שדהה הוא רחוק.[16]

כיוון שמדובר בגוונים מאד עדינים, שקשה לתארם בכתב, חשוב במיוחד בתחום זה לעשות 'שימוש' עם מורי הוראה, על מנת ללמוד את הצבעים המותרים והאסורים.[17] כפי שכותב בעל בדי השלחן:[18]

"אמנם דע שעיקרי הדברים בזה קשה לכוונם בכתב, שאי אפשר לתאר בכתב מהותם של המראות, ובפרט שמראה הדם האדום עצמו כשמתייבש על הבגד מתהווה מראהו קרוב מאד למראה ברוי"ן, ולכן יזהר האדם מאד בזה ולא יסמוך על השערת דעתו, אלא ילך אצל חכם הבקי במראות הדמים, לשאול הוראתו בכל הספקות אשר יולדו במראות הדמים, וגם על החכם עצמו לידע שעינו יפה להבחין בצבעים הבחנה דקה, ויעמיד עצמו על הניסיון בזה לבחון עצמו היטב קודם שיבוא להורות בזה".

יחד עם זאת, חשוב גם לעודד נשים לשאול רב או יועצת הלכה[19] על מראות חומים, ולא לאסור את עצמן על כל מראה.

נ.ל.

---

16 ערוה"ש סי' קפח סע' ט, טהרת ישראל סי' קפח סע' א ס"ק ב, בדי השלחן סי' קפח סע' א סק"ו. בבדי השלחן מביא את המחלוקת ופוסק להקל לדינא "ובפרט בזמן הזה שיש כמה חולשות לנשים ורגילים במראות הללו ואם נחמיר עליהם לא יוכלו ליטהר לבעליהן".

17 עיינו במאמרו של הרב מרדכי הלפרין, "האם יכול להתקיים עיוורון צבעים חלקי אצל פוסקים רואי דמים?", אסיא עז - עח, תשס"ו, שמתאר בפרק ט את המחלוקת בשאלה אם יש צורך ב"שימוש" במראות הדמים, או כל אדם יכול לקבוע על פי מראה עיניו אם יש גוון אדום או לא, ואכמ"ל.

18 בדי השלחן שם.

19 יועצות הלכה רבות עשו שימוש עם רבנים הבקיאים במראות והן עונות על שאלות כאלו. העובדה שניתן לפנות לאישה מקֵלה מאד על נשים לשאול שאלות במראות.

סימן נה

בדיקות בעונת פרישה באישה המרבה להכתים

שאלה

יש לי התקן נחושת מזה שנתיים. בחודש שעבר, הגיע הדימום הווסתי מוקדם מהצפוי, ביום ה-26. היום חלה עונת ההפלגה שלי. אך היום החלו לי כתמים על התחתונית. זוהי תופעה המתרחשת אצלי מידי פעם, כאשר בדרך כלל מדובר בשלושה עד ארבעה ימי הכתמה לפני שמתחיל הדמם הווסתי ממש. הדימום שלי נמשך בדרך כלל כששה עד שבעה ימים.

אני מניחה שהמחזור שלי יחל רק בעוד כיומיים-שלושה. ברצוני לציין כי בעלי חוזר הערב משלושה ימי מילואים. האם אני יכולה לוותר על בדיקת עונת ההפלגה, שהיא מן הסתם תאסור אותי מספר ימים לפני תחילת המחזור, ותגרום לפירוד ממושך של סה"כ כ- 18-17 יום?

תשובה

אישה בעונת וסתה, כלומר בעונה בה היא צפויה לראות דם, חייבת בפרישה מיחסי אישות ובבדיקה. אם יש לה וסת קבוע, היא חייבת לפרוש ביום זה ולבצע בו בדיקה. אישה שאין לה וסת קבוע פורשת ובודקת בשלושה מועדים לגביהם הניחו חכמים שקיימת סבירות גבוהה שתראה בהם: וסת החודש, שהוא התאריך העברי בו ראתה בפעם האחרונה; וסת ההפלגה, שהוא מספר הימים שבין שני המחזורים האחרונים; ועונה בינונית, שהיא היום השלושים לווסתה, אשר נחשב כווסת של רוב נשים.

חזקתם של וסת החודש ווסת ההפלגה שאינם קבועים, כלומר מידת הוודאות שתראי בהם, פחותה ממידת הוודאות של וסת קבוע, ועל כן גם דינם קל יותר. בווסת קבוע, אם עבר היום והאישה לא בדקה – אסורים בני הזוג ביחסי אישות עד שתבדוק. דינה

של עונה בינונית לעניין זה כדינו של וסת קבוע, ואילו בווסתות החודש וההפלגה, אם עבר היום ולא בדקה ולא ראתה - מותרים אף ללא בדיקה.

לשאלתך, היום ה-26 לראייתך הוא עונת ההפלגה שלך בחודש זה, ולכתחילה עליך לבצע בה בדיקה של עונת פרישה. כמו כן, לכתחילה עליך לבצע בדיקה בעונת החודש שלך. אמנם, מכיוון שאם עברה עונת ההפלגה ללא ראייה האישה מותרת, ניתן במצבך לפרוש בעונת הווסת ללא בדיקה. בדרך זו, כל עוד יופיעו הכתמים רק על דבר שאינו מקבל טומאה וללא הרגשה אוסרת, לא תיאסרי עד שיתחיל המחזור או שתראי דם בצורה אוסרת.

כל עוד לא נאסרתם, הנכם מותרים בכל קירבה. אך כהמלצה טובה, אם הכתמים ממשיכים עדיף להימנע בימים אלו מיחסי אישות, מפאת הסיכון שתדממי תוך כדי יחסי אישות. אם ייפסקו הכתמים ל-24 שעות, יחסי אישות יהיו אז מותרים לכם.

כשתגיעי ליום השלושים, שהוא עונה בינונית, ללא התחלת המחזור–תהיי חייבת בבדיקה בכדי לקיים יחסים לאחר העונה.

הרחבה

אחת מתופעות הלוואי של התקן תוך-רחמי היא הארכת זמן הדימום סביב הווסת, וכן הופעת דימום בלתי-סדיר במהלך השימוש. דימומים אלה משתנים מאישה לאישה, מזמן לזמן, ומהתקן להתקן, וראו נספח רפואי ה. תוספת הימים שבהם נאסרים בני הזוג באופן קבוע עלולה ליצור או להחריף מתחים בחיי המשפחה.

יש להבין, אם שווה דינו של וסת שאינו קבוע לדין וסת קבוע ועונה בינונית, לגביהם אסורה האישה לשמש כל עוד לא בדקה. וכן אם חייבת האישה לבדוק בכל מצב, או שמא ע"מ לשמש בלבד, ואם אינה רוצה לשמש אין עליה חובת בדיקה. נפקא מינה לאישה שמכתימה לפני תחילת המחזור, ואינה רוצה לאסור עצמה משאר קירבות אף אם לא תותר לשמש ללא בדיקה.

לכל הדעות, לכתחילה אישה שיש לה וסת קבוע צריכה לבדוק בשעת וסתה.

חז"ל חלוקים בשאלה אם בדיקה לאחר זמן הווסת מועילה:

> "איתמר אשה שיש לה וסת והגיעה שעת וסתה ולא בדקה ולבסוף בדקה ... ר' אליעזר אומר טמאה נדה ורבי יהושע אומר תבדק. והני תנאי כי הני תנאי, דתניא רבי מאיר אומר טמאה נדה וחכ"א תבדק." (נדה טז א)

שלוש שיטות ישנן בראשונים לגבי בעלת וסת קבוע שלא בדקה:

1. גם אם לא בדקה בשעת הווסת, אם בדקה עצמה לאחר זמן ומצאה טהורה – היא טהורה. זאת כיוון שנפסק להלכה שווסתות דרבנן. יחד עם זאת, היא אסורה לשמש כל זמן שלא בדקה. כך כתבו הראב"ד,[1] תוספות,[2] הרמב"ן,[3] הרשב"א,[4] הרא"ש,[5] ועוד ראשונים.[6] ובשלחן ערוך נפסק בשם י"א שכן הדין בווסת קבוע ועונה בינונית, וכן פסק הרמ"א.[7]

2. עבר הווסת ולא בדקה, אינה צריכה בדיקה, ודינה שלא נאסרה. כך כתבו הרי"ף[8] והרמב"ם,[9] והר"ן נימק שאין טעם לבדוק לאחר הווסת, כי למה נחשוש אז לדם, שהרי שלא בשעת וסתה כל אישה נחשבת מסולקת דמים.[10] לכן, היות שווסתות דרבנן, לא נתבטלה חזקת טהרתה והרי היא טהורה. אך הר"ן כתב שלמרות שפירוש זה מיישב דברי הרי"ף והרמב"ם, "זו קולא יתירא שלא לחשוש לא לוסת ולא לעונה כלל". ובהגהות מיימוניות כתב "ומ"מ לכתחילה לא תשמש עד שתבדוק",[11] וכך סתם השלחן ערוך בסי' קפד.[12]

3. הבדיקה אינה מועילה לאחר זמן, דחזקה שאורח בזמנו בא ונפל לארץ. לכן, אם לא בדקה מיד לאחר וסתה, אין לה תקנה ונאסרה. כך מובא בב"ח בשם ס' היראים, ס' התרומה, המרדכי, שערי דורא וסמ"ק. [13]

---

[1] בעלי הנפש שער תיקון הוסתות, סוף עמ' לא.

[2] נדה טז עמ' א ד"ה ורב נחמן.

[3] הל' נדה להרמב"ן פרק חמישי הל' י.

[4] תוה"ב הארוך בית ז שער ג דף טו עמוד ב.

[5] ריש נדה.

[6] וראו עוד בטהרת הבית ח"א סי' ג עמ' קכח במשמרת הטהרה.

[7] יו"ד קפט סע' ד.

[8] וראו בר"ן דף ה מדפי הריף על מס' שבועות.

[9] הל' איסו"ב פ"ח הל' יב.

[10] שבועות דף ה מדפי הרי"ף.

[11] הגה"מ הל' איסו"ב פ"ח אות ז.

[12] יו"ד סי' קפד סע' ט. ובטהרת הבית ח"א עמ' קכט כתב שהש"ע חזר וסתם בסי' קפט לפי הי"א שבסי' קפד, שהרי בסי' קפט סע' ד כתב שבווסת קבוע, אע"פ שעברה עונתה, אסורה לשמש עד שתבדוק ותמצא טהורה, וכן הלכה, אבל בווסת שאינו קבוע, כיון שעברה עונתה מותרת בלי בדיקה.

[13] ב"ח טיו"ד קפד. וכבר העירו שהיות ונהוג היום ללבוש תחתונים הצמודים לגוף, לא שייך כל כך לחשוש בימינו שמא נפל לארץ.

כל זה בווסת קבוע ועונה בינונית. אמנם בדין וסת שאינו קבוע, הטור הביא בשם הרשב"א שאם בעלת וסת שאינו קבוע לא בדקה בעונת הפרישה, כיוון שלא הרגישה, היא טהורה בלא בדיקה.[14] והשלחן ערוך כתב שצריכה לפרוש ולבדוק בשעת וסתה, דהיינו ביום החודש ועונת ההפלגה, אך כיוון שעברה עונתה מותרת בלי בדיקה.[15]

בבית יוסף נכתב בשם הרשב"א שדין אסורה עד שתבדוק שייך בבעלת וסת שאינו קבוע ביום השלושים בלבד, שיום השלושים נחשב לה לשיטתו כווסת קבוע. ואם היה לה וסת שאינו קבוע, לדברי הרשב"א גם לכתחילה אינה צריכה בדיקה כלל ביום הווסת הזה.[16]

וקצת יש לדייק כן ברשב"א מלשונו: "יש לה וסת שאינו קבוע והוא לה בפחות מעונה בינונית כגון שראתה לעשרים וחמשה וכיוצא בזה אף על פי שלא בדקה כיון שלא הרגישה בדם הרי זו טהורה בלא בדיקה כלל".[17] דהיינו משום שלא הרגישה, לא היתה לה סיבה לבדוק. ואילו היתה לדעת הרשב"א מחויבת בבדיקה לכתחילה, לא היה צריך לנמק שלא בדקה משום שלא הרגישה, אלא היה כותב ששכחה לבדוק או הזידה וכדו'.

אמנם הפרישה[18] לא פירש כן ברשב"א אלא שרק בדיעבד, אם עברה העונה ללא בדיקה, כבר אינה צריכה לבדוק. ומה שכתב הרשב"א שטהורה ללא בדיקה נאמר לדעתו רק לעניין שאם בעלה בא מן הדרך, אינו צריך לשואלה אם היא טהורה, שהרי הטור הביא בשם אביו שאישה שאין לה וסת אסורה לשמש עד שתבדוק קודם תשמיש ולאחר תשמיש בכל פעם שתרצה לשמש. וכבר דחו הט"ז[19] והסדרי טהרה[20] את דברי הפרישה, והסדרי טהרה סיים דבריו "ואפילו בתשמיש שריא".

בימינו, בבדי השולחן נכתב שבעלת וסת שאינו קבוע אינה צריכה לבדוק אף לכתחילה, וסיים דבריו "וטוב להחמיר אם אינו שעת הדחק".[21] ולאחרונה הר"מ ויליג הסיק מדין

---

[14] תוה"ב הארוך סוף בית ז שער ג, טיו"ד קפד, סוף.

[15] יו"ד סי' קפד סע' ט, וסי' קפט סע' ד.

[16] ב"י סוף סי' קפד, סוף ד"ה ומ"ש בד"א.

[17] תוה"ב שם. והרמב"ן בהל' נדה פרק ששי אות יח כתב לגבי וסת שאינו קבוע רק "אם הגיע אותו וסת ולא בדקה ולא ראתה, כיון שעברה עונתו מותרת לביתה", ולא פירש שלא בדקה משום שלא הרגישה.

[18] סי' קפד ס"ק יח.

[19] סי' קפד ס"ק יג.

[20] סי' קפד ס"ק יג, סוף, שדחה שם בכמה דחיות וביניהן שזאת קושיא על הטור ולא על הרשב"א.

[21] ס' קפד ס"ק פב.

שפטורה מבדיקה אם בעלה אינו בעיר, שאע"פ שיש חיוב בדיקה לכתחילה בשעת הווסת, זהו דווקא אם דעתה לשמש עם בעלה. לכן, כאשר מופיעים לה כתמים על בגדי צבעונים, והיא מניחה שכתמים אלה ימשיכו ברציפות עד שתיאסר, ולכן אין דעתה לשמש עם בעלה–אין לה חובת בדיקה, שאם תבדוק ותמצא דם, תיאסר בכל ההרחקות. ואילו אם לא תבדוק, היא נשארת מותרת בשאר קירבות.[22]

בשעת הצורך, כגון כשהבעל היה בצבא ורק עתה הזדמן הביתה, או שבדיקת עונת ההפלגה תמנע מהם יחסי אישות לתקופה ממושכת, כל עוד מדובר בווסת שאינו קבוע ולא הרגישה, יש לשקול לפי הנסיבות לסמוך על הרשב"א והסדרי טהרה שתשמש ללא בדיקה. ואם אין בדעתם לשמש משום שהכתמים צפויים להימשך עד לתחילת המחזור-האישה תוכל לכתחילה לוותר על בדיקת עונת ההפלגה גם ללא נסיבות מיוחדות. כאשר קיימים כתמים, גם אם לא נאסרו בני הזוג מכתמים אלה, עליהם להימנע מלשמש בשעה שרואה כתמים, שמא תראה בשעת תשמיש.[23]

ח.ה. והצוות

[22] קול צבי חוברת י- יא, תשס"ח, עמ' 404. ואף שיש חילוק בין שני המצבים, שהרי אם בעלה אינו בעיר אין חשש שמא יגיעו ליחסים, בכל זאת לא חששו אף לבעלת וסת קבוע בשעת וסתה להרחיק את בני הזוג משאר קירבות.

[23] דין עונה בינונית חמור מדין עונת ההפלגה, ונחשב כדין וסת קבוע משום שלפי חז"ל, רוב נשים רואות אז את וסתן. לדעת הר"י ורהפטיג, בשעת דחק גדול יש מקום להקל בימינו שלא להצריך בדיקה אף בעונה בינונית, ומותרים זל"ז לאחר הער"ב גם ללא בדיקה כדין עונת ההפלגה. זאת לאור המציאות הרווחת בימינו לפיה הסיכוי שהאישה תקבל וסתה בעונה הבינונית נמוך עוד יותר מהסיכוי שתקבל וסתה בעונת ההפלגה. עיינו במאמרו "עונה בינונית בימינו", תחומין כרך כד עמ' 235.

סימן נו

כתמים מזעריים פעם בחודש

שאלה

יש לי התקן מירנה מזה שמונה חודשים. בשל ההתקן איני מקבלת מחזור, אבל בזמן האחרון שמתי לב לכתמים קטנים המופיעים מידי חודש בתאריכים בהם הייתי אמורה לקבל את המחזור. היות ואני לובשת תחתונים צבעוניים, לא נאסרתי עד כה. אבל אני תוהה שמא הכתמים הקטנים מהווים וסת בשל המחזוריות שלהם.

תשובה

הפרשת ההורמון פרוגסטרון שבהתקן מירנה גורמת לרוב להפחתה ניכרת של הדימום הווסתי לאחר כמה חודשים, ואצל נשים מסוימות אף להפסקת הווסת ('אל-וסת'). במצב זה, תיתכן אפשרות שיהיו מעט הפרשות אדומות סביב הזמן בו היה הווסת אמור להופיע. כל עוד אינך חשה הרגשה הלכתית אוסרת המלווה את הפרשות אלה, הן נידונות לפי דיני כתמים. כלומר, אם את מוצאת אותן על תחתונים צבעוניים או על תחתונית, לא נאסרת. במקרה שאת יודעת שצפויים כתמים בימים מסוימים בחודש, הקפידי ללבוש בימים הללו תחתונים צבעוניים. רק במקרה שהכתמים יתגברו לזרימה של ממש כבעת מחזור, או אם יימצאו הכתמים בצורה האוסרת לפי דיני כתמים (לדוגמא, על תחתונים לבנים, על הידיים או על הירכיים, ובגודל של 'כגריס' ומעלה) אז תיאסרי.

בימים בהם את מוצאת כתמים, מומלץ לא לקיים יחסים על מנת למנוע ספק של רואה מחמת תשמיש שעלול להיווצר אם תמצאו דם מיד אחרי קיום יחסים. עם זאת, אין צורך לחשב עונות פרישה בעקבות הכתמים, כי לא קובעים או חוששים לווסת בשל כתמים.

הרחבה[1]

אישה נטמאת מדאורייתא אם היא רואה דם המלווה בהרגשה,[2] ומדרבנן אם מוצאת כתם המטמא. במהלך המחזור החודשי, לרוב יתקיים לפחות אחד מתנאים אלה. שלוש הרגשות מוזכרות בפוסקים והן: פתיחת המקור, זעזוע הגוף וזיבת דבר לח.[3] נשים רבות חשות זיבת דבר לח. אך פוסקים רבים מבחינים בין זיבה מהרחם אל הנרתיק לבין זיבה בנרתיק עצמו או ממנו החוצה: החוות דעת[4] כותב שזיבת דבר לח נחשבת להרגשה רק כאשר האישה מרגישה את זיבת הדם מהמקור (הרחם) לפרוזדור (הנרתיק), אך הרגשת הזיבה בפרוזדור בלבד לא תיחשב להרגשה הלכתית.[5] אמנם לדעת הנודע ביהודה[6] זיבת דבר לח נחשבת הרגשה גם אם האישה מרגישה זיבה פנימית בתוך הנרתיק. באגרות משה[7] נכתב שהיות ובימנו נשים אינן מבחינות בין זיבה מהרחם לבין זיבה מהנרתיק, לכן כל הרגשת זיבת דם מהגוף וחוצה תיחשב הרגשה.[8] גם הציץ אליעזר החמיר בזיבת ד״ל, וראו לעיל סי׳ כה. בברוך טעם[9] בהגהותיו על הנודע ביהודה, כתב שבמציאות אין אפשרות לחוש זרימת נוזלים בתוך הגוף, ואין אישה מרגישה בזיבת דם בתוך הנרתיק אלא רק ביציאת הזיבה החוצה.[10] אמנם פוסקים רבים פסקו כחתם

---

[1] המירנה הוא התקן תוך-רחמי הורמונלי אשר מפריש את ההורמון פרוגסטרון אל הרחם. כחלק מדרך פעולתה, היא מדכאת את צמיחת רירית הרחם, וכן מסמיכה את רירית צוואר הרחם ובכך מונעת השרשת היריון. דימום בין-וסתי הינו שכיח למשך תקופת התאקלמות של 3-6 החודשים הראשונים של השימוש, אך לאחר מכן, הדימום בדרך כלל מתמעט, ואצל חלק מהמשתמשות אף נעלם. לעתים, במקום המחזור יופיעו כתמים מזעריים פעם בחודש. ראו נספח רפואי ה, אמצעי מניעה.

[2] להרחבה בנושא הרגשה ראו לעיל סי׳ כה, בדין ברגשה.

[3] פתחי תשובה יו״ד סי׳ קפג סע׳ א.

[4] שו״ע יו״ד קצ א.

[5] כך פוסק הגרי״ש אלישיב בהתייחסותו להרגשת זיבת דבר לח כפי שמובא בספר שערי טהרה של הרב יחיאל מיכל שטרן סי׳ ג עמ׳ ח ד״ה והנלמד (אם כי דעת הגרי״ש אלישיב להלכה היא שנשים אשר אף פעם אינן חשות הרגשה נטמאות מדאוריתא אף אם לא הרגישו ביציאת הדם. ראו קובץ תשובות א סי׳ פד).

[6] שו״ת נודע ביהודה מהדורא קמא חלק יו״ד סי׳ נה.

[7] יו״ד ח״ד סי׳ יז אות ז.

[8] מנגד, הרגשת לחות מבחוץ אינה נחשבת הרגשה. אג״מ שם וכן בשעורי שבט הלוי סי׳ קצ סע׳ א, ס״ק ב (עמ׳ קנו).

[9] מ״ק יו״ד סי׳ נה.

[10] בעל הברוך טעם אינו חולק על האגרות משה, שלא כמו שכתב בספר באנגלית ״פתחי הלכה״ The Laws of Niddah.

סופר[11] שזיבת דבר לח כלל אינה נחשבת הרגשה דאורייתא,[12] ועל זה סומכים העולם לטהר כתמים.[13]

כאשר אישה רואה הפרשה דמית בגודל של יותר מגריס על תחתונים לבנים[14] או על הגוף,[15] היא נטמאת מדרבנן אפילו ללא הרגשה. אבל אם היא מוצאת הפרשות אדומות על תחתונית[16] או תחתונים צבעוניים,[17] ללא הרגשה, יש להפרשות הללו דין של כתם שאינו מטמא.

תוך שימוש בהתקן מירנה, יש נשים שתמצאנה כתמים בתדירות קבועה, בדרך כלל פעם בחודש. לפי הבנת הרב מרדכי ויליג ברשב"א[18] כל דם מטמא אם כך דרך נשים לראות. כלומר, לא ההרגשה או כמות הדם הם האוסרים מדאורייתא אלא הופעת הדם במחזור קבוע. לדבריו, לפי הרשב"א, כתמים בתדירות קבועה מטמאים את האישה אם כך דרכה לראות. אבל לפי רוב הראשונים[19] דם מטמא רק בליווי הרגשה, וכן פסקו האחרונים. לכן אם האישה רואה כתמים מידי חודש ללא הרגשה, היא אינה נטמאת

---

[11] שו"ת חתם סופר יו"ד סי' קמה ד"ה אך.

[12] טהרת הבית ח"א סי' א עמ' ו והלאה.

[13] הגם שיש סוברים שתחושות פיזיולוגיות קבועות המלוות את קבלת המחזור, כגון כאב בגב התחתון, תיחשבנה גם הן הרגשות הלכתיות. וראו שו"ת מהר"ם שיק סי' קפד א, פרדס רימונים פתחי נדה ד כד דף לג עמוד ב, וכן ציץ אליעזר חלק ו סי' כא אשר כותב שנשים היום מרגישות פתיחת פי המקור וזעזוע הגוף, ואלה שמות נרדפים לתסמינים קדם-וסתיים נפוצים או לכאבים המלווים את הווסת, ועיינו לעיל סי' כה. יש פוסקים הסוברים שהתחושות האלו מהוות וסת הגוף ולא הרגשה, וראו מאמרן של יועצות הלכה ד"ר דינה צימרמן וד"ר טובה גנזל, "וסת הגוף - היבט הלכתי ורפואי", תחומין כ עמ' 363.

[14] יו"ד סי' קצ סע' ה.

[15] יו"ד שם סע' ח. יש להוסיף שבניגוד לכתמים בבגד, מספר כתמים הקטנים מגריס יכולים להתווסף לכתם מטמא אם שטחם ביחד מהווה שטח גדול מגריס.

[16] ראו לעיל סי' מד, כתמים על תחתונית ובגד סינתטי.

[17] יו"ד סי' קצ סע' י.

[18] חידושי הרשב"א מסכת נדה דף נז ע"ב ד"ה תרתי שמעת מינה. הרב מרדכי ויליג ביאר שיטתו באריכות, ראו מאמרו "הרגשה בזמננו" בית יצחק גליון לט תשס"ז.

[19] רמב"ם הל' איסורי ביאה פ"ט הל' א, רמב"ן הל' נדה פ"ד הל' א ובחידושיו לנדה נב ע"ב, רש"י נדה נח ע"א ד"ה מדרבנן, וחידושי הר"ן נדה פ"ח ד"ה תרתי ש"מ. ראו גם לעיל סי' מב, מתי הופכים כתמים למחזור.

כל עוד הכתם כשלעצמו טהור מצד דיני כתמים.[20] לכן, יש לדון את ההפרשות של פעם בחודש הקשורות לשימוש בהתקן לפי דיני כתמים בלבד.[21]

אין חובה להיטמא פעם בחודש, ולכן כדי להינצל מהכתמים ולא להיטמא בימים אלו של ההפרשות, יכולה האישה ללבוש תחתונים צבעוניים או תחתונית.[22] בימים בהם היא מוצאת כתמים, מומלץ להימנע מיחסי אישות במשך כעשרים וארבע שעות, שמא תראה דם בצמוד ליחסים.[23]

גם במידה והאישה נטמאת מכתמים אלה (כגון שראתה אותם על הגוף וכו'), אינה צריכה לחשב לפיהם עונת פרישה בחודש שלאחר מכן, כי אין קובעים וסת לכתמים.[24]

מ.ר.

---

[20] להרחבה על דיני כתמים ראו לעיל סי' מא, נטילת גלולת ברצף.

[21] כך פוסקים הרי"ה הנקין והר"י ורהפטיג. כך גם מובא בשם הגר"מ אליהו ע"י רבני מכון פועה. לעומתם, הרב מרדכי ויליג אוסר את הכתמים החודשיים שבעקבות המירנה, כמובא לעיל.

[22] יו"ד סי' קצ סע' י.

[23] כך ממליצים הר"י ורהפטיג והרי"ה הנקין. בשיעורי שבט הלוי סי' קפח סע' א "הערות לדינא בעניין שינוי מראה" ס"ק ב (עמ' צג) ממליץ למנוע מיחסים במקרים דומים כאשר יש לאישה כתמים ואינה יודעת אם יתפתחו לדימום ממש.

[24] יו"ד סי' קצ סע' נד.

סימן נז

המתנה לפני ספירת ז׳ נקיים בכתם המטמא

שאלה

אני משתמשת בהתקן תוך-רחמי מסוג ׳מירנה׳ וסובלת לעתים מכתמים. אתמול ראיתי כתם ונאסרתי, לצערי, כשבוע לאחר שטבלתי. האם עלי לחכות כעת חמישה ימים עד שאוכל להפסיק בטהרה, או שאוכל כבר להתחיל בספירת הימים הנקיים? אם אחכה, לא אספיק לטבול לפני מועד המחזור הבא.

תשובה

יש מנהגים שונים בנושא זה ולכן כל אישה תנהג כמנהג ביתה. הנוהגת כמנהג אשכנז ממתינה עד לאחר היום החמישי לראייתה לפני ספירת שבעה הנקיים. הנוהגת כעדות המזרח על פי פסקי השלחן ערוך - אם לא קיימו יחסים בשלושה הימים שלפני ראיית הכתם, האישה לא תמתין כלל לפני הפסק טהרה וספירת ז׳ נקיים. אם קיימו יחסי אישות במהלך שלושת הימים לפני שנאסרו, האישה שוטפת ומנקה היטב את הנרתיק לפני הפסק הטהרה כדי לוודא שלא נשאר זרע בנרתיק. הנוהגת כבן איש חי ממתינה חמישה ימים לפני ספירת ז׳ נקיים, כמנהג האשכנזים.

הרחבה

להרחבה על דימומים בעת שימוש בהתקן המירנה ראו נספח רפואי ה, אמצעי מניעה.

כל עוד יש חיוניות בשכבת הזרע (למשך 72 שעות), פליטתה מגופה של האישה סותרת אותו יום בספירה.[1] לפי חז״ל, חיוניות זו נמשכת שש עונות, שהן שלושה

[1] שש עונות על פי דעת חכמים בסוגיא בשבת פו ע״א. לדעת הרמב״ם, די בהמתנת שלוש עונות, וראו הל׳ שאר אבות הטומאה פ״ה הל׳ טו.

ימים, המתפרסים על פני ארבעה ימים בלוח. לכן אין להתחיל בספירת ז"נ לפני שעברו לפחות ארבעה ימים.[2]

המחזור החודשי של האישה נמשך אצל נשים רבות חמישה ימים או יותר, כך שבדרך כלל יש הלימה בין סוף המחזור לבין המועד בו היא רשאית להתחיל בספירת שבעה נקיים. אולם גם במצב של דימום קצר מאד, עליה להמתין עד אחרי עונות הפליטה כדי להתחיל בספירה.[3]

על דין זה הוסיף בעל תרומת הדשן שתי חומרות:[4] הראשונה, שיש לגזור המתנה על כל הנשים, גם אם לא קיימו יחסים בימים שקודם לראיית הדם, על מנת שלא לחלק בין המקרים השונים.[5] כך, לפי תרומת הדשן, ספירת ארבעת ימי ההמתנה מתחילה מרגע ראיית הדם ולא מהתשמיש האחרון. חומרתו השנייה של תורמת הדשן היא שיש להוסיף יום לימי ההמתנה כדי למנוע טעות במניין הימים אם יקיימו יחסים בין השמשות ויטעו לחשוב שעדיין הוא יום וניתן למנותו. לפי חומרה זו, ניתן להתחיל את ספירת הנקיים רק אחרי שעברו חמישה ימים מהתחלת המחזור.

השלחן ערוך[6] לא קיבל את חומרת תרומת הדשן, וכתב שאין אישה מתחילה במניין שבעה נקיים עד ליום החמישי[7] מעת ששמשה מיטתה, כלומר לאחר המתנת ארבעה ימים.

הרמ"א[8] פסק כדברי תרומת הדשן, וכן הוא מנהג האשכנזים.

---

[2] כך פסקו רוב הראשונים: סמ"ג לאוין סי' קיא דף לז ע"ג, סמ"ק סי' רצג עמ' שכא, ספר התרומה סי' צה, הגהות מיימוניות בהלכות איסורי ביאה פרק ו אות ב, ורשב"א בתורת הבית הארוך בית ז' שער ה' כו א, וכן מסקנת הרא"ש נדה פרק ד א, ומובא בבית יוסף (סי' קצו) שכך הסיק הרא"ש גם מדברי רבנו יונה. ושלא כדעת הראב"ד שפירש הסוגיא כעוסקת בטהרות בלבד.

[3] אם הדבר אפשרי, ניתן לבצע את בדיקת הפסק הטהרה קודם היום החמישי, אך לא ניתן יהיה להתחיל בספירת ז"נ קודם שיחלפו ימי ההמתנה הנדרשים על פי ההלכה.

[4] סי' רמה.

[5] "לא פלוג... וגזרינן לא שמשה אטו שמשה."

[6] יו"ד סי' קצו סע' יא.

[7] הכוונה להשלמת שש עונות כיוון שספירת שבעת הנקיים חייבים להיות בימים שאין אפשרות שיפלוט זרע שיכול לשלול את ספירת אותו יום. בכדי לוודא שמדובר בעונות שלמות אין מספיק לחכות שש עונות ולכן יש צורך לחכות שמונה עונות.

[8] רמ"א יו"ד סי' קצו סע' יא, יג.

בנוסף, השלחן ערוך מתיר לאישה שרוצה לספור כבר מיום המחרת לראייתה לנקות את אותו המקום באופן יסודי ולהפסיק בטהרה. ואילו לדעת הרמ"א אין לעשות כן, מפני שאין אנו בקיאים בדרך הניקוי הנכונה. וכתב עוד שאין לחלק בכל מנהגי הספירה, והפורץ גדר...ישכנו נחש.[9]

מכיוון שכך, אם השואלת היא אשכנזייה, עליה להמתין חמישה ימים מעת שנאסרה, למרות עגמת הנפש הנגרמת מכך.[10] הגר"ע יוסף[11] כתב לנהוג כסתימת השלחן ערוך ולהמתין ארבעה ימים מהתשמיש האחרון או לחילופין לשטוף עצמה היטב ע"מ שלא תישאר כל שארית שכבת זרע, ואז תוכל להפסיק בטהרה מיד.[12]

הנוהגים כבן איש חי קבלו בנושא זה את מנהג האשכנזים, וכך פסק הגר"מ אליהו.[13]

ז.ב.

---

[9] מדוע החמירו הפוסקים בסוגיא זו חומרא אחר חומרא? ייתכן מִסיבה שעל פי רוב, כאשר אישה נאסרת בשל המחזור החודשי, אין זה מצוי שתוכל להפסיק בטהרה קודם שיחלפו ימי ההמתנה. הבית יוסף (סי' קצו סע' יא) ציין זאת כהסבר לכך שהרי"ף והגאונים השמיטו דין זה, וכתב שאין הכרח לומר שההשמטה מעידה על שלא רצו לפסוק כך אלא שלרוב אין לכך השלכה על המציאות.

[10] ובמצבי קיצון יש לקחת בחשבון שיש המקלים בדין זה.

[11] טהרת הבית יג יא.

[12] יש לברר קודם האם היא נמצאת בתוך ארבעה ימים לשימושה, ואם כך הדבר, להורות לה לנקות המקום על מנת שלא תהיה בו כל שכבת זרע, קודם שתתחיל בספירה.

[13] דרכי טהרה עמ' קלז. אך הוא סייג זאת באישה המעוניינת להרות כאשר יש חשש להחמצת מועד הביוץ, שאז פסק להקל כמנהג השו"ע. ישנן הנוהגות להמתין אף יותר מחמשה ימים, ולדוגמא אצל חלק מהקהילה הג'רבאית, עיינו ילקוט כהונה לרב רחמים חי חויתה הכהן, חלק יו"ד עמ' רנט, ורבים כתבו נגד חומרות אלו וההפסד שעלול להיות כרוך בהם.

סימן נח

שטיפה לפני בדיקת ז' נקיים

שאלה

מאז הכנסת התקן 'מירנה' לפני חודשיים, אני סובלת מכתמים רבים. טבלתי בשבוע שעבר לאחר חמישה שבועות של פירוד, ועכשיו נאסרתי שוב. כיצד ניתן לספור שבעה נקיים במצב זה של כתמים בלתי פוסקים?

תשובה

בחודשים הראשונים שלאחר הכנסת התקן מירנה, עלולה להיות הכתמה רבה מאוד. לרוב מצב זה משתפר לאחר 3-6 חודשים; ואז, לרוב, ישנה הפחתה ניכרת, קיצור או היעלמות של הדימום הווסתי; ולפעמים מעט הפרשות אדומות סביב הזמן שבו היה הווסת אמור להופיע. במידה וההכתמה אינה פוסקת לאחר כמה חודשים, מומלץ לשקול פיתרון שונה עם הרופא.

מומלץ לוודא שהכתמים אכן אוסרים אותך לפי דיני כתמים.[1] במידה והם אכן אוסרים, כדאי לנהוג לפי המוצע להלן, למשך החודשים הראשונים שלאחר ההתקנה.

בבדיקות שבעה נקיים, ניתן לבצע את מספר הבדיקות המינימלי ההכרחי על מנת להיטהר. כלומר, בדיקת הפסק טהרה, בדיקה אחת ביום הראשון, ובדיקה אחת ביום השביעי. בזמן שבעה הנקיים, מומלץ ללבוש בגד תחתון צבעוני ו/או להשתמש בתחתונית חד פעמית שנידונה כדבר שאינו מקבל טומאה.

אם את חוששת שאף באופן זה, לא תצליחי להגיע לבדיקות נקיות ולהיטהר, אפשר

---

[1] הדרכה מפורטת מופיעה לעיל סי' סי' כ, בדיקות בז' נקיים במצב צניחת רחם.

לבצע שטיפה פנימית לפני בדיקת היום הראשון, אך להמתין כמה דקות בין השטיפה לבדיקה.[2] אם גם ביום השביעי נראה לך שלא תהיה אפשרות לבדיקה נקייה, תוכלי לפנות לסמכות הלכתית ע"מ לברר אם יש מקום להקל יותר. לאחר הטבילה, הקפידי להמשיך ללבוש בגד תחתון צבעוני ולהקפיד על ההנחיות הנוגעות לכתמים.

הרחבה

התגובה למירנה שונה מאישה לאישה. לפי הנתונים הרפואיים העכשוויים, בין 40% ל- 70% של המשתמשות עלולות למצוא דימומים וכתמים מרובים בשלושה עד ששה חודשי השימוש הראשונים, ואילו אצל השאר לא יופיעו כתמים בכלל.[3] יש נשים שיצליחו לא להיאסר מהכתמים בתקופה זו; ואחרות עלולות להיאסר ולהתקשות להיטהר למשך תקופה ארוכה.

לגבי האפשרות לצמצום בדיקות בזמן שבעה נקיים או ויתור על בדיקת היום השביעי, עיינו לעיל סי׳ כד, הפחתת בדיקות באישה שעברה הפלה, הערה 18.

באשר לשטיפה, בשו"ת חלקת יעקב[4] נשאל הרמ"י ברייש על אישה שמוצאת כתמים ירוקים וחומים באופן תדיר ואינה מצליחה להיטהר, האם מותר לה לבצע שטיפה פנימית לפני הבדיקה בימים הראשון והשביעי, או שמא שטיפה זו היא כמעלים עין מהאיסור; וחקר בטעם הבדיקות בז"נ אם באות להוכיח שלא היה דם בין בדיקה אחת לחברתה, או שהבדיקה יוצרת לאישה חזקת טהרה, ולכן באה לבדוק את מצב האישה רק ברגע הבדיקה. הוא מביא דברי החוו"ד[5] לגבי אישה שראתה דם נידה ואח"כ נולדה לה מכה שמוציאה דם, ואי אפשר לה לבדוק ללא שתראה דם. במקרה זה, לפיו, מספיקה בדיקה נקייה אחת מלבד הפסק הטהרה על מנת להעמידה על חזקת טהרה.[6] מכאן מסיק החלקת יעקב שהחוו"ד סובר שהבדיקה לא באה על מנת להוכיח שהיתה

---

[2] שטיפה פנימית מתבצעת דרך הכנסת נוזלים ישירות לנרתיק על מנת להוציא הפרשות מהנרתיק. ערכות שטיפה נמכרות בבית מרקחת וכן ניתן בבית להכין נוזל לשטיפה. לרוב, שטיפה פנימית כזו אינה מומלצת כי היא משנה את האיזון הטבעי של החיידקים שבנרתיק והיא עלולה ליצור גרוי וגינלי, ולכן אין לבצעה באופן קבוע ללא התיעצות עם גורם רפואי. אולם אם השטיפה הפנימית מתבצעת רק לעתים רחוקות, כבמקרה שלנו, בדרך כלל אין בכך בעיה.

[3] ראו נספח רפואי ה.

[4] חלקת יעקב יו"ד סי׳ ק (דפוס ישן - חלק ב סימן פז).

[5] חוו"ד סי׳ קצו ס"ק ג.

[6] בהר צבי יו"ד סי׳ קמו כתב בבעלת פצע שצריך הפסק טהרה ובדיקות בראשון ושביעי. אמנם הוא מביא ששמח לראות שכן פסק מהרש"ם אנגל ח"ג סי׳ פג ושם כתב שמספיק הפסק טהרה ובדיקה אחת.

נקייה ללא דם במשך כל הימים שלפניה, אלא כדי ליצור חזקת טהרה. על פי טעם זה, שטיפה לפני הבדיקה מותרת.

דיון דומה בטעם הבדיקות נראה במחלוקת הראשונים לגבי מספר הבדיקות הנצרכות בשבעה נקיים.

הרא"ש [7] והרשב"א[8] סוברים שהבדיקות נצרכות על מנת להעמיד חזקת טהרה, ובדיקה אחת בכל שבעת הימים מספיקה להעמדת חזקה זו. הבדיקה לכתחילה בכל יום נדרשת מטעם נוסף של 'ספורים לפנינו', שזהו טעמם של ר"ע ור"י במשנה.[9] כלומר - על כל יום להיות 'ספור' בפני עצמו, ולכן יש להעמיד מחדש חזקה לכל יום ויום, אך בדיעבד מספיקה בדיקה אחת במשך שבעת הימים. הרא"ש מביא את הראב"ד בדין בדיקה באמצע שבעה נקיים, שהיא מקרה שלא הופיע בגמרא. נראה לדעתו, וכך כותב גם הרשב"א,[10] שבדיקת אמצע תהיה עדיפה על פני בדיקה ביום השביעי, מכיוון שהיא מעמידה את חזקת כל הימים שאחריה. נראה שזהו גם טעמם של הראשונים האחרים שפסקו שמספיקה בדיקה אחת בכל יום.[11] לעומתם נראה שטעמם של הראשונים המצריכים שתי בדיקות ביום[12] הוא כדי לוודא שאכן לא ראתה בינתיים.[13]

שאלה שנייה שמעלה החלקת יעקב היא שאלת העלמת עין מאיסור. לעניין זה מציין החלקת יעקב למהרש"ם[14] הדן בלבישת צבעוני בשבעה נקיים, וכותב כי במקום עיגון אין חוששים ומותר להעלים עין; ולכן לדברי החלקת יעקב, בבדיקת יום א' אפשר להתיר לשטוף לפניה, שהרי אתמול הפסיקה בטהרה ומצאה עצמה נקייה, והבדיקה באה להעמיד חזקת הימים הבאים, כך שוודאי יכולה לרחוץ לפניה. לגבי בדיקת היום השביעי, מביא החלקת יעקב את רש"י (נדה סט א) "והכא אשמועינן סופן אע"פ שאין תחילתן וז"ל דמשום בדיקת ז' מחזקינן כל ששה לפניו בטהרה." לדבריו נראה כי בדיקת היום השביעי מוכיחה כי לא היה דם כל שבעת הימים, שאילו היה דם, היה

---

[7] רא"ש מסכת נידה פ"י סי' ה.

[8] תוה"ב השלם בית שביעי שער חמישי.

[9] נדה סח ע"ב.

[10] תוה"ב שם ומשמרת הבית ד"ה אמר הכותב.

[11] רמב"ן, רשב"א ,רא"ש, הגהות מימוניות, מובאים בב"י סי' קצו סע' ד.

[12] סמ"ג, סמ"ק, ס' התרומה והמרדכי, מובאים בב"י שם.

[13] הבנה זו של הטעמים מובאת באג"מ יו"ד ח"א סי' צד.

[14] מהרש"ם חלק א סי' פא ופ"ב.

נמצא כעת בבדיקה. אם כך, שטיפה לפני הבדיקה מבטלת את הטעם בבדיקה, שהרי לא תהיה שום אומדנה על הימים שעברו.

בהמשך מביא החלקת יעקב סברה אחרת בהבנת רש"י, שעצם הבדיקה הנקייה מעמידה חזקת טהרה, ואין צורך באומדנה והוכחה על כל הימים שעברו.[15]

למסקנה, הוא פוסק שבבדיקת יום א' שבאה להעמיד חזקת הימים הבאים ועדיין אין מצב של שתי קולות (גם הקולא של שטיפה לפני בדיקה, וגם הפתחתת בדיקות של שאר ימים, שהרי עדיין לא הקלה בשאר הבדיקות) האישה יכולה לשטוף לפניה. אולם, בבדיקת יום ז', שבפשטות לשון רש"י מטרתה להעמיד חזקת הימים שלפניה על ידי הוכחה ואומדנה ובדיקה שאין שיירי דם, ובנוסף לכך כבר הקלה בבדיקות בכל חמשת הימים שבינתיים, אי אפשר להוסיף קולא נוספת ולשטוף לפניה.

בטהרת הבית[16] מתיר לעשות שטיפה פנימית לרפואה בזמן שבעה נקיים: "ונראה ששפיר דמי לעשות כן ואין לחוש לשמא היה דם ונשטף על ידי קילוח המים דאחזוקי ריעותא לא מחזיקינן הואיל ולאחר הבדיקה של הפסק טהרה בחזקת טהרה היא עומדת." אך אינו דן במצב בו האישה יודעת שיש לה כתמים ולכאורה יש לה ריעותא ברורה.

הגר"מ פינשטיין,[17] לאחר דיון בטעמי הראשונים, דן בטעמו של השו"ע אשר פסק לבדוק לכתחילה פעמיים ביום, ומביא את הרא"ש שבדיעבד בדיקה אחת ביום מספיקה. בנוסף הוא כותב שבדיעבד מועילה בדיקה אחת בראשון ואחת בשביעי. והסד"ט מוכיח שלעניין טעם הבדיקה סבר אף השו"ע כרא"ש, אולם הצריך תחילתן וסופן מכיון שיש כאן חשש כרת ולא נתבררה כמי ההלכה, ולכן ראוי להחמיר.

מצד שני, ממשיך האג"מ, יש לומר שאולי טעמו של השו"ע כסמ"ג שסובר שמטרת הבדיקות היא להעמיד חזקת טהרה שהיום נקי, בדומה לרא"ש, ואי אפשר להעמיד חזקה זו אלא בשתי בדיקות ביום שמוכיחות שלא היה דם במשך עונה שלימה, כפי שנדרש לעניין טהרות. מחלוקתו של המחבר על הסמ"ג, על פי הבנה זו, היא רק

---

[15] חלקת יעקב יו"ד סי' ק: "א"כ יכולין אנו להבין כוונת רש"י הנ"ל ג"כ על דרך זה דמשום בדיקת ז' מחזקינן כל ששה לפניו בטהרה הואיל ופסקה בג', לא משום הוכחה ואומדנא דאם היה באלו הימים דם היה ניכר גם כעת וכדהסברנו לעיל, רק כיון דאנו רואין ביום השביעי דהיא טהורה אנו מחזקינן לה לכל הימים בחזקת טהרה, והוי ספורין ובדוקין."

[16] טהרת הבית ח"ב עמ' שטו-שכא.

[17] אג"מ יו"ד ח"א סי' צד.

לעניין המצב של בדיעבד, שלשו"ע בדיעבד או בשעת הדחק מספיקה בדיקה אחת ביום מטעם 'מקצת היום ככולו'. (ומטעם זה יש להקפיד על בדיקת בוקר).

לכן, מכיוון שטעמו של השו"ע לא התברר לגמרי, כותב האג"מ שיש מקום להתיר שטיפה רק לאחר בדיקת היום הראשון וכן ביום השביעי לאחר הבדיקה, ורק בשעת הדחק ממש ניתן לסמוך על סברת הסד"ט ולהתיר שטיפה בין בדיקת הפסק טהרה לבדיקת הבוקר של היום הראשון.

תשובה זו של האג"מ מתייחסת לשטיפה הנדרשת לצורך רפואי במקום שאין סיבה לחשוש שאכן יש דם. זהו מצב השונה משאלתנו שבה האישה מבקשת לשטוף כאשר היא יודעת שיש לה כתמים.

לשאלה זו מתייחס האג"מ במקום אחר:[18] "ובדבר אם רשאה לרחוץ עצמה באו"מ [=באותו מקום] יפה קודם הבדיקות, בסתם אשה ליכא חסרון בזה שהרי היא כבר בחזקה שפסקו דמיה, אך תחכה זמן קצר כרבע שעה בערך ולעשות הבדיקה, אבל באשה זו שדרכה זה איזה חדשים שהיא רואה המראה ברוין, אם היה ספק לנו בכשרות המראה אין לה לרחוץ דהרי אם לא תראה כפי הרגילות שלה בחדשים האחרונים אולי היה זה ע"י הרחיצה."

בכן, על פי האג"מ, אין לבצע שטיפה כאשר אנו יודעים על כתמים מסופקים. אולם האג"מ מתייחס בתשובתו זו לשאלה אודות אישה אשר באופן קבוע רואה כתם ביום הראשון לנקיים[19] ובו בלבד. ועל כן אין כאן סכנה של עיגון, דהיינו מצב בו בני הזוג נאסרים זה על זה לתקופה ארוכה.

ולכן נראה למסקנה שבמקרים מסובכים יותר, ניתן לסמוך על החלקת יעקב ולשטוף לפני בדיקת יום א'. ואם ביום השביעי נראה שאי אפשר לבצע בדיקה נקייה, ניתן לסמוך על הדעות הפוסקות 'תחילתן אף שאין סופן' ולוותר על בדיקת היום השביעי.

אמנם במקרה שלנו הרי"ה הנקין חולק, וסובר שאין ללמוד מהחלקת יעקב העוסק בעיגון ממש, שהרי השואלת יכולה להוציא את המירנה וייפסקו הכתמים. ועוד, במקרה

---

[18] ביו"ד חלק ב סימן ע"א. עיינו גם חזו"א נדה סי' פא בתחילתו, שמשמע שאם שטפה ובדקה לאחר הרבה זמן, הבדיקה עולה לה, אבל כעקרון עדיף לא לשטוף.

[19] אג"מ יו"ד ח"ב סי' עא.

"הנה בדבר אשתו אשר זה הרבה חדשים שההפסק טהרה והמוך דחוק של כל ביה"ש הוא נקי ולמחר שהוא יום הראשון של שבעת הנקיים בבדיקת השחרית מצאה כמראה ברוין..."

שלנו הרי הצליחה האישה להיטהר, ומי אומר שלא תצליח גם בעתיד. לכן אין כאן אלא ספק עיגון, שלא בא לעולם עדיין, ולכן אין למהר להקל. מצד שני, יש לחשוש שמא הבעל או הזוג ייכשלו, ולזה נתכוון החלקת יעקב במה שכתב שהאידנא הדורות חלושים. סוף דבר, אין לפוסק אלא מה שעיניו רואות לפי הכרתו את בני הזוג.

א.ק.

סימן נט

נקודה על טמפון

שאלה

יש לי התקן מסוג מירנה מזה שנה. מאז התקנת המירנה, אני ממשיכה לקבל מחזור חודשי אך לעתים הוא מאוד חלש, לא מעבר למספר כתמים. הפעם, חשבתי שאני עומדת לקבל את המחזור ולכן הכנסתי טמפון. בסופו של דבר המחזור לא הגיע, אך כשהוצאתי את הטמפון מצאתי עליו נקודה חומה. האם בכל זאת נאסרתי בגלל שחשבתי שהמחזור מתחיל?

תשובה

אם אשה חושבת שנטמאה אך מתברר לאחר מכן שטעתה, היא אינה נאסרת. לכן לא נטמאת משום שחשבת בטעות שהמחזור התחיל.

לגבי הנקודה החומה על הטמפון:

אילו נמצאה הנקודה על תחתונית או על בגד תחתון, ללא הרגשה הלכתית, הנקודה היתה נידונה לפי דיני כתמים ולא היית נאסרת. אולם, דם הנמצא על טמפון דינו כדם שנמצא בבדיקה פנימית, ועל כן אם הנקודה הינה בגוון האוסר, את נאסרת ללא קשר לגודלה.

להבא, כשאת סבורה שהמחזור עומד להגיע, מומלץ להניח תחתונית או פד ולא להשתמש בטמפון עד שתדעי בוודאות שהדימום כבר החל.

הרחבה

המירנה[1] היא התקן תוך-רחמי אשר מפריש הורמונים. לאחר תקופת הסתגלות של מספר חודשים, ייתכן שנשים תחוונה וסת קצרה או קלה במיוחד, ואף שהווסת תיעלם לגמרי.

דם שנמצא על טמפון[2] כמוהו כדם שנמצא בבדיקה פנימית, היות שגם לגביו קיים חשש שמא הרגישה האישה ולא שמה לב לכך.[3] לפיכך כל שנמצא עליו צבע הנוטה לאדום הוא מטמא, וזאת ללא קשר לגודל הכתם.[4]

יש להעיר שבמקרה שאישה השתמשה בטמפון לצורך בדיקה או לצורך מוך דחוק, עליה לעיין היטב בטמפון.[5] העיון החיצוני לבדו אינו מספיק, מפני שכתוצאה מכושר הספיגה של הטמפון עלול הטמפון להיראות נקי מבחוץ, אך לאחר פתיחתו ועיון בקיפוליו ייתכן ויתגלה שנספגה בו טיפת דם.

מנגד, במקרה שלנו, בו לא היתה האישה מחויבת לבדוק את עצמה, יכלה לכתחילה לזרוק את הטמפון מבלי לעיין בו.[6] אך לאחר שהיא ראתה נקודה על הטמפון, עליה להתחייס אליה ולברר את דינה.

עוד יש לברר אם הסימנים שהובילו את האישה להכניס טמפון נחשבים לווסת הגוף

---

[1] ההתקן ההורמונלי משווק כ'מירנה' וגם ע"י יצרנים אחרים. ראו נספח רפואי ה, אמצעי מניעה.

[2] למקרה שהאישה חוששת ששיפשוף הטמפון או פצע בנרתיק הוא שגרם לנקודת הדם, ראו לעיל סי' נב, דימום מפצע הנגרם על ידי התקן תוך-רחמי.

[3] יו"ד סי' קצ סעיף לג. הרי"ה הנקין מעלה אפשרות שלפי הסוברים שכמעט ולא מצויה הרגשה הלכתית היום, שוב אין מקום לחשוש לה דווקא בשעת הכנסת טמפון או עד בדיקה, ולכן בשעת דחק גדול, אפשר שניתן לדון דם המופיע על עד או על טמפון לפי דיני כתמים. דברים דומים נכתבו בשם הרב מרדכי ויליג בספר "טהרת הקדש" מאת הרב צבי סובולובסקי The Laws and Concepts of Niddah עמ' 313 , שבמקרה של צורך גדול, ניתן להקל אף בדם הנמצא על בדיקה פנימית.

[4] להרחבה בענין דם על עד בדיקה, ראו בסמוך סי' ס, דם בדיאפרגמה.

[5] הר"י אריאל מתיר בדיעבד הפסק טהרה שנעשה עם טמפון אם האישה ניקתה ובדקה היטב לפני הנחת הטמפון, והוא אוטם לגמרי כך שאף טיפת דם קטנה לא תחליק ותאבד. כך באתר מכון התורה והארץ, וראו:

https://www.toraland.org.il/שאלות-ותשובות/חברה-ומשפחה/צניעות-בינו-לבינה/דיני-הפסק-טהרה/

ונראה שאפשר להנחות כך גם בשעת הדחק.

[6] כך מורה הר"י ורהפטיג.

וממילא עליה לחוש לווסתה. אם מדובר בסימנים מובהקים, כגון שהאישה חשה כאב גב מסוים שאינה סובלת ממנו אלא בשעת הגעת המחזור, אז נחשב הדבר לווסת הגוף.[7] אולם אם מדובר בתופעות כלליות יותר שאינן סימן מובהק להגעת הווסת, כגון כאבי בטן מהסוג שאישה עלולה לחוש גם כתוצאה מקלקול קיבה וכדומה, אין צורך להתייחס אליהן בבחינת וסת הגוף המבשר את הגעת המחזור.[8] גם אם האישה סבורה בעקבות תחושות אלה שאכן המחזור מגיע, כל שאינה מזהה תחושה ספציפית המשמשת כסימן מובהק להגעת המחזור, אינה צריכה לחשוש לכך.[9] במקרה זה, מומלץ שלא תכניס טמפון שמא תיאסר לפני התחלת המחזור.[10]

בנוסף, יש לדון מצד "שוויה אנפשיה חתיכה דאיסורא,"[11] האם האשה החילה על עצמה נידות, גם ללא ראיית דם, כתוצאה מדיבורה[12] או ממעשיה,[13] על פי הלכות נדרים או מכוח הנאמנות שיש לאדם על עצמו.[14] בגמרא מבואר כי ניתן לטהר אישה כזו רק אם יש לה אמתלא שתתרץ את התנהגותה.[15] לפיכך, חשוב שכל עוד אישה לא נטמאה בוודאות, שלא תאמר לבעלה שהיא נידה, ולדוגמא על סמך כתמים, גם אם לדעתה הם מעידים על תחילת המחזור. עם זאת, אם יתברר שאסרה את עצמה בטעות, היא אינה נאסרת. אף אם אמרה לבעלה שהיא עומדת בוודאות לקבל מחזור, ולבסוף

---

[7] יו"ד סי' קפט ס"ק יט. כלומר, במקרה כזה עליה לחשוש בחודש הבא לעונות הפרישה של וסת הגוף.

[8] ראו שו"ת שבט הלוי ח"ג סי' קיז, שתחושות בלתי מובהקות סביב הווסת אינן נחשבות וסת הגוף שצריך לחשוש לו.

[9] לתחושות פיזיולוגיות האוסרות מדין הרגשה, ראו לעיל סי' כה.

[10] לדיון רחב יותר על כתמים פעם בחודש עם התקן מירנה, ראו לעיל סי' נו, כתמים מזעריים פעם בחודש.

[11] מקור המושג במשנה בקידושין סה ע"א, באיש האומר שהיה מקודש לאישה, שאוסר את עצמו בכך על קרובותיה אפילו אם היא טוענת שלא התקדשה לו.

[12] יו"ד סי' קפה סע' ג: "אמרה לבעלה: טמאה אני, ואחר כך אמרה: טהורה אני, אינה נאמנת."

[13] יו"ד ס' קפה סעי' ב: "ואם הוחזקה נדה בשכנותיה, שראוה לובשת בגדים המיוחדים לימי נדותה, חשיבה כודאי טמאה."

[14] בשו"ת מהר"י בן לב ח"א סי' יט כתב שדין שוויה נפשיה הוא כקבלת האיסור עליה בנדר, ולעומתו בנודע ביהודה תנינא אה"ע סי' כג כתב שהאיסור חל מדין אדם נאמן על עצמו. הנפקא מינה בין שני ההסברים הוא במקום שבו יש לאישה אמתלא, שאז היא אינה מערערת על הנאמנות הכללית שלה אלא נותנת הסבר להתנהגותה הקודמת. אולם על פי דיני נדרים, אם נדרה על עצמה להיות נידה, הנדר תקף אפילו אם היא תתרץ את מניעיה.

[15] כתובות כב ע"א. אם יש לאישה אמתלא סבירה לדבריה שהיא נידה, היא נאמנת ואינה טמאה. בגמרא מובא ששמואל לא קיבל את האמתלא של אשתו, אך זאת ממידת חסידות ולא מעיקר הדין.

המחזור לא הגיע, אינה נאסרת בעקבות הצהרתה, שכן היא אמרה רק שהיא עומדת להיטמא. הכנסת הטמפון כשלעצמה אינה נחשבת למעשה המעיד כי האישה נידה, שכן לא מדובר במעשה פומבי.[16] יתר על כן המעשה אינו מעיד אלא על התכוננותה של האישה להגעת הדימום ולא על הדימום עצמו.[17]

מ.ר.

---

[16] נושאי הכלים של השולחן ערוך (שם) דנו בשאלה האם אמתלא תקפה גם במקרה שאישה עשתה מעשה ולא רק אמרה שהיא נידה, ראו ט"ז שם ס"ק ב ותורת השלמים ס"ק ו. לפי דבריהם לא ניתן לבטל באמתלא מעשה פומבי, כדוגמת הלובשת בגדי נידות בפני חברותיה. עם זאת, הש"ך, סימן קפה ס"ק ה, מסיק שאם יש לה הסבר למה עשתה מעשה היא לא טמאה בעקבות אמתלא. במקרה שלפנינו מדובר במעשה פרטי מוצנע. לדיון בהבדל שבין אמירה למעשה, וכן בין פעולה פרטית לפומבית, ראו בית יוסף סי' קפה.

[17] בשיעורי שבט הלוי סי' קפה סע' ג ס"ק ב, דן בשאלה האם יש תוקף לאמתלא מול מעשה כלבישת בגדי נידה דווקא בשעת וסתה. לדבריו, האמתלא מועילה אפילו אם עשתה מעשה, כולל בשעת וסתה, כי בשעת וסתה אין חזקה דאורייתא שהיא תראה, אלא רק שיש לה לחוש ולבדוק שמא ראתה.

סימן ס

מציאת דם בדיאפרגמה

שאלה

אני משתמשת בדיאפרגמה למניעת היריון. אתמול כשהוצאתי את הדיאפרגמה החוצה מצאתי בצדה הפנימי טיפת דם. האם נאסרתי?

תשובה

ראיית דם על דיאפרגמה אוסרת את האישה כדין דם שנמצא על עד בדיקה. אם טיפת הדם שראית היתה בגוון אוסר, נטמאת ועליך להמתין ארבעה או חמישה ימים כמנהגך, להפסיק בטהרה ולספור שבעה נקיים.

אם את חוששת ששרטת את עצמך תוך כדי הוצאת הדיאפרגמה ושזהו מקור הדם, מומלץ שתפני לרופא נשים לברר אם אכן קיימת שריטה שיכולה להוציא דם, ואם קיימת - לא נאסרת. חשוב להוסיף כי אין כל חובה לבחון את הדיאפרגמה עם הוצאתה, ולכן מומלץ בעתיד להוציא ולשטוף את הדיאפרגמה מבלי להסתכל בה, ובכך להימנע מספקות.

הרחבה

להרחבה על דיאפרגמה כאמצעי מניעה ראו נספח רפואי ה, אמצעי מניעה. דרך השימוש בדיאפרגמה היא שהאישה מקפלת אותה ומכניסה אותה בעומק הנרתיק, ומשאירה אותה שם למשך שש שעות לפחות לאחר קיום יחסים. כיוון שהדיאפרגמה מונחת עמוק באותו מקום,[1] והמקום נחשב כבדוק ממאכולת, הדם הנמצא בצדה הפנימי

---

[1] הרנ"א רבינוביץ בשו"ת שיח נחום סי' נו עמ' 191, סבור שיש לראות את הדם שנמצא על הדיאפרגמה כדם שיצא מגופה של האישה בשפופרת, שאינו מטמא את האישה היות שלא נגע כלל בבשרה. אמנם,

מטמא את האישה כדין דם שנמצא על עד בדיקה,[2] ולכן כל עוד מדובר בצבע אוסר, תיאסר האישה ללא קשר לגודל הכתם.[3]

הגמרא[4] קובעת על סמך הפסוק[5] "וְאִשָּׁה כִּי תִהְיֶה זָבָה דָּם יִהְיֶה זֹבָהּ בִּבְשָׂרָהּ", שהאישה נטמאת בטומאת נידה רק במקרה שהרגישה את יציאת הדם מגופה. לשיטת הרמב"ם[6] שדם הבא מהמקור חזקתו שבא בהרגשה, יש מקום לומר שדם שנמצא על עד או בדיאפרגמה - כיוון שבוודאי בא מן המקור, מטמא מדאורייתא.[7] ואף לחולקים על הרמב"ם בעניין חזקת הרגשה, יש לאסור במקרה של דם הנמצא בדיאפרגמה לאור הנאמר בגמרא על מצבים שבהם חוששים שמא הרגישה ביציאת הדם 'ולאו אדעתא'.[8]

בשלושה מצבים חכמים העלו חשש שמא הרגישה האישה בשעת יציאת הדם, אף שלא הייתה מודעת לכך: בעת הטלת מי רגלים, בעת ביצוע בדיקה פנימית בעד בדיקה, ובזמן תשמיש.[9] בזמן בדיקה פנימית, קיים חשש שאולי האישה בטעות ייחסה את הרגשת יציאת הדם להרגשת העד, ולכן אנו דנים את המראה על העד כראייה בהרגשה.[10]

אמנם יש מי שפסק שכל עוד האישה אומרת בוודאות שלא הרגישה את יציאת הדם, אנו רשאים לסמוך על דבריה אף בבדיקת עד, ואין לחשוש לטעות בהרגשה.[11] לדיעה

בשו"ת הר צבי יו"ד סי' קמח הביא סברא דומה בשם רב אחד שהציע להתיר משום כך את הדם שנמצא בדיאפרגמה, ודחה זאת משום שהדיאפרגמה איננה מחוברת ממש לצוואר הרחם, ואינה מוציאה את הדם מתוכו אלא יושבת עליו כמכסה ותופסת את הדם היוצא ממנו.

[2] יו"ד סי' קצ סע' לג.

[3] אגרות משה יו"ד ח"ד סי' יז אות טז. להרחבה על דם בעד בדיקה, ראו לעיל סי' נט, נקודה על טמפון.

[4] נדה נז ע"ב.

[5] ויקרא טו פס' יט.

[6] רמב"ם הלכות איסורי ביאה פרק ט הל' א.

[7] ערוך השלחן סי' קפג סע' נד-נו פוסק שאישה ודאי טמאה מן התורה אם מוצאת דם על העד על סמך הרמב"ם בהלכות איסורי ביאה פ"ה הל' ה, "ודם הנמצא בפרוזדור אם נמצא מן הלול ולפנים הרי זה טמא שחזקתו מן החדר" ולכן כאשר מוצאת דם בבדיקה, בוודאי הוא יצא מהמקור. ואפילו אם לא הרגישה עכשיו, הדם בוודאי יצא עם הרגשה.

[8] להרחבה עיינו לעיל סי' כה, בדין הרגשה.

[9] נדה נז ע"ב.

[10] רש"י ד"ה דארגישה מפרש שם להפך, שאולי האישה חשבה שהייתה לה הרגשת יציאת דם אבל בעצם היא הרגישה את העד. לדיון נרחב ראו סי' כז, דם על נייר קינוח.

[11] שו"ת נטע שעשועים סי' כא.

זו, יש לדון את הדם שנמצא על עד בדיקה לפי דיני כתמים.[12] אמנם בשיעורי שבט הלוי[13] כתב שזהו חידוש ושאינו נראה כן בלשון השלחן ערוך, ונראה לאסור דם שנמצא על עד בדיקה מספק דאורייתא אפילו אם האישה טוענת בביטחון גמור שלא הרגישה.[14] כל שכן שיש לאסור בדם הנמצא על דיאפרגמה, שהיא מונחת בעומק הנרתיק במשך כמה שעות כולל בשעת תשמיש, ומן הסתם אישה לא תוכל להגיד בוודאות שהיא לא הרגישה ביציאת הדם למשך שעות ממושכות וכן איננו יודעים אם הדם יצא בשעת הכנסת הדיאפרגמה, בשעת תשמיש, או בעת הוצאתה; וברגעים אלה אולי חשה הרגשה.

יש לציין שקיים סיכוי שהאישה תשרוט עצמה בציפורניה בשעת הוצאת הדיאפרגמה ותגרום לדימום קל בנרתיק. לכן, אם היא מרגישה שנשרטה, תוכל לפנות לרופא או לבודקת טהרה לברר אם אכן קיימת שריטה המוציאה דם, ואם כן, לתלות את הדם בפצע.[15]

כיוון שהאישה נמצאת בימי טהרתה בהם יש לה חזקת טהרה, היא אינה חייבת להסתכל בדיאפרגמה בשעה שהיא מוציאה אותה, ועל כן מומלץ להימנע מכך כדי לא להרבות בשאלות שלא לצורך.[16]

יש לציין שגם במקרה שנאסרה האישה, אינה צריכה לחשוש לווסת מהראייה האוסרת הזאת, בדומה לדין הרואה בעד בדיקה, שאינה חוששת לעונת פרישה אלא אם כן נטמאה בבדיקת העד שלוש פעמים רצופות.[17]

מ.ר.

---

[12] פוסקים נוספים דנו חשש להרגשת עד כחשש מדרבנן בלבד, ולפיהם שעל העד נידון ככתם ולא כחומרת ראייה. ראו שו"ת שב יעקב סי' לו, ושו"ת מהר"ש אנגל חלק ב סי' סא. הגר"ע יוסף בטהרת הבית ח"א סי' א סע' ה עמ' יז, תולה את ההוראה בעומק הבדיקה: אם לא הכניסה את העד "בעומק הרחם" (כלומר בעומק הנרתיק) אז הדם נידון לפי דיני כתמים. הדיאפרגמה מכסה את צוואר הרחם ולכן כפי הנראה, היא דומה לבדיקה ב"עומק הרחם".

[13] שש"ה סי' קצ סע' נד ס"ק ז עמ' רטז.

[14] מאידך גיסא, תמה הרי"ה הנקין לפי מה שמקלים לומר שאין דרך נשים היום להרגיש הרגשה הלכתית ביציאת הדם, אם כן רחוק לומר שהאישה שהוחזקה שאינה מרגישה בדרך כלל, תרגיש דווקא בשעת בדיקת עד, ולכן על כל פנים יש להקל בשעת הדחק, וצ"ע.

[15] ראו לעיל סי' כא, תלייה בפצע בשבעה נקיים, בעניין דם הבא מפצע חיצוני.

[16] כשם שאחרונים הנחו נשים לא להסתכל בנייר טואלט כדי לא לגרום לריבוי שאלות (ראו שיעורי שבט הלוי סי' קצא ס"ק כ עמ' רכב, שערי אורה עמ' 89, טהרה כהלכה פרק ב ס' טז) כך גם אין צורך לבדוק את הדיאפרגמה בשעת ההוצאה

[17] יו"ד סי' קצ סע' נד, וכך פוסק שיעורי שבט הלוי סי' קצ סע' נד ס"ק ז עמ' רטז.

סימן סא

עונת פרישה בשיטת המודעות לפוריות

שאלה

מזה חצי שנה אני מונעת היריון באמצעות שיטת המודעות לפוריות. לפי תאריך הביוץ, אני יודעת בוודאות מתי יתחיל המחזור, וכן קרה כבר יותר משלוש פעמים. האם אפשר להחשיב זאת כקביעת וסת? הדבר יחסוך לנו יומיים מיותרים של פרישה.

תשובה

על פי המתואר, קבעת וסת הגוף על ידי ראיית דם בשלושה חודשים רצופים בהפלגה קבועה לאחר הביוץ. כבכל וסת קבוע, עליך לבצע בדיקה באותו יום שבו צפוי המחזור להגיע. אינך צריכה לפרוש במועדים אחרים.

הרחבה

'שיטת המודעות לפוריות' (שמ"פ)[1] עוקבת אחר השינויים ההורמונליים הבאים לידי ביטוי בחום הגוף, בסמיכות ההפרשות מצוואר הרחם, ובשינויים במנח צוואר הרחם עצמו, על מנת לזהות את המועד המתאים להרות, או לחילופין להימנע בו מקיום

---

[1] להסבר מפורט על המודעות לפוריות, ראו Taking Charge of Your Fertility מאת טוני ושלר, הוצאת Harper Collins. בשיטת המודעות לפוריות, לומדת האישה דרך קורס הדרכה לזהות את מועד הביוץ לפי השינויים הגופניים המתרחשים בעקבותיו. כך יודע הזוג מתי עליהם להימנע מיחסי אישות ע"מ לא להיפקד, או לחילופין, אם מניעת היריון פעילה מותרת להם - להשתמש באמצעי מניעה חציצתיים כדיאפרגמה או בנרות קוטלי זרע. ללא תוספת אמצעים חציצתיים, השיטה מצמצמת את הימים שבהם בני הזוג מותרים באישות.

יחסים על מנת למנוע היריון. בדרך זו ניתן גם לחזות מתי יחול הווסת.[2] בדומה לווסת הגוף, על האישה להיות קשובה לשינויי הגוף ע"מ להתחקות אחר המחזור ההורמונלי ולחזות את המועד הצפוי לקבלת הווסת.

וסת הגוף הינו תופעה גופנית הבאה בסמוך למחזור ומסמנת את בואו.[3] המשנה קובעת: "מפהקת ומעטשת וחוששת בפי כריסה ובשפולי מעיה וכמין צמרמוריות אוחזין אותה, וכן כיוצא בהן, וכל שקבעה לה ג' פעמים, הרי זה וסת".[4] בגמרא מפורש כי הביטוי "וכן כיוצא בהן" בא להוסיף "אשה שראשה כבד עליה, ואבריה כבדים עליה, ורותתת וגוסה".[5]

האם תחושות אלה הנמנות במשנה ובגמרא - הן ורק הן דינן כווסת הגוף? רוב ראשונים העתיקו את לשון המשנה והגמרא בלבד, ויש מי שהסיק מסתימת לשונם שבאו למעט תחושות נוספות,[6] אבל הרמב"ם סיים דבריו "וכיוצא במאורעות אלו",[7] ובפירוש המשניות כלל אף רגשות של דיכאון, נמנום וכאבי ראש.[8] הרא"ש כתב ש"כל חוש שינוי הגוף כיון שהוחזקה בו הוא סימן להתעוררות עקירת הדם",[9] וכן הובא בטור.[10]

אך עדיין יש לברר: האם ישנו פרק זמן מקסימלי שבו אמורה האישה לראות דם לאחר

---

[2] המשתמשת בשמ"פ עוקבות אחרי חום הגוף בימים הסמוכים לביוץ. עלייה בחום הגוף מופיעה בדרך כלל לאחר התרחשות הביוץ. אישה המזהה עלייה זו שלוש פעמים ברציפות תקבע וסת הגוף ותפרוש לאחר מכן לפי הסימן של עלייה בחום הגוף וההפלגה הקבועה ממנו עד להופעת המחזור.

[3] ייתכן גם דימום לאחר פעולות יזומות כגון קפיצה שבהן הווסת נגרם ע"י הפעולה. השאלה הנוכחית דנה בווסת מסוג וסת הפיהוק (בניגוד לווסת הקפיצה שבה דימום מגיע לאחר פעולה יזומה, כגון קפיצה; והווסת נגרם ע"י הפעולה.), כאשר התחושה הגופנית היא אינדיקציה ולא גורם להגעת המחזור, וראו להלן.

[4] נדה פרק ט משנה ח.

[5] נדה סג ע"ב.

[6] שו"ת דברי יציב ליקוטים והשמטות סי' פ וכן יו"ד סי' פ, אך לא הזכיר דברי הרמב"ם וצ"ע.

[7] הל' איסורי ביאה פ"ח ה"ב, הל' משכב ומושב פ"ג ה"ו.

[8] בפירוש המשנה לרמב"ם נדה פרק ט' משנה ח'. וראו מאמר מקיף של יועצות הלכה ד"ר דינה צימרמן וד"ר טובה גנזל, "וסת הגוף - היבט הלכתי ורפואי" תחומין כ עמ' 363 ואילך.

[9] נדה פרק ט סי' א (השני).

[10] טיו"ד סי' קפט. ובאגרות משה (יו"ד ח"א סי' פד) כלל גם 'כאב חזה' ואולי מתכוון לרגישות בשד. וראו גם אורות הטהרה פ"ח סע' כד. ד"ר צימרמן וד"ר גנזל דייקו בדברי הרז"ה בבעלי הנפש שיש לכלול אכילת דברים חריפים בווסתות הגוף משום השינויים הגופניים המקדימים את הווסת, אשר גורמים לרצון לאכול דברים חריפים, וראו במאמר הנ"ל עמ' 365-366.

הרגשה גופנית על מנת להגדירה כווסת הגוף? בגמרא דנו אם קפיצה יכולה לבשר על הופעת דם למחרת:

אמר רב אשי: כגון דקפיץ בחד בשבת וחזאי, וקפיץ בחד בשבת וחזאי, [ובשבת קפצה ולא חזאי], ולחד בשבת חזאי בלא קפיצה, מהו דתימא: איגלאי מילתא למפרע דיומא הוא דקגרים ולא קפיצה? קמ"ל דקפיצה נמי דאתמול גרמא, והאי דלא חזאי - משום דאכתי לא מטא זמן קפיצה.[11]

על פי גמרא זו נפסק בשלחן ערוך שמירווח של יום בין הקפיצה לראיית הדם אינו יכול להיחשב לווסת, משום שאי אפשר לקשר בין הקפיצה לראייה שלמחרתה.[12] אולם בש"ך מביא שיש הסוברים כי קפיצה של אתמול יכולה לגרום לראייה של היום.[13] הנודע ביהודה מדייק בש"ך שניתן לחבר בין השתיים בהפרש של יום אחד.[14] ובשבט הלוי כתב כי בשונה מקפיצה, שהיא מעשה הגורם לתחילת המחזור, אפשר לקשור פיהוק, שהוא תגובה גופנית או 'סימן' לתחילת המחזור, לראייה אף בהפרש של מעל ליומיים.[15]

הפרש הזמן שבין סוף הסימנים להופעת הדם, קובע את מועד עונת הפרישה. כך כתב בשו"ע, שאם אישה רגילה לראות בסוף הסימן, אינה נאסרת עד לסוף הסימן.[16] ובאגרות משה כתב בדבר אישה שאין לה וסת ימים אבל באופן קבוע מופיע אצלה כאב חזה שבוע לפני המחזור, ואותו כאב מתרפה, ורק לאחר דעיכתו מופיע המחזור, שעליה לחוש רק עם דעיכת הכאב.[17] ובשבט הלוי כתב לגבי אישה שרואה דם שלושה ימים לאחר פיהוק, שאינה נאסרת ביום הראשון או בשני.[18] ובשיעוריו כתב בעניין ריחוק יותר מופלג שלא לאסור מכוח וסת הגוף אישה שסימני הגוף שלה באים י' או י"ב ימים קודם ביאת הווסת. וסיים "והאשה צריכה לדעת כמה ימים יש בין הופעת הסימנים לביאת הוסת... וחוששת אחר מנין הימים הפחות ביותר שרגילה

---

[11] נדה יא ע"א.

[12] יו"ד סי' קפט סע' יז.

[13] יו"ד סי' קפט ס"ק מ"ט.

[14] מ"ת יו"ד סי' צג.

[15] שיעורי שבט הלוי סי' קפט יט י, ושו"ת שבט הלוי חלק ג סימן קכד ד"ה "וע"פ הנ"ל". אמנם, הוא מוסיף "ומיהו אם הוא מופלג ביותר צ"ע בזה אין מילוי הרחם בדם הוסת ימים טובא לפני זה". וכן סי' קיז.

[16] יו"ד סי' קפט סעיף כד.

[17] אג"מ יו"ד חלק א סי' פד.

[18] שו"ת שבט הלוי חלק ג סי' קיז.

לראות אחריו".[19] ואף אם לא נקבל את התיאורים הפיזיולוגיים שבדבריו, נלמד ממנו שאפשר לווסת הגוף להקדים את הדימום אף בימים מרובים.

סימני הביוץ מקדימים את המחזור בדרך כלל ב-12 עד 16 יום, טווח המשתנה מאישה לאישה וייתכן אף מחודש לחודש. בגופי הלכות[20] כתב להקל בנשים שמזהות את מועד הביוץ לפי מדידת חום במדחום ביוץ, שאם אירע להן עונת פרישה באותם ימים שבהם בוודאי לא תראה דם, אין צורך לפרוש. והביא משו"ת ריב"א שעדיין נקרא וסת הגוף אם מרגישה בסימן הגופני כמה ימים לפני ראייתה ומפסיקה להרגיש, והדימום מגיע רק כעבור כמה ימים.[21] ובגופי הלכות כתב עוד שסימני הביוץ נחשבים וסת הגוף גמור גם אם תקבע לראות י"ד יום אחריהם, אך השאיר זאת בצריך עיון היות שאין מידת חום אחידה בכל ביוץ כי אם עקומת חום המעידה על הביוץ. ועוד, הביוץ אינו קשור באופן מובהק דיו למחזור, ולעתים חל מחזור ללא ביוץ, או ביוץ ללא מחזור.[22]

אמנם לפי שיטת המודעות לפוריות, האישה מזהה את מועד הביוץ על פי שלושה סימנים ולא פי סימן אחד: מדידת חום, מנח צוואר הרחם, ומרקם ההפרשות. לכן במקרה שזוהו כל שלושת הסימנים נראה שניתן לדון שינויים אלה כווסת הגוף גמור המבשר את הופעת המחזור בעוד כ-12 עד 16 יום, בהפלגה קבועה, בהתאם לניסיונה של האישה, וכן הסכימו הר"י ורהפטיג והרי"ה הנקין.

הרמב"ן כתב שבעלת וסת גוף קבוע עדיין חייבת לחשוש לעונה בינונית.[23] ואולם, בשלחן ערוך[24] פסק כדעת הרשב"א שבעלת וסת קבוע אינה חוששת לעונה בינונית,[25] וכך ניתן להבין גם בט"ז.[26] לכן לאחר שקובעת וסת הגוף על פי סימני פוריות, על האישה לחשוש למועד שנקבע בלבד ולא לשאר עונות, כולל עונה בינונית.[27]

ש.כ. והצוות

---

[19] שיעורי שבט הלוי נדה סי' קפט יט אות י ד"ה "ובזה נפ"מ".

[20] הל' נדה סי' קפט במשנת סופרים אות יב.

[21] שם אות טז.

[22] שם חלק א סי' קפט במשנת סופרים אות יב.

[23] הלכות נדה ה, ו "שאי אפשר שלא תראה לעולם".

[24] יו"ד סי' קפט סע' א.

[25] בתורת הבית בית שביעי שער שני בדיני הפרישה.

[26] יו"ד סי' קפט ס"ק א.

[27] להרחבה בנושא ראו מאמרו של הר"י ורהפטיג "עונה בינונית בימינו", תחומין כ"ד תשס"ד עמ' 235-242.

סימן סב

בדיקת הפרשות בשיטת המודעות לפוריות

שאלה

אני משתמשת בשיטת המודעות לפוריות, שהיא דרך טבעית לבירור מדויק של מועד הביוץ ושל הימים הפוריים של האישה בכל חודש, כדי למנוע כניסה להיריון. השיטה מבוססת על בדיקות פנימיות בתוך הנרתיק, שבהן האישה עוקבת אחר שינויים שחלים בהפרשות מצוואר הרחם. כאשר הסתכלתי על ההפרשות שהיו על אצבעותי בזמן הביוץ, ראיתי מעט דם. האם נאסרתי? האם יש דרך בה אוכל לבצע את הבדיקות להבא כך שלא איאסר במצבים דומים?

תשובה

הכנסת האצבעות לתוך הנרתיק עצמו, דינה כדין בדיקה פנימית, ולכן אם מדובר בדם בגוון אוסר, נאסרת ללא קשר לכמות הדם, ועליך לפרוש, להמתין ארבעה או חמישה לפי מנהגך, ולספור שבעה נקיים.

מומלץ להבא שתבדקי את עצמך באופן חיצוני בלבד בעזרת נייר טואלט, ותבצעי את הבדיקה לפני הטלת השתן על מנת למנוע את שטיפת ההפרשות על ידי השתן.[1]

אם בדיקה חיצונית כזו אינה מאפשרת לך לעמוד על השינויים הדקים בסמיכותן של ההפרשות ולכן את חייבת לבדוק באצבעותייך, תוכלי לבדוק את ההפרשות המצויות בסביבות פתח הנרתיק מבלי להכניס את אצבעותייך אל תוך הנרתיק עצמו.

---

[1] כדי להשתמש בשיטה זו, יש צורך ללמוד אותה בצורה מסודרת ולקבל הדרכה מתאימה, וכך תוכל המשתמשת למצוא את הדרך המתאימה לה לבדיקת ההפרשות בעת הביוץ.

הרחבה

שיטת 'מודעות הפוריות' מאפשרת לאישה לברר את מועד הביוץ המדויק, כך שתוכל לדעת באילו ימים בחודש יתאפשר לה להיכנס להיריון, או להפך - באילו ימים עליה להימנע מקיום יחסים על מנת למנוע היריון.[2] השיטה מבוססת על מעקב אחר סימנים פיזיולוגיים הנלווים לביוץ שאותם יכולה האישה להכיר בעצמה. אחד הסימנים הבולטים להגעת זמן הביוץ הוא השינויים שחלים בהפרשות הטבעיות מצוואר הרחם: לפני הביוץ הפרשות אלה הן יבשות יחסית, צמיגיות וחומצתיות, ובימים שסביב הביוץ ההפרשות הופכות מימיות יותר, נקיות ונמתחות בין האצבעות. מטרתם של שינויים אלה היא לסייע לזרע לנוע בגוף האישה ולהגיע אל הביצית. לאחר הביוץ ההפרשות חוזרת להיות עכורות, יבשות יותר ואינן נמתחות.

ההנחיה המקובלת לאישה העושה שימוש בשיטה זו, היא להכניס שתי אצבעות לתוך הנרתיק כדי לדגום את ההפרשות המצויות שם, ולבדוק האם הן צמיגיות או נמתחות בין האצבעות. אצל חלק מסוים מהנשים, כחמשה אחוזים, מוכרת תופעה של דימום קל בתקופת הביוץ כתוצאה מירידה ברמת האסטרוגן. לפעמים הדימום הוא כה מזערי שהאישה כלל אינה מודעת לקיומו, ולעתים מדובר בדימום כבד יותר.

מבחינה הלכתית, אישה אינה חייבת לחפש דימומים בימי טהרתה ולבדוק את עצמה בעת הביוץ, ולכן אם היא מקפידה ללבוש בגד תחתון צבעוני או תחתונית,[3] ואינה מסתכלת בנייר הקינוח לאחר הטלת שתן, היא תוכל בדרך כלל להימנע מלהיאסר מדימום מהסוג המתואר. אולם אם היא עורכת בדיקות פנימיות בזמן הביוץ, קיים סיכוי גבוה שבמידה שיש לה דימום, הדם יתגלה והיא תיאסר.

אם מדובר בבדיקה שבה האישה הכניסה את אצבעותיה לעומק הנרתיק, הדבר נידון כבדיקה פנימית, לגביה קיים חשש שהיתה הרגשה בשעת יציאת הדם מהרחם והאישה לא שמה לב לכך, משום שייחסה תחושה זו למגע האצבעות בנרתיק. ולכן במקרה זה, כמו בדין הרגשת עד, הדם שנמצא על האצבעות מטמא את האישה מספק דאורייתא, והיא צריכה לחשוש לכל טיפה של דם שנמצאה על האצבעות ללא קשר לגודל הכתם וכמות הדם.[4]

---

[2] להרחבה בנושא שמ"פ עיינו נספח רפואי ה, אמצעי מניעה.

[3] יו"ד סי' קצ סע' י.

[4] שם סעיף לג. וראו ט"ז שם ס"ק כ, המסביר עוד כי היות שהדם נמצא במקום הבדוק ממאכולת, יש מחלוקת אם ניתן לתלותו במאכולת, ולכן אין דיני כתמים חלים על דם זה.

במקרה שבו הבדיקה לא בוצעה בעומק הנרתיק אלא רק מחוצה לו, גם אם נגעה בסביבות פתח הנרתיק,[5] דין הדם שנמצא על האצבעות כדין כתם שנמצא על הגוף. הרמב"ם[6] פוסק שכתם על הגוף מטמא אף בפחות משיעור גריס, אבל הראב"ד[7] והרשב"א[8] חולקים וסוברים שגם כתם שנמצא על הגוף מטמא רק בשיעור הגדול מכגריס. השולחן ערוך[9] פסק להלכה כדעת הראב"ד והביא את דעת הרמב"ם בלשון יש אומרים, ואילו הש"ך[10] פסק כדעת הרמב"ם.

במקרה שנמצאו כמה נקודות דם על הגוף כאשר כל נקודה קטנה מכגריס, אף אם הנקודות אינן נוגעות האחת בשנייה, הריהן מצטרפות לכתם אחד; ואם בצירופן יחד הן עולות לשיעור הגדול מכגריס - האישה נטמאת.[11] אבל אם היא בודקת בעזרת כפפת גומי או ניילון, הכפפה נידונה כבגד, וגם אינה מקבלת טומאה. במקרה זה, נמדדים הכתמים כל אחד בנפרד ולא מצטרפים יחד לשיעור כגריס כל עוד לא נוגעים הכתמים האחד בשני.[12]

מומלץ איפה לאישה החוששת שמא תמצא דם בזמן הביוץ, לבצע את בדיקת המודעות לפוריות לפני הטלת שתן[13] על ידי קינוח באזור הנרתיק באופן חיצוני בלבד, מבלי להכניס את נייר הקינוח לעומק הנרתיק.[14] היות שנייר אינו מקבל טומאה, גם אם יימצא עליו דם לפני הטלת שתן, האישה לא תיאסר .[15]

---

[5] ראו אגרות משה ח"ד סי' יז ס"ק טז.

[6] רמב"ם הל' איסורי ביאה פ"ט הל' ו.

[7] השגות הראב"ד על הרמב"ם שם.

[8] תורת הבית הארוך, בית ז שער ד (דף טו ע"ב).

[9] יו"ד סי' קצ סע' ו.

[10] שם ס"ק י.

[11] שם סע' ח, כך לפי דעת דעת היש אומרים בסעיף זה. רוב הפוסקים כתבו לפסוק כאן כי"א. להרחבה ראו לעיל סי' מא, נטילת גלולות ברצף. וראו ב"ח ד"ה ואם אין בכתם במקום אחד לדיון על מקור הדין של מצטרפין טיפין על הגוף.

[12] שם. יש להעיר שהשימוש בכפפת גומי עלול למנוע את בדיקת צמיגיות ההפרשות כראוי.

[13] אפשר לבדוק גם לאחר הטלת שתן אם תחכה כ-15 שניות אחרי הטלת השתן (ראו לעיל סי' כז, דם על נייר קינוח), אם כי זה יכול לפגוע באפשרות לבחון במדויק את אופי ההפרשות כנזכר לעיל.

[14] יש גם אפשרות לבחון את ההפרשות המצויות על התחתון. לחילופין ניתן לבצע בדיקה פנימית בעזרת האצבעות מבלי להסתכל על ההפרשה ורק לעמוד על טיבה דרך מגע בלבד. כמו כן, ניתן לעקוב אחרי התחושה בפתח הנרתיק במהלך היום.

[15] עיינו לעיל סי' כז.

אם הבדיקה בעזרת נייר טואלט לא מאפשרת לה להבחין בשינויים הדקים שחלים בסמיכות ההפרשות והיא חייבת לבדוק באצבעותיה, אפשר גם לבדוק את ההפרשות המצויות בסביבות פתח הנרתיק מבלי להכניס את האצבעות אל תוך הנרתיק.

מ.ר.

סימן סג

מצוות עונה בליל טבילה בשיטת מודעות הפוריות

שאלה

בתקופה האחרונה אני משתמשת בשיטת המודעות לפוריות כדי למנוע את הכניסה להיריון. לפי שיטה זו, בני הזוג נמנעים מקיום יחסי אישות בזמן הביוץ בימים שבהם האישה פורייה.[1] בדרך כלל ימי הפוריות כוללים את ליל הטבילה ומספר ימים אחריו. האם יש חיוב לקיים יחסים בליל הטבילה? ואם אכן קיים חיוב שכזה, האם עדיף לדחות את הטבילה עד לסיומם של ימי הפוריות?

תשובה

החובה לקיים יחסי אישות בליל הטבילה היא חלק ממצוות עונה שהיא מצווה דאורייתא המחייבת את הבעל לחיות חיי אישות עם אשתו במועדים מסוימים כולל בליל טבילתה. האישה צריכה אף היא להיות עם בעלה כחלק מחובותיה כלפיו.[2] מעבר לכך, סביר להניח שלאחר שבועיים של ריחוק, שניכם חפצים בקירבה הפיזית שהיא יסוד לבניין הזוגי. יתר על כן, החשק המיני של האישה בדרך כלל נמצא בשיאו סביב ליל הטבילה. על כן, כאשר משתמשים בשיטת המודעות לפוריות, באם מותר לכם למנוע הירשון-ראוי לשקול את השימוש באמצעים אקטיביים למשך ימי הפוריות ולא להימנע בהם מקיום יחסים.[3]

---

[1] שיטה זו מבוססת על כך שהאישה מתרגלת היכרות קרובה עם גופה ולומדת לזהות את הימים בהם היא פורייה ואז נמנעת מלקיים בהם יחסי אישות; או שבימים אלו בלבד היא משתמשת באמצעי חציצתי כגון דיאפרגמה.

[2] היקפם וגבולותיהם של חובות הבעל והאישה בנושא זה נידונו בהרחבה ע״י אחרים, ואכמ״ל.

[3] קיימים אמצעים זמניים כמו נרות קוטלי זרע, אולם יעילותם נמוכה ועל כן לא ניתן לסמוך עליהם. יש אפשרות להשתמש בדיאפרגמה בימים פוריים. לשאלת היתר השימוש בדיאפרגמה, עיינו לעיל סי׳ לה.

אמנם, במידה והדבר נעשה מתוך הסכמה, מותר להימנע מיחסים בליל הטבילה. חשוב שהסכמה זו תבוא מתוך תקשורת פתוחה וכנה בין בני הזוג, ותהווה החלטה משותפת ומוסכמת של שניכם. מבחינה עקרונית, במקרה שאת טובלת בזמן וקיבלתם החלטה בדבר דחיית יחסים, קירבה פיזית אחרת דוגמת חיבוק ונישוק מותרת ביניכם. אמנם, מבחינה מעשית לא תמיד קל לבני הזוג לעמוד בהחלטה שלא לקיים יחסים לאחר כמעט שבועיים של פירוד, ובמיוחד עלול מצב זה להקשות על אישך, עד כדי חשש של הוצאת זרע לבטלה. כיוון שכך, יש מקום לשקול יחד שמא עדיף לדחות את ליל הטבילה או לחילופין לדחות את תחילת ספירת שבעת הנקיים, כך שליל הטבילה לא יפול במהלך הביוץ. אמנם ייתכן שיתברר למפרע שלא היה צורך בדחיית ספירת שבעה נקיים, אם בחודש מסוים מועד הביוץ יקדים לחול.

הבחירה מתוך שלוש האופציות המוזכרות - דחיית מועד הטבילה לאחר ספירת שבעה נקיים, דחיית ספירת הנקיים עצמם או טבילה בזמנה תוך ויתור על יחסים בליל הטבילה - תלויה בצרכים שלכם ובהערכה מעשית של היכולת שלכם לעמוד בהחלטה שקיבלתם. כאמור, באם מניעת היריון מותרת לכם, מומלץ לשקול את השימוש בדיאפרגמה לימי הפוריות ולא להוסיף ללא צורך על ימי הריחוק.

הרחבה

ליל הטבילה נחשב למועד מיוחד המיועד לקיום מצוות עונה.[4] מעבר לכך, נודעת חשיבות מיוחדת לקיום יחסים במועד זה אף לשם קיום מצוות פרייה ורבייה, שכן לפי הגמרא האישה מתעברת סמוך לטבילתה.[5] גם אם הבעל כבר קיים מצוות פרייה ורבייה, הוא מצווה להמשיך ולהביא לעולם ילדים נוספים מכח מצוות 'לערב אל תנח ידך'. במקרה שבו מניעת היריון מותרת ובני הזוג בחרו להימנע מיחסים בימי הפוריות, יש לדון אם עדיף להימנע מקיום יחסים בליל הטבילה, או לדחות את מועד הטבילה עצמו.

בדרך כלל המשתמשות בשיטת המודעות לפוריות בוחרות בשיטה זו כי אינן רוצות להשתמש בגלולות בגלל תופעות לוואי. עיינו בשו"ת שיח נחום סי' צד.

[4] רש"י ברכות כד ע"א ד"ה יום טבילה הוה, וש"ע או"ח סי' רמ סע' א. מנגד, בסדרי טהרה (סי' קפד ס"ק יד ד"ה הרוצה לצאת לדרך) מעיר שאין בתשמיש בליל טבילה עדיפות על פני יתר זמני עונה שבהם אשתו משתוקקת אליו.

[5] חז"ל נחלקו (נידה לא ע"ב) אם אישה מתעברת סמוך לווסתה או סמוך לטבילתה. הדעה שהיא מתעברת סמוך לטבילתה מתאימה לידע הרפואי העדכני. ראו נספח רפואי א, מערכת הרבייה הנשית.

חכמים נחלקו אם האישה מצווה לטבול בזמנה.[6] לדעת רבי יוסי טבילה בזמנה היא מצווה, ואילו לדעת רבי יוסי בר יהודה טבילה בזמנה אינה מצווה. רבינו חננאל[7] פסק כדעת רבי יוסי שטבילה בזמנה מצווה, ואילו רבינו תם[8] סובר שטבילה בזמנה אינה מצווה. אולם היום הנשים סופרות שבעה נקיים לפני טבילתן אפילו לאחר ראיית טיפת דם, ועל כן יש לדון אם הטבילה בסוף שבעה נקיים נחשבת בכלל כטבילה בזמנה. בבית יוסף[9] מובאת מחלוקת ראשונים בנדון: יש סוברים שהיות וזהו זמן הטבילה שנקבע לאור תקנת חכמים, טבילה במועד זה תיחשב לטבילה בזמנה[10], ואילו אחרים סוברים שהיום הטבילה בסוף שבעה נקיים אינה נחשבת לטבילה בזמנה. השולחן ערוך פוסק שטבילה בזמנה אינה מצווה,[11] אלא רק לשם קיום מצוות פרו ורבו או מצוות עונה,[12] ולכן בלילות שבהם אסור לקיים מצוות אלה, דוגמת יום הכיפורים או תשעה באב,[13] או כשאחד מבני הזוג אינו בביתו, האישה אינה חייבת לטבול.

לאור האמור לעיל, יש לשאול אם בני זוג המותרים במניעת הירין יכולים לדחות בהסכמה את הטבילה ולאחר בכך את מצוות עונה, ואם מותר לאישה למחול על זכותה לקיום מצוות עונה.

ברמב״ם מבואר כי האישה רשאית למחול על עונתה[14], וכך פסקו האחרונים, אך רק אם כבר קיימו מצוות פרייה ורבייה.[15] לכן, במקרה שלפנינו, האישה רשאית למחול על עונתה בליל טבילתה. כך כתב בעל מטה לוי[16] בנוגע לאישה שקבלה היתר למנוע

---

[6] שבת קכא ע״א, נדה ל ע״א ועוד.

[7] תוספות נדה דף ל ע״א ד״ה ושמע מינה.

[8] תוספות יומא דף ח ע״א ד״ה דכולי עלמא.

[9] יו״ד סי׳ קצז סע׳ ב.

[10] סמ״ג לאוין סי׳ קיא, הגהות מיימוניות הל׳ איסורי ביאה פ״ד אות ד, והלכות מקוואות למרדכי (שבועות) סי׳ תשנ״ב.

[11] יו״ד שם וכך גם בט״ז יו״ד סי׳ קצז ס״ק ג.

[12] ראו בית יוסף או״ח סי׳ רמ ד״ה אבל אם רואה, שחיוב מצוות עונה קיים באופן עצמאי ללא תלות במצוות פרו ורבו, ואף בזמן שהאישה מעוברת או מניקה.

[13] או״ח סי׳ תקנד סע׳ ח, וראה משנה ברורה שם ס״ק יז.

[14] הלכות אישות פרק טו הל׳ א, וכן הביא המשנה ברורה סימן רמ ס״ק ב. הלחם משנה (שם) מסביר שהמחילה צריכה להיות בלב שלם.

[15] כך כותב הגר״מ פיינשטיין, שו״ת אגרות משה אה״ע ח״א סי׳ קב במקרה של זוג שכבר קיימו פרייה ורבייה ונמנעים מיחסים בזמן הביוץ בכדי למנוע הירין.

[16] שו״ת מטה לוי ח״ב סי׳ לא ד״ה והלכך.

הירִיון, שבמקרה ששימוש במוך תותיר עדיין סיכוי קטן שתהרה, עדיף לאישה זו לדחות את מועד הטבילה, או לטבול ולא לשמש עד שיעברו הימים הפוריים שלה. ובשו"ת חדות יעקב[17] הציע בדומה לכך, שהאישה תטבול בזמן אך תסתיר את הטבילה מבעלה למשך כמה ימים.

אמנם בשו"ת חתם סופר[18] כתב כי יש להבחין בין מצוות שמחת עונה, שהיא זכותה של האישה ומתוך כך בידה למחול עליה, לבין חיובה של האישה להיענות לבעלה כשהיא יכולה, חיוב הנובע בין השאר מחובתה לדאוג שלא יגיע לידי עבירה. מצד זה, כתב החתם סופר כי מצווה בידה שלא לדחות את הטבילה שלא לצורך. לכן ראוי שהחלטת בני הזוג לדחות יחסים תיקח בחשבון אף את השפעת הדחייה על הבעל.[19]

בנוסף להשפעת דחיית הטבילה על הקשר שבין בני הזוג, יש לברר אם קיים ערך עצמי להיותה של האישה טהורה גם בהעדר יחסי אישות.

בירושלמי כתוב: "אמר רבי חנינה, זאת אומרת שאסור לאשה לשהות בטומאתה".[20] הגר"א[21] מסביר ששייך לומר כן רק כאשר הטבילה היא במועד שנקבע בתורה, ולכן בימינו אין חובה לאישה להזדרז להסיר את טומאתה.[22] אבל בעל שו"ת משנה הלכות[23] הבין שאפילו אם אין טבילה בזמנה היום, בכל אופן ראוי לאישה למהר להיטהר. בדומה לכך כתב בשבט הלוי[24] שטוב שאישה תשתדל להיות טהורה לבעלה ואין

---

[17] שו"ת חדות יעקב מהדו"ת סי' לז ד"ה והנה לאשה זו. מדובר במקרה שבו מסוכן לאישה להיכנס להיריון והיא חוששת שתשמיש במוך לא מספיק בטוח ולכן עדיף שלא תשמש בימים שיכולה להתעבר.

[18] יו"ד ח"ב סי' קסב. כך כתב לאישה שביקשה לנסוע בסמוך לליל טבילתה למקום רחוק לדבר מצווה, ש"מצווה רבה תעשה... בשמירת בעלה מן החטא", ומתוך דאגה לבעלה לא תבטל את עונתה וליל טבילתה.

[19] כך כתב בשו"ת שבט הלוי ח"ח סי' רעא, בהערה שבסוף התשובה, שאם הבעל חושש שיהיה לו קשה מדי אם האישה טובלת מבלי קיום יחסי אישות, עדיף שהיא לא תטבול באותם הימים כלל כדי שלא להעמיד את הבעל בניסיון מצד קירבה פיזית וכיו"ב.

[20] נדה פרק ב הלכה ד.

[21] ביאור הגר"א יו"ד סי' קצז ס"ק ג.

[22] בעבר נהגו שלא לטבול כאשר בעלה היה מחוץ לעיר, מטעם סכנה, ואילו היום רבים אין חוששים לכך. ראו שו"ת בני בנים ח"ב סי' לג.

[23] ח"ט סי' קעט, ד"ה והנראה פשוט.

[24] שיעורי שבט הלוי סי' קצז סוף סע' יא, על ט"ז סק"ו (עמ' רצז) . הוא מביא לימוד על כך מהפסוק "כל טהור בביתך יאכל אותו" (במדבר יח, יא), ממנו יש ללמוד שהאישה נקראת 'טהור בביתך'.

הדבר מחייב קירבה. מסיבות אלה יש מקום להעדיף שהאישה תטבול בזמנה אף אם לא יתקיימו יחסי אישות למשך מספר ימים.[25]

מצד שני, ייתכן כי יש להעדיף דחיית תחילת ספירת הנקיים, כדי שהאישה לא תיכנס לכתחילה למצב שבו יכולה לטבול אך אינה עושה כן . אחרונים כתבו כי החיוב לטבול בזמנה חל על האישה רק לאחר שספרה את הנקיים.[26] כל שלא ספרה את שבעה הנקיים לא חל עליה חיוב לפעול להחיש את מועד טבילתה, ובהסכמת בעלה היא רשאית לדחות את הספירה.

עם זאת, כעצה טובה, יש סיבה שלא לאחר את ספירת הנקיים, מאחר שמחזור הווסת אינו תמיד סדיר, וייתכן חודש ללא ביוץ או עם ביוץ שיחול בתוך ז׳ הנקיים, ובמקרה כזה דחיית הספירה תהיה ללא תועלת. כמו כן, עקב הדחייה עלולה הספירה להתרחש בסמוך לווסת הבא, בימים שבהם אצל נשים מסוימות עולה החשש לכתמים.

לכן ראוי מכמה בחינות לטבול בזמן על מנת להתיר קירבה של חיבוק ונישוק אף אם יימנעו מיחסי אישות, שכן גם בקרבה של חיבוק ונישוק ללא תשמיש יש משום מצוות עונה.[27] אולם חלופה זו עלולה ליצור קושי בהתנהלות הזוגית בימים אלו וכן חשש של הוצאת זרע לבטלה.[28]

לסיכום, שלוש האפשרויות הן מותרות, אך אף אחת אינה נטולת חסרונות.

מ.ר., א.ק.

---

[25] יש המצדדים לטבול לקראת ראש השנה ויום כיפור כחלק מהתשובה, אבל אין זה קשור לטבילה בשאר ימות השנה. וראו שו״ת בני בנים ח״ג סי׳ ה.

[26] שו״ת בית שערים חלק יו״ד סי׳ רפא.

[27] שו״ת מהר״ם מלובלין סי׳ נג, הביאו הש״ך יו״ד סי׳ קצז ס״ק ג. כך כתב גם בבדי השולחן סי׳ קצז, ביאורים ד״ה מצוה לטבול בזמנה.

[28] אמנם בחוט השני (סי׳ קצז עמ׳ רסו׳ ס״ק ג) כתב כי במקום שבו יש חשש להוצאת ז״ל , עדיף לדחות טבילה. מכיוון ששונים הצרכים של אישה ושל גבר, וכן תגובתם לגירוי של הקירבה הגופנית - סביר מאוד כי התייחסותם ותגובתם לאפשרות זו של טבילה לשם קירבה מוגבלת בלבד, לאחר שבועיים של ריחוק, תהיה שונה. ייתכן שאפשרות זו ,תהיה מקובלת יותר על האישה מאשר על הגבר.

נספחים רפואיים

מאת

יועצת הלכה הרבנית ד"ר דינה צימרמן

נספח רפואי א

מערכת הרבייה הנשית

חלקי מערכת הרבייה הנשית הממוקמים באגן כוללים את הרחם, השחלות, והנרתיק.

הרחם (Uterus) הוא איבר חלול שרירי, שצורתו כשל אגס הפוך. דפנותיו השריריות של הרחם מצופות ברירית הנקראת אנדומטריום. רירית זו מתעבה ומתקלפת מדי חודש כתוצאה מתהליך הורמונלי מחזורי.

החלק התחתון הצר של הרחם , אשר נקרא **צוואר הרחם** (Cervix), מחובר לחלקו העליון של הנרתיק ויורד מעט לתוכו. צוואר הרחם הוא בעל מבנה מאורך, ויש לו שני פתחים: הפתח הסמוך לרחם נקרא הפה ('Os') הפנימי של צוואר הרחם, ואילו הפתח שאותו ניתן לראות מתוך הנרתיק נקרא הפה החיצוני של צוואר הרחם. דרך פתחים אלו מתנקז דם הווסת החוצה.

מחלקו הרחב של הרחם מסתעפות שתי **החצוצרות** (Fallopian Tubes).

השחלות (Ovaries) הן שתי בלוטות קטנות הממוקמות משני צדיו של הרחם אך אינן מחוברות אליו. השחלות אחראיות על ייצור חלק מההורמונים הנוטלים חלק בתהליך המחזור החודשי (בעיקר אסטרוגן ופרוגסטרון), ובתוכן נמצא גם מלאי הביציות של האישה. הביציות מבשילות בתוך השחלה, ומשתחררות ממנה בזמן הביוץ. הביצית שהשתחררה מהשחלה בעת הביוץ נקלטת על ידי החצוצרה, ובאמצעותה היא עושה את דרכה אל חלל הרחם.

הנרתיק (Vagina) הוא תעלה שאורכה כ-8 ס"מ בממוצע. הנרתיק גמיש ובעל כושר מתיחה גבוה על מנת לאפשר מעבר של תינוק בזמן הלידה. רוב בנות נולדות עם חלק מפתח הנרתיק החיצוני מכוסה על ידי **קרום הבתולים** (Hymen). זוהי רקמה

דקה שבמרכזה יש פתח המאפשר מעבר של דם הווסת.[1] קרום הבתולים נמתח ונקרע בזמן יחסי האישות הראשונים, ובדרך כלל נעלם לאחר מספר פעמים של קיום יחסים.

איברי המין החיצוניים של האישה נקראים פות (Vulva). **בפות** ישנן שתי מערכות של שפתיים: החיצוניות מכונות ׳השפתיים הגדולות׳, והפנימיות מכונות ׳השפתיים הקטנות׳. מתחת לנקודת החיבור העליונה של השפתיים הקטנות נמצא הדגדגן. בשעת יחסי אישות, גירוי הדגדגן עשוי להגביר את ההנאה הגופנית של האישה ועשוי להוביל לסיפוק (׳אורגזמה׳).

במנח של עמידה, קידמית לפתח הנרתיק נמצא פתח נוסף, הוא פתח השופכה, שדרכו יוצא השתן מהגוף.

אחורית לנרתיק נמצא פי הטבעת, ממנו יוצאת הצואה.

האזור שבין פתח הנרתיק לבין פי הטבעת ידוע בכינוי ׳חיץ הנקבים׳ או ׳הפירינֵיאום׳.

לאנטומיה של מערכת הרבייה הנשית, ראו:

http://www.yoatzot.org/hebrew/womens-health-and-halacha/default.asp?id=10495

המחזור החודשי

בספרות המקצועית נהוג לתאר את המחזור החודשי כתהליך שנמשך 28 יום, כאשר היום הראשון הוא הראשון לדימום, והיום ה-28 הוא האחרון למחזור לפני הדימום הבא. זהו מודל נוח להדגמת מהלך המחזור החודשי, שכן הוא נחלק בצורה מסודרת ל-4 שבועות. עם זאת, כל תהליך מחזורי שאורכו נע בין 21 ל- 35 יום[2] נחשב תקין.

השלב הזקיקי (השלב ה׳פוליקולרי׳)

מספר הורמונים נוטלים חלק בתהליך הביוץ והדימום החודשי. ראשיתו של התהליך

---

[1] גודל וצורה של קרום זה יכול להשתנות מאישה לאישה.

[2] שהרחיבו זאת אף עד 42 יום.

בהורמון המשתחרר מבלוטת יותרת המוח (FSH). הורמון זה מגרה את הביציות והתאים שמסביבן בשחלה (הביציות והתאים מכונים 'זקיק') וגורם להבשלתם של כ- 15-20 זקיקים. הזקיקים 'מתחרים', והגדול שביניהם הופך להיות 'הזקיק המוביל' אשר ממנו יוצאת הביצית בזמן ביוץ. שאר הזקיקים נספגים ונעלמים.

ביוץ

במהלך השלב הזקיקי (השלב הפוליקולרי), עולה רמת האסטרוגן המופרשת מהשחלות. כאשר רמות האסטרוגן מגיעות לסף מסוים, בלוטת יותרת המוח (Pituitary Gland) משחררת פרץ של הורמון נוסף, המכונה 'הורמון מְחַלְמֵן' (מהמילה 'חלמון' , באנגלית: LH=Luteinizing Hormone). הורמון זה גורם לביצית לחרוג מדופן השחלה, וזהו הביוץ.

בפרק הזמן הסמוך לביוץ, משתנה אופייה של הפרשת רירית צוואר הרחם: מסמיכה וצמיגית היא הופכת דלילה ומימית. זהו אחד הסימנים העשויים להעיד על כך שהביוץ ממשמש ובא. סימנים נוספים לכך הם שינויים בחום השחר (החום הנמדד בסמוך ליקיצה, בטרם קמים מהמיטה), ובמיקום ובמנח של צוואר הרחם. במקביל, יש בפרק זמן זה גם ירידה ברמות האסטרוגן. בקרב כ-5% מהנשים ירידה זו עשויה לגרום להכתמה הידועה כדימום ביוץ.[3]

לאחר שחרגה מדופן השחלה, הביצית נקלטת על ידי 'אצבעות' המצויות בקצה החצוצרה, ועושה את דרכה בתוך החצוצרה לכיוון הרחם. אם הביצית נתקלת בדרכה בתאי זרע, עשוייה להתרחש הפרייה והיריון, אך אם היא אינה פוגשת זרע תוך כ- 24 שעות, היא מאבדת את חיוניותה ומתפרקת.

השלב הלוטאלי

התאים שהקיפו את הביצית נותרים בשחלה ומכונים 'הגופיף הצהוב' (Corpus Luteum), על שם הצבע שבו הוא נראה מבעד למיקרוסקופ. הגופיף הצהוב מפריש הורמון בשם פרוגסטרון . הפרוגסטרון מחזיק את רירית הרחם המעובה ותומך בה. במידה ולא התרחשה הפרייה, הגופיף הצהוב מפסיק לפעול בדרך כלל לאחר 12-16

[3] Dasharathy SS, Mumford S, Pollack A et al, Menstrual Bleeding Patterns Among Regularly Menstruating Women Am. J. Epidemiol. 2012.

יום, והפרשת הפרוגסטרון פוסקת. הצניחה ברמות הפרוגסטרון בגוף גורמת לדימום של התקלפותה של רירית הרחם ותחילת המחזור הבא.

דימומים סדירים ובלתי-סדירים

ההתקלפות הטבעית של רירית הרחם המתרחשת באופן צפוי וסדיר בהפרשים של 21 עד 35 יום מכונה 'הדימום החודשי' או 'וסת'.[4] דימום המופיע במרווחים קטנים מהצפוי מכונה 'דימום בין-וסתי'.

אורכו של הדימום הווסתי משתנה מאישה לאישה, ועשוי אף להשתנות למשך השנים באותה אישה. דימום שאורכו בין 2 ל-7 ימים נחשב תקין. אישה שבאופן קבוע חווה דימום ארוך מכך, מומלץ שתפנה להתייעצות רפואית. לעיתים, הדבר נובע מגורמים שונים הניתנים לטיפול.

הדימום החודשי מופיע בדרך כלל בגוונים של אדום, אך בתחילתו ובסופו הוא עשוי להופיע בגוונים שונים של חום.

תסמינים הנובעים משינויים הורמונליים

לקראת סיום הדימום הווסתי נשים רבות עשויות לחוות יובש בנרתיק. זוהי נקודה שבה רמות האסטרוגן בגוף הן נמוכות והדבר גורם לתחושת יובש. עם העלייה ברמות האסטרוגן לקראת הביוץ, ישנה רטיבות הולכת וגוברת ואף הפרשות מהנרתיק.

בקרב נשים רבות, השינויים ההורמונליים במהלך המחזור החודשי עשויים לגרום גם לתנודות רגשיות. הקפדה על מנוחה ותזונה נכונה בתקופות בזמנים הקשים ביותר עשוייה להקל על התופעה.

נשים עשויות לזהות שינויים בחשק המיני על פני המחזור החודשי. במידה של ירידה בחשק, השקעה ביצירת אווירה רומנטית ותקשורת בין-זוגית עשוייה לסייע למצב.

במידה והתסמינים מהווים מטרד של ממש ופוגעים באיכות חייה של האישה, ניתן להתייעץ עם הגורם הרפואי המטפל לצורך המלצות להקלה על התסמינים או לשם התערבות תרופתית.

---

[4] יש להדגיש שהדימום הווסתי אינו מנגנון של ניקוי הגוף מרעלים, אלא קילוף של רירית הרחם בהעדר רמה הורמונלית מספקת שתחזיק אותה.

אצל נשים רבות קיימות הרגשות מיוחדות סביב המחזור החודשי כגון כאבי בטן, כאבי גב או רגישות בשדיים. כאשר ההרגשות הגופניות והרגשיות מופיעות לקראת הווסת, הם מכונים 'סימפטומים קדם-וסתיים' או 'תסמונת קדם-וסתית' (PMS= Premenstrual Syndrome).

כאבים חזקים במיוחד בזמן הווסת מכונים 'דיסמנוריאה'. התערבות רפואית תוכל להביא להקלה בכאבים, ולכן מומלץ לסובלות מהם להתייעץ בגורם המטפל.

במבט הלכתי, השלב הזקיקי חופף בדרך כלל את פרק הזמן שבו בני הזוג אסורים: ימי הדימום עצמם וחלק משבעה הנקיים. הביוץ מתרחש בדרך כלל סביב מועד הטבילה או מעט לאחריה. השלב הלוטאלי חופף בדרך כלל את ימי טהרתה של האישה. יש לציין שקיימים שינויים רבים בין אישה לאישה, ואפילו באותה אישה בין מחזור למחזור. הרופא יוכל לבחון אם האישה נמצאת בשלב הזקיקי או הלוטאלי, ואם כבר התרחש הביוץ (לדוגמא, כאשר קיים חשש של אי-כניסה להיריון בשל ביוץ המקדים את מועד הטבילה) .

נספח רפואי ב

היריון

ההיריון הינו תהליך רב-שלבי, כאשר ההתייחסות הרפואית אליו מתחילה, למעשה, עוד לפני התחלתו.

טרום-היריון

מצבה הבריאותי של האישה לפני ההיריון ובמהלכו עשוי להשפיע על בריאות העובר. על כן חשוב שהאישה תעמוד בקשר עם רופא/ה עוד לפני ההיריון. קשר זה, ראוי שייווצר עוד לפני החתונה. זאת למרות שתקופת ההכנות לחתונה היא עמוסה מבחינה מעשית ורגשית, ומנקודת מבטם של הזוג המאורס, ההיריון ודאי מצטייר כמרוחק בזמן.

בנוסף להקפדה על הרגלי חיים בריאים,[1] ניתן לנקוט בצעדים נוספים על מנת לשפר את נקודת הפתיחה להיריון. לדוגמה, נטילת חומצה פולית החל משלושה חודשים לפני הכניסה להיריון ועד ללידה, הוכחה כיעילה בהפחתת מומים מולדים מסוימים.[2]

---

1 Floyd RL, Jack BW, Cefalo R et al. The Clinical Content of Preconception Care: Alcohol, Tobacco, and Illicit Drug Exposures. Am J Ob Gyn 2008; 1999: S333-339.

2 Gardiner PM, Nelson L, Shellhaas CS et al.The Clinical Content of Preconception Care: Nutrition and Dietary supplements. Am J Ob Gyn 2008; 199: S345-356.Top of Form.

במידה שהזוג לא עבר בדיקות גנטיות לפני החתונה, עדיין אפשר, וחשוב, לבצען עם תחילת הנשואים, וראו בהמשך.[3]

ראשית ההיריון

ראשית ההיריון היא בהפרייתה של הביצית על ידי תא זרע, והיא מתרחשת בתוך החצוצרה (ראו נספח רפואי א, מערכת הרבייה הנשית). הביצית המופרית הולכת ומתפתחת על ידי חלוקת התאים, עד לשלב שבו מתקבל גוש תאים שנקרא 'בלסטוציסט' (Blastocyte). גוש זה עושה את דרכו במורד החצוצרה ומשתרש בדופן הרחם.

בדרך כלל, הסימן הראשון להיריון הוא איחור בהופעת המחזור החודשי. בשלב זה, ניתן לוודא היריון באמצעות בדיקת דם או שתן. הבדיקה מזהה את ההורמון 'בטא HCG' המופרש מהשלייה ההולכת ומתפתחת.

בדיקת שתן מזהה את נוכחות ההורמון ומאשרת את קיומו של ההיריון, ואילו בדיקת דם כמותית מספקת מידע על רמת ההורמון וריכוזו בדם. בדיקת הדם רגישה יותר, ועשוייה לזהות את ההיריון כבר לאחר 3-4 שבועות מתחילת הווסת האחרונה, עוד לפני האיחור בהופעת הווסת הבא. לעומת זאת, התוצאה המתקבלת מבדיקת שתן ביתית נחשבת אמינה רק כאשר חלפו 7-10 יום מהאיחור בווסת (בכפוף להנחיות המצורפות לערכת הבדיקה).

במקרה שהתקבלה תוצאה שלילית אך הווסת הצפוי עדיין מאחר לבוא, ראוי לבצע בדיקה חוזרת כעבור מספר ימים. בשלבי ההיריון המוקדמים, רמת הורמון ההיריון ('בטא HGC') עשוייה להיות נמוכה מכדי שתופיע בבדיקת שתן ביתית, אך היא אמורה להמשיך ולעלות במשך הזמן, ובדיקה חוזרת לאחר מספר ימים עשוייה לזהותה ולהניב תוצאה שונה.

---

3. Zimmerman DR. Genetics and Genetic Diseases: Jewish Legal and Ethical Perspectives. Ktav, Jersey City 2013.
במידה שבבדיקות מתגלה סיכון להולדת ילד עם פגמים מולדים מסוימים–ניתן במקרים מסוימים לבצע preimplantation genetic diagnosis, כאשר בעזרת הפרייה חוץ-גופית, עובר שאינו נושא את המחלה מוחזר לגוף האם. גם אם ההיריון כבר קיים, ניתן להיערך לטיפול בילד בצורה שתבטיח את התוצאות הטובות ביותר.

ביצוע בדיקת דם דורש כמובן הפנייה רפואית (לאו דווקא מרופא נשים), כאשר בדיקת שתן ניתנת לרכישה בבית מרקחת ללא מירשם רופא.

אף על פי שההפרייה מתרחשת למעשה כשבועיים לאחר הווסת, לצורך חישוב גיל ההיריון נהוג להתייחס לתאריך הווסת האחרון כתחילת ההיריון. על פי חישוב זה, האישה כבר 'בהיריון' כשבועיים לפני ההפרייה.

היריון

במהלך ההיריון, העובר ניזון באמצעות השלייה. השלייה היא איבר המתפתח בתחילת ההיריון במקביל לעובר, והיא מכילה כלי דם רבים. בדרך כלל השלייה משתרשת באחת מדפנות הרחם; אך לעיתים היא מתמקמת בחלק התחתון של הרחם ומכסה את פתח צוואר הרחם באופן מלא או חלקי. שלייה כזו נקראת 'שליית פתח'. בדרך כלל השלייה עולה עם התקדמות ההיריון, אך אם השלייה נשארת נמוכה גם לקראת מועד הלידה הצפוייה, האישה לא תוכל ללדת בלידה נרתיקית, ויבוצע ניתוח קיסרי. דימום נרתיקי במהלך ההיריון עשוי להעיד על שליית פתח, אך לעיתים לא יהיו לכך סימנים חיצוניים כלל, והדבר יתגלה רק בבדיקת אולטרסאונד.

אורכו התקין של היריון הוא בין 38 ל-42 שבועות. תינוק שנולד לפני השבוע ה-37 ייחשב פג,[4] ואילו היריון שנמשך מעבר ל-42 שבועות נחשב 'היריון עודף'. כל אחד ממצבים אלה נושא עמו סיכונים שדורשים התייחסות של הצוות הרפואי, ולכן חשוב לדעת את גיל ההיריון. במקרה שאישה אינה יודעת בוודאות את תאריך הווסת האחרון, או שקיימים חששות לגבי התפתחות העובר, בדיקת אולטרסאונד תוכל לסייע בקביעת גיל ההיריון. תוצאותיו של אולטרסאונד הנעשה לפני 12 שבועות מדויקות ברמה של שבוע לכל כיוון.

נהוג לחלק את תקופת ההיריון ל'שלישים' (טרימסטרים): השליש הראשון עד השבוע ה-12, השליש השני בין השבועות 13-28, והשליש האחרון נמשך מהשבוע ה-29 ועד הלידה.[5]

---

[4] לפי הגדרת ארגון בריאות העולמי (WHO).

[5] www.womenshealth.gov.

מעקב הירידון

מעקב הירידון הנהוג היום כולל : מעקב אחרי בריאות האם, מעקב אחרי בריאות העובר, ואיתור מומים מולדים. חשוב לעודד את האישה להקפיד על ביצוע מעקב הירידון.

בריאות האם

המעקב מתחיל בבירור ותיעוד ההיסטוריה הרפואית האישית והמשפחתית של האישה. לאורך ההירידון מתבצעות בדיקות שגרתיות של משקל ולחץ הדם של האם. מעקב אחר המשקל מוודא שהעובר אכן גדל כראוי, ושהאישה אינה מפתחת השמנת יתר, תופעה בעלת סיכון לאם ולתינוק. במהלך ההירידון מתבצעות גם בדיקות סקר לגילוי סוכרת הירידונית. התפרצות סוכרת במהלך ההירידון עשויה להיות בעלת השלכות חמורות לעובר, כולל מומים קשים ואף מוות תוך-רחמי. חשוב מאוד לגלות זאת מבעוד מועד, ולעשות כל מאמץ לשלוט ברמות הסוכר של האם דרך תזונה הולמת, בהנחיית גורם מקצועי מוסמך. באם התגלתה סוכרת במהלך ההירידון, התינוק יצטרך אף הוא להיות במעקב סוכר מיד אחרי הלידה.

מעקב הירידון הוא חיוני לא רק בהירידון הראשון, כפי שלעיתים נהוג לחשוב. מצבה הבריאותי ונתוניה הרפואיים של האישה עשויים להשתנות מהירידון אחד למשנהו, וגם גילה המשתנה של האישה מחייב התייחסות שונה. בכל הירידון בוחנים מחדש את ההיסטוריה המיילדותית של האישה, ומתאימים לכך את הבדיקות שעליה לבצע. בנוסף יש חשיבות רבה להיסטוריה המשפחתית והאישית, ולהיסטוריית ההירידונות הקודמים. לפעמים, סיבוכים או קשיים מהירידונות קודמים ימשיכו ללוות את האישה במהלך ההירידונות הבאים אם לא יטופלו. לעתים הצוות הרפואי המטפל יוכל להקל על האישה ולשפר עבורה את חוויית ההירידון אם ישותף בחוויית ההירידונות הקודמים.

הקפדה על תזונה בריאה ומאוזנת[6] ופעילות גופנית מותאמת[7] מסייעים בשמירה על בריאותם של האם והעובר.[8] לעיתים נגזרות מהבדיקות השגרתיות הנחיות או פעולות שעשויות לסייע לשיפור בריאות האם והעובר.

לעיתים, נשים שכבר הרו וילדו מספר ילדים אינן מכירות מספיק בחשיבותן של

---

6 https://www.choosemyplate.gov/nutritional-needs-during-pregnancy

7 https://www.acog.org/Resources-And-Publications/Committee-Opinions/Committee-on-Obstetric-Practice/Physical-Activity-and-Exercise-During-Pregnancy-and-the-Postpartum-Period

8 https://www.choosemyplate.gov/moms-breastfeeding-nutritional-needs

בדיקות אלה. עומס חיי היום-יום והטיפול בבית ובילדים עלולים להביאן לוותר על כל הבדיקות או על חלקן. חשוב להעלות את המודעות לעניין זה בקרב הנשים, ולעודדן לבצע את הבדיקות המומלצות.

בריאות העובר

בריאות העובר מושפעת ישירות ממצבה והתנהלותה של האם, כאשר הרגלים מסויימים עלולים לסכן את העובר. על כן, הדאגה לבריאות העובר מתחילה בהדרכת האֵם להימנע מהתנהגויות כגון צריכת אלכוהול, עישון או אכילת מזון שעלול להיות נגוע.

במהלך השליש הראשון, מתבצעת בדרך כלל בדיקת אולטרסאונד על מנת לוודא שגיל העובר המחושב על פי תאריך הווסת האחרון הוא אכן מדויק ותואם את גודלו של העובר. הבדיקה נעשית באמצעות מַתְמֵר השולח גלי קול, המוכנס לתוך הנרתיק או מונח על הבטן. בדרך כלל בשלבי ההיריון הראשונים תתבצע הבדיקה בגישה נרתיקית, ובהמשך יתבצעו בדיקות האולטרסאונד בגישה בטנית. במהלך ההיריון ממשיכים לעקוב אחרי התפתחות העובר ומוודאים שקצב הגדילה שלו תואם את גילו.

בדיקות טרום-לידתיות

נהוג היום להפנות נשים הרות לבדיקות רבות לאיתור מומים מולדים.[9] לעתים תפנינה נשים לרבנים להתייעץ אם לבצע בדיקות אלה. על כן חשוב למורה הוראה להכיר מקרוב את הבדיקות השונות המתבצעות במהלך ההיריון, כמו גם להבין את איכותן ומידת אמינותן של תוצאות הבדיקות.

בדיקות תרום-לידתיות יכולות לסייע במצבים שונים: הידיעה המוקדמת על קיומם של מומים מסויימים מאפשרת היערכות מתאימה ללידה מצד ההורים, ומצד הצוות הרפואי. היערכות מתאימה של הצוות המיילד מגדילה את סיכוייו של העובר לשרוד. לעתים תיתכן אף התערבות כירורגית טרום-לידתית ע"מ לתקן מומים מסוימים. יש לציין שהוועדות המקצועיות שבחלק מבתי החולים עשויות לאשר הפלות שאסורות מצד ההלכה.

קיימים ארבעה סוגי בדיקות המתבצעות במהלך ההיריון על מנת לאתר מומים בעובר:

---

[9] באחד מהכרכים הבאים נעסוק בע"ה בהרחבה בבדיקות רפואיות למיניהן, כולל בדיקות טרום-לידתיות.

1. בדיקות גנטיות

מלכתחילה, מומלץ לבצע בדיקות גנטיות לפני החתונה. ניתן לעשות זאת בקופות החולים השונות, לאחר קבלת ייעוץ גנטי, או באמצעות גופים כגון 'דור ישרים' העוסקים במניעת נישואיהם של נשאי מחלות גנטיות. זוג שלא עבר בדיקות לפני החתונה, יוכל לבצען לאחר החתונה ואף בתחילת ההיריון.

קיימות בדיקות רבות לאיתור מחלות גנטיות, וההרכב המדויק של סל הבדיקות של הזוג נקבע בקופות החולים במהלך ייעוץ גנטי, תוך התחשבות במוצאם של שני בני הזוג וברקע המשפחתי שלהם.

2. בדיקות לאיתור חריגות כרומוזומאליות

החריגה הכרומוזומאלית המוכרת ביותר הנבדקת בהיריון היא טריזומיה 21 ('תסמונת דאון'). נכון לעכשיו, בדיקות הסקר לאיתור פגם גנטי זה כוללות הערכת הסיכון בשליש הראשון, בשבועות 11-14 ('שקיפות עורפית' ו'סקר ביוכימי'), והערכה נוספת בשליש השני, בשבועות 15-20 ('תבחין מרובע'). בדיקות אלו מספקות הערכה מדויקת יותר של הסיכון למומים גנטיים בעובר, מעבר לסיכון הנגזר מגילה של האישה לבדו.

בשונה מבדיקת 'סיסי שלייה' או 'דיקור מי שפיר' (המתוארות למטה), אלה הן בדיקות סקר, ועל כן במקרה של תוצאות חריגות, יידרש המשך בירור באמצעות בדיקות פולשניות.[10] יש כיום טכנולוגיה חדשה יחסית המאפשרת לדגום DNA של העובר במהלך ההיריון דרך דם האם.[11]

3. בדיקות פולשניות

במקרה שבדיקות הסקר מצביעות על חשד למום גנטי בעובר, ניתן לאשר או להפריך זאת באמצעות דגימת חומר גנטי הנלקח מהעובר עצמו. לצורך כך קיימים שני סוגי בדיקות פולשניות:

---

10 Norwitz ER, Levy B. Noninvasive prenatal testing: the future is now. Rev Obstet Gynecol. 2013;6:48-62.

11 Gekas J, Langlois S, Ravitsky V, Audibert F, van den Berg DG, Haidar H, Rousseau F. Identification of trisomy 18, trisomy 13, and Down syndrome from maternal plasma. Appl Clin Genet. 2014;7:127-31.

דיקור מי שפיר

דיקור מי שפיר מתבצע בסביבות השבוע ה-17 להיריון. במהלך בדיקה זו, דוקרים את שק ההיריון דרך דופן הבטן (בהכוונה של אולטרסאונד) ונוטלים דגימת נוזל קטנה ממי השפיר. ה-DNA בדגימה עובר בדיקות גנטיות במעבדה. בדיקות אלו נותנות תמונה ברורה של מצב העובר, ומספקות מידע מוחלט לגבי מומים גנטיים מהם סובל העובר. הדיקור מתבצע דרך הבטן, ועל כן אינו אמור לגרום לדימום וגינאלי. עם זאת, כיוון שמדובר בבדיקה פולשנית, יש סיכוי קטן (0.5%) להפלה בעקבות ביצוע ההליך.

בדיקת סיסי שלייה

בבדיקת 'סיסי שלייה' ניטלת דגימה מרקמת השלייה לצורך בדיקה גנטית. בעבר, נהגו לבצע בדיקה זו בשלב מוקדם מאוד, בסביבות השבוע השישי להיריון. מועד זה היה בעל משמעות מכרעת עבור זוגות שומרי הלכה, שכן תוצאות הבדיקה התקבלו בתוך 40 יום מהטבילה, פרק הזמן שבו העובר עדיין נידון הלכתית כמים בעלמא, וראו לעיל סי' לב. אמנם, ביצוע בדיקה פולשנית בשלביו הראשונים של ההיריון (פחות מעשרה שבועות להיריון), כרוך בסיכון גבוה לפגיעה בהתפתחות איברי העובר, ועל כן מקובל כיום לבצע בדיקת סיסי שלייה בשבועות 10-12, כאשר היתרון ההלכתי כבר אינו קיים בשלב זה. בדיקה זו כרוכה בסיכון גבוה יותר להפלה מאשר דיקור מי שפיר, עובדה העשויה להשפיע על השיקול ההלכתי אם לבצע את הבדיקה.

4. בדיקות לאיתור מומים מולדים

בדיקות הדם שתוארו לעיל עשויות להצביע גם על סיכון למומים הקשורים בתעלה העצבית של העובר כמו אננצפלוס (חוסר בגולגולת) או 'ספינה ביפידה' (ליקוי בעמוד שדרה). במקרה שתוצאות הבדיקה הן חיוביות, האישה תופנה לבדיקות נוספות לשם וידוא התוצאות: בדיקת אולטרסאונד תקבע את מספר העוברים, שכן היריון מרובה-עוברים עשוי להיות הסיבה לתוצאות הגבוהות של הבדיקה; ובדיקת מי שפיר תוכל לחפש עודף חומר מנוזל עמוד השדרה.

ניתן לזהות מומים נוספים באמצעות בדיקת אולטרסאונד. לפי המחקר, בדיקת אולטרסאונד המתבצעת בסביבות השבוע ה-20 להיריון עשוייה לתת תמונה טובה של מצב העובר. בדיקה זו מכונה 'סקירת מערכות', והיא נועדה לוודא שהעובר גדל

כצפוי, והאיברים והמערכות החיוניות בגופו מתפתחים בצורה תקינה.[12] בשלב זה, רוב המומים והפגמים ניתנים לאיתור באמצעות האולטרסאונד.

לעתים מקובל לבצע בדיקת אולטרסאונד נוספת בשלב מוקדם יותר, בסופו של השליש הראשון להיריון, בשבועות 11-16. הבדיקה מכונה 'סקירת מערכות מוקדמת' והיא אינה מחליפה את הבדיקה שתוארה לעיל.

תסמינים במהלך ההיריון

בחילות

נשים רבות מדווחות על סימפטומים גופניים שונים במהלך ההירין כגון עייפות ובחילות. מצב זה משתפר בדרך כלל בסוף השליש הראשון, אך יש נשים שימשיכו לחוש שלא בטוב בכל משך ההיריון. לעומת זאת, יש נשים שעבורן היריון הוא תקופה של פריחה והן מרגישות טוב יותר מאי-פעם.

דימומים במהלך היריון

כרבע מהנשים חוות דימום נרתיקי כלשהו במהלך ההיריון. בחלק מהמקרים מדובר בדימום תקין כגון דימום קל במהלך ההשתרשות העובר. במקרים אחרים, הדימום הוא סימן לבעיה, כגון מיקום לא תקין של השלייה או הפלה. על אישה החווה דימום במהלך ההיריון להתייעץ באופן מיידי עם הרופא המטפל, בעיקר אם הדימום מלווה בכאבי בטן עזים. בדיקה אצל הרופא תכלול בדרך כלל גם אולטרסאונד, אשר יסמן לאישה כיצד עליה לנהוג. יש להדריך את האישה לברר אצל הרופא את מקור הדימום (רחם, שלייה, נרתיק), ע"מ שיהיה אפשר להבחין בין דימום האוסר לבין דימום שאינו אוסר.

---

[12] ISUOG Practice Guidelines: performance of first-trimester fetal ultrasound sca Ultrasound Obstet Gynecol 2013; 41: 102–113n.

נספח רפואי ג

לידה

התקרבות הלידה

תאריך הלידה המשוער הוא בגדר השערה ואין דרך לדעת בוודאות מתי תתרחש הלידה. ישנם סימנים שונים המסמנים את התקרבות הלידה:

שחרור הפקק הרירי

הפקק הרירי הוא הפרשה רירית צמיגה האוטמת את פתח צוואר הרחם במהלך ההיריון, ומשמש כאחת ההגנות מפני זיהום. ה'פקק' עשוי להשתחרר לקראת הלידה, אם כי לעיתים הדבר קורה במהלך הלידה עצמה. הפקק הרירי יימצא בדרך כלל על הבגדים התחתונים. הפרשה זו עשויה להופיע בגוונים שונים, ופעמים רבות היא כוללת מראה דמי.

ירידת מים

במהלך ההיריון, התינוק נמצא בתוך שק ההיריון, מוקף במי שפיר. בשלב מסויים, השק פוקע ומי השפיר נוזלים או דולפים החוצה. זוהי 'ירידת מים'. הלידה מתחילה לרוב סמוך לירידת המים, אם לא התחילה קודם לכן.

צירי לידה

לקראת סוף ההיריון, יופיעו לפעמים צירים לא סדירים בשל התכווציות הרחם. לקראת הלידה, צירים אלו יתחילו להיות סדירים.

עם הופעת אחד הסימנים האלו, מומלץ שהאישה תתייעץ עם גורם רפואי על הזמן הנכון לגשת לחדר הלידה.

צירי לידה גורמים לפתח צוואר הרחם להתרחב ('פתיחה') ולצוואר עצמו

להתקצר (׳מחיקה׳). במהלך הלידה הצוות המטפל עוקב אחרי התקדמותם של שני מדדים אלה. הפתיחה נמדדת בסנטימטרים, כאשר פתיחה של 10 ס"מ (חמש אצבעות) נחשבת ׳פתיחה מלאה׳. כאשר צוואר הרחם מגיע לפתיחה מלאה, הצירים מסייעים לדחוף את התינוק מטה בתעלת הלידה, ומשם החוצה אל אוויר העולם.

הלידה מתחילה בדרך כלל באופן ספונטני, וממשיכה להתפתח בצורה טבעית. אמנם, יש מצבים שבהם נדרשת התערבות רפואית על מנת להקדים את הלידה או לזרז את התפתחותה.

השראת לידה

השראת לידה היא שם כולל להתערבות רפואית שמטרתה לגרום ללידה להתחיל להתפתח, והיא מתבצעת כאשר המשך ההיריון עשוי לסכן את היולדת או את העובר. פרוצדורה זו כוללת מתן פרוסטגלנדינים שתפקידם ׳לרכך׳ את צוואר הרחם ולסייע לו להיפתח, ומתן פיטוצין שתפקידו לגרום להתכווצויות של הרחם ולצירי לידה. הפרוסטגלנדינים ניתנים בדרך כלל באמצעות ג׳ל מקומי הנמרח על צוואר הרחם או באמצעות הכנסת נר המוכנס לצוואר הרחם. צירים הנגרמים בעקבות פיטוצין עשויים להיות עוצמתיים יותר מצירים שמתפתחים באופן טבעי.

הליך דומה הוא זירוז לידה, כאשר הלידה מתחילה באופן טבעי אך אינה מתקדמת. במצב זה בדרך כלל נותנים פיטוצין, שיכול להשפיע על קצב התקדמותם של התהליכים הטבעיים.

יש פעולות נוספות שמקובל לראות אותן כמסייעות להתפתחות לידה. יש לכך, אמנם, בסיס רפואי, אך הדבר לא נחקר בצורה מסודרת.

גירוי פטמות

גירוי הפטמות של האישה מגביר את ייצור האוקסיטוצין, ההורמון הטבעי שעליו מבוסס הפיטוצין, והוא עשוי לגרום להתפתחות לידה, במקרה שהתנאים בשלים לכך.

הפרדת קרומים (׳סטריפינג׳)

בפרוצדורה זו, הרופא מפריד את הקרומים של שק ההיריון מדפנות צוואר הרחם

באמצעות אצבעו. במקרים מסוימים (60-70%) גירוי זה של צוואר הרחם מסייע ללידה להתחיל.[1]

לידה

צירי הלידה, והלחיצות לצורך הוצאת התינוק, מלווים בדרך כלל בכאבים חזקים. קיימות מספר דרכים להוריד את רמת הכאב. הדרך המובילה היום היא הרדמה אפידורלית, כאשר חומר אילחוש מוזרק לגוף דרך מחט דקה המוכנסת בין עצמות עמוד השידרה בכדי להגיע לאזור שמחוץ לאחד מכיסויי חוט השדרה המכונה 'dura'. האפידורל מחליש גם את הכאב וגם את יכולת התנועה מתחת לאותה הנקודה בחוט השדרה. משום כך, נשים שקבלו אפידורל אינן מסוגלות ללכת, והן תזדקקנה לסיוע בכדי לשנות תנוחה במיטה. קיימת גם הרדמה בעמוד השידרה, שבה המחט מוחדרת למקום סמוך יותר לחוט השידרה, אך היא פחות רצויה ללידה וגינלית, ולכן היא פחות בשימוש. במקרה של ניתוח קיסרי חירום, ייתכן וייעשה שימוש בהרדמה כללית. התערבות תרופתית נוספת שלעתים נעשה בה שימוש, היא הזרקת משכך הכאבים 'פטידין' או 'דמרול' לתוך השריר. אולם תינוקות שאמותיהם מקבלות חומר זה יכולים להיוולד רדומים, ולכן נעשים מאמצים להימנע משימוש בו כל עוד הדבר אפשרי. דרכי שיכוך כאבים שאינם תרופתיים, דוגמת ההסתייעות בדמיון מודרך ותרגילי נשימה, יכולות להפחית את הצורך בהתערבות תרופתית. הפחתת פחדיה של היולדת, והדאגה לליוויו של אדם תומך מתאים, יכולות גם הן להפחית את הצורך במתן תרופות.

במקרים שבהם הלידה אינה מתפתחת למרות הניסיונות לסייע לכך בדרכי הרפואה, או כאשר ישנן סיבות רפואיות שבגינן נמנעת לידה נרתיקית, יש צורך בניתוח ('ניתוח קיסרי') על מנת להוציא את התינוק. כאשר לידה אינה מתפתחת והצוות הרפואי מחליט על ניתוח חירום, אין שהות מספקת ללימוד או דיון. לעומת זאת, כאשר הרופא ממליץ על לידה בניתוח מתוכנן מראש (אלקטיבי), חשוב ללמוד את הנושא, להכיר את התרחישים האפשריים, ולהציג בפניו כל שאלה שמתעוררת. לאחר לידה בניתוח קיסרי, אמנם עולים הסיכויים ללידות בניתוח בעתיד, אך אין משמעות הדבר שכל הלידות בהמשך יצטרכו להתבצע דווקא בניתוח.

---

[1] Boulvain M, Stan C, Irion O. Membrane sweeping for induction of labour. Cochrane Database Syst Rev. 2005 Jan 25;(1):CD000451.

משכב לידה

ההנקה היא ההמשך הטבעי והמתבקש ללידת תינוק, ויש לה יתרונות בריאותיים רבים, הן לאם והן לתינוק. ההמלצה הרפואית היא לאפשר הנקה כבר במהלך השעה הראשונה לאחר הלידה. באופן אידיאלי הדבר מתרחש כאשר מניחים את התינוק ישירות על גוף האם מיד עם צאתו לאוויר העולם. הוכח כי הנקה ראשונית זו, סמוך מאוד ללידה, מעלה את סיכויי ההצלחה של ההנקה ומעודדת את התכווצות הרחם המונעת שטפי דם לאחר הלידה. מומלץ גם לעודד 'ביות' (שהייה של התינוק בצמוד לאמו) ככל שניתן, ולאפשר הנקה מלאה לפי דרישת התינוק. הנקה היא אמנם פעולה טבעית, אך יש נשים שחוות קשיים או כאבים בניסיון להניק. חשוב לדעת כי הנקה אינה אמורה לכאוב, ובמקרה של כאבים, מומלץ לפנות לעזרה מקצועית בהקדם האפשרי. פעמים רבות, הדרכה אישית, הכוללת הסבר של מנגנון ההנקה בליווי עצות מעשיות, היא מתכון להנקה מוצלחת.

לאחר הלידה, מתחילות ההתאוששות וההחלמה. פתח הרחם נסגר כעבור שבועיים וחוזר למצבו המקורי, הסגור. כאשר הצוואר סגור, הסיכון ללקות בזיהומים פוחת באופן משמעותי, ועל כן אין צורך לחשוש מישיבה באמבטיה או מטבילה במקווה. ייתכן שמועד סגירת פתח הרחם ישתנה בהתאם לנסיבות הלידה, ולכן מומלץ ליולדת להתייעץ בעניין זה ברופא/מיילדת לפני שחרורה מבית החולים לצורך ההנחיות מפורטות. אין סיבה רפואית להימנע מטבילה במקווה כשהדבר מתאפשר מבחינה הלכתית.

אין תמימות דעים בקרב הרופאים באשר לפרק הזמן שלאחר הלידה שלאחריו ניתן לחזור ליחסים אינטימיים. מומלץ להעלות גם עניין זה מול הצוות הרפואי המטפל לפני השיחרור ממחלקת היולדות.

שישה השבועות הראשונים שלאחר הלידה הם תקופת 'משכב הלידה'. בתקופה זו היולדת עודה מצויה תחת השפעתם של הורמונים הגורמים להתרופפות הסחוס, ולכן עליה להיזהר מהרמת משקלים כבדים ומתנועות חדות. כעבור שישה שבועות, הרחם חוזר לגודלו המקורי ולמצבו מלפני ההיריון. זהו הזמן שבו מקובל לקיים ביקורת רפואית לאחר הלידה. ניתן לקבוע את הביקור גם לפני תום פרק זמן זה, אם יש צורך מיוחד לכך או אם מתעוררת שאלה, ולדוגמה, בנושא אמצעי מניעה.

אישה שילדה בניתוח קיסרי זקוקה לתקופת התאוששות ממושכת יותר, שכן מלבד הלידה עליה להחלים גם מהניתוח. כאבים באזור הניתוח ותשישות יכולים להימשך למשך 4-6 שבועות.

ההתאוששות מהלידה, ההסתגלות למצב החדש, והטיפול בתינוק דורשים מהיולדת כוחות רבים. כל יולדת זקוקה לסיוע בבית במהלך השבועות שלאחר הלידה, והדבר נצרך אף יותר לאחר לידה בניתוח. לאחר כל צורת לידה, מצבי רוח משתנים ודכדוך הם מצבים נורמליים בימים שלאחר הלידה. תופעות אלה הן תוצאה ישירה של השינויים ההורמונליים הקיצוניים שהאישה עוברת בעת זו. במקרה שתופעות אלה ממשיכות ללוות את היולדת מעבר לשבועיים מהלידה, חשוב לוודא שלא מדובר בדיכאון לאחר לידה.

אם אין הקלה בתופעות ושיפור במצב הרוח לאחר מספר ימים שבהם היולדת זוכה למנוחה ולשעות שינה סבירות, יש לעודד אותה לפנות לרופא המטפל. דיכאון אחרי לידה ניתן לטיפול ולריפוי; ואִילו דחיית הטיפול עלולה להביא להשלכות חמורות לתינוק ולאם.

אצל נשים רבות, גם כאלה שלא עברו דיכאון אחרי לידה, יכול לעבור פרק זמן לפני שיגלו עניין ביחסי אישות. ברקע עומדים שינויים הורמונליים, חוסר שינה, וכן היבטים רגשיים: האֵם מתרכזת בתינוק שזה עתה בא לעולם והדורש את התמסרותה המלאה לצרכיו. אם האישה ממשיכה לחוש אדישות מוחלטת בתחום המיני לאורך זמן, מומלץ להתייעץ ברופא.

הדימום אחרי לידה נמשך בממוצע למשך כ-4 שבועות, כאשר יש נשים שידממו פחות מכך, ויש שידממו יותר. דימום אחרי לידה אינו פוסח גם על נשים שילדו בניתוח וגם על נשים שעברו הפלה, ולכולן תהיה הפרשה דמית, למשך פרקי זמן משתנים. דימום זה שונה באופיו מהדימום הווסתי המוכר, והוא עשוי להופיע בגלים - להיעלם ולחזור. כאשר האישה מרגישה שהדימום פסק, והיא בשֵלה להתחיל בתהליך הטהרה, אין כל מניעה לעשות זאת; אך חשוב לקחת בחשבון שהדימום עשוי לחזור ולקטוע את ספירת הנקיים.

במקרה שהיולדת מגיעה לביקורת השגרתית שישה שבועות לאחר הלידה, והדימום עדיין לא פסק, מומלץ לברר מתי יהיה צורך בבירור נוסף. נשים המדממות פחות מהממוצע עשויות להשלים את תהליך הטהרה ולטבול עוד לפני הביקור אצל הרופא.

חזרה סדירה של המחזור החודשי לאחר הלידה תלויה במספר גורמים, כאשר קיימים הבדלים רבים בקרב הנשים בעניין זה. אצל נשים שאינן מיניקות, המחזור יחזור בדרך כלל כחודשיים לאחר הלידה. נשים מניקות עשויות לעבור כמה חודשים ללא

דימום וסתי, מצב המכונה 'אל-וסת בהנקה'. זהו מנגנון טבעי של הגוף שמטרתו ליצור רווח בין הלידה לבין תחילתו של ההיריון הבא, על מנת שהאישה תוכל להתאושש.

נספח רפואי ד

אובדן היריון

למרבה הצער, יש הירויונות שאינם מתפתחים באופן תקין ואינם מסתיימים בלידת תינוק חי. מספרם של הירויונות כאלה עולה בהתאמה לעלייה בגיל האישה.

הפלה מתרחשת כאשר ההיריון מסתיים באופן ספונטני (או כתוצאה מחבלה באם או בעובר). הסימן הנפוץ להתרחשותה של הפלה הוא דימום; אך חשוב לדעת שלא כל דימום מסמן להפלה. נשים רבות עוברות לפחות הפלה אחת במהלך חייהן, ובחלק מהמקרים ההפלה מתרחשת בשלב מוקדם ביותר של ההיריון, כאשר האישה עדיין לא יודעת שהיא בהיריון. הדימום שמופיע נתפס אצלה כאיחור במחזור, והיא אינה מודעת לכך שמדובר בהפלה. יש מקרים שבהם האישה אינה מדממת כלל, אך בדיקת אולטרסאונד מגלה כי לעובר אין דופק, והוא אינו בחיים. מצב זה מכונה 'הפלה נדחית'. במקרה זה בדרך כלל מוצע לסיים את ההיריון באופן מלאכותי, באמצעים רפואיים. במקרים אחרים, העובר מתפתח בצורה תקינה עד הלידה, אך מת בעודו ברחם. האישה תעבור תהליך מלא של לידה, אף על פי שהעובר איננו חי. נהוג להתייחס לכך כ'לידה שקטה'.

רוב ההפלות מתרחשות בתחילת ההיריון, והן בדרך כלל תוצאה של פגמים גנטיים בעובר. באופן זה נמנעת לידתם של תינוקות פגועים. לעיתים, לא מתפתח עובר בתוך שק ההיריון, ומתרחשת הפלה של השק הריק. הפלות בשלב מאוחר יותר של ההיריון נובעות בדרך כלל מבעיות ברחם או בשלייה.

הפלה המתרחשת בשלב מוקדם של ההיריון לא תמיד מצריכה התערבות רפואית, ובדרך כלל הגוף מסוגל להשלים את התהליך בכוחות עצמו. במקרים אחרים, בעיקר כאשר מדובר בשלבים מתקדמים יותר של ההיריון, הרופא עשוי להמליץ על השלמת סיום ההיריון באמצעות טיפול תרופתי או ביצוע גרידה. זכותה של האישה לשאול

את הרופא אם התערבות רפואית זו היא הכרחית, או שניתן לאפשר לתהליך הטבעי להימשך.

באופן עקרוני, הפלה אחת או שתיים אינן מחייבות בירור רפואי מקיף, למרות הקושי הרגשי המלווה את ההפלה. לעומת זאת, תופעה של הפלות חוזרות (בדרך כלל לאחר שלוש הפלות) מצריכה בירור. הרופא יפנה את האישה לסידרה של בדיקות שמטרתן לנסות ולברר מהו הגורם לכך, ולבחון את דרכי הטיפול.

אובדן היריון הוא חוויה כואבת וקשה מבחינה רגשית. הציפייה להיריון מפנה את מקומה לאבל על אובדנו, אשר מתלווה פעמים רבות למצבים רפואיים ולהחלטות כבדות משקל. בדרך כלל, כאשר ההפלה מתרחשת בשלבים מוקדמים של ההיריון, הזוג יתמודד לבד עם האבל, בעוד הסובבים אותם כלל אינם מודעים להיריון שהיה, ולאובדנו. אם דבר ההיריון כבר התפרסם במעגלים החברתיים השונים המקיפים אותם, הם עשויים למצוא את עצמם מתמודדים גם עם הצורך לספר על האובדן במענה לשאלות ולהתעניינות על ההיריון והלידה הצפויה.

הפלה היא תופעה שכיחה ואין בה כל היבט של בושה או אשמה. יש להדגיש זאת לזוג, אשר ייתכן ויזדקק לתמיכה ולסיוע בהתמודדות עם הקושי. כל אחד מבני הזוג עשוי להגיב לאובדן באופן שונה, ולהתמודד בצורה שונה. חשוב להיות מודעים לכך, ולתת מקום לדרכי התגובה השונות של כל אחד. למרות הכאב והקושי הגדול, זוגות רבים מספור עברו זאת והתמודדו עם האתגר, ואפשר לקוות שגם זוגות נוספים שעתידים לעמוד בניסיון כואב זה, יצליחו אף הם לעשות כן.

קשה לחזות מראש מתי תוכל האישה להשלים את תהליך הטהרה ולטבול לאחר אובדן היריון או לידה שקטה. משך הדימום במצבים אלה משתנה מאישה לאישה, ועשוי לנוע בין מחזור ארוך וכבד מהרגיל לבין דימום מתמשך של כמה שבועות בדומה לדימום שאחרי הלידה.

נספח רפואי ה

אמצעי מניעה

כבר בימי הקדמונים, נעשה שימוש בשיטות שונות שמטרתן למנוע הפרייה או קליטה של ההיריון: חלקן על בסיס התנהגותי (הימנעות מיחסים, משגל נסוג), חלקן על בסיס תרופות טבעיות ('כוס של עיקרין'), וחלקן דרך חסימת מעבר הזרע או פגיעה בתפקודו ('מוך'). החל מאמצע המאה ה-20, פותחו אמצעי מניעה מגוונים, על בסיס מחקר וידע רפואי. תחום זה נמצא כל העת בתהליכים אינטנסיביים של מחקר ופיתוח. כל אמצעי מתאפיין ביתרונות וחסרונות, הן מבחינה רפואית והן מבחינה הלכתית. רובם של אמצעי המניעה מיועדים לשימוש על ידי האישה, ומיעוטם נועדו לגבר. אמצעים שונים משווקים בארצות שונות, וייתכנו גם תמורות במהלך השנים.

אמצעי המניעה מתחלקים לשתי קבוצות עיקריות - מניעה המבוססת על הורמונים, ומניעה בדרכים אחרות. אמצעי המניעה שאינם הורמונליים מתחלקים גם הם לסוגים שונים: אמצעים חוסמים המונעים מעבר של הזרע, אמצעים המתערבים בתיפקודו של הזרע, ושיטות המתבססות על תזמון יחסי האישות.

אמצעים הורמונליים

שני ההורמונים העיקריים המשתתפים בתהליך המחזורי באישה הם האסטרוגן והפרוגסטרון. אמצעי המניעה התרופתיים מכילים הורמונים מלאכותיים הדומים להורמונים אלו, במינונים שונים. על מנת שיפעלו, יש ליטול אותם בהתאם להוראות גם בתקופות שבהן האישה איננה טהורה.

א. פרוגסטרון בלבד

דרך הפעולה

נטילת תחליפי פרוגסטרון מלאכותיים (פרוגסטין) באופן סדיר, מידי יום, משפיעה על

האיזון ההורמונלי בגוף באופן שמונע בעקיפין את התרחשותו של הביוץ. הפרוגסטרון גם משפיע על הריר המיוצר על ידי צוואר הרחם, על רירית הרחם ועל החצוצרות, כך שהסיכוי להיריון הינו קלוש.

אופן השימוש

קיימים מספר תכשירי מניעה הורמונלית על בסיס פרוגסטרון בלבד. הנפוץ מביניהם הוא הגלולה, אך ישנם גם תכשירים הניתנים בזריקה וכן ישנו שתל תת-עורי. כ"כ ישנו התקן המפריש פרוגסטרון, וראו בהמשך.

גלולות הפרוגסטרון ידועות בכינויין 'גלולת מיני' (minipill) או 'גלולות הנקה', כיוון שהן מיועדות בעיקר לנשים מיניקות, היות שהאסטרוגן עשוי להשפיע לרעה על ייצור החלב. לכן לפחות בחודשי ההנקה הראשונים, מנסים הרופאים להימנע ממתן גלולות המכילות אסטרוגן לאישה מיניקה. אלה אינן מזיקות לתינוק ולכן אינן אסורות לאישה מניקה, אבל, כאמור, אצל נשים מסויימות הן עלולות לפגוע בייצור החלב.

גלולות הפרוגסטרון ניטלות באופן רציף, מידי יום, ללא הפסקות. הקפדה על השעה המדויקת של נטילת הגלולה עשויה להיות בעלת משמעות לצמצם אפשרות של דימומים תוך כדי השימוש.

קיימים בשוק מספר סוגי גלולות אלה, והן עשויות להכיל אחת מארבע נגזרות של פרוגסטרון: נורתיסטרון, לבונורגסטרל, דסוגסטרל, אתינודיאל דיאסטט. נגזרות אלו אינן זהות, ועל כן ניתן לנסות ולעבור לסוג שונה במידה ואישה חווה תופעות בלתי-רצויות במהלך השימוש.

מניעה הורמונלית על בסיס פרוגסטרון בלבד ניתנת גם באמצעות זריקה (דפו-פרוברה). בשיטה זו, מוחדר לזרוע פרוגסטין המופרש לגוף. בעבר, הזריקה היתה לעומק השריר, אך פיתוח חדש מאפשר הזרקה תת-עורית. החומר הפעיל משתחרר במשך שלושה חודשים, ועם סיומו של פרק זמן זה, ניתנת זריקה נוספת שתפעל אף היא למשך שלושה חודשים.

פרוגסטרון למניעה קיים גם כשתל תת-עורי. השתל מוחדר מתחת לעור בחלק העליון של הזרוע, בצידה הפנימי, בהליך פשוט המתבצע במרפאה. הגרסה הקיימת כיום נקראת אימפלנון. השתל משחרר את הפרוגסטין אל תוך הגוף למשך שלוש שנים.

יעילות

בשימוש מושלם בתכשירי פרוגסטרון תועדו 3 הריונות בשנה מתוך 100 נשים שהשתמשו בגלולה, כלומר יעילות של 97%. אך למעשה, יעילותן של הגלולות עומדת רק על 91% (תשעה היריונות בשנה למאה משתמשות).[1] פער זה נובע מכשלים בשימוש המושפעים מהתנהגותה של האישה, כמו שכחת הגלולה. מבחינה זו, יעילותה של זריקת הפרוגסטרון גבוהה יותר, שכן הסיכוי לשכוח זריקה הניתנת ארבע פעמים בשנה הוא קטן. השתל יעיל עוד יותר, (עם פחות מאחוז אחד של הריונות בשנה)[2] שכן הוא מוחדר לגוף ונשאר שם למשך שלוש שנים ואינו מושפע מהתנהלותה של האישה.

תופעות לוואי

דימומים בין-וסתיים צפויים בתקופת השימוש הראשונה של כל אחד מתכשירי הפרוגסטרון. ההערכה היא שכ-40 עד 70 אחוז מהנשים תחוונה דימומים בשלושת חודשי השימוש הראשונים. אצל רובן צפויות ההכתמות להתמעט אחרי כמה חודשים, ואצל חלק מהנשים הדימומים יתמעטו עד להפסקת הופעתו של כל דימום שהוא (אמנוריאה).

בהתמודדות עם ההכתמות, האמצעים ארוכי-הטווח הם בעייתיים יותר. אישה החווה דימומים בעת השימוש בגלולות פרוגסטרון יכולה להפסיק את נטילתן בכל עת ולבחור באמצעי אחר. לעומת זאת, אישה שקיבלה פרוגסטרון למניעה באמצעות זריקה תצטרך להמתין כחצי שנה עד להיעלמותו של החומר הפעיל מהגוף, ואישה שהוחדר לגופה שתל תצטרך להוציאו בהליך כירורגי על מנת להפסיק את פעילותו.

שינויים במצב הרוח (בעיקר דיכאון), ועלייה במשקל נחשבים אף הם כתופעות לוואי שכיחות של אמצעי פרוגסטרון (אע"פ שעלייה במשקל לא הוכחה בשימוש על פני תקופה ארוכה). ממחקרים חדשים עולה כי אין זיקה בין אמצעי מניעה המבוססים על פרוגסטרון לבין סרטן השד, והשימוש בהם אינו משפיע על הסיכון של האישה ללקות בו.

---

1 Trussell J. Contraceptive Efficacy. In Hatcher RA, Trussell J, Nelson AL, Cates W, Kowal D, Policar M. Contraceptive Techology: Twentieth Revised Edition. New York NY: Ardent Media, 2011.

2 www.accessdata.fda.gov/drugsatfda_docs/label/2012/021529s006lbl.pdf.

ב. הורמונים משולבים

אמצעי מניעה הורמונליים אחרים אינם מבוססים על פרוגסטרון בלבד, אלא מכילים שילוב של אסטרוגן (בדרך כלל) ואחת מנגזרות הפרוגסטינים.

דרך הפעולה

אמצעי מניעה המכילים הורמונים משולבים יוצרים רמה גבוהה של אסטרוגן בדם שאינה עולה ויורדת באופן מחזורי כפי שקורה בגוף באופן טבעי למשך החודש. רמות גבוהות של אסטרוגן מדכאות את הפרשת ההורמונים מהמוח שהיו אמורים לגרום לביוץ. כתוצאה מכך, הביוץ אינו מתרחש, וממילא לא ייתכנו הפרייה והיריון.

אופן השימוש

קיימים סוגים שונים של אמצעי מניעה המבוססים על שילוב של הורמונים: גלולות, מדבקות, זריקות, וטבעת נרתיקית.

גלולות

קיימים סוגים רבים מאוד של גלולות המשלבות אסטרוגן ופרוגסטרון, וזמינותם משתנה מארץ לארץ. נהוג לחלק גלולות אלה לשלוש קבוצות, על פי כמות ההורמונים שהן מכילות: המינון הנמוך ביותר המיוצר כיום מכיל 15 מק"ג אסטרוגן; גלולות במינון נמוך של 20 מק"ג; וגלולות במינון בינוני של 30 מק"ג אסטרוגן. בעבר היו גלולות במינון גבוה יותר, אך הן אינן נמצאות עוד בשימוש.

רוב הגלולות המשווקות כיום מתוכננות לשימוש במחזוריות של ארבעה שבועות: האישה נוטלת את הגלולות במשך שלושה שבועות, ובשבוע הרביעי אינה נוטלת גלולות, או נוטלת גלולות פלצבו, ללא חומר פעיל. מבנה זה מחקה מחזור טבעי 'קלאסי' של 28 יום. במהלך התקופה שבה האישה נוטלת את הגלולות הפעילות, לא אמור להופיע דימום (דימום שהחל עוד קודם לכן, לא ייפסק באופן מידי עם נטילת הגלולות). עם הפסקת נטילת הגלולות והירידה ברמת ההורמונים בגוף, תוך 2-4 ימים לאחר ההפסקה צפוי להופיע דימום המכונה 'דימום נסיגה'. יש גם גלולות העשויות לשם נטילה ברציפות של שלושה חודשים עם הפסקה של פלצבו או מינון נמוך יותר של אסטרוגן. במצב זה דימום נסיגה אמור להתרחש כל שלושה חודשים. אפשר בהמלצת הרופא ליצור מצב דומה דרך צירוף חפיסות של גלולות המיועדות לחודש בלבד, כלומר לדלג על ההפסקה בין גלולות פעילות. קיים סוג נוסף שגלולה משולבת הניטלת ללא הפסקה והאמורה לגרום למצב של אל-וסת בכלל.

בשימוש זה, לא יופיע דימום מידי חודש, אלא בתדירות נמוכה יותר בהתאם למחזורי

הנטילה שייקבעו, מצב שעשוי להקל על זוגות שומרי הלכה. מנגד, נטילת הורמונים באופן רציף ללא הפסקה מגדיל את הסיכון להופעתם של דימומים בלתי צפויים. על מנת להקטין את האפשרות לדימומים כאלה, ולמנוע את התסכול הכרוך בכך, מומלץ לשקול התחלת השימוש בהורמונים על פי ההנחיות המקובלות (שלושה שבועות של חומר פעיל ולאחריהם שבוע של הפסקה או פלצבו). בהמשך, ניתן להאריך בהדרגה את תקופת השימוש בחומר הפעיל על פני מספר מחזורים.

דימומים לא צפויים שכיחים במחזור השימוש הראשון, והסיכוי להופעתם עומד ביחס הפוך למינון: ככל שמינון הגלולה נמוך יותר כך הסיכוי לדימומים והכתמות גבוה יותר. ההערכה היא שדימום בין-וסתי יופיע אצל 15-30% מהנשים הנוטלות גלולות במינון בינוני, ואצל 40% עד 70% מהנשים הנוטלות גלולות במינון נמוך יותר. אצל רובן, דימום זה יפסק בחודשיים הבאים (תוך 3 חודשים). לא מומלץ להחליף את סוג הגלולה בעקבות הופעתו של דימום, וההנחיה המקובלת היא להמשיך וליטול את אותו סוג, כיוון שברוב המקרים לאחר תקופת הסתגלות דימום זה עתיד להיעלם. רק במידה והבעיות ממשיכות לאחר 2-3 מחזורים יש מקום לשקול שינוי, ולקחת בחשבון שגם תקופת השימוש הראשונה בסוג החדש עשוייה להיות מלווה בתופעות לוואי דומות, או אחרות.

מדבקות

ניתן להשיג מניעה הורמונלית המבוססת על שילוב של אסטרוגן ופרוגסטרון גם באמצעות מדבקה המוצמדת לגוף למשך שבוע. ההורמונים הנמצאים בדבק המדבקה נספגים בגוף דרך העור במשך פרק הזמן שבו המדבקה נמצאת על הגוף. גם כאן, כמו בגלולות, ההנחיה העקרונית היא להשתמש במדבקות במחזוריות של ארבעה שבועות: במהלך שלושה שבועות האישה משתמשת בשלוש מדבקות, כל אחת למשך שבוע, ובשבוע הרביעי תישאר ללא מדבקה. במהלך שבוע זה אמור להופיע דימום הנסיגה הנגרם כתוצאה מהירידה ברמת ההורמונים בגוף. גם פה אפשר להאריך את הזמן בין דימום נסיגה לנסיגה על ידי המשך שימוש במדבקות למשך מספר שבועות.

טבעת נרתיקית

זוהי טבעת ספוגה בהורמונים העשוייה פלסטיק גמיש. הטבעת מוחדרת לנרתיק, וההורמונים נספגים בגוף דרך רירית הנרתיק. החדרת הטבעת נעשית על ידי כיווצה משני הצדדים, כך שנוצרת צורה מאורכת שניתן להחדירה בדומה לטמפון. כאשר משחררים את הלחיצה היא מקבלת צורה המאפשרת לה להישאר בתוך הנרתיק ומונעת את נפילתה החוצה. הטבעת אמורה להישאר בנרתיק למשך שלושה שבועות. בשבוע

הרביעי האישה תהיה ללא טבעת ובמהלכו יופיע דימום. ניתן להכניס טבעת נוספת לנרתיק גם אחרי שלושה שבועות השימוש בראשון.

זריקות

אמנם כיום בארץ לא ניתן להשיג אמצעי זה, אך במקומות שונים ברחבי העולם קיימות זריקות המכילות אסטרוגן ופרוגסטרון. זריקות אלה ניתנות מידי חודש (עם הפסקה של לא יותר מ-33 יום).[3]

יעילות

יעילותם של ההורמונים המשולבים נאמדת ב- 99 אחוזים, בשימוש מושלם. למעשה, היעילות נמוכה מעט, בדרך כלל בעקבות כשלים בשימוש המושפעים מהתנהגותה של האישה (שכחה של האישה, לדוגמה). כשלים כאלה מאפיינים יותר את הגלולות, ובסדר יורד גם את האמצעים ההורמונאליים האחרים: מדבקות, טבעת נרתיקית או זריקה.

תופעות לוואי

כפי שנאמר לעיל, דימומי-אמצע שכיחים בתחילת השימוש, אך בדרך כלל המצב משתפר במשך הזמן.

המרכיב האסטרוגני מעלה את הסיכון להיווצרותם של קרישי דם העלולים להגיע לריאות (תסחיף ריאתי), ללב (אוטם שריר הלב) או למוח (שבץ). גם אם מדובר בסיכון נמוך יחסית (12-20 מקרים בשנה מתוך 100,000 נשים), הוא בכל זאת גבוה יותר מאשר הסיכון באוכלוסייה הכללית (רק 4-5 מקרים בשנה מתוך 100,000 נשים). עם זאת, יש לזכור כי אפילו סיכון מוגדל זה הוא עדיין נמוך יותר מאשר הסיכון להיווצרותם של קרישי דם במהלך היריון (48-60 מקרים בשנה מתוך 100,000 נשים).

גורמי סיכון גנטיים שונים עשויים להעמיד חלק מהנשים בסיכון גבוה יותר, ובראשן נטייה משפחתית לקרישיות יתר של הדם. כך הוא במקרה של נשים מעשנות או נשים בעלות היסטוריה משמעותית של מיגרנות.

הקשר בין אמצעי מניעה הורמונליים הכוללים אסטרוגן ופרוגסטרון לבין סרטן השד שנוי במחלוקת. בקרב נשים מעל גיל 50, לא נמצא הבדל בסיכון ללקות בסרטן השד בין נשים הנוטלות גלולות למניעת היריון לבין אלה שלא, אך נראה ששימוש בגלולות מאיץ את האבחון של סרטן השד גם אם הוא אינו משפיע על הסיכון הכללי. הגישה

[3] זריקה כזו בשם 'לונל' אושרה לשימוש בארצות הברית בשנת 2000, אך הוצאה משימוש שנתיים לאחר מכן. בארצות אחרות ניתן להשיג פורמטים אחרים של הזריקה.

הרווחת כיום במחקר היא שלא קיימת זיקה ישירה בין השימוש באסטרוגן לסיכון לחלות בסרטן השד. אף על פי כן, רופאים רבים עדיין חוששים ממתן תכשירים המכילים אסטרוגן לנשים שיש להן היסטוריה משפחתית משמעותית של סרטן השד[4]. יש גם נשים עם היסטוריה משפחתית של סרטן שד המפחדות ליטול תרופות אלה.

כשליש מהנשים המשתמשות באמצעים הורמונליים מדווחות על שינויים במצב הרוח, ועלולה להיות להם השפעה שלילית גם על החשק המיני.

שימוש באמצעי מניעה הורמונליים ייעשה רק באמצעות מירשם שניתן ע"י איש מקצוע מוסמך לאחר בחינת ההיסטוריה הרפואית האישית והמשפחתית. במידה שמתרחשים תופעות לוואי מסוג אחד של גלולה, יש מקום לנסות סוג אחר.

התקן תוך-רחמי

קיימות שתי דרכים למניעת היריון באמצעות החדרת התקן לתוך הרחם: התקן נחושת שאינו כולל הורמונים (IUD), והתקן תוך-רחמי הורמונלי (LNG IUD או IUS).

א. התקן תוך-רחמי לא הורמונלי (IUD)

דרך הפעולה

ההתקן עשוי מנחושת ומעוצב בצורה שתאפשר לו להישאר בתוך חלל הרחם. ההתקן משחרר יונים (ions) של נחושת בחלל הרחם ויוצר סביבה הפוגעת בחיוניותם של תאי הזרע וביכולתם להפרות. במקביל, נוכחותו של גוף זר בתוך הרחם משנה את אופייה של רירית הרחם כך שאם במקרה התרחשה הפרייה, הביצית המופרית תתקשה להשתרש בה.

אופן השימוש

הכנסת ההתקן מתבצעת על ידי רופאת הנשים בהליך פשוט במרפאה. במהלך הפרוצדורה מרחיבים את פתח הנרתיק בעזרת ספקולום על מנת לראות את פתח תעלת הצוואר, ואוחזים את צוואר הרחם באמצעות מכשור רפואי, כך שניתן יהיה לכוון את החדרת ההתקן באופן מדויק. ההתקן מוכנס לרחם בתוך מוליך, כשהוא במצב סגור. המוליך של ההתקן הוא קטן מאוד, בדרך כלל פחות מ-10 מ"מ. עם הוצאת המוליך, ההתקן משתחרר ונפתח לצורה המאפשרת לו להישאר במקומו בחלל הרחם. קיים

---

4 Schreiber CA, Pentlicky S, Barnhart KT. "Contraception" http://www.endotext.org.

סוג אחד של התקן (GYNEFIX) שהחדרתו מורכבת מעט יותר, והוא חודר באופן חלקי לדופן הרחם. בדרך כלל מחובר חוט לקצהו של ההתקן, והוא משתלשל אל מחוץ לצוואר הרחם. אם מחדירים אצבע לעומק הנרתיק ניתן להרגיש בו, וכך יכולה האישה לוודא כי ההתקן נמצא במקומו. חוט זה משמש את הרופא להוצאת ההתקן מהרחם כאשר האישה אינה מעוניינת בו עוד.

ניתן להכניס התקן תוך-רחמי מיד אחרי לידה או בכל שלב של המחזור החודשי, והוא נשאר בתוך הרחם ויעיל במניעת היריון למשך 5–10 שנים, תלוי בסוג ההתקן.

יעילות

התקן תוך-רחמי הוא אמצעי יעיל ביותר, ואחוז הכישלונות עומד על 0.6%. השימוש בו אינו מושפע מהתנהגותה של האישה ועל כן יעילותו בפועל כמעט זהה, כאשר אחוז הכישלונות עומד על 0.8%.

תופעות לוואי

תופעת הלוואי המרכזית של ההתקן התוך-רחמי היא דימומים בלתי סדירים. תופעה זו צפויה בחודשי השימוש הראשונים. כמו כן, הדימום הווסתי עשוי להיות מעט ארוך מהרגיל או כבד יותר.

התקן תוך-רחמי אינו מעלה את הסיכון להיריון מחוץ לרחם, אך יעילותו במניעת הריונות כאלה היא פחותה, שכן הוא משפיע באופן מקומי על ההתרחשות בתוך הרחם, ואינו מתערב במערכת ההורמונלית בכללותה.

בניגוד למה שחשבו בעבר, ההתקן אינו פוגע ברחם ואינו מעלה את הסיכון לזיהומים רחמיים.

ב. התקן תוך - רחמי הורמונלי (IUS)

דרך הפעולה

ההתקן ההורמונלי[5] דומה בצורתו לחלק מהתקני הנחושת הרגילים, אך הוא מכיל בתוכו גליל ובו פרוגסטין. הפרוגסטין משתחרר אל תוך הרחם באופן סדיר לאורך השנים, והוא גורם לרירית הרחם להיות דקה מאוד, כך שלא תתאפשר השתרשות של ביצית מופרית. הפרוגסטין המופרש על ידי ההתקן משבש גם את תהליך הביוץ,

---

[5] ההתקנים ההורמונלים משווקים בארץ, כמו במדינות אחרות בעולם, תחת השם 'מירנה' (Mirena). ו סקיילה (Skyla).

ומעבה את ההפרשות מצוואר הרחם. השילוב של כל אלה יחד מונע את האפשרות שהיריון ייווצר או ייקלט.

אופן השימוש
בדומה להתקן הנחושת הרגיל, ההתקן ההורמונלי מוחדר אף הוא אל תוך הרחם בהליך רפואי פשוט במרפאה. ההתקן ההורמונלי יעיל במניעת היריון במשך 5 שנים.

יעילות
ההתקן ההורמונלי נחשב כאמצעי מניעה יעיל ביותר, ואחוז הכישלונות, באופן אידיאלי ובאופן מעשי, עומד על 0.1%.

תופעות לוואי
הכתמות בלתי-סדירות ודימומים בין-וסתיים הן תופעות שכיחות מאוד ב-3-6 חודשי השימוש הראשונים, אך עם הזמן הדימומים הולכים ופוחתים. לאחר מספר חודשים נשים רבות תחוונה וסת קצר או קל במיוחד, וחלקן יגיע למצב של אל-וסת, בו הוא אינו מופיע כלל. זהו תרחיש תקין, והוא נובע מהשפעתם של ההורמונים המופרשים מההתקן על רירית הרחם.

אמצעים חוסמים

אמצעים חוסמים עושים שימוש במכשול פיזי המונע מתאי הזרע להגיע אל תוך הרחם ולגרום להפרייה. אמצעים אלה כוללים: קוטלי זרע, קונדום, ספוגית, כובעון צווארי ודיאפרגמה.

א. קוטלי זרע

דרך הפעולה
קוטלי הזרע מכילים חומר כימי 'נונוקסינול 9' הפוגע בפעילותם של תאי הזרע.

אופן השימוש
קיים מגוון תכשירים המכילים חומר קוטל זרע: ג'ל, פילם, נרות וגינאליים, וקצף. זמינותם משתנה ממקום למקום. קוטלי הזרע מוכנסים אל הנרתיק בסמוך למגע המיני, ומקובל לומר שהם יעילים למשך שעה. יש להוסיף מנה נוספת במקרה של קיום יחסים נוסף. ניתן להשתמש בהם כאמצעי מניעה בלעדי, וחלקם עשויים ללוות את השימוש באמצעי מניעה אחר, כפי שיפורט להלן.

יעילות

בשימוש בקוטל זרע כאמצעי בלעדי (במינון המקובל של 100 מ"ג) עומד אחוז ההיריונות על 18% בשימוש מושלם, ולמעשה מדובר ב-28% כישלונות.

ב. דיאפרגמה

דרך הפעולה

הדיאפרגמה היא כיפה עשוייה גומי המותאמת לכסות את פתח צוואר הרחם, והיא חוסמת את דרכם של תאי הזרע ומונעת מהם להיכנס אל הרחם. על מנת לפגוע בתפקודם של תאי זרע שעשויים להתגבר על המכשול, מוסיפים גם חומר קוטל זרע.

אופן השימוש

הדיאפרגמה מוחדרת לנרתיק לפני קיום יחסים (לא יותר משעה לפני כן), ויש להשאירה בפנים למשך שש שעות לאחר קיום יחסים. על פי ההנחיות, יש ללוות את השימוש בדיאפרגמה גם בחומר קוטל זרע, ולהוסיף מנה נוספת שלו במקרה של קיום יחסים נוסף במהלך פרק זמן זה. לאחר הוצאת הדיאפרגמה, יש לנקותה במים והיא מיועדת לשימוש חוזר. הדיאפרגמה מופיעה במספר מידות, ויש צורך לבצע מדידת התאמה מדויקת בטרם רכישתה. במידה וחלו תנודות משמעותיות במשקל הגוף (5 ק"ג ויותר) או לאחר היריון, יש לחזור על בדיקת ההתאמה ולוודא כי המידה עודנה מותאמת לאישה. כעת מתחילה להיות משווקת דיאפגמה ב'מידה אחת לכולן'.

יעילות

בשימוש מושלם עומד אחוז הכישלונות בדיאפרגמה על 5%. בשימוש רגיל, הוא עומד על 18%. טרם התפרסמו נתונים לגבי יעילותה של הדיאפרגמה החדשה.

ג. כובעון צווארי

דרך הפעולה

הכובעון הצווארי הוא מעין קערה קטנה עשוייה סיליקון המותאמת לכסות במדויק את פתח צוואר הרחם. הוא חוסם את פתח הצוואר ומונע מתאי הזרע להיכנס אל תוך הרחם. גם השימוש בכובעון הצווארי מלווה בתוספת של חומר קוטל זרע הפוגע בתאי זרע שעשויים להגיע אליו.

אופן השימוש

הכובעון הצווארי מוכנס לנרתיק לפני קיום יחסים. יש להשאירו בנרתיק למשך שש שעות, והוא יכול להישאר שם עד 48 שעות. בניגוד לדיאפרגמה, בעת השימוש

בכובעון אין צורך בתוספת של קוטל זרע במקרה של קיום יחסים נוסף. הכובעון הצווארי ניתן לרכישה באמצעות מירשם, והוא מגיע בשלוש מידות, בהתאם להיסטוריה המיילדותית של האישה.

יעילות: שיעור הכישלונות בכובעון הצווארי הזמין כיום עומד על 14% בקרב נשים שלא ילדו, ו-29% בנשים שעברו לפחות לידה נרתיקית אחת.

ד. ספוגית

דרך הפעולה

ספוגית למניעת היריון היא ספוגית קטנה ועגולה המכילה גרם אחד של קוטל הזרע 'נונוקסינול 9'. הספוגית עצמה יוצרת מכשול פיזי וחוסמת את צוואר הרחם בפני תאי הזרע, וקוטל הזרע משתחרר במהלך השימוש ופוגע בתפקודם.

אופן השימוש

הספוגית מוחדרת לנרתיק לפני קיום יחסים. היא יכולה להישאר במקומה במשך 24 שעות. ניתן לרכוש אותה בבית מרקחת ללא צורך במרשם רופא.

יעילות

בשימוש רגיל, אחוז הכישלונות עומד על 14-24%.

ה. קונדום

דרך הפעולה

הקונדום מהווה מחסום פיזי המונע מעבר הזרע אל הנרתיק. שימוש בקונדום בשילוב עם קוטל זרע משיג גם את הפגיעה בתיפקוד תאי הזרע, ומגדיל את יעילותו.

אופן השימוש

בקטגוריה זו קיימים שני סוגים: קונדום המיועד לשימוש על ידי הגבר, וקונדום המיועד לשימוש על ידי האישה. הקונדום הגברי מגיע כשהוא סגור, ומולבש על איבר המין הזקוף לפני החדירה. הקונדום הנשי הוא בצורת שפופרת דקה ורכה עם טבעת גמישה בכל אחד מצדיה. הטבעת הפנימית בצדו הסגור משמשת להחדרת הקונדום אל עומק הנרתיק ולהחזקתו במקום, והטבעת החיצונית בצדו הפתוח נותרת מחוץ לפתח הנרתיק.

יעילות

בשימוש רגיל, אחוז הכישלונות עומד על 14-18% בקונדום גברי, ו-21% בקונדום הנשי.

אמצעי חירום למניעת היריון

להבדיל מאמצעי המניעה הרגילים המשומשים לפני קיום יחסים, ישנם מצבים בהם עולה הצורך למנוע היריון לאחר קיום יחסים. אמצעי חירום למניעת היריון מיועדים למנוע את ההפרייה או את השתרשותה של הביצית המופרית במקרה של יחסים בלתי-מוגנים. למטרה זו ניתן להשתמש בגלולות משולבות, בגלולות פרוגסטרון, בתכשירים אנטי-פרוגסטינים ואף התקן תוך-רחמי עשוי להיות יעיל לכך.

אופן השימוש

גלולות משולבות

על פי שיטה זו (Yuzpe Method) נותנים שתי מנות של גלולות משולבות למניעת היריון במינון גבוה בהפרש של 12 שעות, וכך ניתן למנוע מההיריון להתרחש, גם לאחר שכבר התקיימו יחסים.

גלולות פרוגסטרון

הוכח כי נטילה של לבונורגסטרל (שהוא הפרוגסטין המצוי בהתקן התוך-רחמי ההורמונלי) במינון של 150 מ״ג (או בשתי מנות של 75 מ״ג בהפרש של 12 שעות) תוך 72 שעות היא דרך יעילה למניעת היריון לאחר קיום יחסים בלתי-מוגנים. בארץ, גלולה זו משווקת תחת השם ׳פוסטינור׳. לתכשיר זה, המבוסס על פרוגסטרון בלבד, יש פחות תופעות לוואי של בחילות בהשוואה לגלולות משולבות.

מיפפריסטון

(׳אנטי-פרוסטין׳) היא גלולה שנמצאת בשימוש לביצוע הפלות בשליש הראשון של ההיריון, וניתן להשתמש בה למטרה דומה כאמצעי מניעה בשעת חירום. היות ומדובר בגלולה שמטרתה המקורית היא גרימת הפלה, היא דורשת מירשם רופא ואינה ניתנת להשגה בקלות. גלולה דומה (אוליפריסטל אצטאט) אושרה לשימוש באירופה ובארצות הברית כאמצעי חירום למניעת היריון (והיא משווקת תחת השם המסחרי ׳אלה׳).

החדרת התקן תוך-רחמי החדרת התקן נחושת רגיל, לא הורמונלי, תוך שבוע מהיחסים הוכחה אף היא כיעילה במניעת היריון, לאחר מעשה. יתרון נוסף שיש לשיטה זו הוא שניתן להשאיר את ההתקן בתוך הרחם ולהשיג המשך של מניעת היריון גם להבא.

יעילות

שימוש בגלולות משולבות נחשב לאמצעי בעל שיעור ההצלחה הנמוך ביותר והוא מוריד את הסיכון להיריון במחצית. שימוש בפרוגסטין או באנטי-פרוגסטין הוא יעיל

יותר, והסיכוי להיריון פוחת ב-75%. האמצעי היעיל ביותר למטרה זו הוא החדרת התקן תוך-רחמי, ואחוז הכישלונות בשיטה זו עומד על פחות מאחוז אחד.

תופעות לוואי

נטילת גלולות משולבות במינון גבוה עלול לגרום לבחילות והקאות. הפרוגסטרון עלול לגרום להופעה מוקדמת מהצפוי של הווסת. שימוש באנטי-פרוגסטין (למשל, מיפפריסטון) עשוי לדחות את הופעתה של הווסת.

שיטות טבעיות למניעת היריון

א. שיטת המודעות לפוריות

שיטה זו למניעת היריון מבוססות על הימנעות מיחסי אישות במשך התקופה שבה האישה פורייה. ניתן לשלב שיטות אלה עם אמצעים חוסמים שונים ולהגביר את בטיחות השיטה ויעילותה.

דרך הפעולה

שיטה זו מבוססת על העובדה כי אורך חייה של הביצית הוא מוגבל, ועומד על 24-36 שעות מאז שהשתחררה מהשחלה אל החצוצרה בזמן הביוץ. הפרייה עשוייה להתרחש רק אם יגיעו אליה תאי זרע בתוך פרק זמן זה. יש לקחת בחשבון כי תוחלת חייו של הזרע ארוכה יותר, ובתקופה הפורייה הוא יכול להחזיק מעמד בתוך ההפרשות שבגוף האישה עד חמישה ימים. הימנעות מיחסי אישות בפרק זמן זה מקטין מאוד את האפשרות להרות.

אופן השימוש

היישום היעיל ביותר של שיטה זו נשען על זיהוי 'חלון הפוריות' באמצעות מעקב אחרי שלושה סימנים: חום השחר, אופי ההפרשות מצוואר הרחם, והמנח של צוואר הרחם. שיטת מניעה זו דורשת לימוד ומיומנות, כאשר האישה לומדת לנהל רישום מדויק של חום הגוף בעת היקיצה, להכיר את ההפרשות בנרתיק, ולבדוק בעצמה את מיקומו של הצוואר. שילוב של שלושה פרמטרים אלה עשוי להצביע על מועד הביוץ, ובני הזוג יימנעו מיחסי אישות בתקופה הפורייה סביב הביוץ (או יבחרו להשתמש בימים אלה באמצעי חוסם כלשהו). מחוץ למסגרת זמן זה, הזוג יוכל לקיים יחסים ללא כל אמצעי מניעה נוסף.

יעילות

בשימוש מיומן בשיטה זו עומד אחוז הכישלונות על 2-3%. היעילות נגזרת גם ממידת המוטיבציה של הזוג להקפיד על התנאים הנדרשים בשיטה זו.

ב. מניעת היריון המושתתת על אל-וסת בהנקה

דרך הפעולה

שיטה זו נשענת על העובדה כי בתקופה של אל-וסת הנגרמת על ידי הנקה בלעדית, סיכוייָה של האישה להרות הם באופן טבעי נמוכים.

אופן השימוש

על פי שיטה זו, אישה המצוייה תוך ששה חודשים מהלידה, והיא מניקה באופן בלעדי, והמחזור החודשי (לעניין זה, ההגדרה היא כל דימום המופיע החל מ-56 יום לאחר הלידה) טרם הופיע– נחשבת כאישה בעלת סיכוי נמוך ביותר להרות. במצב כזה הזוג עשוי לבחור לקיים יחסים ללא אמצעי מניעה נוסף ולהניח כי האישה אינה פורייה.

יעילות

כאשר מתקיימים יחד כל שלושת התנאים, הסיכוי להרות עומד על 2%.

ביבליוגרפיה לנספחים הרפואיים

Bergys GR, Pallone SR. Fertility Awareness-Based Methods: Another Option for Family Planning. J Am Board Fam Med 2009;22:147-157.

Cheng L, Che Y, Gülmezoglu AM. Interventions for Emergency Contraception. Cochrane Database Syst Rev. 2012 Aug 15;8:CD001324.

Cook LA, Nanda K, Grimes DA, Lopez LM. Diaphragm Versus Diaphragm with Spermicides for Contraception. Cochrane Database of Systematic Reviews 2003, Issue 1. Art. No.: CD002031. DOI: 10.1002/14651858.CD002031.

Gallo MF, Grimes DA, Schulz KF, Lopez LM. Cervical Cap versus Diaphragm for Contraception. Cochrane Database of Systematic Reviews 2002, Issue 4. Art. No.: CD003551. DOI: 10.1002/14651858.CD003551.

Grimes DA, Lopez LM, Raymond EG, Halpern V, Nanda K, Schulz KF. Spermicide Used Alone for Contraception. Cochrane Database of Systematic Reviews 2005, Issue 4. Art. No.: CD005218. DOI: 10.1002/14651858.CD005218.pub2.

Kuyoh MA, Toroitich-Ruto C, Grimes DA, Schulz KF, Gallo MF, Lopez LM. Sponge Versus Diaphragm for Contraception. Cochrane Database of Systematic Reviews 2002, Issue 3. Art. No.: CD003172. DOI: 10.1002/14651858.CD003172.

Schreiber CA, Pentlicky S, Barnhart KT. "Contraception" in Endotext http://www.endotext.org/female/female8/index.html accessed March 27,2013.

Trussell J. Contraceptive Efficacy. In Hatcher RA, Trussell J, Nelson AL, Cates W, Kowal D, Policar M. Contraceptive Technology: Twentieth Revised Edition. New York NY: Ardent Media, 2011.

Van der Wijden C, Manion C. Lactational Amenorrhoea Method for Family Planning. Cochrane Database Syst Rev. 2015 Oct 12;(10):CD001329.

מפתחות

מפתח ספרים ומחברים שהוזכרו בספר

ספרי הלכה

אורות הטהרה - הרב זכריה בן שלמה
אורחות טהרה - רבי יצחק אייזיק כהנא
איש ואשה - הרב אלישיב קנוהל
בדי השלחן - הרב שרגא פייוול כהן
בית משה - הרב משה אפשטין
בית שמואל - הרב שמואל בן אורי שרגא פייבוש מפיורדא
בעלי הנפש - לראב"ד ר' אברהם בן דוד
ברוך טעם - הרב ברוך תאומים פרענקיל
ברכי יוסף - הרב חיים יוסף דוד אזולאי (החיד"א)
גופי הלכות - הרב יעקב העשיל וואלהענדלער
דבר שמואל - הרב שמואל אבוהב
דרכי טהרה - הרב מרדכי אליהו
העמק שאלה - הרב נפתלי צבי יהודה ברלין
ויען יוסף - הרב יצחק יוסף זילבערבערג
זכרון יוסף - הרב חנוך הענך פאק
חוות דעת - הרב יעקב לוברבוים מליסא
חוט השני - הרב נסים קרליץ
חזון איש - הרב אברהם ישעיהו קרליץ
חכמת אדם - הרב אברהם דאנציג
חלקת מחוקק - הרב משה מלימא
טהרת בת ישראל - הרב קלמן כהנא
טהרה כהלכה - הרב יקותיאל פרקש
טהרת הבית - הרב עובדיה יוסף
טהרת הבית הקצר - הרב דוד יוסף
טהרת הקודש - הרב צבי סובולובסקי
טהרת ישראל - הרב ישראל יצחק ינובסקי
ים של שלמה - הרב שלמה לוריא

ילקוט כהונה לרב רחמים חי חויתה הכהן
לחם ושמלה - הרב שלמה גאנצפריד
מקור חיים ותפארת צבי - הרב שניאור זיסקינד גונדרשהיים
משמרת הטהרה - הרב משה מרדכי קארפ
נדרי זריזין - הרב שלמה קלוגר
נחלת שבעה - הרב שמואל בן דוד משה הלוי
נטע שעשועים - הרב צבי הירש ביטשאטש
נטעי גבריאל - הרב גבריאל ציננער
נשמת אברהם - הרב אברהם סופר
סדרי טהרה- הרב אלחנן אשכנזי
ספר הלכות נידה - הרב שמעון איידר
ספר יראים - הרב אליעזר ממיץ
עין יצחק - הרב יצחק יוסף
ערוך השלחן - הרב יחיאל מיכל עפשטיין
ערוך לנר - הרב יעקב יוקב עטטליגנער
פרדס רימונים - הרב משה יצחק אביגדור
פרי דעה - הרב עזריאל דב הלוי
פתחי תשובה - הרב אברהם צבי הירש אייזענשטאט
קובץ בית יצחק - הרב מרדכי ויליג
קובץ תשובות - הרב יוסף שלום אלישיב
שביבי טהרה - הרב שמואל אליעזר שטרן
שעורי טהרה - הרב מרדכי גרוס
שיורי ברכה - הרב חיים יוסף דוד אזולאי
שיעורי שבט הלוי - הרב שמואל הלוי ואזנר
שירי טהרה - הרב שלמה קלוגר
שירת הים - הרב מרדכי יהודה קראוס
שני לוחות הברית (של"ה) - רבי ישעיהו הלוי הורביץ
שלחן ערוך הרב - רבי שניאור זלמן מלאדי
שם יוסף - רבי ישראל חיים יוסף אליקים
שמו יוסף - רבי יוסף וואליד
שמירת שבת כהלכתה - הרב יהושע נויבירט
שערי אורה - הרב שלמה לוי
שערי טהרה - הרב אליעזר שמואל שטרן

תורת השלמים - הרב יעקב ריש

ספרי שו"ת

שו"ת אגרות משה - הרב משה פיינשטיין
שו"ת אחיעזר - הרב חיים עוזר גראדזענסקי
שו"ת אילה שלוחה - הרב נפתלי הירץ קלאצקין
שו"ת אלף המגן - הרב משה נתן רובינשטיין
שו"ת באר משה -הרב משה שטרן
שו"ת בית שערים - הרב עמרם בלום
שו"ת בני בנים - הרב יהודה הרצל הנקין
שו"ת בנין ציון - הרב יעקב יוקב עטטליגנער
שו"ת בצל החכמה - הרב בצלאל שטרן
שו"ת דברי חיים - הרב חיים הלברשטאם מצאנז
שו"ת דברי יציב - הרב יקותיאל יהודה הלברשטאם
שו"ת דובב מישרים - הרב דב בעריש ווײַדענפעלד
שו"ת הר צבי - הרב צבי פסח פראנק
שו"ת וישב משה - הרב משה זאב זארגער
שו"ת חדות יעקב - הרב צבי אריה יהודה יעקב בן דוד דוב מייזלש
שו"ת חכם צבי - הרב צבי אשכנזי
שו"ת חלקת יואב - הרב יואב יהושע וינגרטן
שו"ת חלקת יעקב - הרב מרדכי יעקב ברייש
שו"ת חמדת שלמה - הרב שלמה זלמן
שו"ת חתם סופר - הרב משה סופר
שו"ת חשב האפוד - הרב חנוך דוב פדווא
שו"ת יביע אומר - הרב עובדיה יוסף
שו"ת יד יוסף - הרב יוסף יוזפא שטרן
שו"ת יהודה יעלה - הרב יהודה אסאד
שו"ת לב דוד - הרב דוד פעלדמאן
שו"ת מהרי"ף - רבי יעקב פראג'י מהמה
שו"ת מהר"ם מלובלין - הרב מאיר מלובלין
שו"ת מהר"ם פאדובה - הרב מאיר יצחק קצנלבויגן
שו"ת מהר"ש אנגל - הרב שמואל ענגיל (אנגל)
שו"ת מהרש"ל - הרב שלמה לוריא

שו"ת מהרש"ם - הרב שלום מרדכי שבדרן
שו"ת מטה לוי - הרב מרדכי הלוי הורוויץ
שו"ת מלמד להועיל - הרב דוד צבי הופמן
שו"ת מנחת אשר - הרב אשר וייס
שו"ת מנחת יצחק - הרב יצחק יעקב ווייס
שו"ת מנחת שלמה - הרב שלמה זלמן אויערבאך
שו"ת מעיל צדקה - הרב יונה לאנדסופר
שו"ת משיבת נפש - הרב אריה ליב צינץ
שו"ת משנה הלכות - הרב מנשה קליין
שו"ת נודע ביהודה - הרב יחזקאל סג"ל לנדא
שו"ת נזר כהן - הרב זמיר כהן
שו"ת עבודת הגרשוני - הרב גרשון בן יצחק אשכנזי
שו"ת ציץ אליעזר - הרב אליעזר יהודה וולדינברג
שו"ת צמח צדק מליובאוויטש - הרב מנחם מענדל
שו"ת קנה בושם - הרב מאיר בראנדסדארפער
שו"ת קנין תורה - הרב אברהם דוד הורוויץ
שו"ת רב פעלים - הרב יוסף חיים מבגדאד
שו"ת שב יעקב - הרב יעקב פופרש כץ
שו"ת שבות יעקב - הרב יעקב רישר
שו"ת שואל ונשאל - הרב משה הכהן כלפון
שו"ת שיח נחום - הרב נחום אליעזר רבינוביץ
שו"ת שרידי אש - הרב יחיאל יעקב וויינברג
שו"ת תפארת אדם - הרב משה דוד אסטרייכער
שו"ת תשובה מאהבה - הרב אלעזר פלעקלס
שו"ת תשובות והנהגות - הרב משה שטרנבוך
שו"ת תשורת שי - הרב שלמה יהודה טאבק

מפתח לחלק התשובות*

*נושא כללי שיש לו תתי-נושא מופיע במודגש

MEDICAL APPENDICES

PART III: MISCARRIAGE

PART IV: NURSING

PART V: CONTRACEPTION

Contents

PARTICIPANTS

Responders Yoatzot Halacha:	Zivit Berliner
	Goldie Katz Samson
	Shira Kfir
	Ora Krauss
	Noa Lau
	Michal Roness
	Rachelle Sprecher Fraenkel
Editors:	Rabbi Yehuda and Chana Henkin
Medical Appendices:	Yoetzet Halacha Dr. Deena Zimmerman
Dean Yoetzet Halacha Institute:	Rabbi Yaakov Warhaftig
Coordinator Yoetzet Halacha Institute:	Yoetzet Halacha Noa Lau
Coordinator Responsa Project:	Yoetzet Halacha Michal Roness

The Dr. Marcos and Adina Katz Edition

The research, writing, and publication of this first volume of Sefer Nishmat HaBayit, the responsa of Nishmat's Yoatzot Halacha
was made possible by the Generosity and Vision of

Dr. Marcos z"l and Adina Katz and Family
Dr. Nicole and Raanan Agus
Zahava and Moshael Straus
Rachel and Zev Weiss
May the Almighty bless them and their families
For strengthening Taharat HaMishpachah
And bringing halachic solutions and dignity to
Thousands of Women and Families

Zachur LaTov: Moshe Green z"l, Founding
Chair of Yoatzot Halacha